CLASSIQUES EN POCHE

*Collection
dirigée
par
Hélène Monsacré*

FLAVIUS JOSÈPHE

CONTRE APION

Texte établi et annoté par Théodore Reinach

Traduction par Léon Blum

Introduction et notes complémentaires
par Sylvie Anne Goldberg

LES BELLES LETTRES
2018

Contre Apion,
texte établi et annoté par Théodore Reinach,
traduit par Léon Blum
dans la collection des Universités de France (C.U.F.),
toujours disponible avec apparat critique et scientifique.

*2018, Société d'édition Les Belles Lettres,
95 boulevard Raspail 75006 Paris.
www.lesbelleslettres.com*

ISBN : 978-2-251-44752-0

Introduction

L'amère ironie de l'histoire

Yosef ben Mattityahou ha-kohen-Flavius Iosephus
au miroir des siècles [1]

par Sylvie Anne Goldberg [*]

« Du Moyen Âge jusqu'à l'époque moderne,
Josèphe était, selon l'usage voulu, associé aux autorités chrétiennes ou païennes. Il était en effet considéré
comme un authentique polymathe – une autorité dans
des domaines aussi divers que l'exégèse biblique, l'allégorie, l'arithmétique (le Josephus-Spiel était l'un des
problèmes arithmétiques les plus populaires au Moyen
Âge), l'astronomie, l'histoire naturelle, la géographie
de la Terre Sainte, la grammaire, l'étymologie et la
théologie juive. À une époque où les chrétiens étaient
largement coupés de la tradition juive, c'était Josèphe
qui fournissait aux pèlerins la connaissance de la Terre
Sainte (son influence sur les Croisades est un chapitre
fascinant qui reste encore à explorer), et à leurs
maîtres le savoir de l'histoire, de la religion et de la loi
juives, et procurait leurs tactiques aux dirigeants militaires. En raison de son "témoignage", Josèphe était

* Directrice d'études à l'EHESS, chaire « Histoire, idées,
cultures et sociétés des mondes juifs avant l'émancipation », Directrice du centre d'études juives.

perçu comme un témoin ayant attesté des miracles de la messianité et de la résurrection de Jésus [2]. »

I. Le *Contre Apion* et son auteur

Le *Contre Apion* que l'on présente ici est l'édition revue en 1930 du texte publié pour la première fois en 1902 sous les auspices de la Société des Études juives, dans la traduction de Léon Blum, un jeune professeur agrégé enseignant au lycée parisien Janson de Sailly [3]. Intitulé alors *Les Anciennetés du Peuple juif (Contre Apion)*, il constituait le septième volume des *Œuvres complètes de Flavius Josèphe* dirigées par Théodore Reinach. En près d'un siècle, les recherches sur l'œuvre et la personne de Flavius Josèphe se sont déployées de manière exponentielle. L'introduction de Théodore Reinach peut – et doit – être lue comme un document permettant de mesurer l'étendue des transformations effectuées dans l'interprétation des écrits de Josèphe et les avancées concernant le contexte historique dans lequel il avait évolué.

La transformation des écrits de Josèphe en champ d'étude à part entière s'est effectuée à la fin du XXe siècle. Abondantes, les publications se multiplient, et des équipes de chercheurs renouvellent, par pans entiers, les approches et les acquis du « corpus Josèphe », le tout à une échelle industrielle. Déclenchée par la prise de conscience de la responsabilité de la théologie chrétienne dans le traitement des Juifs au cours des deux précédents millénaires, cette renaissance avait d'abord suivi la remise en chantier de l'histoire chrétienne dans le sursaut provoqué par la Seconde Guerre mondiale [4]. Toutefois, c'est surtout depuis la fin des années 1990 que la recherche sur le « corpus Josèphe » s'est faite pléthorique en s'ouvrant aux nouvelles perspectives développées de manière plus générale dans les sciences humaines [5]. Irrigué par tous les courants qui ont traversé la recherche depuis les années 1980, de la critique littéraire aux études postcoloniales, le domaine Josèphe jouit actuellement d'un dynamisme singulier [6]. Les travaux suscités par l'œuvre de Josèphe ont, en effet, permis de redessiner amplement le paysage politique, social et religieux de la Judée au cours du Ier siècle de l'ère chrétienne. Dans leur sillage, c'est l'émergence du christianisme, le judaïsme de l'époque de la fin du Second Temple et la naissance du mouvement rabbinique qui en ont bénéficié. Pour autant, les nombreuses diversités que les études actuelles ne cessent de relever, tout en émiettant les acquis du passé, ont rendu le tableau général plus impressionniste, moins précis, et plus inattendu. Mais la personne dont l'œuvre est à l'origine de ce renouvellement demeure toujours aussi opaque. Car, si l'on a l'impression d'en savoir un peu plus, ou du moins de comprendre mieux les clivages et les affiliations religieuses, politiques et sociales des établissements juifs éparpillés dans l'Empire romain, la personnalité de Josèphe semble, à l'inverse, toujours plus échapper aux archétypes longtemps établis : Yosef, fils de Mattathias le Prêtre, et Josephus le Flavien ont été dotés de complexités insoupçonnées à l'aube du XXe siècle [7]. Si elles mettent ainsi l'accent sur des différences que l'on perçoit mieux à présent, telle que par exemple la situation des Judéens se trouvant en Judée et ceux de Rome [8], ces complexités révèlent également les positions des chercheurs devant l'histoire.

Pièce maîtresse d'un puzzle dont les éléments sont les écrits bibliques, la littérature talmudique, les rouleaux de Qumran et les Évangiles, l'œuvre de Josèphe tisse la trame d'une histoire qui se déroule à partir du royaume d'Israël et mène au temps présent. Elle est incontournable. Témoignage rare, unique description, source historique à nulle autre comparable, son caractère exceptionnel n'aura cependant épargné aucune avanie à son auteur dont les écrits n'ont cessé de susciter la suspicion. En est-il vraiment le rédacteur ou bien d'autres protagonistes, peut-être plus tardifs, les ont-ils interpolés et aménagés à leurs fins ? Son récit est-il fiable ou plutôt biaisé par sa trahison et la nécessité de satisfaire ses patrons romains ? Enfin, sa biographie est-elle authentique ou l'aurait-il généreusement accommodée pour s'y montrer sous le jour le plus favorable ? Les contradictions qui émaillent ses narrations d'un ouvrage à l'autre, l'attitude qu'il développe à l'égard des Romains, et qui nous semble si ambivalente, enfin – surtout – son retournement politique rendent délicat le maniement de ses écrits [9]. Au fil des siècles, pourtant, ces considérations critiques n'ont guère importé car l'ensemble compose une documentation historique extraordinaire. Et c'est généralement en tant que documentation historique que ces textes ont été lus, constamment cités, et utilisés [10]. Mais Josèphe est aussi, et peut-être avant tout, un conteur. Il cherche à captiver ses lecteurs. Il n'hésite donc ni à enjoliver ses descriptions ni à entourer ses histoires du halo littéraire dramatique propre à la culture et à l'esthétique de son temps. Transformant ainsi le récit biblique en épopée, comblant les lacunes historiographiques par des documents extérieurs ou imaginaires [11], et maniant habilement les outils littéraires à sa disposition, tant qu'ils servent ses propos, il fait fi de ses propres contradictions. Mais qui donc était Josèphe ?

Yosef ben Mattityahou ha-kohen

« La source principale pour l'histoire de cette période, ses questions sociales, politiques et religieuses, est le travail de l'auteur juif Josèphe [...].

L'évaluation de ce qu'il a écrit est si cruciale pour toute reconstruction que cela vaut bien que l'on dresse un tableau de sa carrière [12]. »

Yosef, fils du prêtre Mattathias, est né à Jérusalem. L'on ne saurait rien de lui si son œuvre n'avait franchi les siècles sous le nom de Flavius Iosephus. Dû à son adoption par les empereurs flaviens, ce patronyme fait ainsi peu cas de sa personne, de ses origines, de son histoire et de ses propres affirmations. Loin d'être anodin, il révèle les avatars que son œuvre et l'utilisation de son nom ont subis. Révélateur, il l'est tout autant de la difficulté que l'on éprouve à penser ensemble les catégories de judéité et de romanité (ou d'hellénisme). Culture juive et culture du temps seraient-elles si inconciliables que l'on ne saurait s'apparenter qu'à l'une ou à l'autre, et ce de manière exclusive ? « Zélote » ou « assimilé », seraient-elles ainsi les seules options accordées à l'être juif ? Tant s'en faut, car l'histoire montre, de siècle en siècle, que cette pensée d'un clivage irréductible s'est forgée au fil d'âges marqués des sceaux de la ségrégation et d'idées préconçues. De là vient, peut-être, l'une des raisons du peu de faveur dont Josèphe a bénéficié au sein du monde juif. Une autre raison tient probablement au fait que ses ouvrages, conservés et transmis exclusivement par l'Église, ont été relégués à la théologie chrétienne. Sans ses écrits pourtant, on ne saurait rien des circonstances qui ont conduit au soulèvement de la Judée contre Rome, rien non plus des événements qui ont précédé et accompagné la destruction du Second Temple. Et seules de vagues suppositions permettraient d'imaginer la vie quotidienne en Judée ou à Rome au cours du Iᵉʳ siècle de l'ère chrétienne.

La vie de Josèphe s'est partagée entre une jeunesse en Judée et une vie adulte à Rome. Juif citoyen romain ayant passé la plus grande partie de sa vie en diaspora, il participe de ces deux cultures souvent tenues pour dissemblables et incompatibles. Il n'empêche, son activité littéraire s'est entièrement attachée à relater les faits auxquels il a assisté avec *La Guerre des Juifs*, ainsi qu'à retracer l'histoire biblique dans *Les Antiquités juives*. Figure ambiguë, vilipendée ou honorée par ses contemporains, placée au panthéon par les chrétiens, équivoque pour les chercheurs, la mosaïque qui compose Josèphe – que l'on hésite à situer entre fidélité et trahison, loyauté et ambivalence – est une affaire complexe qui occupe les chercheurs depuis plus d'un siècle. Car l'un des paradoxes de sa personnalité, et non des moindres, se découvre dans sa préface à *La Guerre des Juifs* : tandis qu'il est chargé de fixer le récit de la victoire romaine sur la Judée, c'est la grandeur du peuple vaincu qu'il exalte [13]. Et, tout en s'étant délibérément soumis et livré au service du vainqueur, il ne cesse de proclamer sa fierté d'appartenir au peuple dont il s'apprête à révéler les exploits et glorifier l'héroïsme. Nul ne saura jamais s'il faut voir là un artifice rhétorique destiné à renforcer, par ricochet, la grandeur de cette conquête en en montrant la difficulté, ou bien la simple expression de ses sentiments.

Ce que l'on sait de Josèphe provient essentiellement de ses propres écrits, notamment du récit qu'il fait de sa vie [14], car nulle autre source ne l'évoque vraiment. Inconnu de la littérature rabbinique, il l'est à peine moins des auteurs romains qui lui sont contemporains. Suétone et Dion Cassius [15], s'ils rapportent que le prisonnier juif avait prédit à Vespasien l'accession au pouvoir, ne le mentionnent cependant pas comme l'auteur d'une œuvre quelconque. On ne peut toutefois douter de la popularité de ses écrits, ne serait-ce que dans certains milieux, puisqu'ils seront abondamment utilisés aux IIIe et IVe siècles par Eusèbe de Césarée pour son *Histoire ecclésiastique* et sa *Préparation évangélique*, qui précise qu'« à Rome, on l'honora d'une statue et que ses livres furent jugés dignes des bibliothèques [16] ». Ces écrits devaient donc être aisément accessibles, dans l'une ou l'autre des vingt-neuf bibliothèques que comptait Rome au IVe siècle [17].

Josèphe par lui-même

Au long de ses ouvrages Josèphe parle abondamment de ce qu'il a vécu. Écrivain avisé, il manie parfaitement l'art de se mettre en scène. Ainsi, dans la *Guerre*, Josèphe emploie le « il » pour décrire les péripéties dont il est à la fois acteur et narrateur, mais passe au « je » dans l'*Autobiographie* et le *Contre Apion* pour affirmer son implication dans les événements. Il se présente pourtant à ses éventuels lecteurs sans guère laisser entrevoir les inévitables facettes de son être ; et s'il affirme ses objectifs littéraires, on ne saura cependant jamais s'il n'est pas habité par d'autres motivations. Josèphe n'entend pas être perçu comme un homme du commun et ne cesse de le faire savoir. Issu d'une lignée sacerdotale de la caste des Grands-prêtres par sa branche paternelle, et d'ascendance royale hasmonéenne (*Asamonaiou* dans le texte grec) par sa branche maternelle, Yosef ben Mattityahou ha-kohen naît à Jérusalem entre le 13 septembre 37 et le 16 mars 38 de l'ère chrétienne. Il appartient à l'élite aristocratique, les notables les plus puissants de la contrée. S'il s'étend avec fierté sur ses origines, il mentionne seulement un frère en évoquant incidemment son enfance puis sa libération par son entremise après la prise de Jérusalem (*Autobiographie*, 8, 419). Il passe rapidement sur ses épouses et les enfants qu'il en eut (*Autobiographie*, 414-415 ; 426-428). Fier de son ascendance et de son vaste savoir dans les lois et coutumes du judaïsme avec lesquelles il serait, selon lui, difficile de rivaliser, Yosef-Josèphe estime ainsi être le seul à pouvoir décrire la guerre à laquelle il a participé et à être à même de retracer l'histoire de son peuple [18].

Le portrait qu'il dresse de l'enfant et du jeune homme qu'il fut dépeint un élève prodigieusement intelligent, doué d'une mémoire exceptionnelle et doté d'une grande agilité intellectuelle. Il affirme ainsi avoir été reconnu dès l'adolescence comme une autorité dans le domaine de l'interprétation des lois, précisant qu'on le consultait à ce propos dès ses quatorze ans. Il raconte également qu'afin de parfaire son éducation il entreprit, à l'âge de seize ans, de s'initier aux trois grandes écoles « philosophiques » de son temps pour mieux choisir celle qui lui conviendrait. Se rendant chez les Pharisiens, les Sadducéens et les Esséniens [19], il constate qu'aucune de ces écoles ne comble ses aspirations. C'est donc ailleurs qu'il va quêter sa vérité. Il déclare l'avoir trouvée un temps auprès de Bannous, un ascète vivant dans le désert, auprès duquel il reste trois années afin d'y approfondir son enseignement [20]. Disciple du maître, il indique qu'il portait alors des vêtements tissés de végétaux, se nourrissait frugalement de plantes, et pratiquait nuit et jour des ablutions d'eau froide en rituel purificatoire (*Autobiographie*, 10-12).

Décidant cependant à dix-neuf ans d'entrer dans la vie publique, il opte pour le courant pharisien qui, précise-t-il, est majoritaire en Judée et correspond, à ses dires, à une école stoïcienne. Sa renommée semble déjà bien établie, puisque entre 62 et 64, dans sa vingt-sixième année dit-il, il est envoyé en délégation à Rome pour négocier auprès de Néron la libération de prêtres détenus en captivité. À son retour, la Judée est en plein soulèvement. Josèphe déclare n'avoir négligé aucun effort pour dissuader ses compatriotes de se lancer dans une aventure vouée dès l'abord au désastre, mais en vain affirme-t-il dans son *Autobiographie*. Soupçonné de connivence avec les Romains par les fomentateurs de la révolte, il se serait réfugié dans le Temple en compagnie d'autres notables prônant la non-belligérance (20-29). Devant la vindicte d'une populace en armes, exacerbée tant par les rebelles que par leur victoire récente sur la garnison romaine commandée par Cestius, les notables auraient alors décidé de rallier les rangs des insurgés. Dans la *Guerre*, toutefois, il précise que ces dignitaires furent alors enrôlés de gré ou de force (II, 20, 562-569).

L'un des points remarquables de son récit des événements qui ont mené au soulèvement consiste à démontrer que les Judéens furent entraînés dans cette guerre par un fâcheux concours de circonstances dont il déroule l'engrenage. Il énumère ainsi les accès sporadiques de violences auxquels se sont livrés bandits et zélotes en accroissant le chaos d'une région déjà en pleine ébullition ; décrit la stupidité et la rapacité des procurateurs en place qui intensifient le climat d'insécurité par leurs exactions et attisent le ressentiment de la population ; rappelle les émeutes et la vague de massacres perpétrés à l'encontre des Juifs par les populations avoisinantes. Tous éléments qu'il complète par un autre facteur, moins empirique mais tout aussi important, le rôle exercé par la lecture mal comprise d'un oracle judéen prédisant la victoire à des esprits échauffés alors qu'il s'agissait, selon lui, de celle encore à venir de Vespasien (*GJ*, VI, 312-314). Dans les *Antiquités* toutefois, Josèphe attribue directement la responsabilité de la tragédie qui s'est déroulée à l'apparition d'une quatrième « école philosophique », difficile à déterminer, dont les adeptes se jouent de la mort (XVIII, 3-10) [21].

Josèphe affirme avoir été envoyé en Galilée par le Conseil de Jérusalem, en tant que gouverneur, afin de tenter de convaincre la province rebelle de déposer les armes à la discrétion des dignitaires hiérosolomytains. Les nombreuses factions rivales, prônant tant la fidélité que la révolte contre le pouvoir de Jérusalem, rendent malaisé l'exercice d'un commandement jugé *a priori* suspect par les dirigeants locaux (*Autobiographie*, 29). Alors âgé de vingt-huit ans, il combat dans les rangs des insurgés qu'il commande. Si le récit précis des épisodes qui l'ont conduit à rejoindre Vespasien n'est pas rappelé dans son *Autobiographie*, il fait cependant l'objet d'une description détaillée dans la *Guerre* (*GJ*, III, 339-408). Josèphe insiste maintes fois sur ses vaines tentatives destinées à apaiser les esprits après la défaite des légions de Cestius, n'hésitant pas à ruser pour y parvenir (*Autobiographie*, 62, 68, 74, 77, 121, 169, 184, 369, 389, 423). À l'en croire, si, presque par-devers lui, il a toujours eu le beau rôle, c'est qu'il reçut de la Providence la grâce d'être placé du bon côté de l'échiquier historique. En butte aux critiques malveillantes de ceux qui visent à disqualifier son récit du soulèvement et font de sa période de gouvernement en Galilée une tyrannie cupide, Josèphe se défend âprement, tout en veillant à rendre la succession des événements qui ont mené à la tragédie aussi limpide que possible pour un lectorat supposé de culture grecque.

Juste de Tibériade, personnage un peu mystérieux qui a fait couler beaucoup d'encre[22], apparaît sous la plume de Josèphe dans le passage décrivant son apaisement de la révolte à Tibériade (*Autobiographie*, 174-178). On a souvent pensé que Josèphe a rédigé et ajouté son autobiographie à la fin des *Antiquités* pour répondre aux accusations portées par Juste – ou d'autres – concernant l'intégrité de sa personne et le rôle effectif qu'il aurait joué dans la guerre contre les Romains[23]. Mais plus encore, ce serait surtout l'authenticité de sa narration qui semble avoir été l'objet des attaques de ses détracteurs : récit dont on sait qu'il avait servi à édifier l'histoire impériale officielle de l'accession au pouvoir de la dynastie flavienne. Il ne fait d'ailleurs pas de doute que cette autobiographie est un plaidoyer *pro domo*. S'appesantissant sur les diverses tribulations et les nombreux complots auxquels il n'a cessé d'échapper durant sa période judéenne, il magnifie ainsi son rôle et son action de général. La biographie s'achève sur la description des faveurs dont sa *Guerre* a bénéficié auprès de Vespasien, et la manière dont il est devenu l'historien attitré de la victoire des Flaviens sur la Judée.

C'est à un public de culture grecque – païen mais juif également – qu'était adressée la *Guerre des Juifs*. Il s'y décrit en acteur belliqueux plus qu'en sage pacifiste. Général appointé par Jérusalem pour combattre les Romains dans la *Guerre*, il recrute une armée, qu'il forme à la discipline et au combat (II, 4, 568). En revanche, écrivant plus tard sa biographie, il assure qu'envoyé afin de maintenir le calme dans la région il avait négocié avec les bandes de brigands locaux en allant jusqu'à les rétribuer pour qu'ils cessent leurs raids et leurs rapines (*Autobiographie*, 77-78). D'ailleurs, à l'en croire encore, les fauteurs de guerre furent essentiellement les brigands, sicaires[24] et autres zélotes qui sévissaient en Judée, tandis que, dans la mesure du possible, les dignitaires politiques dont il fait partie s'y opposaient.

Paradoxalement, son récit montre qu'il combat aussi héroïquement que résolument les Romains. Il les affronte, installe des fortifications dans un grand nombre de villes, notamment à Gabara, Gamala

(Gamla) et Sepphoris, pour empêcher leurs habitants d'abandonner la révolte et rallier l'ennemi (*GJ*, II, 20, 572-576). Au cours des quarante-sept jours que dura le siège de la citadelle de Jotapata (Yodfat), Josèphe mentionne l'utilisation de tous les moyens de défense imaginables, des plus classiques aux plus farfelus. Son équipement militaire ne pouvant aucunement rivaliser avec l'arsenal romain, il se sert d'armes improbables (de bottes de paille pour amortir la chute des balistes, de jets d'huile bouillante s'insinuant sous les armures), de déguisements (sous des peaux de bœufs fraîchement abattus), et d'artifices (faire ruisseler de l'eau des remparts pour narguer les Romains qui tablent sur l'absence de source dans la citadelle), le tout pour abuser les Romains en brisant leur certitude d'une victoire aisée et rapide (*GJ*, III, 7, 161-192 ; 271). Pourtant, le moment vient où la ville est prise par surprise : il n'y aura plus rien à tenter (*GJ*, III, 7, 323).

Josèphe soutient avoir été très tôt conscient de l'inanité d'un combat dont le dénouement était inéluctable ; il affirme également avoir prôné une reddition que les combattants rejetèrent avec obstination, préférant mourir de leurs propres glaives. Il se rendra cependant aux mains des Romains, après avoir usé d'un stratagème lui permettant d'échapper au suicide collectif, lors du siège de la citadelle de Jotapata en 66 (*GJ*, III, 8, 387-391)[25], cela dès le début de la campagne de Judée. Là, se place son fulgurant revirement. Comment comprendre, en effet, que ce général en chef, loyal et héroïque serviteur de la révolte (*GJ*, III, 7, 137), ait soudainement pu se muer en chantre de la grandeur romaine ? Car le voilà qui prophétise l'Empire à Vespasien (*GJ*, III, 8, 401), auprès duquel il s'engagera, lui servant d'interprète, de médiateur, d'expert et de guide. Prisonnier entre 67 et 69, enchaîné, mais traité avec maints égards, il est honoré au point qu'on lui offre – ou permet de prendre – une épouse parmi les captives de Césarée (*Autobiographie*, 414). Proclamé empereur tandis qu'il se trouve à Alexandrie, Vespasien le libère spectaculairement à l'été 69 (*GJ*, IV, 622-629). Josèphe change alors résolument de camp. Et bien qu'il soit considéré comme traître à son peuple par les deux partis (*Autobiographie*, 416 ; *GJ*, III, 439), c'est en homme libre, qu'il accompagne les légions de Titus d'Alexandrie à Antioche, puis à Jérusalem ; et c'est des quartiers romains qu'il assiste en 70 au sac de la ville et à la destruction du Temple, qui se soldèrent par la mort de plus d'un million d'âmes et la captivité de 97 000 personnes (*GJ*, VI, 420).

La révolte anéantie, c'est en hôte privilégié qu'il embarque dans le vaisseau personnel de Titus, abandonnant la Judée vaincue pour Rome qu'il ne quittera plus. Titus Flavius Iosephus achèvera probablement sa vie dans la capitale à une date inconnue, vers la fin du Ier ou au tout début du IIe siècle. Entre sa reddition et sa disparition, il aura connu des fortunes diverses. Prisonnier volontaire, esclave puis affranchi, il obtient les faveurs des empereurs flaviens, Vespasien et Titus, auxquels il doit son patronage, son nom, sa citoyenneté romaine, sa pension et son toit, ainsi que des domaines en Judée. Sous Domitien, le dernier des Flaviens – règne qu'il n'évoque guère –, peut-être quelque peu tombé en disgrâce, il conserve cependant liberté, citoyenneté et éventuellement, on ne le saura jamais, sa pension.

Son autobiographie est la plus ancienne qui nous soit parvenue [26]. Loin de s'inscrire dans un genre littéraire existant, elle répond à une nécessité immédiate : rendre compte de son parcours politique afin de réfuter les diffamations dont il est l'objet. De sorte que, s'il s'étend abondamment sur les vicissitudes qu'il a subies et les complots ourdis par ses compatriotes auxquels il a réchappé au cours de sa carrière militaire patriotique, il ne dit rien de ses revers de fortune à la cour flavienne et fort peu sur sa vie privée sur laquelle il faut glaner des informations éparses dans ses écrits. On découvre ainsi qu'il aura épousé trois femmes (ou peut-être quatre si l'on suppose qu'il a pu avoir été marié avant son odyssée romaine), dont il eut cinq enfants de deux mariages. La première (ou la deuxième), épousée en captivité, le quitte une fois leur liberté retrouvée à Alexandrie ; il divorce d'une autre, épousée immédiatement après le départ de la précédente et toujours durant ce séjour à Alexandrie (*Autobiographie*, 414-415). Lors de ses exhortations aux insurgés devant les remparts de Jérusalem assiégée, il évoque avec emphase la présence dans la ville de sa mère et de sa femme et, à moins qu'il ne s'agisse d'un artifice oratoire, cette dernière a dû être épousée avant sa reddition et son changement de statut (*GJ*, V, 419). Enfin il évoque dans son autobiographie son dernier et actuel mariage avec une aristocrate de son rang, une Crétoise d'origine judéenne (*Autobiographie*, 427). De ses cinq enfants, trois sont également encore vivants lors de cette rédaction : Hyrcan, Justus et Agrippa (*Autobiographie*, 5).

L'attention de Josèphe se concentre sur la défense de son grand œuvre, ses deux monuments : le premier, *Bellum Judaicae*, consacré à décrire la guerre contre les Romains, et le second, *Archaiologiae Judaicae*, qui, tout en paraphrasant le récit biblique, présente l'histoire de son peuple « jusqu'à la douzième année du règne de Néron » (*AJ*, XX, 259). L'*Autobiographie* et l'apologie, que l'on connaît comme le *Contre Apion*, semblent avoir été conçues l'une et l'autre en tant qu'*addendum*. L'ensemble est rédigé en grec. Une première version de la *Guerre*, dont il ne reste aucune trace, aurait été rédigée, affirme Josèphe, « dans la langue de ses pères » – en araméen (*GJ*, Préface, I, 3). Était-elle destinée à atteindre un lectorat juif, éloigné de la Judée ou ignorant le déroulement exact des événements, plutôt qu'à un large public romain ? Cette version n'ayant jamais été identifiée, on ne peut se livrer qu'à des conjectures. Le caractère pédagogique de sa narration est toutefois évident, car, pour tenter d'expliquer les raisons qui ont mené à l'insurrection contre Rome et à la destruction de Jérusalem et du Temple, Josèphe fait commencer l'histoire de la révolte à l'époque des Maccabées, avec la restauration de la monarchie juive en Judée et la renaissance nationale qui en découla. Il attendra ensuite plus de deux décennies pour publier les vingt volumes de son archéologie du judaïsme, les *Antiquités juives*, dont le récit commencé par la création du monde s'achève en 66 de l'ère commune avec l'insurrection de la province.

À la fin du vingtième volume, rédigé, précise-t-il, « en la treizième année du règne de Domitien » et dans sa « cinquante-sixième année » (*AJ*, XX, 267), en 93 donc, Josèphe déclare que son ascendance et son parcours personnel sont garants de la fidélité de sa narration. L'autobiographie, la *Vita*, vient donc apporter ce complément et justifier sa démarche. Elle vise ainsi à établir l'origine et la légitimité de ses compétences, obtenues en vertu de son ascendance sacerdotale et monarchique, ainsi que de son éducation, particulièrement solide. Tout en revenant sur des récits rapportés auparavant, il profite de l'occasion pour amender certains passages et proposer des versions parfois sensiblement différentes des événements ou de leur succession chronologique. Certains acteurs de la révolte voient leurs rôles s'amplifier ou leurs caractères plus largement étoffés [27]. Quant au

Contre Apion, on suppose que ce texte a été son œuvre ultime.

Contre-point

Depuis l'explosion des recherches sur le corpus Josèphe, il n'est pas de ligne de ses textes ni aucune de ses descriptions d'événements qui n'aient été disséquées, soupesées, et passées au crible d'analyses critiques, ôtant même parfois toute crédibilité aux descriptions de ses hauts faits [28]. Ces études tiennent compte, en revanche, du contexte de leur rédaction comme de leur structure narrative et des méthodes employées [29]. Au vu des nombreuses divergences d'opinions et de perceptions contradictoires de sa personne comme de son œuvre, en rendre compte de manière exhaustive serait une tâche aussi fastidieuse que vaine. La somme des informations disponibles reste pourtant quasi inchangée, aucun apport vraiment inédit n'étant venu enrichir le corpus sur lequel les recherches s'appuient. Mais le délitement de certitudes que l'on avait tenues, jadis, pour acquises n'a pas épargné le *Contre Apion*.

De la même manière que les chercheurs avaient constaté en lisant les anciens auteurs qui mentionnaient le récit de vie de Josèphe que ce texte n'avait pas dû constituer un écrit indépendant à l'origine, mais semblait plutôt être un appendice ajouté aux *Antiquités*, ils ne peuvent à présent ni dater précisément le *Contre Apion*, ni même en situer nettement la rédaction [30]. Comme le texte ne comporte ni titre ni prologue, et apparaît très fragmentaire, on l'avait jusqu'à présent considéré comme un document rédigé dans la foulée de son autobiographie. On estimait ce faisant qu'il s'agissait de sa dernière œuvre, peut-être la mieux peaufinée, si ce n'est la plus aboutie.

Nul aujourd'hui ne saurait cependant trancher, car ce texte pourrait aussi bien résulter d'une rédaction intermédiaire, rédigée entre la fin des *Antiquités* et son *Autobiographie*, qu'avoir effectivement été son écrit ultime. Cette mise en doute de sa datation ne se limite pas à la période présumée de la rédaction de l'ouvrage. Elle s'étend également à Épaphrodite, le destinataire des dédicaces des trois textes qui suivirent la *Guerre*, c'est-à-dire les *Antiquités*, l'*Autobiographie* et le *Contre Apion*. Josèphe qui s'adresse ici au « très puissant Épaphrodite » (I, 1) le présente dans les *Antiquités* comme un « homme passionné pour toute forme de savoir, et particulièrement intéressé par les leçons de l'histoire, lui, qui a été mêlé à de grands événements, et a goûté des fortunes variées, montrant en toute circonstance une remarquable force de caractère, et un attachement inébranlable à la vertu » (*AJ*, I, 9). Or, cet Épaphrodite qui patronna ces publications n'est plus identifiable avec certitude : on sait désormais que son identité dépend de la date plausible attribuable à la rédaction de l'ouvrage [31].

II. Le *Contre Apion*,
source d'inspiration et de trouble

« La réception de l'œuvre de Josèphe est remarquable en ce sens que les réactions […] qu'elle suscite tiennent plus de la subjectivité et des motivations de ses lecteurs que de ses écrits en eux-mêmes. »

C'est en ces termes que Heinz Schreckenberg relève le paradoxe qui voulut que cet historien juif auquel ses coreligionnaires n'avaient accordé aucune attention eût reçu un accueil privilégié dans les premiers cercles de l'Église [32]. L'une des difficultés inhérentes à l'établissement du texte du *Contre Apion* tient aux canaux qui ont frayé sa transmission au cours des siècles. Éclairer les raisons qui ont conduit les auteurs chrétiens à s'approprier l'œuvre de Josèphe, à la conserver et la propager au point que ses écrits se soient trouvés dans toute bibliothèque familiale sérieuse ou dévote est donc indispensable. Se poser la question est d'autant plus important que Josèphe, s'il a jamais rencontré des chrétiens, a, en tout cas, vécu et décrit une période durant laquelle ces derniers commençaient à se rassembler, bien qu'étant encore loin de former un groupe dominant si ce n'est distinct. Ce Ier siècle était aussi une période de reconstruction et de redéfinition du judaïsme après que la destruction du Temple en eut fait disparaître le pivot. Siècle de transition, il ouvrait une nouvelle période, conduisant, d'un côté, à la grande révolte messianique conduite sous l'égide de Bar Kokhba (132-135) et, de l'autre, à l'émergence ultérieure du judaïsme rabbinique.

Steve Mason, dernier éditeur en date de ses œuvres complètes, rappelle à juste titre que, pour saisir l'importance de l'œuvre de Josèphe pour les chrétiens, il faut tenir compte du fait qu'elle constitue l'unique document qui contribue à enrichir les Évangiles en leur conférant un environnement concret et un contexte historique tangible [33]. Ainsi les protagonistes que les Évangiles ne citent que très succinctement, tels le roi Hérode et ses fils, le préfet Ponce Pilate, le Grand-Prêtre Anas (Ananus) ou encore Caïphe, s'insèrent-ils dans un déroulement historique qui leur prête chair.

En outre, la lecture des écrits de Josèphe permet, par exemple, non seulement de se représenter la scène de l'arrestation de Jésus au Temple, mais également d'imaginer ses déplacements et ses enseignements grâce aux descriptions minutieuses qui brossent la géographie et les paysages de Galilée [34]. Et il en va de même pour ce qui a trait à ses opposants : Samaritains, Sadducéens et Pharisiens s'animent de caractères plus expressifs. Les évocations, aussi brèves soient-elles de Jean le Baptiste (*AJ*, 18, 116-119), Jacques (*AJ*, 20, 197) et Jésus (*AJ*, 18, 63) confèrent ainsi réalité à ces personnages autrement restés dans l'ombre de l'histoire. De sorte que le panorama de la Bible hébraïque et les éclaircissements des lois juives qui parsèment l'ensemble de l'œuvre de Josèphe ont pu permettre aux chrétiens issus du monde païen de la jeune Église d'acquérir et de fonder les bases du bagage culturel dont ils revendiquaient l'héritage. Plus encore, Josèphe rédigea et publia son apologie du judaïsme à un moment où les premiers chrétiens cherchaient précisément à se définir de manière autonome tout en se situant dans la continuité historique d'une histoire providentielle ; les explications ayant trait aux fondements du judaïsme, de son histoire et de ses lois, et destinées à informer un public étranger au judaïsme pouvaient donc également servir de modèle à adapter et à partir duquel fonder le récit chrétien. Enfin, l'édition finale des Évangiles croise dans le temps la transmission des œuvres de Josèphe ; l'hypothèse d'une interdépendance entre les deux, notamment avec l'Évangile de Luc, n'est pas à exclure [35].

Outre ces descriptions, ô combien précieuses, Josèphe apportait au christianisme une dimension prodigieuse : un argument théologique d'autant plus inestimable qu'il était proclamé de voix juive. Les chrétiens du Ier siècle, puis les Pères de l'Église ne s'y trompèrent pas. La description de la ruine de Jérusalem, de la chute du Temple et de la victoire des Romains faisait aisément tomber dans leur escarcelle l'explication avancée par Josèphe selon laquelle Dieu avait armé le bras de Vespasien pour signifier

l'abandon de ce peuple qui avait délaissé ses commandements (*GJ*, V 378 ; 400 ; 412) [36]. On ne s'étonnera
donc pas de constater que la plus ancienne édition de
l'œuvre de Josèphe, connue sous le titre *Peri Halosis* –
la Capture de Jérusalem – en ait bouleversé l'ordre
initial afin de placer la *Guerre* après les *Antiquités*. Le
mouvement historique menant directement à la fin du
judaïsme et à l'émergence du christianisme apparaissait ainsi tout tracé. Toutefois, l'argument théologique
fourni par Josèphe ne pouvait raisonnablement opérer
qu'au prix d'un détournement du sens de ses textes.
Origène, Eusèbe, Jérôme, et jusqu'à Bède le Vénérable
ne s'en privèrent pas.

Josèphe fut, en effet, utilisé dès les deux premiers
siècles de l'ère commune dans les sermons chrétiens,
notamment par Méliton, évêque de Sardes, et Hippo-
lyte de Rome (*ca* 170-235). Origène (*ca* 185-253) fut
cependant le premier à développer une interprétation
antijuive de la chute de Jérusalem directement puisée
dans des passages tirés des *Antiquités* : ainsi la
destruction du Temple était-elle venue châtier le crime
des Juifs à l'encontre de Jacques et leur rejet de Jésus
(*AJ*, XVIII, 118-119 ; XX, 200 ; XVIII, 63-64).
L'argument fut complété par Eusèbe Pamphile,
évêque de Césarée (*ca* 260-339/340) qui en vint à désigner le sort fatal de Jérusalem comme la preuve éclatante et historique de la vérité du christianisme. Sans
hésiter à falsifier l'interprétation de Josèphe, qui
décrivait l'ampleur du nombre de combattants
déportés et vendus en tant qu'esclaves après la chute
de la Judée, Eusèbe déclara sans ambages que l'invention chrétienne de la « servitude » des Juifs découlait
de leur crime, en quelque sorte originel, et avait
démarré immédiatement après la destruction du
Temple en 70. Et ce, en dépit de la présence continue
et persistante des Juifs en Palestine au cours des

siècles suivants – qu'il ne pouvait ignorer au sein de son propre environnement [37] – et du fait que le judaïsme avait maintenu son statut légal dans tout l'Empire romain au cours des siècles suivant les deux insurrections [38]. Plus encore, pour mieux faire coïncider les signes célestes avec les événements historiques, Eusèbe n'hésita pas à situer la chute du Temple lors de la fête de Pâque – au printemps – au lieu du mois de *Av* – en été – pour qu'elle coïncide avec celle de la crucifixion [39].

Jérôme, dit de Stridon (347-420), pour sa part, inclut l'œuvre de Josèphe dans son Histoire de la littérature chrétienne, *De Viris Illustribus*, notamment dans un chapitre se présentant comme un substitut de la *Vita* qui, quant à elle, ne fut jamais traduite en latin durant l'Antiquité. L'édition latine du IVᵉ siècle (*ca* 370), connue comme le Pseudo-*Hegesippus* mentionné par Th. Reinach [40] dans son Introduction à l'édition de la CUF, révise à sa manière la version grecque de la *Guerre*, puisqu'il s'agit surtout d'une compilation destinée à servir la polémique antijuive [41]. Car, tout en louant le témoignage de Josèphe en faveur de Jésus, le texte lui reproche la dureté de son cœur *(duritia cordis)* et son refus obstiné *(perfidia)* de reconnaître le Sauveur en la personne de Jésus [42]. L'intégration de Josèphe au cœur du patrimoine littéraire chrétien fut si phénoménale que le moine anglais Bède le Vénérable (*ca* 673-735) le rangea parmi les Pères de l'Église, dans la lignée d'Origène, Jérôme et Augustin [43].

Cette appropriation allait servir à nourrir le combat chrétien mené contre le judaïsme. Détournant le texte de Josèphe, transférant sa condamnation de l'entêtement des zélotes à refuser de rendre les armes vers l'argument théologique de l'obstination des Juifs, il fut systématiquement utilisé à leur encontre et fournit même la pièce maîtresse de leurs chefs d'accusation.

C'est ainsi que, pour mieux muer la victoire romaine en victoire chrétienne, la *Guerre* de Josèphe fut placée en guise de témoin irréfutable en appendice à nombre d'éditions imprimées du Nouveau Testament et de livres de prières, et que la coutume fut même instaurée d'en lire des extraits significatifs au dixième dimanche suivant la Trinité [44]. Et il est révélateur que la *Guerre* de Josèphe, rédigée en araméen, puis traduite en grec, ait connu sa plus grande gloire dans sa version latine.

On l'aura compris, étudiée avec attention, copieusement utilisée et rapidement traduite du grec en latin, l'œuvre de Flavius Josèphe ne doit sa postérité qu'à ses interprétations et à leurs implications pour la théologie chrétienne. Ce phénomène explique l'importance que les chercheurs accordent à la collation des manuscrits et à la comparaison des copies existantes pour tenter de déterminer la présence d'un texte original. Tant de mains et de plumes s'y sont immiscées au fil des siècles que la tâche demeure difficile. Il en va ainsi des passages concernant Jean le Baptiste et Jacques, mais surtout du fameux *Testimonium Flavianum* des *Antiquités* qui mentionne nommément Jésus. Soupçonnés d'être interpolés, depuis que l'humaniste Lorenzo Valla (1407-1457) s'interrogea sur leur authenticité, ces passages, on le verra plus en détail, font toujours l'objet de débats parmi les chercheurs.

Quant au *Contre Apion*, il exerça à son tour un rôle non négligeable dans la relecture du passé. Les chrétiens, qui affirmaient être le véritable Israël venu supplanter l'ancien Israël déchu, y trouvaient en effet un outil à double tranchant. D'un côté, le texte leur permettait de reprendre à leur compte sa démonstration de la noblesse et de l'ancienneté du monothéisme et de l'éthique biblique, surpassant en cela toutes les autres croyances, de l'autre, ils pouvaient également se servir des accusations, contestées précisément par Josèphe, pour appuyer leur argumentation antijuive et soutenir que les Juifs avaient suscité la répulsion et la haine depuis la plus lointaine antiquité.

Utilisée, on l'a dit, en tant qu'indice chronologique et théologique par les premiers chrétiens, l'œuvre de Josèphe, et tout particulièrement le *Contre Apion*, rencontra à point nommé les attentes des apologistes chrétiens. Certains s'en inspirèrent librement, bien qu'il soit impossible de savoir s'ils eurent un contact direct avec ses écrits. D'autres, et tout d'abord Théophile d'Antioche (*ca* 180), le suivirent plus précisément en le prenant pour modèle [45], comme on le voit dans son *To Autolycus* lorsqu'il défend l'ancienneté du judaïsme en citant les extraits de textes égyptiens et phéniciens [46]. Une autre illustration de l'utilisation de Josèphe en tant que source de savoir provient de Tertullien (*ca* 145-220).

À la différence des autres apologistes qui s'adressaient à leurs coreligionnaires chrétiens afin de consolider leur foi, l'*Apologie* de Tertullien s'adresse au Sénat de Rome. Comme Josèphe un siècle avant lui, il plaide en faveur de l'Église diffamée par des détracteurs. Ces calomnies visant indistinctement le christianisme et le judaïsme, le premier dépendant du second, il s'attache à montrer le différend qui sépare la Synagogue de l'Église. Mais pour assurer la légitimité du christianisme, il avait besoin de défendre les fondements du judaïsme. En vertu du principe qui voulait jadis qu'ancienneté corresponde à légitimité, Tertullien a, comme d'autres avant et après lui, recours aux écrits de Josèphe, qu'il décrit comme « Josèphe le Juif, historien national, qui s'est fait le vengeur des antiquités juives [47] ». Sans cependant citer directement le *Contre Apion*, il y puise librement pour enrichir son argumentation, sans éviter de commettre certaines erreurs de lecture ou de transcription.

Origène (*ca* 185-253), quant à lui, présente un cas plus complexe, car, on le sait, il mit à profit un grand nombre de sources non identifiées pour fonder sa connaissance de la tradition juive [48]. Toutefois, dans la mesure où son *Contre Celse* cite précisément les deux volumes qui forment le *Contre Apion*, tout en le désignant comme faisant suite aux *Antiquités*, son utilisation directe ne fait pas de doute. Il est cependant remarquable qu'il attribue (soit en se fondant sur une glose disparue, soit qu'il l'ait inventée) à Josèphe l'affirmation selon laquelle la cause de la destruction de Jérusalem serait due à la lapidation de Jacques, alors que Josèphe l'attribue clairement à la souillure du Temple due aux meurtres qui y furent commis par les insurgés (*GJ*, IV, 2, 318 ; VI, 2, 108-110 ; *AJ*, XX, 166) [49].

La rédaction des œuvres d'Eusèbe Pamphile, dit de Césarée, marque un tournant dans la théologie chrétienne. Ses écrits se détachent de ceux de ses prédécesseurs car le christianisme est en pleine mutation : en conquérant le monde romain, il change de dimension et de statut. Eusèbe offre ainsi une présentation minutieuse de l'état de l'Église au IVe siècle. Tâchant d'appréhender la manière dont la petite secte marginale s'est faite religion d'empire, Eusèbe analyse soigneusement ses relations avec le judaïsme, et ce, afin de parvenir à une définition de ce qu'est réellement le christianisme. Son intérêt pour l'œuvre de Josèphe, et pour le *Contre Apion* en particulier, qui était l'un de ses atouts pour la connaissance du judaïsme, ne saurait donc étonner : l'œuvre de Josèphe est, pour Eusèbe, la référence essentielle. Ses informations chronologiques et géographiques proviennent des *Antiquités* et du *Contre Apion*, et ces deux textes contribuent à étayer sa réflexion, tant historique que théologique [50]. Et, de fait, c'est aux nombreuses citations effectuées par l'évêque de Césarée que l'on doit la transmission des textes de Josèphe [51]. Car en synthétisant les apports de ses prédécesseurs et en fournissant des détails les concernant, Eusèbe a édifié une histoire sur laquelle l'avenir pourrait s'appuyer, et qui, pour ce qui nous concerne ici, permet de suivre à la trace les premières lectures chrétiennes de Josèphe.

Bien qu'aucun fragment ne corresponde parfaitement aux manuscrits collectés au XIXᵉ siècle par Niese, Eusèbe a utilisé et cité quantité de matériaux éclectiques puisés dans les ouvrages de Josèphe. Il n'est donc pas aisé de se faire une idée de la nature exacte des textes auxquels il a véritablement eu accès. En outre, il affirme souvent le citer fidèlement [52], ce qui accentue considérablement la complexité de la reconstitution des versions ayant circulé en son temps. L'équivoque inhérente à une relation au judaïsme fondée à la fois sur la dépendance, l'appropriation et le rejet éclaire la différence d'attitude qui s'observe entre la *Préparation* et la *Démonstration* évangéliques d'Eusèbe. Tandis que, dans la première, il s'attache à prouver la supériorité du judaïsme sur les religions païennes en suivant la démonstration du *Contre Apion*, il vise, avec la seconde, à établir la suprématie du christianisme sur sa religion mère [53]. Ainsi Eusèbe se sert-il de l'étude des lois effectuée par Josèphe pour établir que le « judaïsme est une philosophie caractérisée par l'harmonie, la raison et la modération, qui mène à une vie vertueuse [54] ».

Suivant encore Josèphe, sa présentation de Moïse s'éloigne du portrait biblique pour en faire un sage dont le génie fut d'instituer la Loi. Législateur plus que prophète, Moïse est ainsi un philosophe dont l'accomplissement se traduit par la promulgation de la loi mosaïque, parfaite entre toutes, et dont le but est de promouvoir la vertu (*CA*, II, 183). De sorte que, suivant le raisonnement de Josèphe, cette adhésion à la Loi, plus ancienne que la pensée grecque, lui est donc supérieure. Eusèbe reprend également à son compte l'ensemble du corpus élaboré par Josèphe afin d'établir l'antériorité des Juifs sur les Grecs, incluant la liste des anciens auteurs dont les calomnies attestent la présence juive depuis les temps les plus anciens. Comme Josèphe, il met l'accent sur le soin des Juifs à collecter et transmettre leurs annales et leurs archives historiques (*CA*, I, 6)[55] ainsi que sur l'ancienneté de l'alphabétisation hébraïque qui leur a assuré un bagage culturel supérieur à celui des Grecs, somme toute récemment entrés dans l'histoire. Par la vertu de cette appropriation, qui veut que l'enfant hérite de ses parents, l'apologie du judaïsme rédigée par Josèphe se mue, sous la plume d'Eusèbe, en apologie du christianisme[56].

Le pic de popularité des œuvres de Josèphe que l'on observe à partir de la fin du XIIe siècle, en pleine époque des croisades, en témoigne[57]. Une nouvelle génération de manuscrits de Josèphe fut alors enluminée de couleurs chatoyantes[58], et les pèlerins-croisés renouent avec les usages des premiers chrétiens en allant puiser chez Josèphe des informations historiques et géographiques utiles. C'est ainsi que Josèphe leur sert de guide de voyage pour la Terre Sainte, tel, entre autres chroniqueurs, Foulcher de Chartres (1095-1127) qui le mentionne dans son *Historia Hierosolymitana*[59]. Mais les croisés ne font cependant aucun lien entre la glorification du judaïsme et de ses traditions rédigées par l'auteur de leur « petit évangile » et les Juifs qu'ils rencontrent et massacrent sans scrupule en cours de route[60]. Comble du paradoxe :

l'œuvre de Josèphe, christianisée en tant que document exégétique fondamental, sert simultanément à cimenter la vindicte à l'encontre des assassins du Sauveur.

Plus surprenant encore, les descriptions de la destruction de Jérusalem sont une source d'inspiration fréquente dans les chroniques des croisades. Foulcher de Chartres se sert de ses données topographiques et n'hésite pas à illustrer les périples de Baudoin en piochant dans la *Guerre* des passages décrivant les itinéraires de Titus en Terre Sainte. Ce faisant, les croisés s'identifient avec les Romains qui « libèrent » Jérusalem, et justifient les massacres qu'ils y perpètrent par sa narration des événements de 70 [61].

Toutefois, c'est surtout par plumes interposées que l'œuvre de Josèphe connut sa plus grande diffusion. Ainsi, l'un des ouvrages les plus populaires de l'époque, l'histoire scholastique du chanoine puis chancelier de l'Université de Paris, Pierre Le Mangeur (Petrus ou Pierre Comestor, *ca* 1110-1179), qui résume le récit biblique à des fins pédagogiques, utilise dans la partie sur le livre de la Genèse pas moins de 72 extraits des *Antiquités* de Josèphe, et Louis Feldman remarque que c'est dans la France du Nord-Est et dans les pays du Rhin qu'elle suscite le plus d'intérêt [62]. Mais cet intérêt n'est pas exclusivement narratif, puisque c'est justement dans ces régions que se trouvent alors le plus grand nombre de communautés juives en Europe du Nord. Il ne tient donc pas au hasard que l'influence exercée par la lecture – souvent indirecte – de Josèphe se retrouve jusque dans les *Schwabenspiegel* et *Sachsenspiegel*, les grands codes de droit germaniques médiévaux qui reflètent la vie quotidienne et les modes de pensée de l'époque. Pour curieux que cela puisse paraître à notre approche distanciée, Josèphe sert ici à expliquer la condition de serviteur du roi, *servi camerae*, assignée aux Juifs. Cette servitude est alors entendue par le juriste Eike von Repgow (*ca* 1180-*ca* 1233) comme une protection immuable, héritée de Vespasien, qui après avoir asservi les Juifs leur accorda la paix, et se serait donc transmise à leurs héritiers directs : les empereurs romains germaniques [63].

Josèphe et le doute

Outre la remise en cause de ses faits d'armes et de son récit de vie jugé trop auto-hagiographique, l'œuvre de Josèphe s'est, elle aussi, vue remettre en question en tant que source authentique et document historique. Une fois mesurée l'éventuelle intervention de mains chrétiennes partisanes dans son texte, son témoignage sur Jésus, le plus retentissant pour la chrétienté, a été à son tour reconsidéré.

« Vers le même temps vint Jésus, homme sage, si toutefois il faut l'appeler un homme. Car il était un faiseur de miracles et le maître des hommes qui reçoivent avec joie la vérité. Et il attira à lui beaucoup de Juifs et beaucoup de Grecs. C'était le Christ. Et lorsque sur la dénonciation de nos premiers citoyens, Pilate l'eut condamné à la crucifixion, ceux qui l'avaient d'abord chéri ne cessèrent pas de le faire, car il leur apparut trois jours après ressuscité, alors que les prophètes divins avaient annoncé cela et mille autres merveilles à son sujet. Et le groupe appelé d'après lui celui des Chrétiens n'a pas encore disparu (*AJ*, XVIII, 63-64).

Albinus [...] réunit un sanhédrin, traduisit devant lui Jacques, frère de Jésus appelé le Christ, et certains autres, en les accusant d'avoir transgressé la loi, et il les fit lapider (*AJ*, XX, 200). »

Nul ne s'étonnera que ce soit ces deux brefs passages que la tradition chrétienne a consacrés sous l'appellation « Témoignage » (*Testimonium Flavianum* ou encore *Testimonium de Christo*) qui aient suscité le plus d'intérêt et soient les plus controversés, et ce depuis le XVIe siècle. Attestation authentique ou interpolation fallacieuse ? Il n'existe pas – ou plus – à présent de consensus scientifique sur la question que Théodore Reinach estimait alors réglée (voir sa préface dans la CUF, p. VI) en suivant la ligne adoptée par les chercheurs depuis la fin du XIXe et le début du XXe siècle. En témoigne l'attitude de Henry St John Thackeray qui, après avoir admis l'interpolation comme allant de soi, en était ensuite revenu. L'hypothèse de l'authenticité du texte développée à l'époque reposait sur les conclusions avancées par le savant autrichien Robert Eisler à partir d'un document en vieux-russe, alors récemment publié et intitulé *La capture de Jérusalem par Flavius Josèphe* [64]. Se fondant sur l'affirmation de Josèphe mentionnant la rédaction d'une version araméenne, envoyée « aux peuples étrangers de l'intérieur de l'Asie » (*GJ*, I, 3), Eisler avait présenté ce texte en langue slave comme étant la version originelle de la *Guerre*. Ce texte, conservé par les coreligionnaires orientaux de Josèphe, aurait ensuite été traduit directement de l'araméen en vieux-russe, peut-être par l'intermédiaire de lettrés khazars [65].

La controverse qui entoure ces passages repose sur une observation simple, soulignée, on l'a dit, dès le XVe siècle. Dans la transmission des textes, si Origène au IIIe siècle mentionne, en effet, les lignes concernant Jacques – frère du Christ –, dont il fait d'ailleurs un usage immodéré, il ignore complètement le paragraphe des *Antiquités* concernant le Christ lui-même. Ce n'est, en effet, qu'au siècle suivant qu'Eusèbe de Césarée en rendra compte pour la première fois. Ces passages venant abruptement s'insérer dans le reste du texte, l'hypothèse d'une interpolation chrétienne s'imposait aisément. Au gré des diverses théories concevables, l'auteur de l'interpolation aurait pu s'être introduit entre les versions du texte suivies par Origène et Eusèbe, voire être l'Évêque en personne [66].

Le problème de l'authenticité du témoignage posé à nouveaux frais par R. Eisler s'appuyait sur les nombreuses manipulations subies par le texte au cours des siècles. Mais sa démonstration admettait la possibilité des ajouts à visée de propagande autant que les soustractions par effet ou crainte de la censure. Du coup, sachant que Domitien avait lancé une sévère répression à l'égard des chrétiens, Eisler formula un postulat selon lequel Josèphe aurait tenu un discours différent selon la cible de son lectorat. Élogieux à l'égard du Christ dans la version araméenne de la *Guerre* destinée à ses coreligionnaires, supprimé dans la version officielle grecque, par crainte de représailles, Josèphe aurait réinséré ce passage sous une forme neutre dans les *Antiquités*. À l'inverse, rien n'empêchait de penser également que Josèphe avait rédigé un paragraphe carrément péjoratif à l'égard de Jésus, amendé ensuite par quelque main chrétienne. Cela permettait à Eisler d'expliquer tant l'affirmation d'Origène sur l'obstination de Josèphe à nier l'évidence de la messianité du Christ que sa surprenante omission du fameux passage.

Au-delà des interpolations dues aux copistes chrétiens, une autre piste apparaissait plausible. Josèphe ne s'est, en effet, pas caché avoir utilisé les services d'auxiliaires lettrés pour parfaire sa version en grec de la *Guerre* (*CA*, 1, 50). La source du texte byzantin – daté du XIe siècle – aurait donc été l'esquisse araméenne perdue avant d'avoir été révisée pour sa traduction finale en grec : elle contiendrait son message initial.

La réception du « témoignage » de Josèphe connut cependant un autre rebondissement. En 1971, Shlomo Pinès publie un document inédit citant le fameux témoignage identifié dans un texte rédigé en arabe contenant néanmoins une variante substantielle [67]. La *Chronique universelle* rédigée par Agapius de Mendjib, évêque melkite de Hiérapolis au Xe siècle, le présente en ces termes : « Josèphe l'Hébreu en parle ainsi dans ses ouvrages qu'il a écrits sur les guerres des Juifs : "À cette époque-là, il y eut un homme sage nommé Jésus, dont la vie était parfaite ; ses vertus furent reconnues ; et beaucoup de Juifs et de Gentils se firent ses disciples. Et Pilate le condamna à la mort de la croix ; et ceux qui s'étaient faits ses disciples prêchèrent sa doctrine. Ils affirmèrent qu'il leur apparut vivant trois jours après sa Passion. Peut-être était-il le Messie au sujet duquel les Prophètes avaient dit des prodiges." Voilà le récit de Josèphe et de ses coreligionnaires au sujet de Notre-Seigneur Jésus-Christ, qu'il soit glorifié [68].» S. Pinès compare ce passage avec la *Chronique* de Michel le Syrien, patriarche de l'Église syriaque orthodoxe d'Antioche de 1166 à 1199, ainsi qu'avec le texte grec du corpus Josèphe courant. Ce faisant, en montrant que ce document ne comportait pas la ligne « si toutefois on peut l'appeler un homme », ni de référence aux miracles, ni encore au rôle joué par les dignitaires juifs dans la crucifixion, il réintroduit la thèse d'un témoignage authentique à l'origine, modifié par la suite. Les divergences entre les versions latine et syriaque seraient donc bien dues à une transmission différente des textes en circulation. Et bien malin qui saurait démêler les origines de chacune.

L'hypothèse de la découverte du texte « originel » a fait long feu depuis lors. Le « document slavon » s'étant finalement montré, selon les interprétations les plus consensuelles, un palimpseste s'appuyant parfois sur le *Jossipon*, le Pseudo-Josèphe juif médiéval [69], plutôt qu'une version avérée et inexplorée du *Bellum*. L'idée d'éventuelles transformations du texte de Josèphe s'est néanmoins frayé un chemin : alors que jadis les chercheurs se répartissaient simplement entre deux positions, l'authenticité ou l'interpolation, une voie intermédiaire se dégage actuellement [70]. Y aurait-il eu un noyau d'origine – qu'il soit empathique ou non à l'égard des chrétiens – véritablement rédigé de son stylet et transformé par la suite ? Ou bien a-t-on affaire à une interpolation pure et simple, dont Josèphe n'est en rien responsable ?

La transmission du Contre Apion

Appelé par Origène et Eusèbe *Sur l'antiquité des Juifs* et par Jérôme *Contre Apion* [71], l'ouvrage est réparti en deux volets. Le premier offre un panorama de l'histoire des Juifs, le second une apologie du judaïsme, visant à préciser certains points et à répondre à des accusations particulières [72]. Il n'existe pas de texte grec intégral du *Contre Apion* [73]. Le manuscrit du XIe siècle qui nous est parvenu est amputé de la quasi-totalité du livre II (2, 52-113). Il subsiste cependant une version latine remontant au VIe siècle, diligentée par l'ancien sénateur romain Cassiodore (*ca* 590-583) qui le fit traduire à la suite des vingt livres des *Antiquités juives* [74]. Traduction souvent fautive et maladroite, elle offre néanmoins l'avantage de fournir un texte complet que l'on peut comparer avec les fragments grecs que l'on trouve disséminés ailleurs.

Ce texte ne comportait pas de titre. Il est passé dans la tradition latine des œuvres de Josèphe sous l'appellation *De Iudaeorum vetustate sive contra Apionem*, et *Contra Apionem* dans sa forme raccourcie. Josèphe n'est donc pour rien dans ce titre, qui d'ailleurs ne correspond que très partiellement au contenu de l'ouvrage, et uniquement à la première moitié du livre II, le livre I étant une défense de l'ancienneté du judaïsme, et la seconde partie du livre II étant consacrée à la présentation de Moïse et des lois et valeurs juives. C'est sous l'intitulé « Contre les Grecs » que le philosophe Porphyre de Tyr (234-*ca* 305), évoquant les Esséniens, mentionne « un ouvrage de Josèphe constitué de deux livres » qui en atteste l'existence[75]. Ce qui incite Per Bilde à suggérer qu'un titre tel que celui donné par Porphyre ou « Défense du Judaïsme » aurait certainement été plus approprié[76]. Son utilisation par Eusèbe, qui en cite de nombreux extraits, permet toutefois d'avoir un texte témoin presque suffisant pour recouper les différentes versions et citations éparses qui nous sont parvenues. Les versions manuscrites latines plus tardives remontent aux IXe et Xe siècles (l'*Ecloga* de Syncellus, et celle dite *Excerpta Constantiniana*).

Le *Laurentianus*, manuscrit grec mentionné par Théodore Reinach (préface à l'édition CUF, p. VII-X), remonte au XIe siècle. Corrompu, altéré par de multiples interpolations, c'est lui qui, on l'a longtemps pensé, aurait néanmoins servi de source à la plupart des manuscrits qui seront édités ultérieurement et qui reproduiront presque systématiquement ses lacunes et ses erreurs. La diffusion de la version imprimée à Bâle par l'humaniste hollandais Arlenius (Arnoud de Lens) en 1544 assura au *Contre Apion* une nouvelle vie. Le texte étant désormais fixé, les éditions qui lui succéderont au long des siècles suivants resteront fidèles à l'édition *princeps*, et ce jusqu'à l'édition critique devenue classique réalisée par Benedict Niese en 1889. S'étant donné pour tâche de revoir l'entière tradition textuelle afin de fixer un nouveau texte plus conforme à ce qu'il supposait avoir été l'original, Niese s'en tint, cependant, presque exclusivement à la version du *Laurentianus*. De sorte qu'à sa suite toutes les traductions des XIXe et XXe siècles utilisèrent sa collation.

Or, une équipe de chercheurs allemands de l'Université de Münster est récemment parvenue à identifier parmi le corpus existant une version du XVe siècle (dite *Eliensis*). Celle-ci pourrait, selon eux, avoir utilisé une source indépendante. Selon cette équipe, la version dite *Schleusingensis graecus*, dont la rédaction est située par les chercheurs aux XVe-XVIe siècles, et qui a servi de base à l'*editio princeps* d'Arlenius, ne dépendrait pas uniquement du *Laurentianus*. Ils suggèrent qu'une autre source, tout aussi approximative, pourrait l'avoir précédée. La nouvelle version du texte établie par l'équipe de Münster bénéficie à présent à la fois de la base fournie par la collecte de Niese et des nouvelles éditions de l'œuvre d'Eusèbe[77]. Toutefois, elle tient également compte des ressources textuelles qui ont pu être identifiées depuis lors[78]. Le texte qui forme désormais le *Contre Apion* intègre donc des mises à jour et de nouvelles traductions qui le rendent plus accessible et, parfois, plus cohérent.

La collation des œuvres complètes de Flavius Josèphe effectuée par Benedict Niese reste néanmoins le recueil fondamental, le socle sur lequel s'appuient les éditions classiques en langue française (dont celle-ci) et anglaise de Henry St John Thackeray éditée en 1926. Depuis lors, les études, réalisées notamment par les chercheurs allemands et anglo-saxons, se sont accumulées au point qu'elles constituent désormais un vaste domaine scientifique dont les ramifications se sont diversifiées.

Les *Œuvres complètes* de Flavius Josèphe rassemblées aux XIXe et XXe siècles, les classiques de la

Collection des Universités de France (Budé) ou de la Loeb Classical Library apparaissent à présent un peu désuètes au regard de ces travaux. Elles sont donc progressivement remplacées par les nouveaux outils mis au point pour les « projets Josèphe » qui ambitionnent de couvrir tous les champs de recherche concevables[79]. Il en va ainsi de celui lancé dans les années 2000 aux Éditions Brill, *Flavius Josephus : Translation and Commentary*, qui tient compte des indispensables modernisations linguistiques comme des avancées opérées dans l'agencement du texte grec lui-même par l'équipe de Münster de l'*Institutum Judaicum Delitzchianum* et par les Éditions du Cerf pour la langue française.

On peut, de surcroît, mesurer l'ampleur du phénomène en observant sur la toile l'ouverture de sites spécialisés : mis en ligne par Google, on trouve le « Latin Josephus Project » ainsi que la « Flavius Josephus home page » qui présentent les variantes du texte grec dans leurs diverses collations et traductions en anglais, ainsi que les études savantes les plus pointues reprenant des travaux récents[80]. L'ensemble du champ vient, en outre, d'être définitivement consacré par la parution presque simultanée en anglais et en hébreu d'un *Companion to Josephus* qui présente l'état le plus actuel des recherches, et d'un *Josephus and the Rabbis*, qui analyse les relations éventuelles entre ses écrits et la littérature rabbinique[81].

Le lecteur curieux de voir les différences entre la version de 1902-1930 qui figure ici et celle publiée par l'équipe de Münster devra consulter l'ouvrage allemand publié sous les auspices de Folker Siegert[82] ou encore la traduction en langue anglaise dirigée par Steve Mason[83]. Tous deux comprennent un apparat critique aussi volumineux que passionnant. Il pourra également se rendre sur le site PACE (Project on

Ancient Cultural Engagement) pour rechercher les trois versions actuellement existantes du texte grec et ses traductions, ligne par ligne et chapitre par chapitre, accompagnées de notes [84].

III. Le *Contre Apion*, d'hier et d'aujourd'hui

« Dans sa dernière œuvre justificative, *Contre Apion*, Josèphe propose une réflexion sur le judaïsme qui constitue sans doute la théorisation politique la plus aboutie qu'un Juif ait pu produire sur la nature d'un tel état parfait [85]. »

Rédigé il y a près de deux millénaires, le *Contre Apion* provoque chez le lecteur d'aujourd'hui une impression déroutante. Faite d'un curieux entrelacs de dépaysement et de familiarité, sa lecture suscite le sentiment d'une infinie actualité mêlée d'une insondable étrangeté. Familiarité, car on n'a pas fini, en un sens, de défendre Juifs et judaïsme, et étrangeté, car la tension qui s'en dégage nous échappe largement. Si on ne sait pas grand-chose des auteurs auxquels Josèphe s'affronte, on en sait encore moins sur les motivations littéraires ou politiques du texte [86]. Apologie du judaïsme, mais également traité de méthode historiographique [87], le *Contre Apion* est loin de se laisser aborder facilement, tant sont composites les thèmes abordés dans les deux livres.

S'adressant à un lectorat initié aux subtilités de la philologie grecque et latine, Théodore Reinach présente dans son introduction à l'édition de la Collection des Universités de France une rétrospective de la transmission du corpus de l'œuvre de Josèphe. Pour ce qui concerne son édition du *Contre Apion*, il indique la manière dont il a procédé à l'établissement du texte, en suivant la collation de Niese et en faisant traduire en français les parties extraites des manuscrits correspondants. En dépit de son incontestable compétence, il confesse : « Même avec tous ces secours, il est impossible d'éditer un texte *lisible* du *Contre Apion*, sans recourir dans bien des cas à la conjecture, tant le texte des manuscrits (*Laurentianus*, Eusèbe, *Latina*) est lamentablement corrompu » (édition citée, p. XIV).

John Barclay, éditeur du *CA* pour la nouvelle édition complète des œuvres de Josèphe, présente pour sa part l'ouvrage ainsi : « Le texte d'Apion est le plus problématique du corpus de Josèphe, non pas parce qu'il existe un excès de témoins contradictoires, mais parce qu'il y en a si peu, et de surcroît manifestement déficients. La lacune la plus flagrante est l'absence de texte grec pour une grande part du Livre II (II, 52-113) qui serait dévastatrice si l'on ne disposait de l'ancienne traduction de Cassiodore [88]. » Cette déficience du texte n'a cependant pas empêché les chercheurs de s'y plonger afin de tenter de reconstituer au mieux sa teneur et ses implications. Si l'un d'entre eux tenta de reconstituer la partie grecque manquante à partir du latin [89], un autre estima carrément préférable de ne pas inclure le *Contre Apion* dans le corpus de Josèphe en considérant que ce texte, de qualité littéraire nettement supérieure à son *Autobiographie*, devait probablement être tiré d'un pamphlet rédigé par quelque apologiste juif d'Alexandrie [90].

Cette hypothèse semble toutefois difficile à maintenir. Car un même dessein traverse les écrits de Josèphe : témoigner. Ainsi, dans son préambule à la *Guerre*, Josèphe annonce qu'ayant été témoin des événements « il était absurde de laisser avec indifférence la vérité se perdre [...] et que des Grecs [...] ou

des Romains qui n'ont pas pris part aux opérations
[...] restent à la merci d'historiens flagorneurs ou
menteurs » (*GJ*, I, 6). Justifiant son projet, il affirme
répondre à ces pseudo-historiens qui « veulent
prouver la grandeur des Romains et [...] ne cessent de
rabaisser les actions des Juifs et de les minimiser »
(*GJ*, I, 7)[91].

On retrouve cette volonté lorsqu'il indique dans
son préambule aux *Antiquités juives*, sur un ton toutefois plus mesuré, que, parmi les diverses motivations
qui peuvent inciter un auteur à écrire sur l'histoire,
« certains [...] sont contraints par la pression des
événements auxquels ils se sont trouvés mêlés de
les montrer sous leur vrai jour par un exposé
d'ensemble ; beaucoup enfin sont amenés, par
l'importance d'événements utiles à connaître et
restant pourtant méconnus, à en publier l'histoire
dans l'intérêt général » (*AJ*, I, 2-3). Josèphe ajoute
qu'il avait déjà songé en écrivant la *Guerre* à présenter
l'origine et l'histoire des Juifs, ainsi que le grand législateur « qui leur enseigna la piété et l'exercice d'autres
vertus » (*AJ*, I, 6)[92], mais qu'il avait alors reporté la
mise en route de ce projet car le maniement du grec ne
lui était pas encore familier (*CA*, I, 50 ; *AJ*, I, 4-6 ;
XX, 263).

Le *Contre Apion* s'ouvre, comme les *Antiquités*, en
s'adressant à Épaphrodite, et son intention vise, ici
également, à rétablir la vérité et à pourfendre ceux qui
répandent des « calomnies haineuses » ainsi qu'à
« redresser l'ignorance des autres, et instruire tous
ceux qui veulent savoir la vérité sur l'ancienneté de
notre race » (*CA*, I, 1-3). Il se clôt sur une dédicace
finale : « À toi, Épaphrodite, qui aimes avant tout la
vérité, et par ton entremise à ceux qui voudront également être fixés sur notre origine[93], je dédie ce livre et
le précédent » (II, 296). Josèphe livre ici une clef : en

se voulant simultanément apologiste et pédagogue, défenseur de l'intégrité de sa personne et de celle du judaïsme, il laisse entendre combien ces deux éléments composent la cohérence indémêlable de son entreprise littéraire.

Au-delà de la volonté du témoignage historique qui caractérise sa biographie et la *Guerre*, l'apologie est l'autre ressort qui anime le *Contre Apion* comme les Archéologies – *Antiquités*. Même si le petit fascicule (qu'il appelle *biblia*, *CA*, II, 96) n'entend pas rivaliser avec les vingt volumes précédents, le *Contre Apion* adresse une réponse circonstanciée aux critiques que ses ouvrages antérieurs ont suscitées. Ainsi, tout comme l'*Autobiographie* répondait à celles qu'avait soulevées la *Guerre*, Josèphe défend ici encore son œuvre précédente. Mais, tout en faisant mine de pointer directement ses adversaires, c'est l'exposition du judaïsme effectuée dans les *Antiquités* qu'il entend mieux affirmer. Il le fait certes sur un ton moins vindicatif que dans la *Guerre*, et ses arguments sont simultanément plus synthétiques et méthodiques, plus recherchés, tout en restant polémiques. Ils sont, de surcroît, mieux ancrés dans des problématiques qui relèvent de l'histoire et de la philosophie, en déployant une connaissance impressionnante de la culture de son temps, tandis que son écriture affiche une qualité littéraire et linguistique nettement supérieure à celle de sa biographie. De là provient le trouble de certains chercheurs qui s'interrogent sur la part réelle prise par Josèphe dans cette rédaction. Doit-on y voir – comme il le laisse entendre – ses progrès dans la grammaire et la littérature grecques ou bien, plutôt, les services d'auxiliaires lettrés mentionnés dans sa présentation du *Contre Apion* ?

La lourdeur du grec de Josèphe est une antienne récurrente dans les travaux qui lui sont consacrés. On peut s'interroger, pourtant, sur l'étendue réelle de son bagage culturel qui ne mentionne aucune étude profane dans son parcours, mais dont il fait constamment étalage. Il serait absurde de penser, rappelle Tessa Rajak, que Josèphe ait été incapable de manier le grec, en dépit de la prononciation imparfaite qu'il assure maintenir[94]. D'autant qu'il serait improbable que les notables de Jérusalem aient envoyé à Rome un négociateur qui n'aurait pu s'exprimer correctement dans la langue d'usage[95].

Langue officielle de l'Empire souverain depuis la conquête d'Alexandre, trois siècles auparavant, le grec était, en effet, utilisé dans de nombreuses villes de la région bien avant la domination romaine. Et les contacts commerciaux et culturels entre les diverses populations juives hellénisées de l'Empire nécessitaient des échanges multilingues. À Jérusalem même des synagogues destinées aux parlants grec existaient, tandis que les fêtes de pèlerinage drainaient chaque année à Jérusalem leurs cortèges de Juifs venus de toutes les régions de la diaspora, comme le signale Philon d'Alexandrie[96]. Enfin, les contacts avec les autorités administratives ou avec les membres des familles de la monarchie hérodienne requéraient forcément l'emploi du grec. Josèphe maîtrisait donc cette langue dès sa jeunesse, ne serait-ce qu'à un niveau courant, même s'il prétend, modestie ou artifice littéraire, qu'elle ne lui était pas familière.

Les correspondances entre les *Antiquités* et le *Contre Apion* se manifestent également par d'autres aspects. Tout comme il recoupait des événements décrits dans la *Guerre*, en les présentant sous un jour différent dans l'*Autobiographie*, Josèphe reprend également dans le *Contre Apion* une série d'arguments déjà développés ou ébauchés dans les *Antiquités* [97]. Là encore, il affirme répondre à ses détracteurs, synthétise ses arguments en les reformulant ou en les renforçant. Cette fois, en revanche, il ne s'agit pas de justifier ses propres actes, mais de rendre son apologie du judaïsme plus percutante et, par la même occasion, plus audible pour une audience éventuellement peu inclinée à la bienveillance à l'égard des Juifs.

Depuis une trentaine d'années, en effet, la dynastie flavienne avait appuyé sa légitimité sur la victoire de la Judée [98], au terme d'une guerre qui avait duré quatre années et dont le coût avait été élevé dans tous les sens du terme. Et jamais on n'avait vu célébrer avec un tel faste une victoire militaire. Accédant à l'empire après la mort de Titus, Domitien avait multiplié les signes ostentatoires de la défaite judéenne. Inscrite au cœur de la capitale par l'édification et l'achèvement du Colisée, probablement financé par le butin de la guerre [99], et des deux monumentales arches du triomphe de Titus en 80-81, illustrée par la relance dans tout l'Empire de l'émission de monnaies frappées du sigle *Iudea capta* (la Judée prise) et *Iudea devicta* (Judée défaite) [100], enfin l'imposition de la taxe *fiscus judaecus* à tous les Juifs de l'Empire [101], tout cela en ranimait au quotidien le souvenir cuisant. Sous son règne (81-96), l'ambiance accompagnant la persécution des prosélytes [102] était donc devenue plus pesante pour les Juifs, et ce bien que Josèphe n'en souffle mot [103]. Mais elle s'était sensiblement allégée après son assassinat sous celui de Nerva (96-98) [104].

L'arrière-plan du Contre Apion

« Lorsque nous accordons aux œuvres de Josèphe l'importance qu'elles méritent, la *Guerre* de Josèphe et les *Antiquités* juives pourraient bien constituer la première réponse à la chute de Jérusalem, la plus complète et la plus pensée dont nous disposons. En outre, ses travaux fournissent l'indice de référence par lequel nous pouvons évaluer à la fois la nouveauté de la réponse rabbinique plus tardive et la faiblesse supposée du judaïsme de l'avant-destruction face à la tempête de 70 CE [105]. »

Lire le *Contre Apion* laisse penser qu'une atmosphère antijuive s'était amplement développée, entretenue par des calomnies que Josèphe entend réfuter point par point. La plupart de ses ripostes s'adressent à des charges, parfois fantasmatiques, qu'il concentre surtout autour des écrits du prêtre égyptien Manéthon (Manéthôs), remontant au IIIe siècle avant l'ère commune [106], et du grammairien d'Alexandrie, Apion. Personnage connu en son temps pour ses écrits et excentricités [107], maître de Néron, auteur d'une histoire d'Égypte et d'un glossaire homérique [108], Apion aurait participé à la délégation alexandrine venue accuser les Juifs auprès des empereurs Caligula et Claude après les émeutes de 38, rapportées par Philon [109]. De ses écrits ne sont passés à la postérité que quelques fragments, dont la plupart sont ceux que Josèphe avait cités.

Les diffamations que Josèphe entend combattre sont des stéréotypes profondément ancrés dans la culture hellénistique [110]. Elles permettent néanmoins d'entrevoir ce qui formera l'arrière-fond des antiennes chrétiennes ignominieuses qui circuleront sur les Juifs à partir de l'Antiquité tardive : l'origine égyptienne du peuple juif renverra au statut d'éternel étranger, le culte de l'âne – visant à ridiculiser son monothéisme – se muera en pratiques infâmes, et enfin, bien que plus étrange à l'origine, l'imputation de pratiquer le meurtre rituel – renvoyant aux sacrifices païens – connaîtra au long des siècles le succès que l'on sait [111]. D'autres encore, que Josèphe a patiemment collectées, telles la misanthropie [112] ou l'athéisme/impiété, généreusement partagées dans l'Antiquité par nombre d'autres peuplades considérées comme barbares [113], deviendront l'apanage exclusif des Juifs durant le Moyen Âge. Loin de se contenter de puiser dans l'œuvre de Josèphe des sources accommodables à ses desseins diffamatoires, l'Église a également su tirer parti de la propagande romaine liée à la défaite de la Judée : détournant l'iconographie de la monnaie romaine *Iudea capta*, montrant une femme en pleurs près d'un palmier, elle en a fait émerger la célèbre allégorie de la synagogue aux yeux bandés [114].

Il n'empêche. L'obstacle essentiel pour la pleine appréhension de ce texte tient à son aspect lacunaire. Dans la mesure où il est largement tronqué dans la version grecque, et fautif dans la version latine, on est en droit de se demander, comme le fait malicieusement L. Feldman [115], les raisons qui ont incité les Pères de l'Église à trancher par omission, alors qu'ils s'étaient, semble-t-il, attachés à transmettre quasi intégralement ses autres écrits. Et comment ne pas s'étonner, aussi, de l'absence des fameuses phrases insidieuses d'auteurs romains, tels Cicéron, Tacite, Quintilien ou Sénèque, dans ce florilège [116] ?

D'autre part, à bien considérer les insinuations et les calomnies antijuives préservées dans le *Contre Apion*, il n'est pas forcément évident que ses contemporains les aient vraiment entendues ainsi. Qu'il s'agisse des supposées origines égyptiennes des Juifs tirées des récits du prêtre Manéthon, de celui du prêtre égyptien stoïcien du Ier siècle, Chærémon, et de Lysimaque dont on ne sait pas grand-chose (ainsi que de celui d'Hécatée d'Abdère que Josèphe n'évoque pas [117]), du culte rendu à l'âne décrit dans la foulée de l'accusation de meurtre rituel (II, 91-96), ou encore de leur haine à l'égard des étrangers, rapportée par

Apion (II, 121), ces charges prennent sous la plume de Josèphe une tournure polémique classique. Pour ses contemporains, toutefois, les Égyptiens, considérés comme l'un des peuples les plus anciens et férus d'ésotérisme, étaient néanmoins respectables, quels qu'aient pu être les griefs ou la xénophobie dont ils étaient l'objet [118]. Quant à l'exode des Juifs, il se serait situé selon les datations indiquées par Apion et rapportées par Josèphe (II, 17), lors de la fondation de Carthage et de Rome, ce qui n'est pas peu et qui lui permettait simultanément de se montrer au fait des méthodes et des repères historiques gréco-romains [119]. De même, les cultes animaux, pour être ridicules aux yeux des Romains, n'étaient pas pour autant perçus comme abjects, puisque ils étaient pratiqués par nombre de peuples dans l'ensemble du monde hellénistique. Les explications sur le mode de vie des Juifs s'inspirent, quant à elles, de celui des Spartiates, hautement valorisé à cette époque [120].

De fait, si Josèphe dresse un inventaire des critiques antijuives circulant dans le monde grec, c'est pour mieux les retourner contre leurs auteurs (d'où l'appellation de son livret par Porphyre « Contre les Grecs ») [121]. Ses réfutations portent tant sur les railleries du shabbat, dues au géographe Agatharchide de Cnide (IIᵉ siècle avant l'ère commune), que sur le récit inversé que l'on trouve chez Lysimaque de la sortie d'Égypte, circulant apparemment dans certains cercles où l'on expliquait l'expulsion des Juifs d'Égypte en les rendant responsables de la diffusion de toutes sortes de maladies infâmes, dont la lèpre, ou encore leur refus d'honorer les statues impériales, et nombre d'autres récits saugrenus rapportés par sa cible favorite : Apion. Ce dernier, à en croire Josèphe, récupère à son compte l'ensemble des attaques éparpillées chez divers auteurs, y compris les critiques de la circoncision et de la prohibition du porc, auxquelles ce dernier aurait ajouté, pour faire bonne mesure, quelques affabulations de son cru. Ce faisant, tournant en dérision les « Égyptiens » et leur culte, cible convenue à son époque, Josèphe rehausse l'image du judaïsme qu'il présente sous son jour le plus propice, entre philosophie et art de vivre.

Revers de l'histoire : ce seront justement ces calomnies que Josèphe avait combattues et tournées en dérision qui s'inscriront dans les mémoires. En effet, en dépit de l'absence de mentions explicites du *Contre Apion* avant le VIe siècle, on les retrouvera habilement détournées dans le répertoire chrétien, sous les formes devenues classiques des accusations antijuives qui feront florès [122].

En habile rhétoricien, Josèphe joue adroitement de l'art de l'apologie et de la controverse [123]. Introduisant, dès l'abord, l'ancienneté de l'histoire des Juifs au regard de celle des Grecs (I, 7-8), il en profite pour souligner la faible historicité de ces derniers [124]. Citant hors contexte les propos de ses adversaires, il les accommode à son usage pour mieux en souligner les incohérences et les contradictions, et ces citations agissent comme un boomerang retourné à l'envoyeur [125]. Mais il va plus loin. En mettant à profit le système, élaboré notamment par Polybe (*ca* 206-*ca* 124 avant l'ère commune), qui unifiait dans une même chronologie les événements des provinces de l'Est et de l'Ouest de l'Empire, « clef » de l'édification d'une vaste culture gréco-romaine, Josèphe intègre son histoire des Juifs dans celle de la culture impériale [126]. Car ce synchronisme historique, subtilement manié par l'utilisation à rebours des arguments d'Apion, lui permet d'en défausser la teneur tout en rehaussant son propos. C'est ainsi qu'avec des extraits d'attaques contre les Juifs, il parvient à tisser un patchwork destiné à convaincre ses lecteurs de la grandeur et de la rectitude du judaïsme et de l'histoire des Juifs qu'il édifie.

Il n'hésite ainsi – pour autant que l'on puisse se fier au texte et au raisonnement qui en découle tel qu'il nous est parvenu – ni à omettre les passages qui ne privilégieraient pas son argumentation, ni à dévier en attaques antijuives aisément réfutables des textes qui, à l'origine, ne s'intéressaient aux Juifs qu'en passant et, peut-être, sans la moindre connotation péjorative. C'est ainsi que les Hyksos, mentionnés dans l'histoire d'Hécatée d'Abdère au IIIe siècle avant l'ère commune, et peut-être repris d'une autre source par son contemporain Manéthon, sont, sans tergiverser, identifiés comme Juifs par Josèphe, d'autant que, comme l'avait également relevé Th. Reinach (préface à l'édition de la CUF, p. XXV-XXVI) grâce aux fragments cités par Diodore de Sicile, le récit ne comporterait aucun élément particulièrement dirigé contre les Juifs, puisqu'il traite de l'histoire de l'Égypte [127].

Or, quelle que soit l'époque de la rédaction du *Contre Apion*, que l'on adopte le règne de Domitien ou celui de Nerva, l'ouvrage a dû être rédigé dans le courant des années 90. Soit donc une vingtaine d'années après la révolte qui a décimé la Judée et exacerbé le ressentiment des Romains à l'égard d'une population qui les mit en défaut en leur tenant tête si longtemps. En outre, et en dépit de ce climat, l'engouement (II, 283) et les conversions vers le judaïsme se multipliant dans l'Empire, et en particulier dans la capitale [128], il était de bon ton, comme l'illustrent les satires du poète Juvénal (*ca* 60-130) [129], de pourfendre Juifs, judaïsme et prosélytes.

La rhétorique employée par Josèphe n'est donc pas totalement innocente. Il fait en quelque sorte d'une pierre deux coups. D'un côté, il vilipende les Grecs, s'affirmant ainsi bon citoyen romain [130], de l'autre, tout en défendant le judaïsme, il attire l'attention de son lectorat, ou plutôt de ses auditeurs, sur les valeurs et la suprématie du judaïsme [131]. Peut-être s'adresse-t-il en particulier à ceux qui, déjà, observent « notre coutume du repos hebdomadaire [...], les jeûnes, l'allumage des lampes, et beaucoup de nos lois relatives à la nourriture » (II, 282). De fait, Josèphe, probablement tiraillé entre son désir de justifier sa désertion du camp juif envers ses compatriotes et celui de les rendre sympathiques au reste du monde, se sent-il chargé de développer une apologie à triple sens. Prouver sa fidélité tant à Rome qu'à la Judée, tout en présentant un judaïsme accueillant (II, 210) et abordable à l'esprit du temps, ce qui n'était pas tâche aisée.

Traduire les fondements des valeurs de la tradition juive ou l'histoire de la Bible en arguments rationnels pour ses contemporains représentait un défi qu'il relève en transformant Moïse en une sorte de Solon, législateur et poète. Là encore, Josèphe affirme répondre à des calomnies concernant non pas sa personne, mais celle du fondateur de ce qu'il expose comme la constitution des Juifs (ou des Judéens) (II, 145-148). Moïse était apparemment une figure connue et honorée par les anciens auteurs, et notamment sous sa figure de législateur [132]. Mais, comme le souligne S. Mason : « Josèphe se sert de la mélodie, de l'harmonie et du contrepoint pour créer un récit convaincant des attitudes humaines [133]. »

Alors qu'il s'était largement étendu sur Moïse dans les *Antiquités* (II-IV), en le dotant, notamment, des qualités essentielles à la figure du héros prisée dans la culture gréco-romaine [134], il ne revient sur le personnage que pour mieux introduire le système rhétorique qu'il défend au long du *Contre Apion* : antériorité-antiquité, lignage-pureté, probité-authenticité, honneur-gloire.

Il est remarquable que Josèphe insiste plus sur la loi – la législation juive – que sur la révélation divine. Elle en découle, certes, mais la notion plane par son absence dans le récit biblique qu'il reformule adroitement pour gagner l'intérêt de ses lecteurs et la leur rendre intelligible [135]. Ses présentations parallèles de la révélation sinaïtique le montrent. Dans les *Antiquités*, il laisse au lecteur le soin de décider lui-même ce qu'il en est de l'inspiration divine : « Les écrits laissés par Moïse ont une telle autorité que les ennemis eux-mêmes conviennent que notre constitution a été établie par Dieu même par l'entremise de Moïse et de ses vertus. Au reste sur ce sujet que chacun se fasse l'opinion qu'il lui plaira » (III, 313).

Dans le *Contre Apion*, la suggestion se précise : « Il [Moïse] pensa avec vraisemblance que Dieu le guidait et le conseillait. Après s'être persuadé le premier que la volonté divine inspirait tous ses actes et toutes ses pensées, il crut qu'il fallait avant tout faire partager cette opinion au peuple » (II, 160). Ce faisant, et ici comme en d'autres endroits, si Josèphe minimise l'intervention divine, c'est pour mieux insister sur la valeur qu'il attribue aux détenteurs du savoir législatif, d'une part par leur filiation et d'autre part par leur éducation, deux qualités dont il se targue dans son prologue biographique [136].

À une audience familière des discussions philosophiques portant sur les formes idéales de gouvernement, Josèphe offre un concept fécond : la théocratie. Créée de toutes pièces pour l'occasion, « Il [Moïse] a – si l'on peut faire cette violence à la langue – institué le gouvernement théocratique » (II, 164-166), la notion a, depuis, intégré les définitions usuelles des formes du politique. Alors que pour lui le mode suprême de gouvernement repose sur l'aristocratie, formée dans le judaïsme par les prêtres, Josèphe élabore un système interprété à partir de la Bible [137], dans lequel les prêtres sont les authentiques détenteurs de la loi divine. Centrale pour sa démonstration, la figure de Moïse-législateur lui permet ainsi d'affirmer, tant dans le prologue aux *Antiquités* que dans le *Contre Apion*, que la constitution judéenne reflète les lois de l'univers et la vérité divine (II, 284 ; II, 190-192) [138]. Dans cette perspective, l'aristothéocratie représente le régime politique parfait (II, 184), préférable aux formes inférieures que sont, selon lui, la monarchie ou la démocratie [139].

Ici aussi, sa présentation de la loi mosaïque diffère de son exposition précédente. Sélectionnant d'autres textes que ceux figurant dans les *Antiquités* [140] et accompagnés de nouvelles interprétations des lois, il accentue par exemple singulièrement la question des châtiments (II, 190-218). Comme son contemporain Philon, il puise abondamment dans le patrimoine des traditions juives des apocryphes et du midrash, ainsi que dans la littérature classique non juive afin de montrer combien ces lois accèdent à l'idéal culturel grec le plus élevé [141]. En se réclamant fièrement de son ascendance sacerdotale et monarchique, Josèphe revendique la faculté et l'autorité d'interpréter les lois. Il se pose de la sorte, non seulement en héraut du judaïsme, mais également en messager de la parole divine, ce qu'il avait d'ailleurs fait en se présentant à Vespasien dans la *Guerre* (*GJ*, III, 400] [142]. À l'instar de Daniel et Mardochée, figures qu'il a longuement évoquées dans les *Antiquités*, Josèphe se sent investi de la mission de défendre son peuple auprès du pouvoir dominant. Son œuvre d'historien s'élève ainsi au rang de projet prophétique [143].

Contemporain des sages de l'académie de Yavneh, ouverte, selon la tradition, par rabbi Yohanan ben Zakkai après sa fuite rocambolesque durant le siège de Jérusalem en 67 [144], Josèphe, qui ne le mentionne pas ni d'ailleurs aucun des sages de son époque, endosse cependant nombre de points que l'enseignement tannaïtique inscrira ultérieurement dans la Mishna. Il en va ainsi, et ce n'est certes pas une coïncidence, de la notion de prophétie. Considérée comme close après la disparition des prophètes canoniques et la destruction du Premier Temple [145], la parole divine est, pour les Sages, passée aux mains des docteurs qui ont le devoir d'en interpréter et d'en développer les lois, car « les mots de la Torah passent par le langage des hommes [146] ». On ne s'étonnera donc pas de le voir condamner fermement le prophétisme messianique politique exprimé par les zélotes, qui, il y revient régulièrement, a conduit au désastre (*GJ*, II, 118, 433 ; 258-260 ; VI, 312-315 ; *AJ*, XVIII, 23).

Évitant ainsi soigneusement toute évocation eschatologique, Josèphe introduit la loi divine dans la réalisation de l'idéal théocratique ici-bas et dans le temps présent. Cet accent sur la réalisation idéale dans le temps présent est, peut-être, ce qui incite Zuleika Rodgers à noter : « Josèphe convie ses lecteurs à examiner et imiter ce mode de vie, exactement comme Moïse l'avait fait avec les Hébreux, car il comprenait la volonté divine. » Certes, ajoute-elle, Josèphe assume que son texte ne constitue pas en lui-même l'expression authentique de la Torah, mais que sa présentation doit permettre d'y accéder [147]. D'ailleurs, Josèphe n'en avait pas fait mystère : les *Antiquités* ont été conçues et rédigées pour ceux qui ignorent le judaïsme, et le *Contre Apion*, destiné à l'appuyer, doit l'avoir été dans le même dessein.

Mais qui seraient donc ces lecteurs invités à « imiter » le mode de vie des Juifs ? La composition comme l'étendue du lectorat et de l'audience de

Josèphe sont centrales pour l'appréhension de l'œuvre et de l'entreprise de son auteur. On ne s'étonnera donc pas que ces interrogations figurent au cœur des thèmes qui ont divisé les chercheurs et suscité leurs débats. Si on avait longtemps pu voir dans la *Guerre des Juifs* une œuvre de propagande flavienne, rien n'empêchait aussi d'y lire un plaidoyer destiné, comme d'ailleurs les *Antiquités*, à faire absoudre sa trahison : en proposant à ses compatriotes de l'élite judéenne ou romaine une version nationale de leur histoire en conformité avec leurs aspirations, Josèphe aurait ainsi tenté de se réhabiliter à leurs yeux [148].

Mais si telle était vraiment son intention, pourquoi donc se donner la peine de fournir des informations élémentaires sur le fonctionnement des pratiques et des lois juives, et en grec de surcroît [149] ? Rien n'empêche effectivement d'envisager que, en utilisant le grec, il se serait agi de transmettre l'œuvre à ses compatriotes, ce qui n'aurait rien de très surprenant, puisqu'il s'agissait de s'adresser à plusieurs millions de locuteurs grecs disséminés dans l'Empire. Mais cela ne suffit guère à expliquer le préambule du *Contre Apion* qui clame : « Je ferai connaître les auteurs qui n'ont pas négligé notre histoire à ceux qui les ignorent ou feignent de les ignorer » (I, 5). C'est pourquoi J. Barclay précise qu'il est indispensable d'affiner l'analyse du texte, afin de tenter d'identifier – outre la cible déclarée à laquelle s'adresse le texte (Épaphrodite) – son audience implicite qui serait le lecteur idéal (ceux qui sont intéressés par le judaïsme), son lectorat espéré (le même, plus les Juifs ?), et son lectorat effectif, autrement dit son impact réel, sur lequel il est évidemment impossible de se prononcer [150].

Les manières d'appréhender les motivations de Josèphe sont si diverses qu'il est difficile de pouvoir dégager un consensus. En témoigne le débat sur la

cible du lectorat de Josèphe engagé, entre autres chercheurs, par deux grands spécialistes de son œuvre en
désaccord sur ce point : S. Mason et J. Barclay. Le
premier, suivant la piste jadis ouverte par L.
Feldman [151], perçoit clairement l'invitation discrète-
ment envoyée aux gentils à rejoindre la *politeia* consti-
tuée par le lien qui unit les Juifs [152]. Tandis que le
second estime, pour sa part, qu'il est vain de voir dans
le pamphlet autre chose qu'un appel aux membres de
l'élite romaine afin de les inciter à accorder plus de
sympathie et éventuellement de soutien à la cause
juive diffamée et en situation précaire [153]. Finalement,
Jonathan Price suggère que l'œuvre de Josèphe
s'adresse à un lectorat composé simultanément de
l'élite romaine de culture grecque, des membres de
l'élite de locuteurs grecs des provinces orientales, ainsi
qu'à leurs habitants juifs [154].

Cette question en appelle une autre : celle de sa
popularité ou, à l'inverse, de son isolement parmi ses
compatriotes, ceux vivant à Rome ou dans les autres
provinces romaines : qu'en est-il, en effet, de sa situation sociale lorsqu'il rédige ce qui semble être son
ultime écrit ? D'un individu qui, avec le recul du
temps, apparaît si complexe, doté d'une personnalité
si troublante, et, qui plus est, dont l'œuvre est à
l'origine ou peu s'en faut de tout ce que l'on sait non
seulement sur lui, mais sur l'ensemble de cette
période, comment appréhender la réalité ? Ses contradictions et ses ambivalences sont telles que prendre
ses déclarations au mot relèverait de la naïveté. Ainsi,
à l'en croire, Josèphe, affranchi dès 69 de son statut de
captif, vit depuis le printemps 71 à Rome en citoyen
libre. Or que signifie le terme de liberté lorsque,
comme lui, l'on est entièrement dépendant de la
protection impériale pour le quotidien ? Que l'on a,
de surcroît, été mandaté pour rédiger le panégyrique
officiel qui a permis de fonder la dynastie ? Et

qu'enfin une critique ouverte des politiques impériales reviendrait indubitablement à mettre sa vie en danger, comme nous le rappellent ses contemporains Suétone, Tacite, Dion Cassius et Pline [155] ?

Pour tenter de surmonter ces obstacles, il est donc nécessaire de se livrer à une lecture de ses textes « entre les lignes », selon la belle formule utilisée par L. Feldman, et de combler ses silences par des déductions, forcément spéculatives. Ainsi, pour en quelque sorte redorer le blason des Judéens, terni par un climat de rancune et d'hostilité, Josèphe emploie-t-il les outils à sa portée : rhétorique et apologétique, on l'a vu, des classiques de la culture romaine. Mais il va plus loin en allant jusqu'à transposer le système de pensée hébraïque dans celui de la culture environnante, on l'a vu également.

Josèphe s'adresse toutefois à ses contemporains. Et non pas à ceux qui le lisent aujourd'hui, deux millénaires plus tard, sans détenir aucune des clefs qui éclaireraient ses allusions. Il est bien probable que ce qui nous surprend à présent était alors limpide pour ses lecteurs. Il en va ainsi, par exemple, de son éloge de la clémence de Titus, malicieusement souligné par Folger Siegert qui a certainement provoqué en son temps plus d'hilarité que d'incompréhension auprès d'auditeurs et de lecteurs qui connaissaient, dans leur vécu, la nature de sa politique et de son caractère [156]. Dans le même esprit, mais préférant plutôt déceler là l'emprise de la contrainte, J. Barclay relève la manière dont Josèphe, écrivant dans les deux trois décennies suivant le désastre qui asservit la Judée, abolit la monarchie et décima son peuple, se fait encore chantre de la loyauté de la Judée à l'égard des Romains (II, 134). Mais Barclay perçoit également le dilemme de l'apologiste officiel, pris entre le marteau et l'enclume, devant encenser les Romains pour attirer

leur respect, tout en adaptant à leurs critères sa
propre culture, pour mieux en vanter les mérites [157].

Ces éléments considérés, est-il alors encore possible
de mesurer le rôle ou l'importance que Josèphe a pu
avoir exercé sur ses contemporains ? Si l'on prend en
compte l'absence de mention de son œuvre tant parmi
les auteurs de son temps que parmi ceux du siècle
suivant, il ressort que, en dépit de ses efforts, et des
déclarations d'Eusèbe sur sa popularité « non seulement auprès de ses compatriotes, mais aussi auprès
des Romains », la statue élevée dans le temple de la
Paix et la présence de ses écrits dans les bibliothèques [158], Josèphe n'a pas intégré les classiques de la
culture romaine. Mais comment a-t-il vécu ? Dans
l'isolement et la solitude ? Ou bien, à l'inverse, en
personnalité illustre dont la présence était recher-
chée ? On ne s'étonnera pas de constater que sur ce
point également les opinions restent partagées.
Martin Goodman, rompant avec l'approche autrefois
convenue de ne voir en Josèphe qu'une sorte de paria
tant pour les siens que pour les Romains, estime qu'il
devait être une personnalité populaire dont le patronage était sans doute convoité par ses coreligionnaires
à Rome. Pour Glen W. Bowersock, et dans le même
esprit, il représentait « l'aristocrate et historien le plus
célèbre [159] ». Néanmoins, la tendance médiane rejoint
l'argument développé par Hannah Cotton et Werner
Eck, qui consiste à voir en Josèphe un marginal
« extrêmement isolé et solitaire [160] ».

Dans les dernières décennies, l'évolution majeure
opérée par l'historiographie porte sur l'approche de
Josèphe saisi à la fois comme une personne se trouvant dans une situation fragile et un auteur d'œuvre
littéraire. Considéré, encore au XXᵉ siècle, comme le
modèle parfait du traître qui, tout en ayant payé le
prix de sa trahison par son aliénation des siens, aurait

également bénéficié d'avantages parmi les Romains, il est à présent perçu différemment. La transformation est sensible dans le regard porté sur son œuvre, et en particulier sur la *Guerre*. L'introduction qu'en 1977 Pierre Vidal-Naquet donna à la traduction de Pierre Savinel, intitulée « Du bon usage de la trahison », est symptomatique de cette étape, à présent révolue [161].

Ingénument perçu, il n'y a pas si longtemps, comme un texte de propagande exemplaire, accommodant les faits et la narration à la gloire de Vespasien et de Titus, la *Guerre* fait à présent l'objet de relectures, à la lumière de l'ironie et du désespoir qui traversent incidemment cet ouvrage comme les suivants [162]. La distance des deux millénaires qui nous séparent de Josèphe éclaire âprement les paradoxes et l'amère ironie dont l'histoire a jalonnée sa lecture, sa transmission et sa compréhension [163]. Honora Howell Chapman remarque, en outre, qu'aucun des deux autres historiens qui lui ont servi de modèle, Polybe et Thucydide – et qui furent tous deux, comme lui, à la fois des chefs militaires accusés de trahison et exilés avant de faire œuvre d'historiens –, n'a suscité d'analyses aussi acerbes dans la communauté scientifique quant à ses capacités, sa fiabilité, ses motivations, son statut social, et son audience [164]. Paradoxalement, aucun ancien auteur grec n'a été autant traduit et publié que Josèphe [165], lui que des théologiens allemands du XIXe siècle gratifiaient élégamment du titre de « cinquième évangile » et de « petite bible ». Et, en effet, lue en tant qu'exégèse de l'Ancien Testament ou en commentaire historique du Nouveau par les théologiens chrétiens [166], l'œuvre de Josèphe a pâti d'un immense et pérenne malentendu, qualifié de providentiel par Mireille Hadas-Lebel [167].

L'amère ironie de l'histoire

« Il serait difficile de trouver un écrivain de l'Antiquité gréco-romaine autre que Flavius Josèphe qui

étudia deux traditions historiographiques distinctes
– dans le cas de Josèphe la biblique et la grecque – et
sut les combiner en un travail historique unifié. [...]
En tant que prêtre juif, prophète autodéfini, et défenseur et exégète autoproclamé du judaïsme, il écrivit et
réécrivit en grec un grand récit allant de l'époque
biblique jusqu'à la sienne, usant autant des modèles
littéraires grecs que des conceptions bibliques pour
faire de l'histoire.[...] Toutefois, dans sa conception
du processus historique, du sens du passé et de sa relation au présent, ainsi que du rôle du divin dans
l'histoire humaine, il demeura profondément enraciné
dans ses origines juives [168]. »

La chronologie de l'œuvre de Josèphe part, on l'a
vu, de *Bellum Judaicae* et va jusqu'à la fin de son
Archeologiae Judaica. Peut-être due au seul hasard de
sa plume et à sa maturation dans le temps [169], elle
révèle cependant la cohérence de son œuvre, en dépit
de ses revirements. Josèphe tente, en effet, de faire
comprendre à ses lecteurs que le soulèvement national
dont il a rendu compte est entièrement lié au système
particulier de valeurs et de croyances ainsi qu'à
l'histoire spécifique de son peuple. C'est un peu
comme si, après avoir décrit les événements, Josèphe
s'était aperçu que leurs mobiles comme leur déroulement pouvaient échapper à un lectorat étranger s'il
négligeait de présenter leur cheminement. Il cherche
ainsi à donner sens à l'anéantissement de Jérusalem
auquel il a assisté et qu'il a vécu personnellement.
Pourtant, quels qu'aient pu être ses sentiments,
Josèphe ne les fait guère partager. Son propos est,
dit-il dans le *Contre Apion*, de s'en tenir strictement
aux faits (I, 6). Et, s'il estime que c'est dans le développement de l'histoire que leur sens profond se
révèle, il ne le précise jamais clairement. Sur le long

terme, l'histoire lui aura cependant joué un vilain tour : avec la cruelle ironie qu'elle sait parfois réserver à ceux qui lui font confiance, ce sera précisément ce message, qui servait si parfaitement leur cause, que les chrétiens ont retenu.

Étrange parcours donc que celui de cet illustre descendant de la royauté et de la prêtrise judéennes, protégé des empereurs flaviens, qui aura probablement dû payer tout au long de sa vie le prix de sa vision politique en endurant les calomnies de ses contemporains. Parcours historique d'autant plus étrange que, ayant consacré sa vie à célébrer son peuple et ses traditions, il en aura été banni jusqu'à sa récente réhabilitation, qui permet, à son tour, d'entrer dans un jeu politique pervers.

Mis au ban des historiens durant des siècles, toisé à la fois comme laquais, félon, piètre compilateur ou copiste maladroit [170], fourbe et lâche de surcroît, Josèphe revient de loin. Le bouleversement qui a affecté l'approche de son œuvre a suivi un processus étroitement mêlé à l'histoire du XXᵉ siècle, à ses transformations géopolitiques, et aux découvertes archéologiques qui les ont jalonnées. Dans l'introduction à son classique *Die christlichen Adversus-Judaeos Texte*, Heinz Schreckenberg cite ces quelques lignes rédigées par George Foot Moore en 1921 qui lui paraissent caractéristiques de la manière dont les chrétiens ont utilisé les Juifs dans les textes de polémiques antijuives : « Dans les apologies, le disputant juif est un homme de paille, qui ne soulève des objections et des difficultés que pour offrir au chrétien l'opportunité de montrer combien il est aisé de les résoudre ou de les réfuter, tandis qu'à la fin le Juif doit s'admettre vaincu [171]. »

Cette observation d'ordre général s'applique parfaitement au Josèphe « chrétien ». Car Josèphe est, en effet, un cas exemplaire de Juif susceptible de démontrer à la fois l'authenticité du christianisme par une exposition historique qui parvient à faire légitimer la déchéance du premier Israël et la sempiternelle obstination juive par son refus de reconnaître le Christ. Il en ressort, comme il se doit, vaincu par l'histoire, terminant sa carrière dans la solitude et l'opprobre. Si nul ne saurait véritablement dire comment Josèphe acheva sa vie à Rome, on sait néanmoins que c'est là la manière dont la postérité a affublé sa destinée. Trop juif ! C'est en ces termes que S. Mason qualifie la traversée de Josèphe dans l'histoire, dépréciée tant par les études classiques que par les études juives [172].

Au-delà du parcours historique de Josèphe, c'est sa perception en tant que personne humaine, avec ses faiblesses et ses caractéristiques particulières, qui a singulièrement changé. Car, « le prendre au sérieux » en tant qu'auteur [173], en tenant compte des aspects narratifs et subjectifs de son œuvre littéraire, procède de transformations méthodologiques plus larges [174]. D'autres éléments, indépendants de ces approches, sont venus intercéder en faveur de sa réhabilitation. Alors que Josèphe avait longtemps été relégué au rôle exclusif d'exégète du Nouveau Testament, la découverte des rouleaux de Qumran puis les explorations menées en Israël à partir de la fin des années 1940 ont permis de lui attribuer un nouveau statut. Une fois la fonction du Josèphe « témoin », au sens théologique chrétien du terme, reléguée à l'arrière-plan, ses écrits pouvaient désormais servir différemment. En témoignant d'une époque disparue sans avoir laissé d'autres traces que les siennes, ils pouvaient aider à comprendre l'origine de textes hermétiques, et à identifier des vestiges énigmatiques, le tout pouvant ainsi soutenir la cause du temps présent.

Le corpus Josèphe mène, pourtant, à une impasse. Dans la plupart des cas, en effet, aucune autre source textuelle ne peut corroborer ou infirmer ses dires. Et s'il n'est donc pas possible de comparer les informations qu'il fournit, il incarne, en quelque sorte, la seule autorité historique, non seulement sur son époque mais, comme l'affirme aussi la citation (tronquée plus haut) de Philip Sanders : « Pour la période hasmonéenne, et Maccabées 1 et 2, Josèphe détermine ce que nous savons et pensons de ces périodes [175]... » Or, redonner à Josèphe un statut d'auteur revient à lui accorder la liberté d'avoir joué avec la réalité, en intégrant ses histoires dans un scénario pensé pour capter l'attention, ménager des effets et, somme toute, émouvoir son public. S. Mason compare Josèphe à Ridley Scott, le réalisateur du film hollywoodien *Gladiateur*, ou encore aux réalisateurs de la fameuse série-péplum *Rome* pour lesquels des repérages de décor et de documentation historiques attentifs ont été effectués ; à la différence près, et de taille, que Josèphe y tient tous les rôles : du scénariste au réalisateur, en passant par le décorateur, l'acteur principal et le chef monteur ; énumération à laquelle on pourrait ajouter le producteur et l'attaché de presse. Et, en ce cas, ajoute-t-il, « lorsque sa production artistique est notre seul témoin d'événements, nous n'avons aucun moyen de reconstituer cette œuvre d'art en épisodes réels [176]». Et c'est à partir de là que le mauvais tour que l'histoire avait joué à Josèphe reprend pleinement ses droits en mêlant le passé d'il y a deux mille ans au présent des XXe et XXIe siècles. Traité par le silence et l'oubli deux millénaires durant – hormis les deux brèves trêves imposées par la popularité du Pseudo-Josèphe médiéval et l'essai d'Azariah de' Rossi au XVIe siècle [177] –, Josèphe réintègre lentement le patrimoine juif grâce aux découvertes archéologiques qui ont changé la face de l'histoire de l'histoire.

Les rouleaux de la mer Morte exhumés non loin de Jérusalem sur le pic désertique de Qumran à partir de 1947, les fouilles menées sur le site de la citadelle de Massada ont accompagné la création de l'État d'Israël et l'émergence d'une historiographie nationale. Édifiée autour de la béance ouverte entre la chute du royaume et sa reconstruction sous forme d'État moderne, l'histoire nationale d'Israël ne pouvait que mettre à profit les écrits de Josèphe, en plaçant son œuvre au centre des sources juives les plus importantes. Entre ces deux événements, l'abîme qui étirait l'histoire d'un peuple dispersé parmi les nations tendait un fil ténu permettant à peine de penser une continuité historique unifiée, et à plus forte raison un ancrage spatial. Insérer l'œuvre de Josèphe dans la tradition juive, en guise de pont entre la période du Second Temple et l'émergence de la littérature rabbinique, est une manière de combler cette béance. La récente publication d'une somme imposante comparant ses interprétations de l'histoire juive et ses récits de la révolte à ceux transmis ultérieurement par la littérature rabbinique témoigne, à sa façon, de ces tentatives [178].

Rabban Yohanan ben Zakkai est une figure légendaire, partie intégrante du mythe fondateur du mouvement rabbinique [179]. Ayant échappé au sac de Jérusalem dans un cercueil pour négocier avec les Romains [180], il aurait tenté de prévenir la destruction du Temple [181], prédit l'Empire à Vespasien [182], lequel lui aurait alors accordé la faveur d'ouvrir la fameuse Académie de Yavneh d'où le judaïsme aurait été refondé après 70 [183]. Cette apparente adaptation du récit de Josèphe, également rapporté par Suétone et Tacite, est l'un des exemples caractéristiques des difficultés auxquelles se confrontent les spécialistes de littérature rabbinique, d'autant que l'histoire elle-même ne peut être délestée des implications politiques et émotionnelles qu'elle suscite [184]. Car, pour ce qui a trait au domaine juif, l'héritage de Josèphe reste toujours énigmatique. Son opacité relève tant des approches – encore mitigées à l'égard du personnage – que des matériaux disponibles. Alors que, en ce qui concerne les textes chrétiens, il est relativement aisé d'en exhumer les fragments, qu'ils lui soient directement attribués ou correspondent aux textes existant dans diverses versions, il n'en va pas de même pour la littérature rabbinique. Le corpus talmudique qui nous est parvenu n'a commencé à être approximativement rédigé qu'à partir des IVe et Ve siècles, et progressivement fixé autour des VIe-VIIIe siècles. Hormis les textes apocryphes eschatologiques, aucun corpus littéraire intermédiaire avec l'œuvre de Josèphe n'est, jusqu'à présent, accessible.

Or les rabbins l'ont-ils lu ? L'ont-ils utilisé ? La question est d'autant plus pertinente que, si nombre de parallèles se découvrent entre les récits rapportés dans les deux corpus talmudiques et ceux transmis par Josèphe [185], ce dernier n'est jamais ne serait-ce qu'évoqué, et les distorsions et transpositions de personnages et de situations entre ces trois corpus sont évidentes [186]. Accentuant la complexité du puzzle, les échos identifiables entre ceux-ci se révèlent surtout dans le Talmud babylonien, le plus tardivement constitué et hors de la sphère linguistique grecque, alors que l'on aurait plutôt supposé que ce serait auprès des rabbins palestiniens qu'on les aurait trouvés [187]. Or, dans la mesure où les rabbins ne citent pas leurs sources et que Josèphe se garde de préciser l'origine des traditions qu'il rapporte et qui circulaient d'ailleurs peut-être oralement [188], la tâche qui vise à établir leurs liens éventuels se révèle insurmontable.

C'est ainsi que, ne pouvant reconstituer l'origine des dissonances pas plus que celle des similitudes traversant les corpus Josèphe et rabbinique, nombre de chercheurs en viennent souvent à conclure à l'inconsistance d'une telle transmission. Ils privilégient ainsi une hypothèse fragile. Des fonds, datant de la période de la fin du Second Temple et suivant immédiatement la révolte, accommodés par Josèphe à ses propres fins, seraient également parvenus aux rédacteurs du Talmud babylonien de manière indépendante : ne nous auraient ainsi été transmises que les traces, probablement issues de la sphère culturelle romaine [189], laissées dans ces deux corpus par les maillons épars d'une chaîne rompue.

Pour évoquer ce que l'on désigne par « exil », Josèphe – comme Philon d'Alexandrie – utilise systématiquement le terme *apoikia* signifiant plus précisément « colonie, implantation, résidence ». La dispersion dont il fait état dans ses écrits, semble-t-il avec fierté (*CA*, II, 282 : *GJ*, VI, 442 ; VII, 43 ; *AJ*, XIV, 114), apparaît donc comme une destinée dépourvue des connotations de condamnation ou de châtiment. Mais, alors que Philon, écrivant quelques décennies avant la révolte, n'hésite guère à formuler également la perspective théologique d'un retour des exilés vers leur terre ancestrale [190], Josèphe réduit cette attente à la pérennité d'une vie nationale s'épanouissant parmi les nations auxquelles elle diffuse les bienfaits de sa loi, jugée à valeur universelle (*CA*, II, 168 ; 282) [191].

Certes, Philon et Josèphe évoluent dans un univers où les « colonies » sont des satellites de leur métropole d'origine et dans lesquelles les Juifs se rattachent à l'une et l'autre en tant que citoyens légitimes, sans exprimer un sentiment de déracinement. Erich Gruen note, à ce propos, que dévouement envers sa communauté et dévotion à l'égard de Jérusalem étaient des notions parfaitement compatibles, comme les pèlerinages annuels et le paiement du tribut du Temple l'attestent [192]. Toutefois, les manières d'évitement utilisées par Josèphe en ce qui concerne l'éventualité d'un retour en Judée et l'avènement d'un messie dépassent le simple constat. Se montrait-il prudent, par égard pour un lectorat romain qu'il ne voulait guère heurter en évoquant l'aspect provisoire d'une dispersion précédant la restauration d'un État souverain et indépendant, ce qui devait fatalement conduire à une nouvelle révolte [193] ? Ou encore exposait-il une conceptualisation de l'exil antérieure à celle qui allait se développer dans la littérature rabbinique [194] ? Si nul ne saurait répondre, cette négation de l'exil, si centrale dans la pensée de l'histoire juive [195], pourrait éclairer le rejet persistant que certains font encore subir à son œuvre. Toutefois, n'a-t-il pas envoyé à son lectorat juif un tout autre message, crypté cette fois, en le renvoyant à la lecture du livre de Daniel, où le sort des Romains est scellé selon l'interprétation traditionnelle (*AJ*, X, 210 ; 276) ? Et, plus encore, en leur rappelant, après la prophétie imprévue de Balaam, que « puisque tout s'est réalisé comme il l'annonçait, on pourrait supposer qu'il en serait de même à l'avenir » (*AJ*, IV, 125) ?

Depuis la guerre de juin 1967 et l'annexion de nouveaux territoires autour de Jérusalem et en Galilée, c'est avec leur Josèphe en main que, comme les pèlerins et les touristes d'hier et d'aujourd'hui, les archéologues organisent leurs fouilles [196]. Suivant ses indications, ils ont exhumé la plus grande quantité de balistes et catapultes romaines jamais déterrées sur un lieu de combat sous la citadelle de Gamla, et les vestiges d'une fosse commune dans une citerne dans celle de Yodfat, témoignant de la férocité des combats qui y furent menés et affirmant, simultanément, l'authenticité des descriptions faites par Josèphe [197]. Surgis du désert, les rouleaux de la mer Morte, dont l'identification initiale avec les Esséniens est toujours débattue [198], allaient remettre en question des traditions scientifiques obstinées quant à l'émergence du christianisme [199]. Car les rapides descriptions de ce courant particulier, dont aucune trace réelle n'a subsisté, effectuées par Josèphe, Philon et Pline l'Ancien ont aidé, en effet, à construire une histoire dans laquelle ce courant ou cette secte aurait bercé les prémices du christianisme [200]. Quant aux fouilles effectuées sur et autour de la citadelle de Massada [201], poursuivies par celles qui se déroulent constamment dans et autour de Jérusalem, lues à l'aide de la description de Josèphe, elles devaient, à leur tour, engager un processus de légitimation historique, dont il est la référence absolue.

C'est ainsi que ce lent retournement de la figure de Josèphe, passant de celle du traître à son peuple et de général couard à celle d'un marqueur essentiel de la mémoire collective nationale, devait entamer un processus de reconfiguration engageant une vision neuve du passé. Et l'on ne s'étonnera guère qu'un regard réservé sur les orientations de recherches qui marquent l'historiographie du corpus Josèphe montre les disparités inhérentes à la situation personnelle des chercheurs : Juifs ou non, Israéliens ou vivant ailleurs, leurs approches et interprétations des écrits de Josèphe révèlent l'étendue des clivages qui séparent les options jadis essentiellement théologiques, devenues actuellement politiques et idéologiques.

L'un des meilleurs exemples de ces écarts se révèle dans la simple traduction du terme grec *Ioudaioi*. Devrait-on le traduire en préservant son sens littéral, désignant les habitants de la province de Judée, par « Judéens », dont la citoyenneté comme le sentiment d'appartenance s'étendait selon les définitions antiques de leur *polis/patria* jusque dans les lieux de leur dissémination dans l'Empire ? Ou bien l'étendre, par ce glissement de langage courant durant des siècles, à une définition désormais religieuse, par « Juifs » ? Dans le premier cas, c'est effacer l'idée d'une continuité entre le passé et le présent : *Ioudaioi* d'hier/ Juifs de et dans l'histoire ; dans le second, c'est imposer abusivement une définition confessionnelle anachronique de l'individu [202].

Prendre la mesure de ces écarts revient incidemment à s'interroger sur l'identité de l'Auteur. Doit-on l'aborder en tant que Yosef ben Mattityahou ha-kohen ou bien Titus Flavius Josephus ? Est-il vraiment juif (ou judéen comme on aime à le dire à présent) ou plutôt romain ? Et, s'il est difficile de trancher, ces deux facettes peuvent-elles être mesurées voire différenciées ? Josèphe, qui n'a apparemment jamais signé ses écrits du nom romain Titus Flavius [203], a toujours maintenu et clamé avec fierté sa prêtrise. Il a ancré sa vision du monde dans les traditions juives, mais a, en revanche, utilisé tous les systèmes de pensée accessibles en son temps pour les enraciner dans la culture environnante [204].

Est-ce dire pour autant qu'il aurait eu une identité partagée ? C'est pourtant ce qui ressort souvent des distinctions – factuelles – qui sont faites entre sa part de vie en Judée et l'autre partie à Rome. Tout comme Philon d'Alexandrie, dont le séjour romain fut certes plus court [205] – et avec l'œuvre duquel on ne peut qu'observer les parallèles et deviner la probable dépendance [206], c'est en effet pendant sa vie romaine que Josèphe a accompli son œuvre, rédigé tous ses ouvrages ; aspirait-il, alors, à exercer le rôle de guide spirituel que les rabbins ont, plus tard, attribué à Yohanan ben Zakkai [207] ? Jouons de l'uchronie : aurait-il rédigé quoi que ce soit si les circonstances ne

l'avaient conduit à s'immerger en milieu hostile ? Le
doute est permis ! Toutefois, s'il n'a jamais remis en
question ni sa patrie ni *a fortiori* sa foi, la romanité
qu'il affiche est devenue l'une des composantes essentielles de sa personne [208].

Josèphe citoyen romain s'est ainsi mué en Juif des
nations, son œuvre édifiant le pilier porteur des
mémoires collectives juives et chrétiennes. Comble de
l'ironie, lui qui avait tant honni les zélotes d'hier est
mis à contribution par les zélotes d'aujourd'hui. Et
l'on peut alors se demander s'il écrirait toujours : « Je
laisserai paraître mes sentiments, et je laisserai ma
douleur personnelle s'exprimer sur les malheurs de
ma patrie » (*GJ*, I, 9) ?

Notes

1. Je remercie chaleureusement Albert Baumgarten et Giordana
Moscati Mascetti pour la communication de sa thèse inédite, et
surtout Hélène Monsacré qui m'a permis d'emprunter ce chemin de
traverse.

2. Louis Feldman, *Josephus and Modern Scholarship*, Berlin-
New York, Walter de Gruyter, 1984, p. 853-854.

3. Aimé Puech, « Une édition nouvelle du *Contre Apion* de
Josèphe », in *Bulletin de l'Association Guillaume Budé*, n° 27, avril
1930, p. 25-31. André Lemaire, « Les Reinach et les études sur la
tradition juive », *Comptes rendus des séances de l'Académie des
Inscriptions et Belles-Lettres*, 151e année, n° 2, 2007, p. 1105-1116 ;
1111, note 26.

4. Daniel R. Schwartz, *Studies in the Jewish Background of
Christianity*, Tübingen, J. C. B. Mohr, 1992, p. 128.

5. Voir les introductions de Zuleika Rodgers (éd.), *Making
History. Josephus and Historical Methods*, Leyde, Brill, 2007 ;
Honora Howell Chapman et Z. Rodgers (éd.), *A Companion to
Josephus*, Oxford, Wiley Blackwel, 2016 ; Steve Mason, *Josephus and
the New Testament*, Peabody MA, Hendrickson Publishers, 1992.

6. Voir le chapitre, « Contradictions or Counterpoint ? Josephus
and Historical Methods » [*Review of Rabbinic Judaism*, 6 (2003),
p. 145-188], repr. in S. Mason, *Josephus, Judea, and Christian*

Origins : Methods and Categories, Peabody MA, Hendrickson Publishers, 2009, p. 103-137.

7. Les approches contrastées de Gohei Hata, « Imagining some dark periods in Josephus' life», et Martin Goodman, « Josephus as Roman Citizen », in Fausto Parente et Joseph Sievers (éd.), *Josephus and the History of the Greco-Roman Period, Essays in Memory of Morton Smith*, Leyde, Brill, 1994, p. 309-328 ; 329-338.

8. Martin Goodman, « Jews and Judaism in the Mediterranean Diaspora in the Late-Roman Period : The Limitations of Evidence », in Carol Bakhos (éd.), *Ancient Judaism in its Hellenistic Context*, Leyde-Boston, Brill, 2005, p. 177-204.

9. Francis Schmidt, « L'Écriture falsifiée face à l'inerrance biblique ; l'apocryphe et le faux », *Le Temps de la réflexion*, 5, 1984, p. 148-165.

10. Daniel R. Schwartz, « Remembering the Second Temple period : Josephus and the rabbis, apologetics and rabbinical training », in Verena Lenzen (éd.), *Erinnerung als Herkunft der Zukunft*, Berne, Peter Lang, 2008, p. 63-83 ; 63.

11. Isaac Heinemann, « Josephus' Method in the Presentation of Jewish Antiquities » (hébr.), *Zion* 5, 1940, p. 180-203. Tessa Rajak, « Was There a Roman Charter for the Jews ? », *Journal of Roman Studies*, 74, 1984, p. 107-123.

12. Ed Parish Sanders, *Judaism : Practice and Belief 63 BCE-66 CE*, Philadelphie, Trinity Press, 1992, p. 5.

13. Et auquel il s'adresse au cœur de l'ouvrage : « J'ai donné ces explications détaillées non pas tant parce que mon dessein était d'exalter les Romains que pour consoler les peuples qu'ils ont soumis et faire réfléchir ceux qui seraient tentés de se soulever », *La Guerre des Juifs*, trad. Pierre Savinel, Paris, Minuit, 1977, III, 5, p. 108.

14. *Autobiographie*, texte établi et annoté par André Pelletier, Paris, Les Belles Lettres [1959], 2003.

15. « Josèphe, un des plus nobles prisonniers, au moment où on le jetait dans les fers, ne cessa d'affirmer que bientôt il serait délivré par Vespasien, et par Vespasien empereur », Suétone, *Vespasien*, 5, 9. « Un Juif, Josèphe, que Vespasien avait fait prisonnier et chargé de chaînes, se prit à rire et lui dit : " Tu me charges de chaînes aujourd'hui ; dans un an, tu me feras délier, lorsque tu seras devenu empereur" », Dion Cassius, *Histoire romaine*, 66, 1, 4.

16. *Histoire ecclésiastique*, III, 9, 1-3.

17. Lionel Casson, *Libraries in the Ancient World*, New Haven, Yale University Press, 2002, p. 92.

18. « Et maintenant je dis hardiment, après avoir achevé ce que je m'étais proposé, que nul autre, Juif ou étranger, n'aurait pu, même s'il l'avait voulu, présenter avec autant d'exactitude cette histoire au

public grec. En effet, mes compatriotes reconnaissent que je l'emporte de beaucoup sur eux par ma connaissance des choses nationales, et je me suis efforcé de posséder les lettres grecques après avoir appris la grammaire grecque, bien que notre éducation nationale m'ait empêché d'acquérir une prononciation correcte » (*AJ*, XX, 262-266).

19. Qu'il décrira assez largement dans *Guerre*, II, 8, et plus brièvement dans les *Antiquités*, XVIII, 3-10.

20. Il y a ici une difficulté concernant la durée de son parcours initiatique : entamé à l'âge de seize ans, et achevé à dix-neuf, soit en quatre ans, il déclare avoir passé trois années chez l'ascète. Combien de temps a-t-il consacré aux autres courants ? Shaye J. D. Cohen, *Josephus in Galilee and Rome : His Vita and Development as a Historian*, Leyde, Brill, 1979, p. 106-107 ; Albert Baumgarten, « Josephus and the Jewish Sects », in H. H. Chapman et Z. Rodgers, *A Companion to Josephus*, p. 259-272.

21. « La quatrième secte philosophique eut pour fondateur ce Judas le Galiléen. Ses sectateurs s'accordent en général avec la doctrine des Pharisiens, mais ils ont un invincible amour de la liberté, car ils jugent que Dieu est le seul chef et le seul maître. Les genres de mort les plus extraordinaires, les supplices de leurs parents et amis les laissent indifférents, pourvu qu'ils n'aient à appeler aucun homme du nom de maître. Comme bien des gens ont été témoins de la fermeté inébranlable avec laquelle ils subissent tous ces maux, je n'en dis pas davantage, car je crains, non pas que l'on doute de ce que j'ai dit à leur sujet, mais au contraire que mes paroles ne donnent une idée trop faible du mépris avec lequel ils acceptent et supportent la douleur. Cette folie commença à sévir dans notre peuple sous le gouvernement de Gessius Florus [65 è. c.], qui, par l'excès de ses violences, les détermina à se révolter contre les Romains », *AJ*, XVIII, 3-10. Sur Judas de Galilée, voir également *GJ*, II, 8, 118.

22. T. Rajak, « Josephus and Justus of Tiberias », in Louis H. Feldman & Gohei Hata (éd.), *Josephus, Judaism, and Christianity*, Detroit, Wayne State University Press, 1987, p. 81-94. Shaye J. D. Cohen, *Josephus in Galilee and Rome*, p. 114-120.

23. Pnina Stern comprend son récit de vie plus comme un projet politique que comme une autobiographie, « Josephus and Justus : the place of chapter 65 (336- 367) in *Life*, the autobiography of Flavius Josephus », in Jack Pastor, Pnina Stern et Menahem Mor (éd.), *Flavius Josephus : Interpretation and History*, Leyde-Boston, 2011, p. 381-396.

24. Les Sicaires seraient ces membres du quatrième courant philosophique « qui se jouent de la mort », Mark Andrew Brighton,

The Sicarii in Josephus's Judean War : Rhetorical Analysis and Historical Observations, Atlanta, The Society of Biblical Literature, 2009. Uriel Rappaport, « Who Were the Sicarii ? », in Mladen Popović (éd.), *The Jewish Revolt against Rome : Interdisciplinary Perspectives*, Leyde-Brill, 2011, p. 323-342.

25. La version slavonne de la *Guerre* indique clairement qu'il a « usé de ruse » dans le tirage au sort (*GJ*, III, 391). Louis H. Feldman, *Judaism and Hellenism reconsidered*, Leyde-Boston, Brill, 2006, p. 315.

26. Il existe quelques fragments d'une autobiographie rédigée par Nicolas de Damas (64- ? ? avant è. c.), secrétaire d'Hérode Ier, auteur d'une *Histoire universelle* où Josèphe aurait largement puisé et qui aurait pu lui servir de source d'inspiration. S. Cohen, *Josephus in Galilee and Rome*, p. 24-58 ; 101-176 ; Ben Zion Wacholder, « Josephus and Nicolaus of Damascus », in L. H. Feldman et G. Hata (éd.), *Josephus, the Bible and History*, Detroit, Wayne State University Press, 1989, p. 147-172.

27. Uriel Rapapport, « Where was Josephus lying in his Life or in the War ? », in F. Parente et J. Sievers, *Josephus and the History of the Greco-Roman Period*, Brill, 1994, p. 279-289.

28. Miriam Pucci Ben Zeev, « Between Fact and Fiction : Josephus' Account of the Destruction of the Temple », in Pastor, Stern, Mor, *Flavius Josephus : Interpretation and History*, p. 53-64. La chute de Massada : S. J. Cohen, « Masada : Literary Tradition, Archaeological Remains, and the Credibility of Josephus », *Essays in Honour of Yigael Yadin. Journal of Jewish Studies* 33, 1982, p. 385-405 [repr. in *The Significance of Yavneh*]. La déconstruction psychologique de sa personnalité et de ses faits d'armes : U. Rappaport, « Josephus' personality and the credibility of his narrative », in Z. Rodger, *Making History*, p. 68-81.

29. H. H. Chapman et Z. Rodgers, *A Companion to Josephus*, p. 2.

30. La mort de Domitien en 96 a été suggérée comme un *terminus ad quem*, puisqu'elle n'est pas mentionnée. Christopher P. Jones, «Toward a Chronology of Plutarch's Works », *Journal of Roman Studies*, 56, 1-2, 1966, p. 66-70. Giordana Moscati Mascetti, *The 'Hidden Transcripts' in Against Apion- Josephus' Silent Criticism of Flavian Rome*, PhD Thesis, Submitted to the Senate of Bar-Ilan University, Bar Ilan, 2011, p. 113.

31. Voir ici, I : 1, 1 [ThR, note 2]. Sur la datation du texte et l'identité d'Épaphrodite, voir Étienne Nodet, « Introduction », *Les Antiquités juives*, vol. 1, L I-III, Paris, Le Cerf, 1992, p. VII. John M. G. Barclay, *Flavius Josephus Translation and Commentary*, éd. S. Mason, vol. 10 : *Against Apion*, Leyde-Boston, Brill, 2007,

p. XXVI-XXVIII, et 1 :1, note 3, p. 3. Hannah M. Cotton et Werner Heck, « Josephus' Roman Audience : Josephus and the Roman Elites », in Jonathan Edmondson, Steve Mason, James Rives (éd.), *Flavius Josephus and Flavian Rome*, Oxford, Oxford University Press, 2005, p. 37-52 ; 49-52.

32. Heinz Schreckenberg, « The Work of Josephus and the Early Christian Church », in L. H. Feldman et G. Hata (éd.), *Josephus, Judaism, and Christianity*, p. 315-324 ; 315.

33. Steve Mason, *Josephus and the New Testament*, p. 8.

34. John Vonder Bruegge, *Mapping Galilee in Josephus, Luke, and John : Critical Geography and the Construction of an Ancient Space*, Leyde-Boston, Brill, 2016. Yuval Shahar, *Josephus Geographicus : The Classical Context of Geography in Josephus*, Tübingen, Mohr Siebeck, 2004.

35. Heinz Schrekenberg, « The Work of Josephus and the Early Christian Church », in L. H. Feldman et G. Hata, *Josephus, Judaism, and Christianity*, p. 315-324 ; 316-317. *Id.*, « Introduction », in H. Schreckenberg-Kurt Schubert, *Historiography and Iconography in Early and Medieval Christianity*, Aassen Maastricht, Von Gorkum, Minneapolis Fortress Press, 1992.

36. La réduction du rôle de Vespasien à l'exercice de la seule volonté divine se retrouve amplifiée dans les textes de cette époque, Mireille Hadas-Lebel, *Jérusalem contre Rome*, Paris, Le Cerf/ CNRS Éditions, 1990, p. 110-121.

37. David Goodblatt,« The political and social history of the Jewish community in the Land of Israel, c. 235-638 », in Steven Katz, *The Cambridge History of Judaism*, vol. IV, *The Late Roman-Rabbinic Period*, Cambridge, Cambridge University Press, 2006, p. 404-430, 406.

38. La situation des Juifs ne se dégradera qu'après l'adoption du christianisme dans l'Empire, à la fin du IVe siècle et au long du Ve siècle. E. Mary Smallwood, *The Jews under Roman Rule. From Pompey to Diocletian*, Leyde, Brill, 1976, p. 539-542. Jean Juster, *Les Juifs dans l'Empire romain. Leur condition économique et sociale*, Paris, Geuthner, 1914, t. 2, p. 322-326.

39. *Histoire ecclésiastique*, III, 5-12, et sur *GJ*, VI, 425-428 ; Heinz Schreckenberg, «The Work of Josephus and the Early Christian Church », in Feldman & Hata, *Josephus, Judaism and Christianity*, p. 320.

40. Un point sur les éditions latines de l'œuvre de Josèphe : David B. Levenson & Thomas R. Martin, « The Ancient Latin translations of Josephus », in Chapman et Rodgers, *A Companion to Josephus*, p. 322-344.

41. Alice Wealey, « The Testimonium Flavianum », in Chapman et Rodgers, *A Companion to Josephus*, p. 345-355 ; 347.

42. *Corpus Scriptorum Ecclesiasticorum Latinorum*, 66, 1, 164 ; 66. 1, 3 ; Schreckenberg, « The Work of Josephus », in Feldman & Hata, *Josephus, Judaism and Christianity*, p. 318.

43. *Patrologia Latina*, Migne, 94, 675.

44. Schreckenberg, « The Work of Josephus », in Feldman & Hata, *Josephus, Judaism, and Christianity*, p. 319 ; *Id.*, *Historiography and Iconography in Early and Medieval Christianity*, p. 10.

45. Michael E. Hardwick, *Josephus as an Historical Source in Patristic Literature through Eusebius*, Atlanta, Scholars Press, 1989, p. 107.

46. *To Autolycus*, III, 22.

47. Tertullien, *Apologétique*, chap. XIX, 6 ; Hardwick, *Josephus as an Historical Source*, p. 49.

48. Nicholas de Lange, *Origen and the Jews*, Cambridge, Cambridge University Press [1976], 1978, p. 16. Louis H. Feldman, « Origen's 'Contra Celsum' and Josephus' 'Contra Apionem' : The Issue of Jewish Origins », *Vigiliae Christianae* 44, n° 2 (1990), p. 105-135.

49. Origène, *Contre Celse*, 1, 16 ; 1, 47 ; *Commentaire sur l'Évangile selon Matthieu*, 11, *cf.* Wataru Mizugak, « Origen and Josephus », et Zvi Baras, « The Testimonium Flavianum and the Martyrdom of James », in Feldman & Hata, *Josephus, Judaism and Christianity*, p. 325 -337 ; 338-348.

50. G. Hata, « The Abuse and Misuse of Josephus in Eusebius' *Ecclesiastical History*, Books 2 and 3 », in S. J. D. Cohen et Joshua J. Schwartz (éd.), *Studies in Josephus and the Varieties of Ancient Judaism. Louis H. Feldman Jubilee Volume*, Leyde-Boston, Brill, 2007, p. 91-102.

51. J. Barclay, « Introduction », *Against Apion, Translation and Commentary*, p. LXII, et note 160.

52. *Préparation évangélique*, IX, 9, 42, 4 ; X, 6, 15 ; X, 12, 31.

53. Hardwick, « *Contra Apionem* and Christian Apologetic », in L. H. Feldman & John R. Levison (éd.), *Josephus' Contra Apionem : Studies in its Character and Context with a Latin Concordance to the Portion Missing in Greek*, Leyde, Brill, 1996, p. 369-401 ; 387.

54. *Ibid.*, p. 390.

55. *Préparation évangélique*, X, 7, 1-10.

56. Hardwick, « *Contra Apionem* and Christian Apologetic », in Feldman &. Levison (éd.), *Josephus' Contra Apionem*, p. 396.

57. Heinz Schreckenberg, *Die Flavius-Josephus-Tradition in Antike und Mittelalter*, Leyde, Brill, 1972, p. 135-154.

58. Guy Deutsch, *Iconographie de l'Illustration de Flavius Josèphe au Temps de Jean Fouquet*, Leyde, Brill, 1986, p. 34-41.

59. *Recueil des historiens des croisades. Historiens occidentaux.* Tome troisième publié par les soins de l'Académie royale des inscriptions et des belles-lettres, Paris, 1844-1895, p. 367 ; *Histoire des croisades par Foulcher de Chartres. Histoire de la croisade de Louis VII* par Odon de Deuil, trad. François Guizot, Paris, 1825, p. 88. http://catalogue.bnf.fr/ark :/12148/cb372999811

60. Feldman, *Josephus and Modern Scholarship*, p. 853. Mason, *Josephus and the New Testament,* p. 9. Karen M. Kletter, « The Christian Reception of Josephus in Late Antiquity and the Middle Ages », in *A Companion to Josephus*, p. 368-381 ; 378-379.

61. K.M. Kletter, « The Christian Reception of Josephus in Late Antiquity and the Middle Ages », in *A Companion to Josephus*, p. 379.

62. Feldman, *Josephus and Modern Scholarship*, p. 910. *Id.,* « The Jewish source of Peter Comestor's commentary on Genesis in his Historia Scholastica », in Dietrich-Alex Koch et Hermann Lichtenberger (éd.), *Begegnungen zwischen Christentum und Judentum in Antike und Mittelalter : Festschrift für Heinz Schreckenberg*, Göttingen, Vandenhoeck & Ruprecht, 1993, p. 93-122 ; 98-100. K.M. Kletter, « The Christian Reception of Josephus in Late Antiquity and the Middle Ages », p. 375.

63. Guido Kish, *The Jews in Medieval Germany*, New York, Ktav Pub. House [1949], 1970, p. 153-167 ; 154. *Id., Sachsenspiegel and Bible : Researches in the Source History of the Sachsenspiegel and the Influence of the Bible on Mediaeval German Law*, Notre Dame, Indiana, 1941, p. 157-158.

64. Voir les raisons de son revirement ainsi que la bibliographie s'y rapportant dans Henry St John Thackeray, *Flavius Josèphe l'homme et l'historien* [New York 1929/1967], Paris, Le Cerf, 2000, leçon 6, « Josèphe et le christianisme », p. 81-99. Robert Eisler, *The Messiah Jesus and John the Baptist according to Flavius Josephus' recently discovered 'Capture of Jerusalem' and the other Jewish and Christian Sources*, trad. de l'allemand par Alexander Haggerty Krappe, New York, The Dial Press, 1931.

65. On trouve le texte dans la plupart des éditions complètes de Josèphe éditées au XXᵉ siècle. Il fut publié indépendamment en français, pour la première fois traduit par Pierre Pascal : V. Istrin, *La Prise de Jérusalem de Josèphe le Juif*, Paris, Institut d'études slaves, 1934. Voir également l'étude critique menée par E. Nodet, en appendice de sa traduction de H. St J. Thackeray, *Flavius Josèphe l'homme et l'historien*. Et Elias J. Bickermann, « Sur la version vieux-russe de Flavius Josèphe », *Annuaire de l'Institut de philologie et d'histoire*

orientales et slaves de Bruxelles, 4, 1936, 53-84, repr. in *Id., Studies in Jewish and Christian History,* 3, Leyde, Brill, p. 172-195.

66. L. H. Feldman, « On the Authenticity of the Testimonium Flavianum Attributed to Josephus », in Elisheva Carlebach et Jacob J. Schechter (éd.), *New Perspectives on Jewish-Christian Relations,* Leyde-Boston, Brill, 2012, p. 13-30 ; 26 ; 28-30.

67. Shlomo Pines, *An Arabic Version of the Testimonium Flavianum and its Implications,* Jérusalem, The Israel Academy of Sciences and Humanities, 1971.

68. *Kitab al-Anvan* (Histoire universelle écrite par Agapius de Mendjib), traduit par A. A. Vasiliev, seconde partie, fascicule 2, *Patrologia Orientalis,* 8, Paris, Firmin-Didot, 1910, p. 471-472.

69. Le *séfer Yossipon,* longtemps attribué par la tradition juive à Josèphe, est un ensemble reposant à la fois sur une version latine des 16 premiers livres des *Antiquités,* de l'*Hégésippe,* des apocryphes et d'auteurs chrétiens. Saskia Dönitz, « Historiography among Byzantine Jews : The Case of Sefer Yosippon », in Robert Bonfil *et al.* (éd.), *Jews in Byzantium : Dialectics of Minority and Majority Cultures,* Leyde-Boston, Brill, 2012, p. 951-968.

70. Voir Serge Bardet, *Le Testimonium Flavianum. Examen historique, considérations historiographiques,* Paris, Le Cerf, 2002. Alice Whealey, *Josephus on Jesus : The Testimonium Flavianum Controversy from Late Antiquity to Modern Times,* New York, Peter Lang, 2003 ; *Id.,* « The Testimonium Flavianum », in *A Companion to Josephus,* p. 345-355.

71. Origène, *Contre Celse,* I, 16. Eusèbe, *Histoire ecclésiastique,* III, 9, 4-5 ; *Préparation évangélique,* VIII, 7, 21 ; X, 6, 15, trad. Guy Schroeder et Edouard Desplaces, Paris, Le Cerf, 1991, Sources chrétiennes. Jérôme, *Epistulae,* 70, 3 ; *De viris illustribus,* III, 13 ; *Adversus Iovinianum,* 2, 14.

72. Sur l'apologie dans l'Antiquité : Mark Edwards, Martin Goodman et Simon Price, avec Christopher Rowland (éd.), *Apologetics in the Roman Empire : Pagans, Jews, and Christians,* Oxford, Oxford University Press [1999], 2002 ; en particulier la contribution de M. Goodman, « Josephus' Treatise Against Apion », p. 45-58.

73. Une analyse détaillée de la transmission du texte chez H. Schreckenberg, *Die Flavius-Josephus-Tradition in Antike und Mittelalter* ; et *Id., Rezeptionsgeschichtliche und Textkritische Untersuchungen zu Flavius Josephus,* Leyde, Brill, 1977. Également Tommaso Leoni, « The text of the Josephan corpus : Principal Greek manuscripts, ancient Latin translations, and the indirect tradition », in Chapman et Rodgers, *A Companion to Josephus,* p. 307-321.

74. James W. Halporn, *Cassiodorus : Institutions of Divine and Secular Learning and On the Soul.* Introduction de Mark Vessey,

Liverpool, Liverpool University Press, 2003, p. 149-150. David B. Levenson et Thomas R. Martin, « The Ancient Latin Translations of Josephus », in *A Companion to Josephus*, p. 322-344.

75. Porphyre, *De abstinentia*, IV, 11. Erich S. Gruen, « Greeks and Jews : Mutual misperceptions in Josephus' *Contra Apionem* », in C. Bakhos (éd.), *Ancient Judaism in its Hellenistic Context*, p. 31-51 ; 31.

76. Per Bilde, *Flavius Josephus. Between Jerusalem and Rome*, Sheffield, JSOT Academic Press, 1988, p. 113.

77. Karl Mras, *Eusebius Werke*, Band 8 : *Die Praeparatio Evangelica* ; *GCS* 8.1-2. Berlin [1954], Walter de Gruyter, 2012.

78. Barclay, *Against Apion*, p. LXI- LXIV. Tomaso Leoni, « The Text of the Josephan Corpus », in *A Companion to Josephus*.

79. On peut observer l'ampleur des récentes évolutions du corpus en comparant les introductions d'Étienne Nodet aux *Antiquités juives*, volume I, Livres I à III, Paris, Le Cerf, 1992, et volume IV, Livres VIII-IX, Paris, Le Cerf, 2005.

80. http://www.josephus.org

81. H. H. Chapman et Z. Rodgers, *A Companion to Josephus*, Tal Ilan et Vered Noam (éd.), en collaboration avec Meir ben Shahar, Daphne Baratz, Yael Fisch, *Josephus and the Rabbis* (2 vol., hébr.), Jérusalem, Yad ben Zvi Press, 2017.

82. Folker Siegert, *Über die Ursprünglichkeit des Judentums (Contra Apionem)*, Schriften des Institutum Judaicum Delitzschianum ; Bd. 6/1-2 [vol. 1. *Erstmalige Kollation der gesamten Überlieferung (griechisch, lateinisch, armenisch), literarkritische Analyse und deutsche Übersetzung* ; vol. 2. *Beigaben, Anmerkungen, griechischer Text]* ; Göttingen, Vandenhoeck & Ruprecht, 2008. Voir également ses remarques de conclusion dans Joseph Sievers et Gaia Lembi (éd.), *Josephus and Jewish History in Flavian Rome and Beyond*, Leyde-Boston, Brill, 2000.

83. *Josephus Translation and Commentary*, édition Steve Mason, Leyde, Brill, 2000.

84. https ://pace.webhosting.rug.nl/york/york/index.htm

85. M. Goodman, *Rome et Jérusalem. Le choc des civilisations*, Paris, Perrin [2009], 2011, p. 272.

86. P. Bilde, « *Contra Apionem* 1.28-56 : Josephus' View of His Own Work in the Context of the Jewish Canon », in Feldman et Levison, Josephus' *Contra Apionem*, p. 94-114.

87. Arnaldo Momigliano, «Time in Ancient Historiography », *History and Theory*, vol. 6, 1966, pp. 1-23 ; 19. S. J. D. Cohen, « History and Historiography in the *Against Apion* of Josephus », in

A. Rapoport-Albert (éd.), *Essays in Jewish Historiography*, Middletown, Wesleyan University Press, 1988, p. 1-11 [repr. in *The Significance of Yavneh and Other Essays*, Tübingen, Mohr Siebeck, 2010].

88. J. Barclay, « Introduction », *Against Apion. Translation and Commentary*, p. LXI.

89. R. James H. Schutt, « Josephus in Latin : A Retroversion into Greek and an English Translation », *Journal for the Study of Pseudepigrapha*, 1, n° 1, 1987, p. 79-93.

90. Seth Schwartz, *Josephus and Judean Politics*, CSCT 18 ; Leyde, Brill, 1990, p. 23. Comme tel est le cas d'autres textes, écrits par des Juifs sous des noms grecs. Voir plus bas la note sur l'auteur grec Hécatée d'Abdère et le Pseudo-Hécatée. Creusant cette piste, Chaim Milikowsky perçoit, plus que l'utilisation d'apologistes, celle de chronographes, ce qui lui permet d'expliquer judicieusement certains errements de datation et de citations jugées incohérentes : « Josephus between Rabbinic Culture and Hellenistic Historiography », in James L. Kugel (éd.), *Shem in the Tents of Japhet : Essays on the Encounter of Judaism and Hellenism*, Leyde-Boston-Cologne, Brill, 2002, p. 159-190.

91. *La Guerre des Juifs,* 120.

92. *Les Antiquités juives*, Livres I à III, vol. 1, trad. Étienne Nodet, Paris, Le Cerf, 1992, p. 3-4.

93. Josèphe dit plus précisément *genos* – notre « race » étant ici entendue comme « notre peuple », « nos ancêtres ». Erich S. Gruen, « Josephus and Jewish Ethnicity », in Joel Baden, Hindy Najman et Eibert Tigchelaar (éd.), *Sibyls, Scriptures, and Scrolls : John Collins at Seventy* (2 vol.), Leyde-Boston, Brill, 2017, t. 1, p. 489-508.

94. « Bien que notre éducation nationale m'ait empêché d'acquérir une prononciation correcte » (*AJ*, XX, 263). Car poursuit-il : « Chez nous, en effet, on n'honore nullement ceux qui ont appris beaucoup de langues étrangères, parce qu'on juge cette étude accessible non seulement aux gens de naissance libre, mais encore à n'importe quel esclave, et l'on reconnaît seulement comme savants ceux qui connaissent la loi de façon précise et peuvent interpréter le sens de l'Écriture sainte » (*AJ*, XX, 264).

95. Tessa Rajak, *Josephus. The Historian and his Society* (2e éd.), Londres, Duckworth, 2002, p. 46.

96. Philon, *Des lois spéciales*, 1, 68-69.

97. Paul Spilsbury, « *Contra Apionem* and *Antiquitates Judaicae* point of contacts », in Feldman et Levison, *Josephus' Contra Apionem*, p. 348-368.

98. Barclay, « Introduction », *Against Apion*, p. XXXVI, et note 63. G. Moscati Mascetti, *The 'Hidden Transcripts' in Against Apion-Josephus' Silent Criticism of Flavian Rome*, p. 56-60.

99. L. H. Feldman, « Financing the Colosseum », *Biblical Archaeology Review* 27, 4 (juillet-août 2001), p. 20-31, 60-61.

100. L'inscription qui orne l'arche de 81 indique : « Sur l'instruction et les conseils de son père, il soumit la race des Juifs et détruisit la ville de Jérusalem qui fut attaquée en vain par tous les autres chefs, rois et peuples avant lui ou jamais ne le fut », Goodman, *Rome et Jérusalem*, p. 592-593. Voir la description de ces arches, dont l'une a, depuis, disparu, mais dont on a récemment exhumé les fondations, ainsi que les monnaies dans la récente somme de S. Mason, *A History of the Jewish War A.D. 66-70*, Cambridge, Cambridge University Press, 2016.

101. Goodman, *The Ruling Class of Judea : The Origins of the Jewish Revolt against Rome A.D. 66-70*, Cambridge-New York, Cambridge University Press [1987], 1989, p. 236-239.

102. L'information sur les persécutions provient essentiellement du récit de Suétone, transmise ensuite par la seule patristique (*Domitien*, 12, 2 ; cf. Th. Reinach, *Textes d'auteurs grecs et romains relatifs au Judaïsme*, Hildesheim-Zurich-New York, Georg Olms [1895], 1963, p. 333). L. H. Feldman, in *Josephus' Interpretation of the Bible*, Berkeley-Los Angeles-Londres, University of California Press, 1998, p. 48. Les persécutions de Domitien ont par ailleurs été mises en doute : Brian W. Jones, *The Emperor Domitian*, New York, Routledge, 1992. En réaction : Marcus Wilson, « After the Silence : Tacitus, Suetonius, Juvenal », in A. J. Boyle et J. W. Dominik, *Flavian Rome : Culture, Image, Text*, p. 523-542.

103. E. Mary Smallwood, *The Jews under Roman Rule. From Pompey to Diocletian*, p. 377-378. Margaret H. Williams, *Jews in a Graeco-Roman Environment*, Tübingen, Mohr Siebeck, 2003, p. 95-110. Goodman, *Rome et Jérusalem*, p. 605-606 ; Id., *The Ruling Class of Judea*, p. 238-239. Sur l'attitude de Josèphe, Moscati Mascetti, *The 'Hidden Transcripts' in Against Apion*, p. 161-164.

104. Si l'on admet la périodisation d'une rédaction du *CA* sous son règne, comme le suggère Goodman, *Rome et Jérusalem*, p. 611-612.

105. Jonathan Klawans, *Josephus and the Theology of Ancient Judaism*, Oxford-New York, Oxford University Press, 2012, p. 181.

106. Les chercheurs se sont beaucoup interrogés sur la teneur réelle de son texte, dont ils ont identifié plusieurs versions parmi les citations de Josèphe, de Jules l'Africain et d'Eusèbe. Un point sur les récentes recherches dans J. Barclay, *Against Apion, Translation and Commentary*, « Appendix 1 : Manetho », p. 335-337.

107. Pieter Willem van der Horst, « Who Was Apion ? », *Japheth in the Tents of Shem : Studies on Jewish Hellenism in Antiquity*, Louvain, Peeters, 2002, p. 207-221.

108. Selon John Dillery, Josèphe aurait habilement monté sa critique sur la base de ces deux ouvrages, mêlant ainsi le travail de l'historien et de l'intellectuel au sens grec du terme *grammatikos*. « Putting him back together again : Apion Historian, Apion Grammatikos », *Classical Philology*, 98, 4, octobre 2003, p. 383-390.

109. Philon d'Alexandrie, *Légation à Caïus* ; *Contre Flaccus*.

110. Sur l'ensemble de ces questions la bibliographie abonde ; voir Betzalel Bar-Kochva, *The Image of the Jews in Greek Literature. The Hellenistic Period*, Berkeley-Los Angeles, University of California Press, 2010 ; Katell Berthelot, « The Use of Greek and Roman Stereotypes of the Egyptians by Hellenistic Jewish Apologists, with special reference to Josephus' *Against Apion* », in J. U. Kalms, *Internationales Josephus-Kolloquium Aarhus 1999,* Münster, LIT, p. 185-221 ; Erich S. Gruen, « Greek and Jews :Mutual Misperceptions in Josephus », in C. Bakhos (éd.), *Ancient Judaism and its Hellenistic Context*, p. 31-51 ; Jan-Willem van Henten et Ra'anan Abusch, « The Jews as Typhonians and Josephus' Strategy of Refutation in *Contra Apionem* », in L. H. Feldman et J. R. Levison, *Josephus' Contra Apionem*, p. 271-309.

111. Joanna Tokarska-Bakir, *Les Légendes du sang. Une anthropologie du préjugé antisémite en Pologne (1600-2005)*, Paris, Albin Michel, 2015.

112. K. Berthelot, *Philanthrôpia judaica. Le débat autour de la 'misanthropie' des lois juives dans l'Antiquité*, Leyde, Brill, 2003, p. 106-143.

113. Benjamin Isaac, *The Invention of Racism in Classical Antiquity*, Princeton, N.J., Oxford, Oxford University Press, 2004. Gideon Bohak, « The Ibis and the Jewish Question : Ancient 'Anti-semitism' in Historical Perspective », in Menachem Mor, Aharon Oppenheimer *et al.* (éd.), *Jews and Gentiles Relations in the Holy Land in the Days of the Second Temple, The Mishnah and the Talmud*, Jérusalem, Yad Ben-Zvi, 2003, p. 27-43.

114. Elisheva Revel-Neher, « An 'Encore' on the Bar Kochba Tetradrachm : A Re-vision of Interpretation », in Zeev Weiss, Oded Irshai, Jodi Magness, Seth Schwartz (éd.), *Follow the Wise : Studies in Jewish History and Culture in Honor of Lee I. Levine*, Winona Lake, Indiana, Eisenbrauns Inc., 2010, p. 189-206 ; 205.

115. L. H. Feldman, « Reading Between the Lines : Appreciation of Judaism in Anti-Jewish Writers cited in *Contra Apionem* », in L. Feldman et J. R. Levison, *Josephus' Contra Apionem*, p. 250-270, 251.

116. Cicéron, *Pro Flacco*, 62-66. Tacite, *Histoire*, V, 2, 3 ; 4, 4 ; 10, 1 ; 13, 3. Quintilien, *Institution oratoire*, III, 7, 23 ; Sénèque, *Traité de la superstition*, frag. 41-43, perdu mais cité par saint

Augustin, *La Cité de Dieu*, VI, 11 ; *cf.* Reinach, *Textes d'auteurs grecs et romains*, p. 262-264.

117. Il faut probablement distinguer l'auteur grec d'une *Histoire d'Égypte*, qui impute aux Juifs une origine égyptienne (« Une maladie pestilentielle s'étant autrefois déclarée en Égypte, le vulgaire attribua la cause à la colère de la divinité [...]. Mais la masse de la plèbe émigra dans la contrée aujourd'hui nommée Judée »), du Pseudo-Hécatée, auteur d'un « Sur les Judéens », souvent cité par Josèphe qui ne les distingue pas l'un de l'autre. Le Pseudo-Hécatée serait, comme nombre d'autres auteurs, un Juif alexandrin écrivant sous pseudonyme grec, voir Bezalel Bar Kochva, *Pseudo Hecataeus, « On the Jews » : Legitimizing the Jewish Diaspora*, Berkeley, California Press, 1996 ; Reinach, *Textes d'auteurs grecs et romains*, p. 14- 20 ; 14-15 ; Menahem Stern, *Greek and Latin Authors on Jews and Judaism*, vol. 1, *From Herodotus to Plutarch*, Jérusalem, The Israel Academy of Sciences and Humanities, 1976, p. 22-24 ; Emil Schürer, *The History of the Jewish People in the Age of Jesus Christ (175 B.C.-A.D. 135)*, revu et édité par Geza Vermes et Fergus Millar, Édimbourg, T. & T. Clark, 1973, III, p. 672-673. Pour la description du débat scientifique : Barclay, « Appendix 2 : Pseudo-Hecateaus », in *Against Apion. Translation and Commentary*, p. 338-340.

118. B. Isaac, *The Invention of Racism*, chap. 7.

119. Feldman, « Reading between the Lines », in Feldman & Levison, *Josephus' Contra Apionem*, p. 268. David Potter, « The Greek historians of imperial Rome », in Andrew Feldherr et Grant Hardy (éd.), *The Oxford Dictionary of Historical Writings*, vol. 1, *Beginnings to AD 600*, Oxford, Oxford University Press, 2011, p. 316-345. Glen W. Bowersock, *Augustus and the Greek World*, Oxford, Clarendon Press [1965], 1996.

120. Feldman, « Reading between the Lines », p. 254. K. Berthelot, *Philanthrôpia judaica*, p. 362-366.

121. J. M. G. Barclay, «The Politics of Contempt : Judeans and Egyptians in Josephus' *Against Apion* », in *Id.*, *Negotiating Diaspora : Jewish Strategies in the Roman Empire*, Londres, T&T Clark International, 2004, p. 109-127.

122. Dans l'immense littérature traitant de l'antijudaïsme, voir Goodman, « épilogue », *Rome et Jérusalem*. Et ensuite Peter Schäfer, *Judéophobie. Attitudes à l'égard des Juifs dans le monde antique* [Harvard University Press, 1997], Paris, Le Cerf, 2003 ; John Gager, *The Origins of Anti-Semitism. Attitudes toward Judaism in Pagan and Christian Antiquity*, New York-Oxford, Oxford University Press, 1985 ; Gavin Langmuir, *Toward a Definition of Antisemitism*, Berkeley-Los Angeles-Londres, University of California Press, 1996 ; Kenneth Stow, *Jewish Dog's. An Image and its Interpreters*, Stanford,

Stanford University Press, 2006 ; David Nirenberg, *Anti-Judaism. The Western Tradition*, New York-Londres, W.W. Norton & Company, 2013.

123. M. Edwards, M. Goodman et S. Price, *Apologetics in the Roman Empire*.

124. Arthur J. Droge, « Josephus between Greeks and Barbarians », in Feldman et Levison, *Josephus' Contra Apionem*, p. 115-142.

125. Sharon Weisser, « The Art of quotation. Plutarch and Galen against Chrysipus », in S. Weisser et Naly Thaler (éd.), *Strategies of Polemics in Greek and Roman Philosophy*, Leyde, Brill, 2016, p. 205-229 ; 224.

126. D. Potter, « The Greek historians of Imperial Rome », in *The Oxford Dictionary of Historical Writing*, p. 318. Anthony Grafton, « Tradition and Technique in Historical Chronology », in Michael Hewson Crawford et Christopher Roald Ligota (éd.), *Ancient History and the Antiquarian : Essays in Memory of Arnaldo Momigliano*, Londres, Warburg Institute Colloquia, 2, 1995, p. 15-31 ; 30. Gregory E. Sterling, « Explaining Defeat : Polybius and Josephus on the Wars with Rome », in *Internationales Josephus-Kolloquium,* Aarhus 6, Munster, Lit Verlag, 1999, p. 135-151.

127. Sur l'éventuelle participation d'apologistes juifs à l'origine de la transmission de cette légende, voir E. Gruen, *Heritage and Hellenism. The Reinvention of Jewish Tradition*, Berkeley-Los Angeles-Londres, University of California Press, 1998, p. 63-65 ; également Lucia Raspe, « Manetho on the Exodus : A Reappraisal », *Jewish Studies Quarterly*, 5, 1998, p. 124-155.

128. Comme l'indiquent les législations impériales successives prohibant conversions et circoncisions ; cf. Mason, « The *Contra Apionem* in Social and Literary Context : An Invitation to Judean Philosophy », in L. H. Feldman et J. R. Levison, *Josephus' Contra Apionem*, p. 187-228 ; 191-193.

129. Juvénal, *Satires*, 172 ; *cf.* Reinach, *Textes d'auteurs grecs et romains*, p. 292-293. S. Cohen, « Crossing the Boundary and becoming a Jew » [*Harvard Theological Review*, 82 (1989), p. 13-33], repr. in *The Beginnings of Jewishness. Boundaries, Varieties, Uncertainties*, Berkeley-Los Angeles-Londres, University of California Press, 1999, p. 140-174.

130. Goodman, « Josephus as Roman Citizen », in F. Parente et J. Sievers (éd.), *Josephus and the History of the Greco-Roman Period*, p. 329-338.

131. M. Goodman, *Mission and Conversion. Proselytizing in the Religious History of Roman Empire*, Oxford, Clarendon Press [1994],

1996. S. Mason, « The *Contra Apionem* in Social and Literary Context », p. 187-228.

132. J. Gager, *Moses in Greco-Roman Paganism,* Nashville, Abingdon Press, 1972.

133. Mason, « Contradictions or Counterpoint ? Josephus and historical methods », in *Id., Josephus, Judea, and Christian Origins,* p. 136.

134. Feldman, « Josephus' Portrait of Moses », *The Jewish Quarterly Review,* 82, n° 3/4 (janv.-avr. 1992), p. 285-328. Mason, « Introduction to the *Judean Antiquities* », in L. H. Feldman (éd.), *Flavius Josephus : Translation and Commentary,* volume 3, *Judean Antiquities,* Livres 1-4, Leyde, Brill, 2000, p. xxxiv-xxxv.

135. Feldman, *Josephus' Interpretation of the Bible.*

136. « C'est ce que je crois avoir très bien fait pour mes deux ouvrages. L'*Archéologie,* comme je l'ai dit, est traduite des Livres saints, car je tiens le sacerdoce de ma naissance et je suis initié à la philosophie de ces Livres », *CA,* I, 54.

137. Feldman, *Jewish Antiquities,* vol. 3, p. 4, n. 4.

138. Rodgers, « Josephus' "Theokratia" and Mosaic Discourse : The actualization of the Revelation at Sinai », in George J. Brooke, Hindy Najman et Loren T. Stuckenbruck (éd.), *The Significance of Sinai. Traditions about Sinai and Divine Revelation in Judaism and Christianity,* Leyde-Boston, Brill, 2008, p. 129-148 ; 132.

139. P. Spilsbury, « Reading the Bible in Rome : Josephus and the constraints of Empire », in J. Sievers et Gaia Lembi, *Josephus and Jewish History in Flavian Rome and beyond,* p. 209-227 ; 223.

140. Sur l'usage des sources par Josèphe : Amram Tropper, *Rewriting Ancient Jewish History. The History of the Jews in Roman Times and the New Historical Method,* Londres-New York, Routledge, 2016, p. 63-83. D. R. Schwartz, « *Kata touton ton Kairon* : Josephus' Source on Agrippa II », *Jewish Quarterly Review,* 72, n° 4 (avril 1982), p. 241-268 ; *Id.,* « Many sources but a single author : Josephus's Jewish Antiquities », in *A Companion,* p. 36-58.

141. Barclay, « *Against Apion* », in *A Companion,* p. 80-81.

142. La bibliographie, presque consensuelle sur ce point, est trop abondante pour être citée ici ; voir Z. Rodgers, « Josephus' "Theokratia" and Mosaic Discourse », in Brooke, Najman, Stuckenbruck, *The Significance of Sinai,* p.138-139, et notes. Rebecca Gray, *Prophetic Figures in late Second Temple Jewish Palestine : the Evidence from Josephus,* Oxford-New York-Toronto, Oxford University Press, 2003, p. 35-79 ; 51.

143. Joseph Blenkinsopp, « Prophecy and Priesthood in Josephus », *Journal of Jewish Studies* 25 (1974), p. 239-262 ; 241.

144. *Gittin*. 56a-b. Anthony J. Saldarini, « Johanan Ben Zakkai's escape from Jerusalem. Origin and development of a rabbinic story », *Journal for the Study of Judaism in the Persian, Hellenistic, and Roman Period*, vol. 6, 2, 1975, p. 189-204 ; Jacob Neusner, *A Life of Yohanan ben Zakkai*, Leyde, Brill, 1970.

145. *Sanhedrin* 2a ; t*Sotah* 13.2 ; *Yoma* 9b ; 21b ; y*Taanit* 2, 1.

146. *Siffré* sur Nombres 112 (Haim Shaul Horovitz (éd.), *Sifre 'al sefer Ba-midbar ve-sifre zuṭa*, Leipzig, Fock, 1917, p. 121).

147. Rodgers, « Josephus' "Theokratia" and Mosaic Discourse », in Brooke, Najman, Stuckenbruck, *The Significance of Sinai*, p. 146.

148. S. Schwartz, *Josephus and Judaean Politics* ; S. Cohen, *Josephus in Galilee and Rome*.

149. Mason, « Should anyone wish to enquire further », in *Id.*, *Understanding Josephus. Seven Perspectives*, Sheffield, Sheffield Academic Press, 1998, p. 64-103 ; 67.

150. Barclay, « *Against Apion* », in *A Companion to Josephus*, p. 81. Jonathan J. Price, « Josephus », in *The Oxford Dictionary of Historical Writings*, p. 219-243 ; 225.

151. Feldman, *Josephus, Judaism, and Christianity*, p. 42 ; Bilde, *Flavius Josephus between Jerusalem and Rome*, p. 120-121.

152. Mason, « The *Contra Apionem* in social and literary context », in Feldman et Levison, *Josephus' Contra Apionem*, p. 187-228 ; et *Id.*, « Should anyone wish to enquire further », in *Id.* (éd.), *Understanding Josephus*.

153. Barclay, « Josephus V. Apion : analysis of an argument », in *Understanding Josephus*, p. 194-221 ; 198-200. *Id.*, « *Against Apion* », in *A Companion to Josephus*, p. 75-85 ; 83.

154. J. J. Price, « The provincial historian in Rome », in Sievers et Lembi, *Josephus and Jewish History in Flavian Rome and beyond*, p. 101-118 ; 102.

155. Suétone, *Domitien*, 10, 1 ; 10, 3 ; Tacite, *Agricola*, 2, 1 ; Pline le Jeune, *Lettres*, 7, 19, 5 ; Dion Cassius, 67, 13, 2. James S. MacLaren, « Josephus on Titus : The Vanquished Writing about the Victor », in Sievers et Lembi, *Josephus and Jewish History in Flavian Rome and beyond*, p. 279-296 ; 292. Richard Rutherford, «Voices of Resistance », in Christina S. Kraus, John Marincola et Christopher Pelling, *Ancient Historiography and its Context. Studies in Honour of A. J. Woodman*, Oxford-New York, Oxford University Press, 2010, p. 312-330.

156. Folker Siegert, « Concluding remarks » ; et MacLaren, « Josephus on Titus : The Vanquished Writing about the Victor », in Sievers et Lembi, *Josephus and Jewish History in Flavian Rome and beyond*, p. 425-430 ; 426 ; p. 279-296 ; S. Mason, « Figured speech and irony in T. Flavius Josephus », in Jonathan Edmondson, Steve

Mason, James Rives, *Flavius Josephus and Flavian Rome*, p. 266 [repr. in *Josephus, Jews, Judea, and Christians Origins*, p. 69-102].

157. J. Barclay, *Negotiating Diaspora. Jewish Strategies in the Roman Empire*, p. 126-127.

158. *Histoire ecclésiastique*, III, 9, 2.

159. Goodman, « Josephus as Roman Citizen», in F. Parente et J. Sievers (éd.), *Josephus and the History of Graeco-Roman Period*, p. 329-338. G. W. Bowersock, « Foreign Elites at Rome », in J. Edmondson, S. Mason, J. Rives, *Flavius Josephus and Flavian Rome*, p. 52-62 ; 52.

160. H. Cotton et W. Eck, « Josephus' Roman Audience : Josephus and the Roman Elites », in J. Edmondson, S. Mason, J. Rives, *Flavius Josephus and Flavian Rome,* p. 52 ; J. J. Price, « The Provincial Historian in Rome », in *Josephus and Jewish History in Flavian Rome and beyond*, p. 106 ; Mason, « Should anyone wish to enquire further », in *Id.*, *Understanding Josephus*, p. 74-79. Sur l'isolement de Josèphe, la mise en garde de H. Chapman, « Josephus », in A. Feldherr (éd.), *The Cambridge Companion to the Roman Historians*, Cambridge, Cambridge University Press, 2009, p. 319-331 ; 324, et G. Moscatti Mascetti, *The Hidden Transcripts*, p. 114, note 329.

161. *La Guerre des Juifs*, 9-115. A. Momigliano, « Ce que Flavius Josèphe n'a pas vu » [1980], repr. in *Contributions à l'histoire du Judaïsme*, Nîmes, Éditions de l'Éclat, 2002, p. 106-118.

162. L'ironie est patente dans la manière dont il flatte les qualités intellectuelles « extraordinaires » d'Apion tout en le ridiculisant en pointant son ignorance. G. Moscatti Mascetti, *The Hidden Transcripts*, p. 12-19.

163. Pour éclairer l'importance du triomphe de Titus à Rome en 71 légitimant la dynastie, Mary Beard se réfère à la description de Josèphe dans la *Guerre* ; elle commence par le décrire comme le « traître le plus chanceux qui ait jamais existé », puis, plus loin : « Pour comprendre la manière dont un régime politique veut être perçu, quoi de mieux que d'aller voir les écrits de l'un de ses laquais ? », Mary Beard « The Triumph of Flavius Josephus », in Anthony J. Boyle et William J. Dominik (éd.), *Flavian Rome : Culture, Image, Text*, Leyde-Boston, Brill, 2003, p. 543-558 ; 543 ; 556.

164. H. Chapman, « Josephus », in *The Cambridge Companion to the Roman Historians*, p. 323. J. J. Price, « Josephus », in *The Oxford Dictionary of Historical Writings*, p. 219-243 ; 227-228.

165. Schreckenberg, *Rezeptionsgeschichtliche und Textkritische. Untersuchungen zu Flavius Josephus* ; Feldman, *Josephus and Modern Scholarship*.

166. Schreckenberg, « The Work of Josephus and the Early Christian Church », in Feldman et Hata, *Josephus, Judaism, and Christianity*, p. 317, note 18, et p. 323. *Id., Jewish History and Iconography*, p. 8.

167. M. Hadas-Lebel, « La lecture de Flavius Josèphe aux XVIIᵉ et XVIIIᵉ siècles », in *La République des lettres et l'histoire du judaïsme antique XVIᵉ-XVIIIᵉ siècles*, Chantal Grell et François Laplanche (éd.), Paris, Presses de l'Université de Paris-Sorbonne, 1990, p. 101-113 ; 101.

168. J. J. Price, « Josephus », in *The Oxford Dictionary*, p. 219.

169. S. J. D. Cohen, « The modern study of Judaism », in Cohen et Edward L. Greenstein (éd.), *The State of Jewish Studies*, Detroit, Wayne State University Press, Jewish Theological Seminary of America, 1990, p. 55-73 ; 60.

170. Th. Reinach ne peut d'ailleurs pas dissimuler l'antipathie qu'il ressent à l'égard de l'auteur qu'il présente ; elle est flagrante dans les notes qui accompagnent le texte.

171. H. Schreckenberg, *Die christlichen Adversus-Judaeos Texte und ihr literarisches und historisches Umfeld (1-11 Jh.)*, Francfort-sur-le-Main-Berne, Peter Lang [1982], 1999, p. 26. G. F. Moore, « Christian Writers on Judaism », *Harvard Theological Review*, 14, 1921, p. 197-254 ; 198.

172. Mason, *Josephus and the New Testament*, p. 17 ; *Josephus, Judea, and Christian Origins*, p. 14 ; « Josephus, Publication, and Audiences : A Response », *Zutot*, 8, 2011, p. 81-94 ; 84. Également, sur son absence des études classiques, mais d'une tout autre perspective, M. Beard, « The Triumph of Flavius Josephus », in A. J. Boyle et W. J. Dominik, *Flavian Rome : Culture, Image, Text*, p. 543-545.

173. « Preface », J. Sievers et G. Lembi, *Josephus and Jewish History in Flavian Rome and beyond*, p. X.

174. Ces nouvelles approches se sont marquées en France par ce que les *Annales* ont qualifié de « tournant critique ». Voir, par exemple, Giovanni Levi, « Les usages de la biographie », *Annales. Économies, Sociétés, Civilisations*, 44ᵉ année, n° 6, 1989, p. 1325-1336.

175. Mason, *Josephus, Judea and Christian Origins*, p. 16-17. Sanders, *Judaism : Practice and Belief 63 BCE-66 CE*, p. 5.

176. Mason, *Josephus, Judea and Christian Origins*, p. 24-25.

177. Saskia Dönitz, « Sefer Yosippon (Josippon) », in *A Companion to Josephus*, p. 382-389. Joanna Weinberg (trad.), Azariah de Rossi, *The Light of the Eyes*, New Haven, Yale University Press, 2001, p. xxxvi-xxxviii. M. Goodman-J. Weinberg, « The Reception of Josephus in Early Modern Period », *International Journal of the Classical Tradition* (2016), 23 (3), p. 167-171. https ://doi.org/10.1007/s12138-016-0398-2

178. Tal Ilan et Vered Noam *Josephus and the Rabbis.*

179. Neusner, *Development of a Legend. Studies on the Traditions concerning Yohanan ben Zakkai,* Leyde, Brill, 1970.

180. *Gittin* 56a-b.

181. *Lamentations rabbati, Midrasch Echa Rabbati : Sammlung agadischer Auslegungen der Klagelieder,* éd. Solomon Buber [Vilna : Romm, 1899], repr. Hildesheim, Olms, 1967, p. 68.

182. *Aboth de-Rabbi Nathan,* édition, introduction, notes et appendices par Solomon Schechter [Vienne 1887], repr. New York, Philipp Feldheim, 1967. Version A, iv, 22f. ; Version B, vi, 19 ; *Gittin,* 56a-b. Les différentes versions rabbiniques comparées ligne à ligne avec le récit de Josèphe, suivies d'analyses détaillées : Meir ben Shahar, « The prediction to Vespasian », in Ilan et Noam, *Josephus and the Rabbis,* vol. 2 : *Tales about the Destruction of the Temple* (hébr.), p. 604-664.

183. Klawans, « Josephus, the Rabbis, and Responses to Catastrophes Ancient and Modern », *Jewish Quarterly Review,* 100, nᵒ 2 (printemps 2010), p. 278-309.

184. Une analyse fine de ces approches dans Galit Hasan-Rokem, *Web of Life. Folklore and Midrash in Rabbinic Literature,* Stanford, Stanford University Press, 2000, note 74, p. 242-245.

185. Les avis divergent sur l'indépendance de cette transmission d'un fonds commun : S. Cohen, « Parallel Historical Tradition in Josephus and Rabbinic Literature » [1986], repr. in *The Significance of Yavneh,* p. 154-161. D. R. Schwartz, « *Kata touton ton Kairon* : Josephus' Source on Agrippa II ».

186. Ilan et Noam, *Josephus and the Rabbis,* introductions aux volumes 1 et 2.

187. D. R. Schwartz, « Remembering the Second Temple Period », p. 70. R. Kalmin, « Kings, Priests, and Sages in Rabbinic Literature of Late Antiquity », in Yaakov Elman, Ephraim Bezalel Halivni, Zvi Arie Steinfeld (éd.), *Neti'ot ledavid. Jubilee Volume for David Weiss Halivni,* Jérusalem, Orhot Press, 2004, p. 57-92 ; *Id.,* « Between Rome and Mesopotamia : Josephus in Sasanian Persia », in C. Bakhos, *Ancient Judaism in its Hellenistic Context,* p. 205-242 ; *Id.,* « Josephus and Rabbinic literature », in *A Companion,* p. 293-304.

188. Klawans, *Josephus and the Theology of Ancient Judaism,* p. 144-147.

189. Kalmin, « Between Rome and Mesopotamia : Josephus in Sasanian Persia », in Bakhos, *Ancient Judaism,* p. 236.

190. *De Praemiis et Poenis. De exsecrationibus (Des récompenses et des peines),* trad. A. Beckaert, *Œuvres,* 27, Paris, Le Cerf, 1961, p. 165.

191. Azriel Shohet, « The Views of Josephus on the Future of Israel and Its Land », in Méir Ish Shalom, Méir Benayahu, A. Shohet (éd.), *Yerushalayim, Review for Eretz-Israel Research* (hébr.), vol. 1, Jérusalem, Mosad Ha-Rav Kuk, 1953, p. 43-50.

192. E. Gruen, *Diaspora. Jews amidst Greeks and Romans*, Cambridge MA-Londres, Harvard University Press, 2002, p. 233-252 ; 243.

193. Feldman, *Hellenism reconsidered*, p. 720.

194. C. Milikowsky, « Notions of Exile, Subjugation, and Return in Rabbinic Literature », in James M. Scott (éd.), *Exile : Old Testament, Jewish, and Christian Conceptions*, Leyde-New York-Cologne, Brill 1997, p. 265-281. Israel J. Yuval, « The Myth of the Jewish Exile from the Land of Israel : A Demonstration of Irenic Scholarship », *Common Knowledge* 12.1 (2006), p. 16-33.

195. J. Neusner, « Exile and Return as the History of Judaism », in J. M. Scott, *Exile : Old Testament, Jewish, and Christian Conceptions*, p. 221-237.

196. Les contributions de Kenneth Atkinson, Mordechai Aviam et Zeev Weiss dans la partie « Josephus and Archaeology », in Rodgers, *Making History*, p. 349-414.

197. M. Aviam, « The Fortified Settlements of Josephus Flavius and their Significance against the background of the Excavations of Yodefat and Gamla », in Ofra Guri-Rimon (éd.), *The Great Revolt in the Galilee*, Haïfa, Hecht Museum-University of Haifa, 2008 (angl., p. 39-52 ; hébr., p. 59-84).

198. Mason, « Essenes and Lurking Spartans in Josephus' Judean War : From Story to History », in Rodgers, *Making History*, p. 219-261. A. I. Baumgarten, « Josephus on Ancient Jewish Groups from a Social Scientific Perspective », in S. J. D. Cohen et J. Schwartz, *Studies in Josephus and the Varieties of Ancient Judaism*, p. 1-14.

199. Vu l'ampleur de la bibliographie, on se contentera ici de Jodi Magness, *The Archaeology of Qumran and the Dead Sea Scrolls*, Grand Rapids, Michigan, Wm. B. Eerdmans Publishing, 2003, à comparer avec Todd S. Beall, *Josephus' Description of the Essenes Illustrated by The Dead Sea Scrolls*, Cambridge, Cambridge University Press, 1998.

200. Josèphe, *Autobiographie*, 11 : *GJ*, II, 8 ; *AJ*, XVIII, 1 ; 2, 5 ; 11, 18-22 ; Philon, « *Apologie en faveur des Juifs* ; *Tout homme vertueux est libre* », cités par Eusèbe, *Préparation évangélique*, VIII, 11-12 ; Pline l'Ancien, *Histoire naturelle*, V, 73.

201. J. Magness, « A Reconsideration of Josephus' Testimony about Masada », in M. Popović, *The Jewish Revolt against Rome*, p. 343-360.

202. Timothy Michael Lax et Charles Halton (éd.), *Jew and Judean : A Forum on Politics and Historiography in the Translation of Ancient Texts*, Marginalia Review of books, août 2014. S. Mason, « Judaeans, Judaizing, Judaism : Problems of Categorization in Ancient History », *Journal for the Study of Judaism*, 38, 4, 2007, p. 457-512.

203. Goodman, « Josephus as Roman Citizen», in Parente et Sievers, *Josephus and the History of Graeco-Roman Period*, p. 336. Mason, « Flavius Josephus in Flavian Rome : Reading On and Between the Lines », in Boyle et Dominik, *Flavian Rome, Image, Text,* p. 559-590 ; 559 note 1.

204. Barclay, « Appendix 6 : Judaism in Roman dress ? », *Against Apion. Translation and Commentary*, p. 362-369.

205. La délégation d'Alexandrie dirigée par Philon dut attendre le bon vouloir de l'empereur avant de recevoir audience et plaider sa cause. L'attente se fit attendre deux ou trois ans, et c'est probablement pendant ce séjour qu'il composa son œuvre – tout ou partie – pour un lectorat et des auditeurs de culture grecque. Maren R. Niehoff, *Jewish Exegesis and Homeric Scholarship in Alexandria*, Cambridge, Cambridge University Press, 2011, p. 177 ; *Id.*, « Josephus and Philo in Rome », in *A Companion to Josephus,* p. 108-146. *Id.*, *Philo of Alexandria. An Intellectual Biography* (à paraître), New Haven, Yale University Press, 2018.

206. La dépendance de Josèphe sur l'œuvre de Philon est largement consensuelle bien que sujette à débat, K. Berthelot, *Philanthrôpia judaica*, chap. V, p. 371-372.

207. Comme le suggère E. Nodet, « Josephus' Attempt to Reorganize Judaism from Rome », in Rodgers, *Making History*, p. 103-122 ; *Id.*, « Josèphe restaurateur du judaïsme après 70 », in Claire Clivaz, Simon Mimouni, Bernard Pouderon (éd.), *Les Judaïsmes dans tous leurs états aux Iᵉʳ-IIIᵉ siècles*, Turnhout, Brepols, 2015, p. 57-72.

208. Ce que M. Niehoff éclaire à propos de Philon : *Philo on Jewish Identity and Culture*, Tübingen, Mohr Siebeck, 2001, p. 12-13 ; 85-94 ; 133-136. Les travaux récents sur l'émergence ultérieure du mouvement rabbinique mettent l'accent sur l'importance de son berceau culturel romain : Hayim Lapin, *Rabbis as Romans : The Rabbinic Movement in Palestine, 100-400 CE*, Oxford, Oxford University Press, 2012. Burton L. Visotzky, *Aphrodite and the Rabbis : How the Jews Adapted Roman Culture to Create Judaism as We Know It'*, New York, St. Martin's Press, 2016.

CONTRE APION

I 1 Ἱκανῶς μὲν ὑπολαμβάνω καὶ διὰ τῆς περὶ τὴν ἀρχαιολογίαν συγγραφῆς, κράτιστε ἀνδρῶν Ἐπαφρόδιτε, τοῖς
ἐντευξομένοις αὐτῇ πεποιηκέναι φανερὸν περὶ τοῦ γένους ἡμῶν
τῶν Ἰουδαίων, ὅτι καὶ παλαιότατόν ἐστι καὶ τὴν πρώτην
ὑπόστασιν ἔσχεν ἰδίαν, καὶ πῶς τὴν χώραν ἣν νῦν ἔχομεν
κατῴκισεν· πεντακισχιλίων <γὰρ> ἐτῶν ἀριθμὸν ἱστορίαν
περιέχουσαν ἐκ τῶν παρ᾽ ἡμῖν ἱερῶν βίβλων διὰ τῆς Ἑλληνικῆς
φωνῆς συνεγραψάμην. 2 Ἐπεὶ δὲ συχνοὺς ὁρῶ ταῖς ὑπὸ
δυσμενείας ὑπό τινον εἰρημέναις προσέχοντας βλασφημίαις,
καὶ τοῖς περὶ τὴν ἀρχαιολογίαν ὑπ᾽ ἐμοῦ γεγραμμένοις ἀπισ-
τοῦντας, τεκμήριόν τε ποιουμένους τοῦ νεώτερον εἶναι τὸ γένος
ἡμῶν τὸ μηδεμιᾶς παρὰ τοῖς ἐπιφανέσι τῶν Ἑλληνικῶν ἱστο-
ριογράφων μνήμης ἠξιῶσθαι, 3 — περὶ τούτων ἁπάντων
ᾠήθην δεῖν γράψαι συντόμως, <ὥστε> τῶν μὲν λοιδορούντων
τὴν δυσμένειαν καὶ τὴν ἑκούσιον ἐλέγξαι ψευδολογίαν, τῶν δὲ
τὴν ἄγνοιαν ἐπανορθώσασθαι, διδάξαι δὲ πάντας, ὅσοι τἀληθὲς
εἰδέναι βούλονται, περὶ τῆς ἡμετέρας ἀρχαιότητος. 4 Χρήσομαι
δὲ τῶν μὲν ὑπ᾽ ἐμοῦ λεγομένων μάρτυσι τοῖς ἀξιοπιστοτάτοις

---

* Les notes suivies de [Th.R.] ainsi que les sous-titres sont de
Théodore Reinach, repris de l'édition de 1930.

1. C'est le même auquel est dédiée la *Vita* et qui fut un des patrons
des *Antiquités* (I, 8). Le langage de Josèphe dans ces divers passages
prouve que c'était un personnage haut placé et qui avait subi des vicissitudes politiques ; aussi l'a-t-on identifié, non sans vraisemblance, à
Épaphrodite, affranchi et secrétaire de Néron, qui aida son maître à se
tuer, et fut plus tard, en raison de ce fait, banni puis mis à mort par
Domitien en 96 (Suétone, *Domitien*, 14). La seule objection, c'est que la
Vita, dédiée à Épaphrodite, parle d'Agrippa II comme étant mort (c. 65,
§ 359) ; or, d'après Photius (*cod.* 33), ce roi serait mort l'an 3 de Trajan
(100 ap. J.-C.). Mais ce renseignement est suspect et nous ne possédons
aucune monnaie d'Agrippa postérieure à Domitien. Épaphrodite ayant
été tué en 95 (Dion, LXVII, 14) et les *Antiquités* achevées en 93 (*AJ*, XX,
11), il en résulte que le *Contre Apion* a été écrit en 94 ou 95. [Th.R.]

I

De l'antiquité de la race juive, contestée
par l'ignorance ou la malveillance*

1 J'ai déjà suffisamment montré, je pense, très puissant Épaphrodite[1], par mon Histoire ancienne, à ceux qui la liront, et la très haute antiquité de notre race juive, et l'originalité de son noyau primitif, et la manière dont elle s'est établie dans le pays que nous occupons aujourd'hui ; en effet 5000 ans[2] sont compris dans l'histoire que j'ai racontée en grec d'après nos Livres sacrés[3]. **2** Mais puisque je vois bon nombre d'esprits, s'attachant aux calomnies haineuses répandues par certaines gens, ne point ajouter foi aux récits de mon Histoire ancienne et alléguer pour preuve de l'origine assez récente de notre race que les historiens grecs célèbres ne l'ont jugée digne d'aucune mention, **3** j'ai cru devoir traiter brièvement tous ces points afin de confondre la malveillance et les mensonges volontaires de nos détracteurs, redresser l'ignorance des autres, et instruire tous ceux qui veulent savoir la vérité sur l'ancienneté de notre race[4]. **4** J'appellerai, en témoignage de mes assertions, les écrivains les plus

---

2. Voir la note à l'Appendice. [Th.R.]

3. Josèphe invite le lecteur à se référer à l'histoire biblique qu'il a transposée dans les *Antiquités juives* ; c'est peut-être une manière d'adresser un lectorat juif à ses versions différentes des événements. Les 5000 ans qu'il mentionne suggèrent sa familiarité avec les écrits des chronographes juifs hellénistiques.

4. La traduction du terme grec utilisé, *genos*, renvoie, semble-t-il, chez Josèphe à une ethnicité au sens large : peuple, ancêtre ou communauté de croyance et d'histoire.

εἶναι περὶ πάσης ἀρχαιολογίας ὑπὸ τῶν Ἑλλήνων κεκριμένοις, τοὺς δὲ βλασφήμως περὶ ἡμῶν καὶ ψευδῶς γεγραφότας αὐτοὺς δι᾽ ἑαυτῶν ἐλεγχομένους παρέξω. 5 Πειράσομαι δὲ καὶ τὰς αἰτίας ἀποδοῦναι, δι᾽ ἃς οὐ πολλοὶ τοῦ ἔθνους ἡμῶν ἐν ταῖς ἱστορίαις Ἕλληνες ἐμνημονεύκασιν, ἔτι μέντοι καὶ τοὺς οὐ παραλιπόντας τὴν περὶ ἡμῶν ἱστορίαν ποιήσω φανεροὺς τοῖς μὴ γιγνώσκουσιν ἢ προσποιουμένοις ἀγνοεῖν.

II 6 Πρῶτον οὖν ἐπέρχεταί μοι πάνυ θαυμάζειν τοὺς οἰομένους δεῖν περὶ τῶν παλαιοτάτων ἔργων μόνοις προσέχειν τοῖς Ἕλλησι καὶ παρὰ τούτων πυνθάνεσθαι τὴν ἀλήθειαν, ἡμῖν δὲ καὶ τοῖς ἄλλοις ἀνθρώποις ἀπιστεῖν· πᾶν γὰρ ἐγὼ τοὐναντίον ὁρῶ συμβεβηκός, εἴ γε δεῖ μὴ ταῖς ματαίαις δόξαις ἐπακολουθεῖν, ἀλλ᾽ ἐξ αὐτῶν τὸ δίκαιον τῶν πραγμάτων λαμβάνειν. 7 Τὰ μὲν γὰρ παρὰ τοῖς Ἕλλησιν ἅπαντα νέα καὶ χθὲς καὶ πρῴην, ὡς ἂν εἴποι τις, εὗρον γεγονότα, λέγω δὲ τὰς κτίσεις τῶν πόλεων καὶ τὰ περὶ τὰς ἐπινοίας τῶν τεχνῶν καὶ τὰ περὶ τὰς τῶν νόμων ἀναγραφάς· πάντων δὲ νεωτάτη σχεδόν ἐστι παρ᾽ αὐτοῖς ἡ περὶ τὸ συγγράφειν τὰς ἱστορίας ἐπιμέλεια. 8 Τὰ μέντοι παρ᾽ Αἰγυπτίοις τε καὶ Χαλδαίοις καὶ Φοίνιξιν, ἐῶ γὰρ νῦν ἡμᾶς ἐκείνοις συγκαταλέγειν, αὐτοὶ δήπουθεν ὁμολογοῦσιν ἀρχαιοτάτην τε καὶ μονιμωτάτην ἔχειν τῆς μνήμης τὴν παράδοσιν· 9 καὶ γὰρ τόπους ἅπαντες οἰκοῦσιν ἥκιστα ταῖς ἐκ τοῦ περιέχοντος φθοραῖς ὑποκειμένους, καὶ πολλὴν ἐποιήσαντο

---

5. La formule « tout date d'hier ou d'avant-hier » est un renvoi à celle utilisée par Hérodote (*Histoires*, II, 53) et plus encore au *Timée* (22b-c) et aux *Lois* (677d) de Platon.

dignes de foi, au jugement des Grecs, sur toute l'histoire ancienne ; quant aux auteurs d'écrits diffamatoires et mensongers à notre sujet, ils comparaîtront pour se confondre eux-mêmes. **5** J'essaierai aussi d'expliquer pour quelles raisons peu d'historiens grecs ont mentionné notre peuple ; mais, d'autre part, je ferai connaître les auteurs qui n'ont pas négligé notre histoire à ceux qui les ignorent ou feignent de les ignorer.

II

Sur les choses de l'antiquité
les Grecs ne sont pas dignes de foi

6 Et d'abord je suis saisi d'un grand étonnement à voir les gens qui croient nécessaire, dans l'étude des événements les plus anciens, de s'attacher aux Grecs seuls et de leur demander la vérité, sans accorder créance ni à nous ni aux autres hommes. Pour ma part, je vois qu'il en va tout autrement, si l'on rejette, comme il convient, les vains préjugés, et si l'on s'inspire des faits eux-mêmes pour être juste. **7** En effet, j'ai trouvé que tout chez les Grecs est récent et date, pour ainsi parler, d'hier ou d'avant-hier [5] : je veux dire la fondation des villes, l'invention des arts et la rédaction des lois ; mais de toutes choses la plus récente, ou peu s'en faut, est, chez eux, le souci d'écrire l'histoire. **8** Au contraire, les événements qui se sont produits chez les Égyptiens, les Chaldéens et les Phéniciens — pour l'instant je n'ajoute pas notre peuple à la liste —, de l'aveu même des Grecs, ont été l'objet d'une transmission historique très ancienne et très durable. **9** En effet, tous ces peuples habitent des pays qui ne sont

πρόνοιαν τοῦ μηδὲν ἄμνηστον τῶν παρ᾿ αὐτοῖς πραττομένων παραλιπεῖν, ἀλλ᾿ ἐν δημοσίαις ἀναγραφαῖς ὑπὸ τῶν σοφωτάτων ἀεὶ καθιεροῦσθαι. 10 Τὸν δὲ περὶ τὴν Ἑλλάδα τόπον μυρίαι μὲν φθοραὶ κατέσχον ἐξαλείφουσαι τὴν μνήμην τῶν γεγονότων, ἀεὶ δὲ καινοὺς καθιστάμενοι βίους, τοῦ παντὸς ἐνόμιζον ἄρχειν ἕκαστοι τὸν ἀφ᾿ ἑαυτῶν· ὀψὲ δὲ καὶ μόλις ἔγνωσαν φύσιν γραμμάτων· οἱ γοῦν ἀρχαιοτάτην αὐτῶν τὴν χρῆσιν εἶναι θέλοντες παρὰ Φοινίκων καὶ Κάδμου σεμνύνονται μαθεῖν. 11 Οὐ μὴν οὐδ᾿ ἀπ᾿ ἐκείνου τοῦ χρόνου δύναιτό τις ἂν δεῖξαι σωζομένην ἀναγραφὴν οὔτ᾿ ἐν ἱεροῖς οὔτ᾿ ἐν δημοσίοις ἀναθήμασιν, ὅπου γε καὶ περὶ τῶν ἐπὶ Τροίαν τοσούτοις ἔτεσι στρατευσάντων ὕστερον πολλὴ γέγονεν ἀπορία τε καὶ ζήτησις, εἰ γράμμασιν ἐχρῶντο· καὶ τἀληθὲς ἐπικρατεῖ μᾶλλον περὶ τοῦ τὴν νῦν οὖσαν τῶν γραμμάτων χρῆσιν ἐκείνους ἀγνοεῖν. 12 Ὅλως δὲ παρὰ τοῖς Ἕλλησιν οὐδὲν ὁμολογούμενον εὑρίσκεται γράμμα τῆς Ὁμήρου ποιήσεως πρεσβύτερον, οὗτος δὲ καὶ τῶν Τρωϊκῶν ὕστερος φαίνεται γενόμενος· καί φασιν οὐδὲ τοῦτον ἐν γράμμασι τὴν αὑτοῦ ποίησιν καταλιπεῖν, ἀλλὰ διαμνημονευομένην ἐκ τῶν ᾀσμάτων ὕστερον συντεθῆναι καὶ διὰ τοῦτο πολλὰς ἐν αὐτῇ σχεῖν τὰς διαφωνίας. 13 Οἱ μέντοι τὰς ἱστορίας ἐπιχειρήσαντες συγγράφειν παρ᾿ αὐτοῖς, λέγω δὲ τοὺς περὶ Κάδμον τε τὸν Μιλήσιον καὶ τὸν Ἀργεῖον Ἀκουσίλαον καὶ μετὰ τοῦτον εἴ τινες ἄλλοι λέγονται γενέσθαι, βραχὺ τῆς Περσῶν ἐπὶ τὴν Ἑλλάδα στρατείας τῷ χρόνῳ προύλαβον. 14 Ἀλλὰ μὴν καὶ τοὺς περὶ τῶν οὐρανίων τε καὶ θείων πρώτους παρ᾿ Ἕλλησι φιλο-

---

6. Déluges d'Ogygès et de Deucalion, etc. Idée empruntée à Platon, *Timée*, 22 B, comme tout ce développement. [Th.R.]

7. Allusion aux discussions soulevées parmi les érudits alexandrins au sujet de l'interprétation des σήματα λυγρά de l'*Iliade* (VI, 168). [Th.R.]

8. J. M. G. Barclay relève que l'argument affirmant qu'Homère est l'auteur grec le plus ancien, mais notablement plus récent que Moïse, fut majeur pour l'apologétique chrétienne ancienne destinée à défendre la suprématie de la tradition judéo-chrétienne. *Against Apion, Translation and Commentary*, p. 16, n. 53.

nullement exposés aux ravages de l'atmosphère, et leur grande préoccupation a été de ne laisser dans l'oubli aucun des événements accomplis chez eux, mais de les consacrer toujours par des annales officielles, œuvre des plus savants d'entre eux. **10** Au contraire, le pays de Grèce a essuyé mille catastrophes [6] qui ont effacé le souvenir des événements passés ; et à mesure qu'ils instituaient de nouvelles civilisations, les hommes de chaque époque croyaient que toute chose commençait avec la leur ; c'est tardivement aussi et difficilement qu'ils connurent l'écriture ; en tout cas ceux qui veulent en reculer l'usage le plus loin se flattent de l'avoir apprise des Phéniciens et de Cadmos. **11** Pourtant, même de cette époque on ne saurait montrer aucune chronique conservée dans les dépôts soit sacrés, soit publics, puisque, au sujet des hommes mêmes qui marchèrent contre Troie tant d'années plus tard, on est fort embarrassé et l'on fait force recherches pour savoir s'ils connaissaient l'écriture [7]. Et l'opinion prévalente c'est plutôt qu'ils ignoraient l'usage actuel des lettres. **12** Nulle part d'ailleurs en Grèce on ne trouve un écrit reconnu plus ancien que la poésie d'Homère [8]. Or, il est clair que ce poète est encore postérieur à la guerre de Troie. Et lui-même, dit-on, ne laissa pas ses poèmes par écrit ; mais, transmis par la mémoire, ils furent plus tard constitués par la réunion des chants ; de là les nombreuses divergences qu'on y constate [9]. **13** Quant aux Grecs qui ont entrepris d'écrire l'histoire, comme Cadmos de Milet, Acousilaos d'Argos et ceux qu'on cite après lui, ils n'ont vécu que peu de temps [10] avant l'expédition des Perses contre la Grèce. **14** Mais bien certainement les premiers philosophes grecs qui aient

---

9. Ce passage est une des pierres angulaires des *Prolégomènes* de Wolf. [Th.R.]

10. En réalité, Cadmos paraît avoir fleuri vers le milieu du VIe siècle. [Th.R.]

σοφήσαντας, οἷον Φερεκύδην τε τὸν Σύριον καὶ Πυθαγόραν καὶ Θάλητα, πάντες συμφώνως ὁμολογοῦσιν Αἰγυπτίων καὶ Χαλδαίων γενομένους μαθητὰς ὀλίγα συγγράψαι, καὶ ταῦτα τοῖς Ἕλλησιν εἶναι δοκεῖ πάντων ἀρχαιότατα καὶ μόλις αὐτὰ πιστεύουσιν ὑπ᾽ ἐκείνων γεγράφθαι.

III 15 Πῶς οὖν οὐκ ἔστιν ἄλογον τετυφῶσθαι τοὺς Ἕλληνας ὡς μόνους ἐπισταμένους τἀρχαῖα καὶ τὴν ἀλήθειαν περὶ αὐτῶν ἀκριβῶς παραδιδόντας ; ἢ τίς οὐ παρ᾽ αὐτῶν ἂν τῶν συγγραφέων μάθοι ῥᾳδίως, ὅτι μηδὲν βεβαίως εἰδότες συνέγραφον, ἀλλ᾽ ὡς ἕκαστοι περὶ τῶν πραγμάτων εἴκαζον ; τὸ πλεῖον γοῦν διὰ τῶν βιβλίων ἀλλήλους ἐλέγχουσι καὶ τἀναντιώτατα περὶ τῶν αὐτῶν λέγειν οὐκ ὀκνοῦσι. 16 Περίεργος δ᾽ ἂν εἴην ἐγὼ τοὺς ἐμοῦ μᾶλλον ἐπισταμένους διδάσκων ὅσα μὲν Ἑλλάνικος Ἀκουσιλάῳ περὶ τῶν γενεαλογιῶν διαπεφώνηκεν, ὅσα δὲ διορθοῦται τὸν Ἡσίοδον Ἀκουσίλαος, ἢ τίνα τρόπον Ἔφορος μὲν Ἑλλάνικον ἐν τοῖς πλείστοις ψευδόμενον ἐπιδείκνυσιν, Ἔφορον δὲ Τίμαιος καὶ Τίμαιον οἱ μετ᾽ ἐκεῖνον γεγονότες, Ἡρόδοτον δὲ πάντες. 17 Ἀλλ᾽ οὐδὲ περὶ τῶν Σικελικῶν τοῖς περὶ Ἀντίοχον καὶ Φίλιστον ἢ Καλλίαν

---

11. Seul texte qui attribue une origine égyptienne ou chaldéenne aux doctrines de Phérécyde de Syros. Cependant Gomperz, *Griechische Denker*, I, 430, identifie Ὠγηνός avec l'*Ouginna* babylonien. [Th.R.]

12. On retrouve chez Apollonios de Tyane (Jamblique, *Vit. Pyth.*, 12) et Plutarque l'idée que Thalès de Milet fut disciple des Égyptiens ; l'adjonction des Chaldéens est propre à Josèphe. [Th.R.]

traité des choses célestes et divines, comme Phérécyde de Syros [11], Pythagore et Thalès [12] furent, tout le monde s'accorde là-dessus, les disciples des Égyptiens et des Chaldéens avant de composer leurs courts ouvrages, et ces écrits sont aux yeux des Grecs les plus anciens de tous ; à peine même les croient-ils authentiques.

III

Contradictions de leurs historiens

15 N'est-il donc point absurde que les Grecs s'aveuglent ainsi en croyant être seuls à connaître l'antiquité et à en rapporter exactement l'histoire ? Et ne peut-on point facilement apprendre de leurs historiens mêmes que, loin d'écrire de science certaine, chacun d'eux n'a fait qu'émettre des conjectures sur le passé ? Le plus souvent, en tout cas, leurs ouvrages se réfutent les uns les autres et ils n'hésitent pas à raconter les mêmes faits de la façon la plus contradictoire. **16** Il serait superflu d'apprendre aux lecteurs, qui le savent mieux que moi, combien Hellanicos diffère d'Acousilaos sur les généalogies, quelles corrections Acousilaos apporte à Hésiode, comment sur presque tous les points les erreurs d'Hellanicos sont relevées par Éphore, celles d'Éphore par Timée, celles de Timée par ses successeurs, celles d'Hérodote par tout le monde [13]. **17** Même sur l'histoire de Sicile Timée n'a pu s'entendre avec

13. À l'appui de ces assertions on peut citer les fr. 7 et 12 d'Acousilaos, 19 d'Éphore, 55, 125 et 143 de Timée ; Polémon, Istros et Polybe ont attaqué Timée, et Thucydide, Ctésias, Manéthôs, Strabon ont critiqué Hérodote. [Th.R.] Sur les mensonges et fables attribués à Hérodote par les auteurs anciens, cf. A. Momigliano, « La place d'Hérodote dans l'histoire de l'historiographie » [1958], *Problèmes d'historiographie ancienne et moderne*, Paris, Gallimard, 1983, p. 169-185.

Τίμαιος συμφωνεῖν ἠξίωσεν, οὐδ᾽ αὖ περὶ τῶν Ἀττικῶν οἱ τὰς Ἀτθίδας συγγεγραφότες ἢ περὶ τῶν Ἀργολικῶν οἱ τὰ περὶ Ἄργος ἱστοροῦντες ἀλλήλοις κατηκολουθήκασι. 18 Καὶ τί δεῖ λέγειν περὶ τῶν κατὰ πόλεις καὶ βραχυτέρων ; ὅπου γε περὶ τῆς Περσικῆς στρατείας καὶ τῶν ἐν αὐτῇ πραχθέντων οἱ δοκιμώτατοι διαπεφωνήκασι, πολλὰ δὲ καὶ Θουκυδίδης ὡς ψευδόμενος ὑπό τινων κατηγορεῖται, καίτοι δοκῶν ἀκριβέστατα τὴν καθ᾽ αὑτὸν ἱστορίαν συγγράφειν.

IV 19 Αἰτίαι δὲ τῆς τοσαύτης διαφωνίας πολλαὶ μὲν ἴσως ἂν καὶ ἕτεραι τοῖς βουλομένοις ζητεῖν ἀναφανεῖεν, ἐγὼ δὲ δυσὶ ταῖς λεχθησομέναις τὴν μεγίστην ἰσχὺν ἀνατίθημι, καὶ προτέραν ἐρῶ τὴν κυριωτέραν εἶναί μοι δοκοῦσαν· 20 τὸ γὰρ ἐξ ἀρχῆς μὴ σπουδασθῆναι παρὰ τοῖς Ἕλλησι δημοσίας γίνεσθαι περὶ τῶν ἑκάστοτε πραττομένων ἀναγραφάς, τοῦτο μάλιστα δὴ καὶ τὴν πλάνην καὶ τὴν ἐξουσίαν τοῦ ψεύδεσθαι τοῖς μετὰ ταῦτα βουληθεῖσι περὶ τῶν παλαιῶν τι γράφειν παρέσχεν. 21 Οὐ γὰρ μόνον παρὰ τοῖς ἄλλοις Ἕλλησιν ἠμελήθη τὰ περὶ τὰς ἀναγραφάς, ἀλλ᾽ οὐδὲ παρὰ τοῖς Ἀθηναίοις, οὓς αὐτόχθονας εἶναι λέγουσιν καὶ παιδείας ἐπιμελεῖς, οὐδὲν τοιοῦτον εὑρίσκεται γενόμενον· ἀλλὰ τῶν δημοσίων γραμμάτων ἀρχαιοτάτους εἶναι φασι τοὺς ὑπὸ Δράκοντος αὐτοῖς περὶ τῶν φονικῶν γραφέντας νόμους, ὀλίγῳ πρότερον τῆς Πεισιστράτου τυραννίδος ἀνθρώπου γεγονότος. 22 Περὶ μὲν γὰρ Ἀρκάδων

Antiochos, Philistos ou Callias ; pareil désaccord sur les choses attiques entre les atthidographes, sur les choses argiennes entre les historiens d'Argos. **18** Et pourquoi parler de l'histoire des cités et de faits moins considérables, quand sur l'expédition des Perses et sur les événements qui l'accompagnèrent les auteurs les plus estimés se contredisent ? Sur bien des points, Thucydide même est accusé d'erreurs par certains auteurs, lui qui pourtant passe pour raconter avec la plus grande exactitude l'histoire de son temps.

IV

Les Grecs n'ont pas dès l'origine tenu des annales officielles

19 Bien d'autres causes d'une telle divergence apparaîtraient peut-être à qui voudrait les chercher, mais, pour moi, j'attribue aux deux que je vais dire la plus grande influence. Je commencerai par celle qui me paraît dominante. **20** L'insouciance des Grecs, depuis l'origine, à consigner chaque événement dans des annales officielles, voilà surtout ce qui causa les erreurs et autorisa les mensonges de ceux qui plus tard voulurent écrire sur l'antiquité. **21** Car non seulement chez les autres Grecs on négligea de rédiger des annales, mais même chez les Athéniens, qu'on dit autochtones et soucieux d'instruction, on trouve que rien de semblable n'a existé, et leurs plus anciens documents publics sont, à ce qu'on dit, les lois sur le meurtre rédigées pour eux par Dracon, personnage qui a vécu peu avant la tyrannie de Pisistrate [14]. **22** Que dire, en

---

14. D'après la plupart des auteurs, Dracon avait, en réalité, rédigé un code de lois complet, mais seules ses lois sur le meurtre furent maintenues par Solon. Nous possédons encore des fragments d'une copie officielle sur pierre qui en fut faite en 409-408 avant J.-C. (*Inscriptions juridiques grecques*, II, n° XXI). La législation de Dracon (vers 624 av. J.-C.) est antérieure de plus de soixante ans à la première usurpation de Pisistrate (561) : Josèphe la rajeunit pour les besoins de sa thèse. [Th.R.]

τί δεῖ λέγειν αὐχούντων ἀρχαιότητα ; μόλις γὰρ οὗτοι καὶ
μετὰ ταῦτα γράμμασιν ἐπαιδεύθησαν.

V 23 Ἄτε δὴ τοίνυν οὐδεμιᾶς προκαταβεβλημένης
ἀναγραφῆς, ἣ καὶ τοὺς μαθεῖν βουλομένους διδάξειν
ἔμελλεν καὶ τοὺς ψευδομένους ἐλέγξειν, ἡ πολλὴ πρὸς
ἀλλήλους ἐγένετο διαφωνία τοῖς συγγραφεῦσι. 24 Δευτέραν
δὲ πρὸς ταύτῃ θετέον ἐκείνην αἰτίαν· οἱ γὰρ ἐπὶ τὸ γράφειν
ὁρμήσαντες οὐ περὶ τὴν ἀλήθειαν ἐσπούδασαν, καίτοι
τοῦτο πρόχειρόν ἐστιν ἀεὶ τὸ ἐπάγγελμα, λόγων δὲ δύναμιν
ἐπεδείκνυντο· 25 καὶ καθ᾽ ὅντινα τρόπον ἐν τούτῳ παρευδο-
κιμήσειν τοὺς ἄλλους ὑπελάμβανον, κατὰ τοῦτον
ἡρμόζοντο, τινὲς μὲν ἐπὶ τὸ μυθολογεῖν τραπόμενοι, τινὲς δὲ
πρὸς χάριν ἢ τὰς πόλεις ἢ τοὺς βασιλέας ἐπαινοῦντες· ἄλλοι
δὲ ἐπὶ τὸ κατηγορεῖν τῶν πράξεων ἢ τῶν γεγραφότων
ἐχώρησαν, ἐνευδοκιμήσειν τούτῳ νομίζοντες. 26 Ὅλως δὲ
τὸ πάντων ἐναντιώτατον ἱστορίᾳ πράττοντες διατελοῦσι·
τῆς μὲν γὰρ ἀληθοῦς ἐστι τεκμήριον ἱστορίας, εἰ περὶ τῶν
αὐτῶν ἅπαντες ταὐτὰ καὶ λέγοιεν καὶ γράφοιεν· οἱ δ᾽ εἰ
ταὐτὰ γράψειαν ἑτέρως, οὕτως ἐνόμιζον αὐτοὶ φανεῖσθαι
πάντων ἀληθέστατοι. 27 Λόγων μὲν οὖν ἕνεκα καὶ τῆς ἐν
τούτοις δεινότητος δεῖ παραχωρεῖν ἡμᾶς τοῖς συγγραφεῦσι
τοῖς Ἑλληνικοῖς, οὐ μὴν καὶ τῆς περὶ τῶν ἀρχαίων ἀληθοῦς
ἱστορίας, καὶ μάλιστά γε τῆς περὶ τῶν ἑκάστοις ἐπιχωρίων.

effet, des Arcadiens, qui vantent l'ancienneté de leur race ?
C'est à peine si plus tard encore ils apprirent l'écriture.

V

Ils font œuvre littéraire plutôt que scientifique

23 Ainsi, c'est l'absence, à la base de l'histoire, de
toutes annales antérieures, propres à éclairer les
hommes désireux de s'instruire et à confondre l'erreur,
qui explique les nombreuses divergences des historiens.
24 En second lieu il faut ajouter à celle-là une cause
importante. Ceux qui ont entrepris d'écrire ne se sont
point attachés à chercher la vérité, malgré la profession
qui revient toujours sous leur plume, mais ils ont fait
montre de leur talent d'écrivain ; **25** et si par un moyen
quelconque ils pensaient pouvoir en cela surpasser la
réputation des autres, ils s'y pliaient, les uns se livrant
aux récits mythiques, les autres, par flatterie, à l'éloge
des cités et des rois. D'autres encore s'adonnèrent à la
critique des événements et des historiens, dans la
pensée d'établir ainsi leur réputation. **26** Bref, rien n'est
plus opposé à l'histoire que la méthode dont ils usent
continuellement. Car la preuve de la vérité historique
serait la concordance sur les mêmes points des dires et
des écrits de tous ; et, au contraire, chacun d'eux, en
donnant des mêmes faits une version différente, espé-
rait paraître par là le plus véridique de tous. **27** Ainsi
pour l'éloquence et le talent littéraire nous devons
céder le pas aux historiens grecs, mais non point aussi
pour la vérité historique en ce qui concerne l'antiquité,
et principalement quand il s'agit de l'histoire nationale
de chaque pays.

VI 28 Ὅτι μὲν οὖν παρ᾽ Αἰγυπτίοις τε καὶ Βαβυλωνίοις
ἐκ μακροτάτων ἄνωθεν χρόνων τὴν περὶ τὰς ἀναγραφὰς
ἐπιμέλειαν ὅπου μὲν οἱ ἱερεῖς ἦσαν ἐγκεχειρισμένοι καὶ περὶ
ταύτας ἐφιλοσόφουν, Χαλδαῖοι δὲ παρὰ τοῖς Βαβυλωνίοις,
καὶ ὅτι μάλιστα δὴ τῶν Ἕλλησιν ἐπιμιγνυμένων ἐχρήσαντο
Φοίνικες γράμμασιν εἴς τε τὰς περὶ τὸν βίον οἰκονομίας καὶ
πρὸς τὴν τῶν κοινῶν ἔργων παράδοσιν, ἐπειδὴ
συγχωροῦσιν ἅπαντες, ἐάσειν μοι δοκῶ. 29 Περὶ δὲ τῶν
ἡμετέρων προγόνων ὅτι τὴν αὐτήν, ἐῶ γὰρ λέγειν εἰ καὶ
πλείω τῶν εἰρημένων, ἐποιήσαντο περὶ τὰς ἀναγραφὰς
ἐπιμέλειαν, τοῖς ἀρχιερεῦσι καὶ τοῖς προφήταις τοῦτο
προστάξαντες, καὶ ὡς μέχρι τῶν καθ᾽ ἡμᾶς χρόνων
πεφύλακται μετὰ πολλῆς ἀκριβείας, εἰ δὲ <δεῖ> θρασύτερον
εἰπεῖν καὶ φυλαχθήσεται, πειράσομαι συντόμως διδάσκειν.

VII 30 Οὐ γὰρ μόνον ἐξ ἀρχῆς ἐπὶ τούτῳ τοὺς ἀρίστους
καὶ τῇ θεραπείᾳ τοῦ θεοῦ προσεδρεύοντας κατέστησαν,
ἀλλ᾽ ὅπως τὸ γένος τῶν ἱερέων ἄμικτον καὶ καθαρὸν
διαμενεῖ προυνόησαν. 31 Δεῖ γὰρ τὸν μετέχοντα τῆς
ἱερωσύνης ἐξ ὁμοεθνοῦς γυναικὸς παιδοποιεῖσθαι, καὶ μὴ

---

15. Cette affirmation fait écho à une *baraïta* (ancienne tradition
orale de source palestinienne non intégrée dans la Mishna) du
Talmud (*babba batra* 14b), qui décrit la généalogie de la rédaction des
livres bibliques.

VI

Les Juifs, au contraire, ont toujours eu soin d'écrire
leurs annales, dont la rédaction est confiée aux prêtres

28 Que chez les Égyptiens et les Babyloniens, si l'on remonte à la plus lointaine antiquité, le soin des annales et la spéculation qui les concerne aient été entre les mains, chez ceux-là des prêtres, chez les Babyloniens des Chaldéens, et que, parmi les peuples en relations avec les Grecs, les Phéniciens surtout aient usé de l'écriture pour les organisations de la vie et pour transmettre le souvenir des événements publics, tout le monde l'accorde ; je crois donc inutile d'insister. **29** Mais que nos ancêtres se soient préoccupés de leurs annales autant, pour ne pas dire plus encore que les peuples nommés plus haut, en confiant leur rédaction aux grands-prêtres et aux prophètes [15], que jusqu'à nos jours cette coutume ait été très rigoureusement observée et, pour parler plus hardiment, doive continuer à l'être, je vais essayer de le montrer brièvement [16].

VII

Soins pris pour assurer la pureté de race des prêtres

30 Non seulement dès l'origine ils ont commis à ce soin les meilleurs, ceux qui étaient attachés au culte de Dieu, mais ils ont pris des mesures pour que la race des prêtres demeurât pure de mélange et sans souillure. **31** En effet, celui qui participe au sacerdoce doit, pour engendrer, s'unir à une femme de même nation et, sans

---

16. Voir à l'Appendice, note sur les § 29-31. [Th.R.]

πρὸς χρήματα μηδὲ τὰς ἄλλας ἀποϐλέπειν τιμάς, ἀλλὰ τὸ
γένος ἐξετάζειν, ἐκ τῶν ἀρχείων λαμϐάνοντα τὴν διαδοχὴν
καὶ πολλοὺς παρεχόμενον μάρτυρας. 32 Καὶ ταῦτα
πράττομεν οὐ μόνον ἐπ᾽ αὐτῆς Ἰουδαίας, ἀλλ᾽ ὅπου ποτὲ
σύστημα τοῦ γένους ἐστὶν ἡμῶν, κἀκεῖ τὸ ἀκριϐὲς
ἀποσώζεται τοῖς ἱερεῦσι περὶ τοὺς γάμους· 33 λέγω δὲ τοὺς
ἐν Αἰγύπτῳ καὶ Βαϐυλῶνι καὶ εἴ που τῆς ἄλλης οἰκουμένης
τοῦ γένους τῶν ἱερέων εἰσί τινες διεσπαρμένοι· πέμπουσι
γὰρ εἰς Ἱεροσόλυμα συγγράψαντες πατρόθεν τοὔνομα τῆς
τε γαμετῆς καὶ τῶν ἐπάνω προγόνων καὶ τίνες οἱ μαρτυ-
ροῦντες. 34 Πόλεμος δ᾽ εἰ κατάσχοι, — καθάπερ ἤδη
γέγονεν πολλάκις Ἀντιόχου τε τοῦ Ἐπιφανοῦς εἰς τὴν χώραν
ἐμϐαλόντος καὶ Πομπηίου Μάγνου καὶ Κυντιλίου Οὐάρου
μάλιστα δὲ καὶ ἐν τοῖς καθ᾽ ἡμᾶς χρόνοις, — 35 οἱ περι-
λειπόμενοι τῶν ἱερέων καινὰ πάλιν ἐκ τῶν ἀρχείων
γράμματα συνίστανται καὶ δοκιμάζουσι τὰς ὑπολειφθείσας
γυναῖκας· οὐ γὰρ ἔτι τὰς αἰχμαλώτους γενομένας
προσίενται, πολλάκις γεγονυῖαν αὐταῖς τὴν πρὸς ἀλλόφυλον
κοινωνίαν ὑφορώμενοι. 36 Τεκμήριον δὲ μέγιστον τῆς
ἀκριϐείας· οἱ γὰρ ἀρχιερεῖς οἱ παρ᾽ ἡμῖν ἀπὸ δισχιλίων
ἐτῶν ὀνομαστοὶ παῖδες ἐκ πατρὸς εἰσὶν ἐν ταῖς ἀναγραφαῖς.

---

17. Voir à l'Appendice, note sur les § 29-31. [Th.R.]

18. Règle à laquelle il a personnellement failli, puisqu'il a
épousé une prisonnière durant sa captivité, mais dont il a affirmé la
virginité, *Autobiographie*, 414.

19. La connotation éventuellement négative de la dispersion est
ici sujette à débat.

20. Ces listes auraient été tenues à jour après 70. Barclay,
Against Apion, p. 26, note 133, d'après des épitaphes précisant même
de femmes qu'elles sont « prêtres » (probablement épouses ou filles
de), relevées chez Margaret Williams, *The Jews among the Greeks and
Romans : a Diasporan Sourcebook*, Londres, Duckworth [1998], 2001,
p. 52-53.

21. Quintilius Varus, gouverneur de Syrie, étouffa la révolte qui
éclata après la mort d'Hérode (4 av. J.-C.). [Th.R.]

considérer la fortune ni les autres distinctions, faire une enquête sur sa famille, extraire des archives la succession de ses parents et présenter de nombreux témoins [17]. **32** Et nous ne suivons pas cette pratique seulement en Judée même, mais, partout aussi où se rencontre un groupe des nôtres, les prêtres observent rigoureusement cette règle pour les mariages [18]. **33** Je parle de ceux d'Égypte, de Babylone et de tous les autres pays du monde où les hommes de la race sacerdotale peuvent être dispersés [19]. Ils envoient à Jérusalem le nom patronymique de leur femme avec la liste de ses ancêtres en remontant, et les noms des témoins [20]. **34** Si le pays est en proie à la guerre — comme le fait s'est produit souvent lors des invasions d'Antiochos Épiphane, de Pompée le Grand et de Quintilius Varus [21], et surtout de nos jours [22]—, **35** ceux des prêtres qui survivent reconstituent de nouveaux livrets à l'aide des archives [23] et vérifient l'état des femmes qui restent. Car ils n'admettent plus celles qui ont été prisonnières [24], les soupçonnant d'avoir eu, comme il est souvent arrivé, des rapports avec un étranger [25]. **36** Et voici la preuve la plus éclatante du soin exact apporté dans cette matière : nos grands-prêtres, depuis deux mille ans [26], sont nommés,

22. Faut-il voir dans ce passage l'indication d'une reprise du culte à Jérusalem après 70 ? E. Nodet, « Josèphe restaurateur du judaïsme », in C. Clivaz, S. Mimouni, B. Pouderon, *Les Judaïsmes dans tous leurs états aux Ier-IIIe siècles*, p. 57-72 ; 12-13.

23. Les « livrets » (γράμματα) sont des généalogies particulières, extraites des archives, et que conservait chaque famille sacerdotale. [Th.R.]

24. Le temps présent utilisé serait une indication précieuse sur les pratiques d'après 70, mais qui, évidemment, n'est pas vérifiable. D'autant que, comme l'indique dans *Guerre*, VI, 6, 355, les archives du Temple ayant été incendiées, on ne peut qu'émettre des hypothèses sur le maintien d'actes d'état-civil après cette date.

25. Cf. *AJ*, III, 12, 2 ; XIII, 10, 5 ; Mishna *Ketoubot*, II, 9. Ce qui n'empêcha pas Josèphe lui-même (qui était prêtre) d'épouser en premières noces une captive (*Vita*, 414). [Th.R.]

26. Cela ferait remonter ces annales jusqu'à l'époque de Moïse.

Οἷς δὲ τῶν εἰρημένων ὁτιοῦν γένοιτο εἰς παράβασιν ἀπηγόρευται μήτε τοῖς βωμοῖς παρίστασθαι μήτε μετέχειν τῆς ἄλλης ἁγιστείας.

VIII. 37 Εἰκότως οὖν, μᾶλλον δὲ ἀναγκαίως, — ἅτε μήτε τοῦ συγγράφειν αὐτεξουσίου πᾶσιν ὄντος μήτε τινὸς ἐν τοῖς γραφομένοις ἐνούσης διαφωνίας, ἀλλὰ μόνων τῶν προφητῶν τὰ μὲν ἀνωτάτω καὶ παλαιότατα κατὰ τὴν ἐπίπνοιαν τὴν ἀπὸ τοῦ θεοῦ μαθόντων, τὰ δὲ καθ᾽ αὑτοὺς ὡς ἐγένετο σαφῶς συγγραφόντων, — 38 οὐ μυριάδες βιβλίων εἰσὶ παρ᾽ ἡμῖν ἀσυμφώνων καὶ μαχομένων, δύο δὲ μόνα πρὸς τοῖς εἴκοσι βιβλία, τοῦ παντὸς ἔχοντα χρόνου τὴν ἀναγραφήν, τὰ δικαίως πεπιστευμένα. 39 Καὶ τούτων πέντε μέν ἐστι Μωυσέος, ἃ τούς τε νόμους περιέχει καὶ τὴν ἀπ᾽ ἀνθρωπογονίας παράδοσιν μέχρι τῆς αὐτοῦ τελευτῆς· οὗτος ὁ χρόνος ἀπολείπει τρισχιλίων ὀλίγον ἐτῶν. 40 Ἀπὸ δὲ τῆς

27. Ailleurs (*AJ*, XX, 10, 1) Josèphe compte 83 grands-prêtres depuis Aaron jusqu'au temps de Titus, mais il ne les énumère pas et l'on ne voit pas à quelles annales il est fait ici allusion. [Th.R.] Josèphe atteste la filiation patrilinéaire juive encore en vigueur à son époque, tout en étayant la tradition, qui perdure, de la transmission de la prêtrise par voie paternelle. Sylvie Anne Goldberg, « Lien de sang-lien social. Matrilinéarité, convertis et apostats, de l'Antiquité tardive au Moyen Âge », *Clio, Femmes, Genre et Histoire*, 44, 2016, p. 171-200.

28. Josèphe écrit avant que le système juridique rabbinique n'ait été fixé, et l'on ne sait rien – hormis par ses propres écrits et ceux de Philon – sur ces aspects de la vie juive avant la révolte de bar Kokhba (132-135), qu'il s'agisse de la Judée ou *a fortiori* des autres lieux d'établissements juifs. Seth Schwartz, « Law in Jewish Society in the Second Temple Period », in Christine Hayes, *The Cambridge Companion to Judaism and Law*, Cambridge, Cambridge University Press, 2017, p. 48-75.

de père en fils, dans nos annales[27]. Ceux qui contreviennent le moins du monde aux règles précitées se voient interdire l'accès des autels et la participation aux autres cérémonies du culte[28].

VIII

Les livres saints ; respect qu'ils inspirent

37 Par une conséquence naturelle, ou plutôt nécessaire — puisqu'il n'est pas permis chez nous à tout le monde d'écrire l'histoire et que nos écrits ne présentent aucune divergence, mais que seuls les prophètes racontaient avec clarté les faits lointains et anciens pour les avoir appris par une inspiration divine, les faits contemporains selon qu'ils se passaient sous leurs yeux —, **38** par une conséquence naturelle, dis-je, il n'existe pas chez nous une infinité de livres en désaccord et en contradiction, mais vingt-deux seulement qui contiennent les annales de tous les temps et obtiennent une juste créance[29]. **39** Ce sont d'abord les livres de Moïse, au nombre de cinq, qui comprennent les lois et la tradition depuis la création des hommes jusqu'à sa propre mort[30]. C'est une période de trois mille ans à peu près. **40** Depuis la mort de Moïse jusqu'à

---

29. Il s'agit là de la première mention d'un canon des ouvrages bibliques. Le témoignage de Ben Sira sur une division tripartite différente l'a légèrement précédé. Selon le Talmud de Babylone, les livres canonisés se chiffrent à 24 (*Babba Batra* 14b-15a). Cet ordre, repris ensuite par les Pères de l'Église, correspond probablement à l'agencement de la traduction grecque de la Bible de la Septante. Voir cependant Guy Darshan, qui suggère l'existence d'une ancienne tradition hébraïque visant à se démarquer de l'usage grec : « The Twenty-Four Books of the Hebrew Bible and Alexandrian Scribal Methods », in Maren R. Niehoff (éd.), *Homer and the Bible in the Eyes of Ancient Interpreters*, Leyde-Boston, 2012, p. 221-244 ; 226-227.

30. Moïse prend ici la figure d'un prophète historien.

Μωυσέος τελευτῆς μέχρις Ἀρταξέρξου τοῦ μετὰ Ξέρξην Περσῶν βασιλέως, οἱ μετὰ Μωυσῆν προφῆται τὰ κατ᾽ αὐτοὺς πραχθέντα συνέγραψαν ἐν τρισὶ καὶ δέκα βιβλίοις· τὰ δὲ λοιπὰ τέσσαρα ὕμνους εἰς τὸν θεὸν καὶ τοῖς ἀνθρώποις ὑποθήκας τοῦ βίου περιέχει. 41 Ἀπὸ δὲ Ἀρταξέρξου μέχρι τοῦ καθ᾽ ἡμᾶς χρόνου γέγραπται μὲν ἕκαστα, πίστεως δ᾽ οὐχ ὁμοίας ἠξίωται τοῖς πρὸ αὐτῶν διὰ τὸ μὴ γενέσθαι τὴν τῶν προφητῶν ἀκριβῆ διαδοχήν. 42 Δῆλον δ᾽ ἐστὶν ἔργῳ, πῶς ἡμεῖς πρόσιμεν τοῖς ἰδίοις γράμμασι· τοσούτου γὰρ αἰῶνος ἤδη παρῳχηκότος οὔτε προσθεῖναί τις οὐδὲν οὔτε ἀφελεῖν αὐτῶν οὔτε μεταθεῖναι τετόλμηκεν, πᾶσι δὲ σύμφυτόν ἐστιν εὐθὺς ἐκ πρώτης γενέσεως Ἰουδαίοις τὸ νομίζειν αὐτὰ θεοῦ δόγματα καὶ τούτοις ἐμμένειν καὶ ὑπὲρ αὐτῶν, εἰ δέοι, θνήσκειν ἡδέως. 43 Ἤδη οὖν πολλοὶ πολλάκις ἑώρανται τῶν αἰχμαλώτων στρέβλας καὶ παντοίων θανάτων τρόπους ἐν θεάτροις ὑπομένοντες ἐπὶ τῷ μηδὲν ῥῆμα προέσθαι παρὰ τοὺς νόμους καὶ τὰς μετὰ τούτων ἀναγραφάς. 44 Ὁ τίς ἂν

31. Josèphe a en vue le livre d'Esther. [Th.R.]

32. Même chiffre, *AJ*, X, 2, 2. [Th.R.]

33. On a discuté sur l'identification des 17 livres qui composent, avec le Pentateuque, le canon de 22 livres adopté par Josèphe. Voici la liste de Gutschmid : 4 anciens prophètes (Josué, Juges avec Ruth, Samuel, Rois), 4 nouveaux (Isaïe, Jérémie, Ézéchiel, Petits prophètes), 5 hagiographes (Job, Daniel, Chroniques, Esther, Esdras), 4 livres lyriques et moraux (Psaumes, Proverbes, Ecclésiaste, Cantique). Le chiffre de 22 se retrouve encore ailleurs (Méliton, Origène, saint Jérôme). Mais ce qui est caractéristique, c'est que la liste de Josèphe concorde avec la division de la Bible grecque (où Ruth est rattaché à Juges et les Lamentations à Jérémie), tandis que la tradition palestinienne compte 24 livres. Hœlscher (dans Pauly-Wissowa, p. 1996) voit là une nouvelle preuve de la dépendance de Josèphe vis-à-vis de l'érudition judéo-alexandrine. [Th.R.]

34. Josèphe éclaire le principe de la cessation de la prophétie, s'étant close avec Aggée, Néhémie, et Malachie, remplacée par les décisions des gens de la « Grande Assemblée », qui formera la base du système rabbinique. *Seder Olam* 30, *Avot* 1 ; *Aboth de R. Nathan* (A), 16b ; *Megillah* 17b ; *Sanhedrin* 7a ; *Yoma* 9b ; t.*Sotah* 13 :2.

Artaxerxès [31], successeur de Xerxès au trône de Perse, les prophètes qui vinrent après Moïse ont raconté l'histoire de leur temps en treize livres [32]. Les quatre derniers contiennent des hymnes à Dieu et des préceptes moraux pour les hommes [33]. **41** Depuis Artaxerxès jusqu'à nos jours tous les événements ont été racontés [34], mais on n'accorde pas à ces écrits la même créance qu'aux précédents, parce que les prophètes ne se sont plus exactement succédé [35]. **42** Les faits montrent avec quel respect nous approchons nos propres livres. Après tant de siècle écoulés, personne ne s'y est permis aucune addition, aucune coupure, aucun changement. Il est naturel à tous les Juifs, dès leur naissance, de penser que ce sont là les volontés divines, de les respecter, et au besoin de mourir pour elles avec joie [36]. **43** Aussi l'on a vu déjà beaucoup d'entre eux en captivité supporter les tortures et tous les genres de mort dans les amphithéâtres pour ne point prononcer un seul mot contraire aux lois et aux annales qui les accompagnent [37]. **44** Chez les Grecs, qui en

---

35. Autour de la tradition de la fin de la prophétie, la succession des livres prophétiques est chronologiquement surprenante, puisque les livres des Chroniques, de Ruth, Daniel, Esther et l'Ecclésiaste furent rédigés au cours de la période perse et au début de la période hellénistique. Timothy H. Lim, *The Formation of the Jewish Canon*, New Haven, Yale University Press, 2013, p. 43-49.

36. Apologie de la mort face à la perspective de transgresser des commandements. C'est, d'une part, un écho aux descriptions du suicide des insurgés de Masada et Yotapata évoquées dans *Guerre*, de l'autre, un ancrage dans la tradition qui apparaît dans les livres des Maccabées. On peut y voir, simultanément, un rappel des valeurs attribuées aux Spartes, honorées dans la culture romaine. Jan Willem van Henten, « Noble Death in Josephus : Just Rhetoric ? », in Z. Rodgers, *Making History*, p. 195-218.

37. Josèphe fait ici une discrète allusion aux spectacles publics de massacres organisés par les Romains après leur victoire, qu'il mentionne très explicitement dans *Guerre*, I, 7-8 ; V, 451 ; VI, 416-418 ; VII, 24 , 38. H. H. Chapman, « Spectacle in Josephus' Jewish War », in J. Edmondson, S. Mason, J. Rives, *Flavius Josephus and Flavian Rome*, p. 289-313.

ὑπομείνειεν Ἑλλήνων ὑπὲρ τοιούτου ; ἀλλ' οὐδ' ὑπὲρ τοῦ καὶ πάντα τὰ παρ' αὐτοῖς <μὴ> ἀφανισθῆναι συγγράμματα τὴν τυχοῦσαν ὑποστήσεται βλάβην· 45 λόγους γὰρ αὐτὰ νομίζουσιν εἶναι κατὰ τὴν τῶν γραψάντων βούλησιν ἐσχεδιασμένους· καὶ τοῦτο δικαίως καὶ περὶ τῶν παλαιοτέρων φρονοῦσιν, ἐπειδὴ καὶ τῶν νῦν ἐνίους ὁρῶσι τολμῶντας περὶ τούτων συγγράφειν, οἷς μήτ' αὐτοὶ παρεγένοντο μήτε πυθέσθαι παρὰ τῶν εἰδότων ἐφιλοτιμήθησαν. 46 Ἀμέλει καὶ περὶ τοῦ γενομένου νῦν ἡμῖν πολέμου τινὲς ἱστορίας ἐπιγράψαντες ἐξενηνόχασιν οὔτ' εἰς τοὺς τόπους παραβαλόντες, οὔτε πλησίον τούτων πραττομένων προσελθόντες, ἀλλ' ἐκ παρακουσμάτων ὀλίγα συνθέντες τῷ τῆς ἱστορίας ὀνόματι λίαν ἀναιδῶς ἐνεπαροίνησαν.

IX 47 Ἐγὼ δὲ καὶ περὶ τοῦ πολέμου παντὸς καὶ περὶ τῶν <ἐν> αὐτῷ κατὰ μέρος γενομένων ἀληθῆ τὴν ἀναγραφὴν ἐποιησάμην, τοῖς πράγμασιν αὐτὸς ἅπασι παρατυχών· 48 ἐστρατήγουν μὲν γὰρ τῶν παρ' ἡμῖν Γαλιλαίων ὀνομαζομένων ἕως ἀντέχειν δυνατὸν ἦν, ἐγενόμην δὲ παρὰ Ῥωμαίοις συλληφθεὶς αἰχμάλωτος· καί με διὰ φυλακῆς Οὐεσπασιανὸς καὶ Τίτος ἔχοντες ἀεὶ προσεδρεύειν αὐτοῖς ἠνάγκασαν, τὸ μὲν πρῶτον δεδεμένον, αὖθις δὲ λυθεὶς συνεπέμφθην ἀπὸ τῆς Ἀλεξανδρείας Τίτῳ πρὸς τὴν Ἱεροσολύμων πολιορκίαν. 49 Ἐν ᾧ χρόνῳ [γενομένην] τῶν

---

38. Josèphe reste prudemment évasif en évitant de nommer les adversaires contre lesquels cette guerre s'est déclarée.

39. Je crois avec Thackeray (*Josephus*, I, p. 181) que Josèphe fait ici allusion non à l'Histoire de Juste de Tibériade (*Vita*, 336 suiv.), mais à des histoires bâclées pour la circonstance par des auteurs grecs ou latins, et qui n'ont pas laissé de trace. [Th.R.]

supporterait autant par un tel scrupule ? Même pour sauver tous leurs écrits aucun n'affronterait le moindre dommage. **45** Car pour eux, ce sont discours improvisés suivant la fantaisie de leurs auteurs. Et cette opinion, ils l'appliquent avec raison aux historiens anciens, puisque de nos jours encore on voit des auteurs oser raconter les événements sans y avoir assisté en personne et sans s'être donné la peine d'interroger ceux qui les connaissent. **46** Certainement sur la guerre même que nous avons eue récemment[38], des auteurs ont publié de prétendues histoires sans être venus sur les lieux ou s'être approchés du théâtre de l'action. Mais, d'après des on-dit, ils ont réuni un petit nombre de faits, et les ont décorés du nom d'histoire avec une impudence d'ivrognes[39].

IX

Apologie de son Histoire de la guerre

47 Moi, au contraire, et sur l'ensemble de la guerre et sur le détail des faits, j'ai écrit une relation véridique, ayant assisté en personne à tous les événements[40]. **48** Car j'étais général de ceux qu'on appelle chez nous les Galiléens tant que la résistance fut possible, puis, capturé, je vécus prisonnier dans le camp romain. Vespasien et Titus, me tenant sous leur surveillance, m'obligèrent à être toujours auprès d'eux, enchaîné au début ; plus tard, délivré de mes liens, je fus envoyé d'Alexandrie avec Titus au siège de Jérusalem. **49** Pendant ce temps pas un fait n'a échappé à ma

---

40. Il insiste sur sa présence effective, et donc sur l'authenticité de sa narration des événements. Allusion probable à Thucydide, *La Guerre du Péloponnèse*, V, 26 ; voir l'édition et la traduction de Denis Roussel, Paris, Gallimard, Folio Classique, 2000.

πραττομένων οὐκ ἔστιν ὃ τὴν ἐμὴν γνῶσιν διέφυγεν· καὶ
γὰρ τὰ κατὰ τὸ στρατόπεδον τὸ Ῥωμαίων ὁρῶν ἐπιμελῶς
ἀνέγραφον, καὶ τὰ παρὰ τῶν αὐτομόλων ἀπαγγελλόμενα
μόνος αὐτὸς συνίειν. 50 Εἶτα σχολῆς ἐν τῇ Ῥώμῃ
λαβόμενος, πάσης μοι τῆς πραγματείας ἐν παρασκευῇ γεγε-
νημένης, χρησάμενός τισι πρὸς τὴν Ἑλληνίδα φωνὴν συνερ-
γοῖς, οὕτως ἐποιησάμην τῶν πράξεων τὴν παράδοσιν.
Τοσοῦτον δέ μοι περιῆν θάρσος τῆς ἀληθείας, ὥστε
πρώτους πάντων τοὺς αὐτοκράτορας τοῦ πολέμου
γενομένους Οὐεσπασιανὸν καὶ Τίτον ἠξίωσα λαβεῖν
μάρτυρας. 51 Πρώτοις γὰρ ἔδωκα τὰ βιβλία, καὶ μετ'
ἐκείνους πολλοῖς μὲν Ῥωμαίων τοῖς συμπεπολεμηκόσι,
πολλοῖς δὲ τῶν ἡμετέρων ἐπίπρασκον, ἀνδράσι καὶ τῆς
Ἑλληνικῆς σοφίας μετεσχηκόσιν, ὧν ἐστιν Ἰούλιος
Ἀρχέλαος, Ἡρώδης ὁ σεμνότατος, <καὶ> αὐτὸς ὁ θαυμα-
σιώτατος βασιλεὺς Ἀγρίππας. 52 Οὗτοι μὲν οὖν ἅπαντες
ἐμαρτύρησαν, ὅτι τῆς ἀληθείας προύστην ἐπιμελῶς, οὐκ ἂν
ὑποστειλάμενοι καὶ σιωπήσαντες, εἴ τι κατ' ἄγνοιαν ἢ
χαριζόμενος μετέθηκα τῶν γεγονότων ἢ παρέλιπον.

X 53 Φαῦλοι δέ τινες ἄνθρωποι διαβάλλειν μου τὴν
ἱστορίαν ἐπικεχειρήκασιν, ὥσπερ ἐν σχολῇ μειρακίων
γύμνασμα προκεῖσθαι νομίζοντες κατηγορίας παραδόξου
καὶ διαβολῆς, δέον ἐκεῖνο γιγνώσκειν, ὅτι δεῖ τὸν ἄλλοις
παράδοσιν πράξεων ἀληθινὴν ὑπισχνούμενον αὐτὸν

---

41. Son apprentissage du grec, dans *AJ*, I, 7 ; XX, 263.
42. Voir la note à l'Appendice. [Th.R.]
43. Voir la note à l'Appendice. [Th.R.]
44. Voir l'*Autobiographie*, 362-364, où Agrippa n'occupe pas la
même place parmi les récipiendaires de *Guerre*, et où il aurait même
écrit « 62 lettres attestant de la véracité de ma relation ».

connaissance. En effet, je notais avec soin non seulement ce qui se passait sous mes yeux dans l'armée romaine, mais encore les renseignements des déserteurs que j'étais seul à comprendre. **50** Ensuite, dans les loisirs que j'eus à Rome, la préparation de mon histoire entièrement terminée, je me fis aider pour le grec par quelques personnes et c'est ainsi que je racontai les événements pour la postérité [41]. Il en résulta pour moi une telle confiance dans la véracité de mon histoire qu'avant tous les autres je voulus prendre à témoin ceux qui avaient commandé en chef dans la guerre, Vespasien et Titus. **51** C'est à eux les premiers que je donnai mes livres et ensuite à beaucoup de Romains qui avaient participé à la campagne ; je les vendis d'autre part à un grand nombre des nôtres, initiés aux lettres grecques, parmi lesquels Julius Archélaüs [42], le très auguste Hérode [43], et le très admirable roi Agrippa lui-même [44]. **52** Tous ces personnages ont témoigné que je m'étais appliqué à défendre la vérité, eux qui n'auraient point caché leurs sentiments ni gardé le silence si, par ignorance ou par faveur, j'avais travesti ou omis quelque fait [45].

X

Réponse à ses adversaires

53 Cependant certains personnages méprisables ont essayé d'attaquer mon histoire, y voyant l'occasion d'un exercice d'accusation paradoxale et de calomnie [46], comme on en propose aux jeunes gens dans l'école ; ils devraient pourtant savoir que, si l'on

---

45. Ce plaidoyer pour l'authenticité des faits relatés, en tant qu'acteur et témoin direct des événements, renvoie également à Polybe et Strabon, pour lesquels – comme le clame également Josèphe – l'histoire est vérité.

46.   Voir la note à l'Appendice. [Th.R.]

ἐπίστασθαι ταύτας πρότερον ἀκριβῶς, ἢ παρηκολουθηκότα
τοῖς γεγονόσιν ἢ παρὰ τῶν εἰδότων πυνθανόμενον. 54 Ὅπερ
ἐγὼ μάλιστα περὶ ἀμφοτέρας νομίζω πεποιηκέναι τὰς
πραγματείας· τὴν μὲν γὰρ ἀρχαιολογίαν, ὥσπερ ἔφην, ἐκ
τῶν ἱερῶν γραμμάτων μεθηρμήνευκα, γεγονὼς ἱερεὺς ἐκ
γένους καὶ μετεσχηκὼς τῆς φιλοσοφίας τῆς ἐν ἐκείνοις τοῖς
γράμμασι· 55 τοῦ δὲ πολέμου τὴν ἱστορίαν ἔγραψα πολλῶν
μὲν αὐτουργὸς πράξεων, πλείστων δ᾽ αὐτόπτης γενόμενος,
ὅλως δὲ τῶν λεχθέντων ἢ πραχθέντων οὐδ᾽ ὁτιοῦν
ἀγνοήσας. 56 Πῶς οὖν οὐκ ἂν θρασεῖς τις ἡγήσαιτο τοὺς
ἀνταγωνίζεσθαί μοι περὶ τῆς ἀληθείας ἐπικεχειρηκότας, οἳ
κἂν τοῖς τῶν αὐτοκρατόρων ὑπομνήμασιν ἐντυχεῖν
λέγωσιν, ἀλλ᾽ οὔ γε καὶ τοῖς ἡμετέροις τῶν ἀντιπο-
λεμούντων πράγμασι παρέτυχον ;

XI 57 Περὶ μὲν οὖν τούτων ἀναγκαίαν ἐποιησάμην τὴν
παρέκβασιν, ἐπισημήνασθαι βουλόμενος τῶν ἐπαγγελλο-
μένων τὰς ἱστορίας συγγράφειν τὴν εὐχέρειαν. 58 Ἱκανῶς
δὲ φανερόν, ὡς οἶμαι, πεποιηκὼς ὅτι πάτριός ἐστιν ἡ περὶ
τῶν παλαιῶν ἀναγραφὴ τοῖς βαρβάροις μᾶλλον ἢ τοῖς
Ἕλλησι, βούλομαι μικρὰ πρότερον διαλεχθῆναι πρὸς τοὺς
ἐπιχειροῦντας νέαν ἡμῶν ἀποφαίνειν τὴν κατάστασιν ἐκ
τοῦ μηδὲν περὶ ἡμῶν, ὥς φασιν ἐκεῖνοι, λελέχθαι παρὰ τοῖς
Ἑλληνικοῖς συγγραφεῦσιν. 59 Εἶτα δὲ τὰς μαρτυρίας τῆς
ἀρχαιότητος ἐκ τῶν παρ᾽ ἄλλοις γραμμάτων παρέξω καὶ
τοὺς βεβλασφημηκότας ἡμῶν τὸ γένος ἀποδείξω λίαν
ἀλόγως βλασφημοῦντας.

---

47.   Voir la note à l'Appendice. [Th.R.]
48.   Voir la note à l'Appendice. [Th.R.]

promet de transmettre à d'autres un récit véridique des faits, il faut d'abord en avoir soi-même une connaissance exacte pour avoir suivi de près les événements par soi-même ou en se renseignant auprès de ceux qui les savent. **54** C'est ce que je crois avoir très bien fait pour mes deux ouvrages. L'*Archéologie*, comme je l'ai dit[47], est traduite des Livres saints, car je tiens le sacerdoce de ma naissance et je suis initié à la philosophie[48] de ces Livres. **55** Quant à l'histoire de la guerre, je l'ai écrite après avoir été acteur dans bien des événements, témoin d'un très grand nombre, bref sans avoir ignoré rien de ce qui s'y est dit ou fait. **56** Comment alors ne point trouver hardis ceux qui tentent de contester ma véracité ? Si même ils prétendent avoir lu les mémoires des empereurs, ils n'ont pas, du moins, assisté à ce qui se passait dans notre camp à nous, leurs ennemis.

XI

Division du sujet

57 Cette digression m'était nécessaire parce que je voulais faire voir la légèreté de ceux qui font profession d'écrire l'histoire. **58** Après avoir montré suffisamment, je pense, que la relation des choses antiques est un usage traditionnel chez les Barbares plutôt que chez les Grecs, je vais dire d'abord quelques mots contre les gens qui essaient de prouver la date récente de notre établissement par ce fait qu'aucune mention de nous, suivant eux, ne se trouve dans les historiens grecs ; **59** ensuite je fournirai des témoignages en faveur de notre antiquité tirés des écrits d'autres peuples, et enfin je montrerai que les diffamateurs de notre race sont tout à fait absurdes dans leurs diffamations.

XII 60 Ἡμεῖς τοίνυν οὔτε χώραν οἰκοῦμεν παράλιον οὔτ᾽ ἐμπορίαις χαίρομεν οὐδὲ ταῖς πρὸς ἄλλους διὰ τούτων ἐπιμιξίαις, ἀλλ᾽ εἰσὶ μὲν ἡμῶν αἱ πόλεις μακρὰν ἀπὸ θαλάσσης ἀνῳκισμέναι, χώραν δὲ ἀγαθὴν νεμόμενοι ταύτην ἐκπονοῦμεν, μάλιστα δὴ πάντων περὶ παιδοτροφίαν φιλοκαλοῦντες καὶ τὸ φυλάττειν τοὺς νόμους, καὶ τὴν κατὰ τούτους παραδεδομένην εὐσέβειαν ἔργον ἀναγκαιότατον παντὸς τοῦ βίου πεποιημένοι. 61 Προσούσης τοίνυν τοῖς εἰρημένοις καὶ τῆς περὶ τὸν βίον ἡμῶν ἰδιότητος, οὐδὲν <ἦν> ἐν τοῖς παλαιοῖς χρόνοις <τὸ> ποιοῦν ἡμῖν πρὸς τοὺς Ἕλληνας ἐπιμιξίαν, ὥσπερ Αἰγυπτίοις μὲν τὰ παρ᾽ αὐτῶν ἐξαγόμενα καὶ πρὸς αὐτοὺς εἰσαγόμενα, τοῖς δὲ τὴν παράλιον τῆς Φοινίκης κατοικοῦσιν ἡ περὶ τὰς καπηλείας καὶ περὶ τὰς ἐμπορίας σπουδὴ διὰ τὸ φιλοχρηματεῖν. 62 Οὐ μὴν οὐδὲ πρὸς λῃστείας, ὥσπερ ἄλλοι τινές, ἢ τὸ πλέον ἔχειν ἀξιοῦντες εἰς πολέμους ἐτράπησαν ἡμῶν οἱ πατέρες, καίτοι πολλὰς τῆς χώρας ἐχούσης μυριάδας ἀνδρῶν οὐκ ἀτόλμων. 63 Διὰ τοῦτο Φοίνικες μὲν αὐτοὶ κατ᾽ ἐμπορίαν τοῖς Ἕλλησιν ἐπεισπλέοντες εὐθὺς ἐγνώσθησαν, καὶ δι᾽ ἐκείνων Αἰγύπτιοι, καὶ πάντες ἀφ᾽ ὧν τὸν φόρτον εἰς τοὺς Ἕλληνας διεκόμιζον, μεγάλα πελάγη διαίροντες. 64 Μῆδοι δὲ μετὰ ταῦτα καὶ Πέρσαι φανεροὶ κατέστησαν τῆς Ἀσίας ἐπάρξαντες, οἱ δὲ καὶ μέχρι τῆς ἑτέρας ἠπείρου [Πέρσαι] στρατεύσαντες, Θρᾷκες δὲ διὰ γειτονίαν καὶ τὸ Σκυθικὸν ἀπὸ τῶν εἰς τὸν Πόντον

---

49. L'État juif n'a en effet atteint la côte méditerranéenne que très tard, sous l'Hasmonéen Simon et le judaïsme ne prédomina jamais dans les ports palestiniens. [Th.R.]

50. La médiocre place que la navigation occupait dans la vie d'Israël ressort de la pénurie des informations de la Bible sur la marine ; en dehors du récit des entreprises de Salomon et de Josaphat sur la Mer Rouge et des mentions du trafic phénicien, les seuls textes de quelque étendue qui concernent la mer sont Jonas, I-II et le Psaume 107, 23-32. [Th.R.]

XII

*Les historiens grecs ne mentionnent pas les Juifs
parce qu'ils ne les connaissaient pas*

60 Or donc, nous n'habitons pas un pays maritime[49], nous ne nous plaisons pas au commerce, ni à la
fréquentation des étrangers qui en résulte. Nos villes
sont bâties loin de la mer, et, comme nous habitons un
pays fertile, nous le cultivons avec ardeur, mettant
surtout notre amour-propre à élever nos enfants, et
faisant de l'observation des lois et des pratiques
pieuses, qui nous ont été transmises conformément à
ces lois, l'œuvre la plus nécessaire de toute la vie. **61** Si
l'on ajoute à ces raisons la particularité de notre genre
d'existence, rien dans les temps anciens ne nous mettait
en relations avec les Grecs, comme les Égyptiens, qui
exportaient chez eux des produits et importaient les
leurs, ou comme les habitants de la côte phénicienne
qui s'adonnaient avec ardeur au petit et au grand
commerce par amour du gain[50]. **62** D'autre part, nos
ancêtres ne se livrèrent pas non plus à la piraterie
comme d'autres, ou à la guerre par le désir de
s'agrandir, quoique le pays possédât des dizaines de
milliers d'hommes qui ne manquaient point d'audace.
63 Voilà pourquoi les Phéniciens, qui sur leurs vais-
seaux venaient trafiquer en Grèce, furent de bonne
heure connus eux-mêmes et firent connaître les Égyptiens et tous ceux dont ils transportaient les marchan-
dises chez les Grecs à travers des mers immenses.
64 Ensuite les Mèdes et les Perses révélèrent leur existence par la conquête de l'Asie, ces derniers mieux
encore par leur expédition jusqu'à l'autre continent.
Les Thraces furent connus grâce à leur proximité, les

ἐγνώσθη πλεόντων· 65 ὅλως γὰρ ἅπαντες οἱ παρὰ τὴν θάλατταν, καὶ τὴν πρὸς ταῖς ἀνατολαῖς καὶ τὴν προσεσπέριον, κατοικοῦντες τοῖς συγγράφειν τι βουλομένοις γνωριμώτεροι κατέστησαν, οἱ δὲ ταύτης ἀνωτέρω τὰς οἰκήσεις ἔχοντες ἐπὶ πλεῖστον ἠγνοήθησαν. 66 Καὶ τοῦτο φαίνεται καὶ περὶ τὴν Εὐρώπην συμβεβηκός, ὅπου γε τῆς Ῥωμαίων πόλεως, τοιαύτην ἐκ μακροῦ δύναμιν κεκτημένης καὶ τοιαύτας πράξεις κατορθούσης πολεμικάς, οὔθ' Ἡρόδοτος οὔτε Θουκυδίδης οὔτε τῶν ἅμα τούτοις γενομένων οὐδὲ εἷς ἐμνημόνευκεν, ἀλλ' ὀψέ ποτε καὶ μόλις αὐτῶν εἰς τοὺς Ἕλληνας ἡ γνῶσις διεξῆλθεν. 67 Περὶ μὲν γὰρ Γαλατῶν τε καὶ Ἰβήρων οὕτως ἠγνόησαν οἱ δοκοῦντες ἀκριβέστατοι συγγραφεῖς, ὧν ἐστιν Ἔφορος, ὥστε πόλιν οἴεται μίαν εἶναι τοὺς Ἴβηρας, τοὺς τοσοῦτο μέρος τῆς ἑσπερίου γῆς κατοικοῦντας· καὶ τὰ μήτε γενόμενα παρ' αὐτοῖς ἔθη μήτε λεγόμενα γράφειν ὡς ἐκείνων αὐτοῖς χρωμένων ἐτόλμησαν. 68 Αἴτιον δὲ τοῦ μὲν μὴ γιγνώσκειν τἀληθὲς τὸ λίαν ἀνεπίμικτον, τοῦ δὲ γράφειν ψευδῆ τὸ βούλεσθαι δοκεῖν τι πλέον τῶν ἄλλων ἱστορεῖν. Πῶς οὖν ἔτι θαυμάζειν προσῆκεν, εἰ μηδὲ τὸ ἡμέτερον ἔθνος πολλοῖς ἐγιγνώσκετο, μηδὲ τῆς ἐν τοῖς συγγράμμασι μνήμης ἀφορμὴν παρέσχεν, οὕτως μὲν ἀπῳκισμένον τῆς θαλάσσης, οὕτως δὲ βιοτεύειν προῃρημένον ;

XIII 69 Φέρε τοίνυν ἡμᾶς ἀξιοῦν τεκμηρίῳ χρῆσθαι περὶ τῶν Ἑλλήνων, ὅτι μὴ παλαιόν ἐστιν αὐτῶν τὸ γένος, τῷ μηθὲν ἐν ταῖς ἡμετέραις ἀναγραφαῖς περὶ αὐτῶν εἰρῆσθαι· ἆρ' οὐχὶ πάντως ἂν κατεγέλων, αὐτὰς, οἶμαι, τὰς ὑπ' ἐμοῦ

Scythes par les navigateurs du Pont-Euxin. **65** Bref,
tous les peuples riverains de la mer, tant à l'orient qu'à
l'occident, se firent plus facilement connaître aux
auteurs qui voulurent écrire l'histoire, mais ceux qui
habitaient plus haut dans les terres restèrent la plupart
du temps ignorés. **66** Nous voyons que le fait s'est
produit même en Europe, puisque Rome, qui depuis
longtemps avait acquis une telle puissance et dont les
armes étaient si heureuses, n'est mentionnée ni par
Hérodote ni par Thucydide, ni par un seul de leurs
contemporains ; ce fut longtemps après et avec peine
que la connaissance en parvint chez les Grecs. **67** Sur
les Gaulois et les Ibères telle était l'ignorance des historiens considérés comme les plus exacts, parmi lesquels
on compte Éphore, que, dans sa pensée, les Ibères
forment une seule cité, eux qui occupent une si grande
portion de l'Occident ; et ils ont osé décrire et attribuer
à ces peuples des mœurs qui ne correspondent ni à des
faits ni à des on-dit. **68** S'ils ignorent la vérité, c'est
qu'on n'avait point du tout de relations avec ces
peuples ; mais s'ils écrivent des erreurs, c'est qu'ils
veulent paraître en savoir plus long que les autres.
Convenait-il donc de s'étonner encore si notre peuple
aussi ne fut pas connu de beaucoup d'auteurs et n'a pas
fourni aux historiens l'occasion de le mentionner, établi
ainsi loin de la mer et ayant choisi pareil genre de vie ?

XIII

*Mais les peuples voisins témoignent de notre
antiquité*

69 Supposez que nous voulions, pour prouver que la
race des Grecs n'est pas ancienne, alléguer que nos
annales n'ont point parlé d'eux, nos adversaires
n'éclateraient-ils pas de rire, apportant, je pense, les

νῦν εἰρημένας κομίζοντες αἰτίας καὶ μάρτυρας ἂν τοὺς πλησιοχώρους παρείχοντο τῆς αὐτῶν ἀρχαιότητος ; 70 κἀγὼ τοίνυν πειράσομαι τοῦτο ποιεῖν· Αἰγυπτίοις γὰρ καὶ Φοίνιξι μάλιστα δὴ χρήσομαι μάρτυσιν, οὐκ ἄν τινος ὡς ψευδῆ τὴν μαρτυρίαν διαβάλλειν δυνηθέντος· φαίνονται γὰρ καὶ δὴ μάλιστα πρὸς ἡμᾶς δυσμενῶς διατεθέντες, κοινῇ μὲν ἅπαντες Αἰγύπτιοι, Φοινίκων δὲ Τύριοι. 71 Περὶ μέντοι Χαλδαίων οὐκέτι ταὐτὸ τοῦτο δυναίμην ἂν λέγειν, ἐπεὶ καὶ τοῦ γένους ἡμῶν ἀρχηγοὶ καθεστήκασιν καὶ διὰ τὴν συγγένειαν ἐν ταῖς αὐτῶν ἀναγραφαῖς Ἰουδαίων μνημονεύουσιν. 72 Ὅταν δὲ τὰς παρὰ τούτων πίστεις παράσχω, τότε καὶ τῶν Ἑλλήνων συγγραφέων ἀποφανῶ τοὺς μνήμην Ἰουδαίων πεποιηκότας, ἵνα μηδὲ ταύτην ἔτι τὴν πρόφασιν οἱ βασκαίνοντες ἔχωσιν τῆς πρὸς ἡμᾶς ἀντιλογίας.

XIV 73 Ἄρξομαι δὴ πρῶτον ἀπὸ τῶν παρ᾽ Αἰγυπτίοις γραμμάτων. Αὐτὰ μὲν οὖν οὐχ οἷόν τε παρατίθεσθαι τἀκείνων· Μανέθως δ᾽ ἦν τὸ γένος Αἰγύπτιος, ἀνὴρ τῆς Ἑλληνικῆς μετεσχηκὼς παιδείας, ὡς δῆλός ἐστιν· γέγραφεν γὰρ Ἑλλάδι φωνῇ τὴν πάτριον ἱστορίαν, ἐκ δέλτων ἱερῶν, ὥς φησιν αὐτός, μεταφράσας, καὶ πολλὰ τὸν Ἡρόδοτον ἐλέγχει τῶν Αἰγυπτιακῶν ὑπ᾽ ἀγνοίας ἐψευσμένον. 74 Οὗτος

---

51. D'après Ézéchiel, XXXVI, 2, Tyr aurait applaudi à la destruction de Jérusalem. À une époque plus récente, les Tyriens de Kydasa furent pour les Galiléens de mauvais voisins (*Bellum*, IV, 2, 3 § 111) et en 66 les gens de Tyr massacrèrent un grand nombre de Juifs (*Bellum*, II, 18, 5 § 478). [Th.R.]

52. Le Laurentianus emploie le plus souvent la forme *Manéthon* qui a passé dans l'usage, mais Josèphe a écrit *Manéthôs*, que le copiste a laissé subsister § 228, 287, 288, 296, 300. *Manéthôs* est attesté depuis le IIIe siècle av. J.-C. (*Hibeh Pap.*, n° 72) ; le mot signifie peut-être « Vérité de Thot » (Spiegelberg, *Orient. Literaturz.*, 1928 et 1929). [Th.R.]

mêmes explications que je viens de donner, et, comme témoins de leur antiquité, ne produiraient-ils pas leurs voisins ? C'est ce que je vais moi-même essayer de faire. **70** J'invoquerai surtout les Égyptiens et les Phéniciens, dont on ne saurait récuser le témoignage ; il est notoire, en effet, que les Égyptiens sans exception, et parmi les Phéniciens ceux de Tyr[51], avaient à notre égard les plus mauvaises dispositions. **71** Des Chaldéens je ne saurais en dire autant, car ils furent les ancêtres de notre race et, à cause de cette parenté, ils mentionnent les Juifs dans leurs annales. **72** Quand j'aurai apporté les cautions fournies par ces peuples, je ferai connaître aussi les historiens grecs qui ont parlé des Juifs afin d'enlever à nos envieux le dernier prétexte de chicane contre nous[52].

XIV

Témoignage de l'Égyptien Manéthôs

73 Je commencerai d'abord par les écrits des Égyptiens[53]. Je ne puis citer leurs livres mêmes : mais voici Manéthôs, qui était de race égyptienne, auteur manifestement initié à la culture grecque, car il écrivit en grec l'histoire de sa patrie, traduite, comme il le dit lui-même, des tablettes sacrées, et sur bien des points de l'histoire d'Égypte il reproche à Hérodote d'avoir, par ignorance, altéré la vérité. **74** Donc ce Manéthôs, au

---

53. Ce long passage, extrait et paraphrase de l'*Histoire de l'Égypte* de Manéthon, est l'un des plus utilisés et cités par les anciens auteurs chrétiens, dont Théophile d'Antioche. Barclay se livre dans un long excursus à une analyse des lectures possibles effectuées par les Romains et les Juifs contemporains de Josèphe, relevant au passage l'omission du témoignage biblique contredisant ce récit des origines. *Against Apion*, p. 48-50.

δὴ τοίνυν ὁ Μανέθως ἐν τῇ δευτέρᾳ τῶν Αἰγυπτιακῶν ταῦτα περὶ ἡμῶν γράφει· παραθήσομαι δὲ τὴν λέξιν αὐτοῦ καθάπερ αὐτὸν ἐκεῖνον παραγαγὼν μάρτυρα· 75 Τουτίμαιος. Ἐπὶ τούτου οὐκ οἶδ᾽ ὅπως θεὸς ἀντέπνευσεν, καὶ παραδόξως ἐκ τῶν πρὸς ἀνατολὴν μερῶν ἄνθρωποι τὸ γένος ἄσημοι καταθαρρήσαντες ἐπὶ τὴν χώραν ἐστράτευσαν καὶ ῥᾳδίως ἀμαχητὶ ταύτην κατὰ κράτος εἷλον· 76 καὶ τοὺς ἡγεμονεύσαντας ἐν αὐτῇ χειρωσάμενοι, τὸ λοιπὸν τάς τε πόλεις ὠμῶς ἐνέπρησαν καὶ τὰ τῶν θεῶν ἱερὰ κατέσκαψαν, πᾶσι δὲ τοῖς ἐπιχωρίοις ἐχθρότατά πως ἐχρήσαντο, τοὺς μὲν σφάζοντες, τῶν δὲ καὶ τὰ τέκνα καὶ γυναῖκας εἰς δουλείαν ἄγοντες. 77 Πέρας δὲ καὶ βασιλέα ἕνα ἐξ αὐτῶν ἐποίησαν, ᾧ ὄνομα ἦν Σάλιτις. Καὶ οὗτος ἐν τῇ Μέμφιδι κατεγίνετο τήν τε ἄνω καὶ κάτω χώραν δασμολογῶν καὶ φρουρὰν ἐν τοῖς ἐπιτηδειοτάτοις καταλείπων τόποις. Μάλιστα δὲ καὶ τὰ πρὸς ἀνατολὴν ἠσφαλίσατο μέρη, προορώμενος, Ἀσσυρίων ποτὲ μεῖζον ἰσχυόντων, ἐσομένην † ἐπιθυμίᾳ † τῆς αὐτοῦ βασιλείας ἔφοδον. 78 Εὑρὼν δὲ ἐν νομῷ τῷ Σεθροΐτῃ πόλιν ἐπικαιροτάτην, κειμένην μὲν πρὸς ἀνατολὴν τοῦ Βουβαστίτου ποταμοῦ, καλουμένην δ᾽ ἀπό τινος ἀρχαίας θεολογίας Αὔαριν, ταύτην ἔκτισέν τε καὶ τοῖς τείχεσιν ὀχυρωτάτην ἐποίησεν, ἐνοικίσας αὐτῇ καὶ πλῆθος ὁπλιτῶν εἰς εἴκοσι καὶ τέσσαρας μυριάδας ἀνδρῶν προφυλακήν. 79 Ἔνθα δὲ κατὰ θέρειαν ἤρχετο, τὰ μὲν σιτομετρῶν καὶ

---

54. Les § 75-82 sont un extrait textuel de Manéthôs, de première ou seconde main, peu importe. [Th.R.]

55. *Toutimaios* est vraisemblablement la transcription du nom d'un des deux rois Tetoumes qui doivent appartenir à la fin de la 14e dynastie ; cf. *Journal Asiatique*, 1910, II, p. 323, et Ed. Meyer, *Geschichte des Altertums*, I, II, 4e éd., p. 307. [Th.R.]

56. Manéthôs revient § 90 sur la menaçante puissance assyrienne. Mais l'époque à laquelle nous transportent les récits des § 77 et 90 est bien antérieure à celle où l'Assyrie a commencé à inquiéter les régions méditerranéennes. Maspero a supposé (*Histoire ancienne*, II, p. 52) qu'il faut lire *Chaldéens* pour *Assyriens* ; il est bien plus probable que le narrateur croit conformes à l'histoire les fables grecques sur l'empire assyrien de Ninos et de Sémiramis (Ed. Meyer, *l. l.*, p. 312). [Th.R.]

second livre de l'Histoire d'Égypte, écrit ceci à notre sujet. Je citerai ses propres paroles, comme si je le produisais lui-même comme témoin [54] : **75** « Toutimaios [55]. Sous son règne, je ne sais comment, la colère divine souffla contre nous, et à l'improviste, de l'Orient, un peuple de race inconnue eut l'audace d'envahir notre pays, et sans difficulté ni combat s'en empara de vive force ; **76** ils se saisirent des chefs, incendièrent sauvagement les villes, rasèrent les temples des dieux et traitèrent les indigènes avec la dernière cruauté, égorgeant les uns, emmenant comme esclaves les enfants et les femmes des autres. **77** À la fin, ils firent même roi l'un des leurs nommé Salitis. Ce prince s'établit à Memphis, levant des impôts sur le haut et le bas pays et laissant une garnison dans les places les plus convenables. Surtout il fortifia les régions de l'est, car il prévoyait que les Assyriens, un jour plus puissants, attaqueraient (par là) son royaume [56]. **78** Comme il avait trouvé dans le nome Séthroïte une ville d'une position très favorable, située à l'est de la branche Bubastique et appelée, d'après une ancienne tradition théologique, Avaris [57], il la rebâtit et la fortifia de très solides murailles ; il y établit, en outre, une multitude de soldats pesamment armés, deux cent quarante mille environ, pour la garder. **79** Il y venait l'été tant pour

---

57. Le nom égyptien est *Haouarit*. D'après quelques-uns, il signifie « maison de la fuite » et se rattacherait à la légende de Set-Typhon (voir *infra*, § 237). [Th.R.]

μισθοφορίαν παρεχόμενος, τὰ δὲ καὶ ταῖς ἐξοπλισίαις πρὸς
φόβον τῶν ἔξωθεν ἐπιμελῶς γυμνάζων. Ἄρξας δ' ἐννεα-
καίδεκα ἔτη τὸν βίον ἐτελεύτησε. 80 Μετὰ τοῦτον δὲ ἕτερος
ἐβασίλευσεν τέσσαρα καὶ τεσσαράκοντα ἔτη καλούμενος
Βνών. Μεθ' ὃν ἄλλος Ἀπαχνὰς ἓξ καὶ τριάκοντα ἔτη καὶ
μῆνας ἑπτά. Ἔπειτα δὲ καὶ Ἄπωφις ἓν καὶ ἑξήκοντα καὶ
Ἀννὰς πεντήκοντα καὶ μῆνα ἕνα. 81 Ἐπὶ πᾶσι δὲ καὶ Ἄσσις
ἐννέα καὶ τεσσαράκοντα καὶ μῆνας δύο. Καὶ οὗτοι μὲν ἓξ ἐν
αὐτοῖς ἐγενήθησαν πρῶτοι ἄρχοντες, ποθοῦντες ἀεὶ καὶ
μᾶλλον τῆς Αἰγύπτου ἐξᾶραι τὴν ῥίζαν. 82 Ἐκαλεῖτο δὲ τὸ
σύμπαν αὐτῶν ἔθνος Ὑκσώς, τοῦτο δέ ἐστιν « βασιλεῖς
ποιμένες »· τὸ γὰρ ὑκ καθ' ἱερὰν γλῶσσαν βασιλέα σημαίνει,
τὸ δὲ σως ποιμήν ἐστι καὶ ποιμένες κατὰ τὴν κοινὴν
διάλεκτον, καὶ οὕτω συντιθέμενον γίνεται Ὑκσώς. 83 Τινὲς
δὲ λέγουσιν αὐτοὺς Ἄραβας εἶναι. Ἐν δ' ἄλλῳ ἀντιγράφῳ οὐ
βασιλεῖς σημαίνεσθαι διὰ τῆς ὑκ προσηγορίας, ἀλλὰ
τοὐναντίον αἰχμαλώτους δηλοῦσθαι ποιμένας· τὸ γὰρ ὑκ
πάλιν Αἰγυπτιστὶ καὶ τὸ ἀκ δασυνόμενον αἰχμαλώτους
ῥητῶς μηνύειν· καὶ τοῦτο μᾶλλον πιθανώτερόν μοι φαίνεται
καὶ παλαιᾶς ἱστορίας ἐχόμενον. 84 Τούτους τοὺς
προκατωνομασμένους βασιλέας, [καὶ] τοὺς τῶν ποιμένων
καλουμένων καὶ τοὺς ἐξ αὐτῶν γενομένους, κρατῆσαι τῆς
Αἰγύπτου φησὶν ἔτη πρὸς τοῖς πεντακοσίοις ἔνδεκα. 85 Μετὰ
ταῦτα δὲ τῶν ἐκ τῆς Θηβαΐδος καὶ τῆς ἄλλης Αἰγύπτου

---

58. La forme véritable de ce nom (conservée par Eusèbe) paraît
être Ὑκουσσώς. Il est probable, d'ailleurs, que c'est le *roi* des étrangers seulement qui était désigné sous ce nom, *Hiq Shaousou*, « roi des
pillards ». Cf. Maspero, *Histoire ancienne*, II, 54. [Th.R.]

59. On ne peut pas considérer le § 83 comme une annotation
(primitivement marginale) de l'archétype du Laurentianus (cf. § 92 et
§ 98), car tout ce passage se lit ainsi chez Eusèbe. Ce sont plutôt des
corrections apportées à Manéthôs par un commentateur auquel
Josèphe les emprunte sans bien se rendre compte de leur origine (Ed.
Meyer, *Æg. Chronologie*, p. 72). Manéthôs lui-même n'admettait
certainement pas l'origine arabe des Hycsos, puisque les chronographes qui ont reproduit sa liste des rois pasteurs l'intitulent
Φοίνικες ξένοι βασιλεῖς. [Th.R.]

leur mesurer leur blé et payer leur solde que pour les exercer soigneusement par des manœuvres afin d'effrayer les étrangers. Après un règne de dix-neuf ans, il mourut. **80** Ensuite un deuxième roi, nommé Bnôn, occupa le trône quarante-quatre ans. Son successeur Apachnas, régna trente-six ans et sept mois, puis Apophis soixante et un ans, et Annas cinquante ans et un mois ; **81** après eux tous, Assis, quarante-neuf ans et deux mois. Tels furent chez eux les six premiers princes, tous de plus en plus avides de détruire jusqu'à la racine le peuple égyptien. **82** On nommait l'ensemble de cette nation Hycsos [58], c'est-à-dire " rois pasteurs". Car "hyc" dans la langue sacrée signifie roi, et "sôs" veut dire pasteur au singulier et au pluriel dans la langue vulgaire ; la réunion de ces mots forme Hycsôs. » **83** D'aucuns disent qu'ils étaient Arabes. Dans une autre copie, il est dit que l'expression « hyc » ne signifie pas rois, mais indique, au contraire, des bergers captifs. Car « hyc », en égyptien, et « hac », avec une aspirée, auraient proprement le sens tout opposé de captifs. Cette explication me paraît plus vraisemblable et plus conforme à l'histoire ancienne [59]. **84** Ces rois nommés plus haut, ceux des peuples appelés pasteurs, et leurs descendants [60], furent maîtres de l'Égypte, d'après Manéthôs, durant cinq cent onze ans. **85** Puis les rois de la Thébaïde et du reste de l'Égypte se soulevèrent

---

60. Les § 84-90 sont non plus une citation textuelle, mais un soi-disant résumé de Manéthôs, emprunté à une autre source et cette source était négligente ou mal informée : 1° parce qu'elle parle d'Avaris comme s'il n'en avait pas été question ; 2° parce qu'elle attribue la prise de cette ville à deux rois plus tardifs (cf. § 95) et non au véritable conquérant Amôsis. [Th.R.]

βασιλέων γενέσθαι φησὶν ἐπὶ τοὺς ποιμένας ἐπανάστασιν καὶ πόλεμον αὐτοῖς συρραγῆναι μέγαν καὶ πολυχρόνιον. 86 Ἐπὶ δὲ βασιλέως, ᾧ ὄνομα εἶναι Μισφραγμούθωσις, ἡττημένους φησὶ τοὺς ποιμένας ὑπ᾽ αὐτοῦ ἐκ μὲν τῆς ἄλλης Αἰγύπτου πάσης ἐκπεσεῖν, κατακλεισθῆναι δ᾽ εἰς τόπον ἀρουρῶν ἔχοντα μυρίων τὴν περίμετρον· Αὔαρις ὄνομα τῷ τόπῳ. 87 Τοῦτόν φησιν ὁ Μανέθως ἅπαντα τείχει τε μεγάλῳ καὶ ἰσχυρῷ περιβαλεῖν τοὺς ποιμένας, ὅπως τήν τε κτῆσιν ἅπασαν ἔχωσιν ἐν ὀχυρῷ καὶ τὴν λείαν τὴν ἑαυτῶν. 88 Τὸν δὲ Μισφραγμουθώσεως υἱὸν Θούμμωσιν ἐπιχειρῆσαι μὲν αὐτοὺς διὰ πολιορκίας ἑλεῖν κατὰ κράτος, ὀκτὼ καὶ τεσσαράκοντα μυριάσι στρατοῦ προσεδρεύσαντα τοῖς τείχε-σιν· ἐπεὶ δὲ τῆς πολιορκίας ἀπέγνω, ποιήσασθαι συμβάσεις, ἵνα τὴν Αἴγυπτον ἐκλιπόντες ὅποι βούλονται πάντες ἀβλαβεῖς ἀπέλθωσι. 89 Τοὺς δὲ ἐπὶ ταῖς ὁμολογίαις πανοικησίᾳ μετὰ τῶν κτήσεων, οὐκ ἐλάττους μυριάδων ὄντας εἴκοσι καὶ τεσσάρων, ἀπὸ τῆς Αἰγύπτου τὴν ἔρημον εἰς Συρίαν διοδοι-πορῆσαι. 90 Φοβουμένους δὲ τὴν Ἀσσυρίων δυναστείαν, — τότε γὰρ ἐκείνους τῆς Ἀσίας κρατεῖν, — ἐν τῇ νῦν Ἰουδαίᾳ καλουμένῃ πόλιν οἰκοδομησαμένους τοσαύταις μυριάσιν ἀνθρώπων ἀρκέσουσαν, Ἱεροσόλυμα ταύτην ὀνομάσαι. — 91 Ἐν ἄλλῃ δέ τινι βίβλῳ τῶν Αἰγυπτιακῶν Μανέθως τὸ αὐτὸ φησιν ἔθνος, τοὺς καλουμένους ποιμένας, « αἰχμαλώτους » ἐν ταῖς ἱεραῖς αὐτῶν βίβλοις γεγράφθαι, λέγων ὀρθῶς· καὶ γὰρ τοῖς ἀνωτάτω προγόνοις ἡμῶν τὸ ποιμαίνειν πάτριον ἦν καὶ νομαδικὸν ἔχοντες τὸν βίον οὕτως

61. Transcription fautive de Menkheperra Thoutmes (Thoutmes III). [Th.R.]

62. Environ 2 756 hectares. Les mots τὴν περίμετρον (ajoutés par Josèphe) semblent impliquer qu'il a pris l'aroure pour une mesure de longueur. [Th.R.]

63. Josèphe oublie qu'il a déjà été question d'Avaris et de ses fortifications (§ 78). [Th.R.]

contre les Pasteurs ; entre eux éclata une guerre importante et très longue. **86** Sous le roi qu'on nomme
Misphragmouthôsis[61], les Pasteurs vaincus furent,
dit-il, chassés de tout le reste de l'Égypte et enfermés
dans un lieu contenant dans son périmètre dix mille
aroures[62] : ce lieu se nommait Avaris[63]. **87** Suivant
Manéthôs, les Pasteurs l'entourèrent complètement
d'une muraille haute et forte pour garder en lieu sûr
tous leurs biens et leur butin. **88** Le fils de Misphragmouthôsis, Thoummôsis, tenta de les soumettre par un
siège et les investit avec quatre cent quatre-vingt mille
hommes. Enfin, renonçant au siège, il conclut un traité
d'après lequel ils devaient quitter l'Égypte et s'en aller
tous sains et saufs où ils voudraient[64]. **89** D'après les
conventions, les Pasteurs avec toute leur famille et leurs
biens, au nombre de deux cent quarante mille pour le
moins[65], sortirent d'Égypte et, à travers le désert, firent
route vers la Syrie. **90** Redoutant la puissance des Assyriens, qui à cette époque étaient maîtres de l'Asie, ils
bâtirent dans le pays appelé aujourd'hui Judée une ville
qui pût suffire à tant de milliers d'hommes et la
nommèrent Jérusalem. — **91** Dans un autre livre de
l'histoire d'Égypte[66], Manéthôs rapporte que ce même
peuple appelé les Pasteurs était désigné du nom de
« Captifs » dans leurs Livres sacrés. Et il dit vrai. Car
pour nos aïeux les plus reculés, c'était une coutume
héréditaire de faire paître les troupeaux[67], et leur vie

64. D'après les documents égyptiens et les chroniqueurs
(Eusèbe, Africanus), Avaris aurait, au contraire, été prise de vive
force par le roi *Amôsis*. Cf. Maspero, *op. cit.*, II, 86 suiv. [Th.R.]

65. Ce chiffre reproduit celui des « hoplites » donné plus haut,
§ 78. [Th.R.]

66. Cet « autre livre » serait, d'après certains commentateurs, une
désignation incorrecte de l'« autre exemplaire » mentionné plus haut,
§ 83. En tout cas, le § 91 paraît faire double emploi avec 83. [Th.R.]

67. Dans leur conversation avec Pharaon, les fils de Jacob
déclarent qu'ils sont bergers, comme l'ont été leurs pères (Genèse,
XLVI, 34 et XLVII, 3). [Th.R.]

ἐκαλοῦντο ποιμένες. 92 Αἰχμάλωτοί τε πάλιν οὐκ ἀλόγως ὑπὸ τῶν Αἰγυπτίων ἀνεγράφησαν, ἐπειδήπερ ὁ πρόγονος ἡμῶν Ἰώσηπος ἑαυτὸν ἔφη πρὸς τὸν βασιλέα τῶν Αἰγυπτίων αἰχμάλωτον εἶναι, καὶ τοὺς ἀδελφοὺς εἰς τὴν Αἴγυπτον ὕστερον μετεπέμψατο, τοῦ βασιλέως ἐπιτρέψαντος. —

XV 93 Ἀλλὰ περὶ μὲν τούτων ἐν ἄλλοις ποιήσομαι τὴν ἐξέτασιν ἀκριϐεστέραν. Νυνὶ δὲ τῆς ἀρχαιότητος αὐτῆς παρατίθεμαι τοὺς Αἰγυπτίους μάρτυρας. Πάλιν οὖν τὰ τοῦ Μανέθω πῶς ἔχει πρὸς τὴν τῶν χρόνων τάξιν ὑπογράψω· φησὶ δὲ οὕτως· 94 « μετὰ τὸ ἐξελθεῖν ἐξ Αἰγύπτου τὸν λαὸν τῶν ποιμένων εἰς Ἱεροσόλυμα, ὁ ἐκϐαλὼν αὐτοὺς ἐξ Αἰγύπτου βασιλεὺς [Τέθμωσις] ἐϐασίλευσεν μετὰ ταῦτα ἔτη εἰκοσιπέντε καὶ μῆνας τέσσαρας καὶ ἐτελεύτησεν, καὶ παρέλαϐεν τὴν ἀρχὴν ὁ αὐτοῦ υἱὸς Χέϐρων ἔτη δεκατρία. 95 Μεθ' ὃν Ἀμένωφις εἴκοσι καὶ μῆνας ἑπτά. Τοῦ δὲ ἀδελφὴ Ἀμεσσὶς εἰκοσιὲν καὶ μῆνας ἐννέα. Τῆς δὲ Μήφρης δώδεκα καὶ μῆνας ἐννέα. Τοῦ δὲ Μισφραγμούθωσις εἰκοσιπέντε καὶ μῆνας δέκα. 96 Τοῦ δὲ Τούθμωσις ἐννέα καὶ μῆνας ὀκτώ. Τοῦ δ' Ἀμένωφις τριάκοντα καὶ μῆνας δέκα. Τοῦ δὲ Ὧρος τριακονταὲξ καὶ μῆνας πέντε. Τοῦ δὲ θυγάτηρ Ἀκεγχερὴς δώδεκα καὶ μῆνα ἕνα. Τῆς δὲ Ῥάθωτις ἀδελφὸς ἐννέα. 97 Τοῦ δὲ Ἀκεγχήρης δώδεκα καὶ μῆνας πέντε. Τοῦ δὲ Ἀκεγχήρης ἕτερος δώδεκα καὶ μῆνας τρεῖς. Τοῦ δὲ Ἄρμαῗς

---

68. Ou plutôt à son échanson (Genèse, XL, 15). Le *Florentinus* a ici en marge : « Dans un autre exemplaire on lit : Vendu par ses frères, il fut amené en Égypte au roi de ce pays ; plus tard, il fit venir auprès de lui ses frères, avec la permission du roi. » [Th.R.]

69. Voir plus bas, ch. XXVII. [Th.R.]

70. Ici un nouvel extrait authentique de Manéthôs (§ 94-102), mais qui, jusqu'au § 97, n'a conservé que le squelette chronologique. [Th.R.]

nomade les fit ainsi appeler pasteurs. **92** D'autre part, le nom de Captifs ne leur a pas été donné sans raison dans les annales des Égyptiens, puisque notre ancêtre Joseph dit au roi d'Égypte [68] qu'il était captif et fit venir plus tard ses frères en Égypte avec la permission du roi.

XV

Suite du témoignage de Manéthôs

93 Mais j'examinerai ailleurs [69]ces faits avec plus de précision. Pour le moment, je cite les Égyptiens comme témoins de notre seule antiquité. Je vais donc reprendre la citation de Manéthôs sur la chronologie. **94** Voici ce qu'il dit [70] : « Après que le peuple des Pasteurs fut parti d'Égypte vers Jérusalem, le roi qui les avait chassés d'Égypte [Tethmôsis] [71] régna vingt-cinq ans et quatre mois, puis mourut. La succession de son trône échut à son fils Hébron, pendant treize ans. **95** Après lui, Aménophis régna vingt ans et sept mois ; sa sœur Amessis, vingt-un ans et neuf mois ; le fils de celle-ci, Méphrès, douze ans et neuf mois ; puis, de père en fils, Misphragmouthôsis, vingt-cinq ans et dix mois ; **96** Touthmôsis [72], neuf ans et huit mois ; Aménophis (II), trente ans et dix mois ; Or, trente-six ans et cinq mois ; la fille d'Or, Akenchéris, douze ans et un mois ; le frère d'Akenchéris, Rhathotis, neuf ans. **97** Puis, de père en fils, Akenchérès Ier, douze ans et cinq mois ;

---

71. Tout à l'heure (§ 88) il était appelé Thoummôsis. Le nom paraît interpolé. [Th.R.]

72. Ce Touthmôsis fils de Misphragmouthôsis ressemble singulièrement au Thoummôsis fils de Misphragmouthôsis sous lequel aurait eu lieu l'expulsion des Hycsos (§ 88). [Th.R.]

τέσσαρα καὶ μῆνα ἕνα. Τοῦ δὲ Ῥαμέσσης ἓν καὶ μῆνας τέσσαρας. Τοῦ δὲ Ἀρμέσσης Μιαμοῦν ἑξηκονταὲξ καὶ μῆνας δύο. 98 Τοῦ δὲ Ἀμένωφις δεκαεννέα καὶ μῆνας ἕξ. Τοῦ δὲ Σέθως ὁ καὶ Ῥαμέσσης, ἱππικὴν καὶ ναυτικὴν ἔχων δύναμιν. <οὗτος> τὸν μὲν ἀδελφὸν Ἄρμαϊν ἐπίτροπον τῆς Αἰγύπτου κατέστησεν καὶ πᾶσαν μὲν αὐτῷ τὴν ἄλλην βασιλικὴν περιέθηκεν ἐξουσίαν, μόνον δὲ ἐνετείλατο διάδημα μὴ φορεῖν μηδὲ τὴν βασιλίδα μητέρα τε τῶν τέκνων ἀδικεῖν, ἀπέχεσθαι δὲ καὶ τῶν ἄλλων βασιλικῶν παλλακίδων. 99 Αὐτὸς δὲ, ἐπὶ Κύπρον καὶ Φοινίκην καὶ πάλιν Ἀσσυρίους τε καὶ Μήδους στρατεύσας, ἅπαντας τοὺς μὲν δόρατι, τοὺς δὲ ἀμαχητὶ φόβῳ δὲ τῆς πολλῆς δυνάμεως ὑποχειρίους ἔλαβε, καὶ μέγα φρονήσας ἐπὶ ταῖς εὐπραγίαις ἔτι καὶ θαρσαλεώτερον ἐπεπορεύετο τὰς πρὸς ἀνατολὰς πόλεις τε καὶ χώρας καταστρεφόμενος. 100 Χρόνου τε ἱκανοῦ γεγονότος, Ἄρμαϊς ὁ καταλειφθεὶς ἐν Αἰγύπτῳ πάντα τοὔμπαλιν οἷς ἀδελφὸς παρῄνει μὴ ποιεῖν ἀδεῶς ἔπραττεν· καὶ γὰρ τὴν βασιλίδα βιαίως ἔσχεν καὶ ταῖς ἄλλαις παλλακίσιν ἀφειδῶς διετέλει χρώμενος, πειθόμενός τε ὑπὸ τῶν φίλων διάδημα ἐφόρει καὶ ἀντῆρε τῷ ἀδελφῷ. 101 Ὁ δὲ τεταγμένος ἐπὶ τῶν ἱερέων τῆς Αἰγύπτου γράψας βιβλίον ἔπεμψε τῷ Σεθώσει, δηλῶν αὐτῷ πάντα καὶ ὅτι ἀντῆρεν ὁ ἀδελφὸς αὐτῷ Ἄρμαϊς. Παραχρῆμα οὖν ὑπέστρεψεν εἰς Πηλούσιον καὶ ἐκράτησεν τῆς ἰδίας βασιλείας. 102 Ἡ δὲ χώρα ἐκλήθη ἀπὸ τοῦ αὐτοῦ ὀνόματος Αἴγυπτος· λέγεται γάρ, ὅτι ὁ μὲν Σέθως ἐκαλεῖτο Αἴγυπτος, Ἄρμαϊς δὲ ὁ ἀδελφὸς αὐτοῦ Δαναός.

---

73. Ici le ms. a en marge : « Dans une autre copie on lit : Après lui Séthôsis et Ramessès, deux frères ; le premier, ayant une armée navale, subjuguait de force tous les peuples maritimes qui osaient l'affronter (?) ; peu après, ayant tué son frère Ramessès, il nomma gouverneur de l'Égypte son autre frère Harmaïs. » D'après Gutschmid, il s'agirait d'une autre copie de Manéthôs et la note émanerait de Josèphe ; nous ne pouvons nous ranger à cet avis : il s'agit d'une correction au texte de Josèphe et qui suppose déjà la lecture de L Σέθωσις καὶ Ῥαμέσσης (Meyer). Séthôsis est le Sésostris d'Hérodote, qui rapporte aussi ses victoires navales (II, 102). [Th.R.]

Akenchérès II, douze ans et trois mois ; Harmaïs, quatre ans et un mois ; Ramessès, un an et quatre mois ; Armessès Miamoun, soixante-six ans et deux mois ; **98** Aménophis (III), dix-neuf ans et six mois ; puis Sethôs, nommé aussi Ramessès, puissant par sa cavalerie et sa flotte[73]. Ce dernier donna à son frère Harmaïs le gouvernement de l'Égypte et l'investit de toutes les autres prérogatives royales ; il lui enjoignit seulement de ne pas porter le diadème, de ne pas maltraiter la reine, mère de ses enfants, et de respecter aussi les concubines royales. **99** Lui-même partit en campagne contre Chypre et la Phénicie, puis encore contre les Assyriens et les Mèdes, qui tous, par les armes ou sans combat, et effrayés par ses forces considérables, furent soumis à sa domination. Enorgueilli par ses succès, il se mit en campagne avec plus d'audace encore, pour conquérir du côté de l'Orient les villes et les terres. **100** Après un assez long temps, Harmaïs, qui était resté en Égypte, fit sans pudeur tout le contraire des recommandations de son frère. Il violenta la reine et usait couramment des autres femmes sans réserve ; sur le conseil de ses amis, il portait le diadème et s'éleva contre son frère. **101** Mais le chef des prêtres d'Égypte écrivit et envoya à Séthôs un mémoire dans lequel il lui révélait tout et l'informait que son frère Harmaïs s'était insurgé contre lui. Aussitôt le roi revint à Péluse et s'empara de son propre royaume. **102** Le pays fut appelé de son nom Ægyptos. Car, dit-on, Séthôs se nommait Ægyptos et Harmaïs, son frère, Danaos.[74]»

---

74. Meyer (*loc. cit.*, p. 75) croit sans raison décisive que l'identification du couple Séthôs-Harmaïs avec Ægyptos-Danaos est due, non à Manéthôs, mais à un commentateur ou interpolateur juif. [Th.R.]

XVI 103 Ταῦτα μὲν ὁ Μανέθως. Δῆλον δέ ἐστιν ἐκ τῶν εἰρημένων ἐτῶν, τοῦ χρόνου συλλογισθέντος, ὅτι οἱ καλούμενοι ποιμένες, ἡμέτεροι δὲ πρόγονοι, τρισὶ καὶ ἐνενήκοντα καὶ τριακοσίοις πρόσθεν ἔτεσιν ἐκ τῆς Αἰγύπτου ἀπαλλαγέντες τὴν χώραν ταύτην ἐπῴκησαν ἢ Δαναὸν εἰς Ἄργος ἀφικέσθαι· καίτοι τοῦτον ἀρχαιότατον Ἀργεῖοι νομίζουσι. 104 Δύο τοίνυν ὁ Μανέθως ἡμῖν τὰ μέγιστα μεμαρτύρηκεν ἐκ τῶν παρ᾽ Αἰγυπτίοις γραμμάτων, πρῶτον μὲν τὴν ἑτέρωθεν ἄφιξιν εἰς Αἴγυπτον, ἔπειτα δὲ τὴν ἐκεῖθεν ἀπαλλαγήν, οὕτως ἀρχαίαν τοῖς χρόνοις, ὡς ἐγγύς που προτερεῖν αὐτὴν τῶν Ἰλιακῶν ἔτεσι χιλίοις. 105 Ὑπὲρ ὧν δ᾽ ὁ Μανέθως οὐκ ἐκ τῶν παρ᾽ Αἰγυπτίοις γραμμάτων, ἀλλ᾽, ὡς αὐτὸς ὡμολόγηκεν, ἐκ τῶν ἀδεσπότως μυθολογουμένων προστέθεικεν, ὕστερον ἐξελέγξω κατὰ μέρος ἀποδεικνὺς τὴν ἀπίθανον αὐτοῦ ψευδολογίαν.

XVII 106 Βούλομαι τοίνυν ἀπὸ τούτων ἤδη μετελθεῖν ἐπὶ τὰ παρὰ τοῖς Φοίνιξιν ἀναγεγραμμένα περὶ τοῦ γένους ἡμῶν, καὶ τὰς ἐξ ἐκείνων μαρτυρίας παρασχεῖν. 107 Ἔστι τοίνυν παρὰ Τυρίοις ἀπὸ παμπόλλων ἐτῶν γράμματα

---

75. Voir note à l'Appendice. [Th.R.]
76. Josèphe oublie Inachos, le plus ancien roi d'Argos (Spanheim). [Th.R.]
77. Ce chiffre paraît trop élevé d'environ 400 ans. [Th.R.]
78. Voir plus loin, ch. XXVI. [Th.R.]

XVI

*Ces faits sont de beaucoup antérieurs aux plus
anciens de l'histoire grecque*

103 Tel est le récit de Manéthôs. Il est clair, si l'on
suppute le temps d'après les années énumérées, que nos
aïeux les Pasteurs, comme on les nomme, chassés
d'Égypte, s'établirent dans notre pays trois cent quatre-
vingt-treize ans avant l'arrivée de Danaos à Argos [75].
104 Et pourtant, les Argiens considèrent ce personnage
comme le plus ancien nom de leur histoire [76]. Ainsi sur
deux points très importants, Manéthôs nous a fourni
son témoignage tiré des livres égyptiens : d'abord sur
notre arrivée d'une autre contrée en Égypte, ensuite sur
notre départ de ce pays, départ si lointain dans le passé
qu'il a précédé de mille ans à peu près la guerre de
Troie [77]. **105** Quant aux faits que Manéthôs a ajoutés,
non d'après les livres égyptiens, mais, de son propre
aveu, d'après des fables sans auteur connu, je les réfu-
terai plus tard [78] en détail et je montrerai l'invraisemblance de ses mensonges.

XVII

*Mention des Juifs dans les chroniques phéniciennes.
Témoignage de Dios*

106 Je veux maintenant passer de ces documents à
ceux que contiennent sur notre race [79] les annales des
Phéniciens et produire les témoignages qu'ils nous
fournissent. **107** Il y a chez les Tyriens, depuis de très
longues années, des chroniques publiques, rédigées et

---

79. Ici, comme ailleurs, les traductions récentes préfèrent
employer les termes « ancêtres » ou « peuple » plutôt que celui de
« race ».

δημοσίᾳ γεγραμμένα καὶ πεφυλαγμένα λίαν ἐπιμελῶς περὶ
τῶν παρ᾽ αὐτοῖς γενομένων καὶ πρὸς ἄλλους πραχθέντων
μνήμης ἀξίων. 108 Ἐν οἷς γέγραπται, ὅτι ὁ ἐν Ἱεροσολύμοις
ᾠκοδομήθη ναὸς ὑπὸ Σολόμωνος τοῦ βασιλέως ἔτεσι
θᾶττον ἑκατὸν τεσσαρακοντατρισὶν καὶ μησὶν ὀκτὼ τοῦ
κτίσαι Τυρίους Καρχηδόνα. 109 Ἀνεγράφη δὲ παρ᾽ ἐκείνοις
οὐκ ἀλόγως ἡ τοῦ ναοῦ κατασκευὴ τοῦ παρ᾽ ἡμῖν· Εἴρωμος
γὰρ ὁ τῶν Τυρίων βασιλεὺς φίλος ἦν τοῦ βασιλέως ἡμῶν
Σολόμωνος, πατρικὴν πρὸς αὐτὸν φιλίαν διαδεδεγμένος.
110 Οὗτος οὖν, συμφιλοτιμούμενος εἰς τὴν τοῦ κατα-
σκευάσματος τῷ Σολόμωνι λαμπρότητα, χρυσίου μὲν εἴκοσι
καὶ ἑκατὸν ἔδωκε τάλαντα, τεμὼν δὲ καλλίστην ὕλην ἐκ τοῦ
ὄρους, ὃ καλεῖται Λίβανος, εἰς τὸν ὄροφον ἀπέστειλεν.
Ἀντεδωρήσατο δὲ αὐτὸν ὁ Σολόμων ἄλλοις τε πολλοῖς καὶ
δὴ καὶ χώρᾳ τῆς Γαλιλαίας τῇ Χαβωλὼν λεγομένῃ.
111 Μάλιστα δὲ αὐτοὺς εἰς φιλίαν ἡ τῆς σοφίας συνῆγεν
ἐπιθυμία· προβλήματα γὰρ ἀλλήλοις ἀνταπέστελλον λύειν
κελεύοντες, καὶ κρείττων ἐν τούτοις ἦν ὁ Σολόμων <ὢν>
καὶ τἆλλα σοφώτερος· σώζονται δὲ μέχρι νῦν παρὰ τοῖς
Τυρίοις πολλαὶ τῶν ἐπιστολῶν, ἃς ἐκεῖνοι πρὸς ἀλλήλους
ἔγραψαν. 112 Ὅτι δ᾽ οὐ λόγος ἐστὶν ὑπ᾽ ἐμοῦ συγκείμενος ὁ
περὶ τῶν παρὰ τοῖς Τυρίοις γραμμάτων, παραθήσομαι
μάρτυρα Δῖον, ἄνδρα περὶ τὴν Φοινικικὴν ἱστορίαν ἀκριβῆ
γεγονέναι πεπιστευμένον. Οὗτος τοίνυν ἐν ταῖς περὶ
Φοινίκων ἱστορίαις γράφει τὸν τρόπον τοῦτον·
113 «Ἀβιβάλου τελευτήσαντος ὁ υἱὸς αὐτοῦ Εἴρωμος
ἐβασίλευσεν. Οὗτος τὰ πρὸς ἀνατολὰς μέρη τῆς πόλεως

---

80. Ce chiffre résulte des durées des règnes données au
ch. XVIII. [Th.R.]
81. Rien de pareil dans les extraits donnés plus loin (v. p. 22,
n. 4).[Th.R.]
82. Cf. *AJ*, VIII, 5, 3. D'après la Bible, c'est le père *de Salomon*,
David, qui était déjà lié d'amitié avec Hirôm (I Rois, V, 1 ; II Samuel,
V, 11). [Th.R.]
83. Ces renseignements sont empruntés au livre des Rois, I, IX,
10-14. [Th.R.]

conservées par l'État avec le plus grand soin, sur les
faits dignes de mémoire qui se passèrent chez eux, et
sur leurs rapports avec l'étranger. **108** Il y est dit que le
temple de Jérusalem fut bâti par le roi Salomon environ
cent quarante-trois ans et huit mois avant la fondation
de Carthage par les Tyriens [80]. **109** Ce n'est pas sans
raison que leurs annales mentionnent la construction
de notre temple [81]. En effet, Hirôm, roi de Tyr, était
l'ami de notre roi Salomon, amitié qu'il avait héritée de
son père [82]. **110** Rivalisant de zèle avec Salomon pour
la splendeur de l'édifice, il lui donna cent vingt talents
d'or et fit couper sur le mont appelé Liban les plus
beaux bois, qu'il lui envoya pour la toiture. En retour,
Salomon lui donna de nombreux présents et même,
entre autres, un territoire de Galilée qu'on nomme
Khabôlon [83]. **111** Mais ils furent surtout portés à
s'aimer par leur goût pour la sagesse : ils s'envoyaient
l'un à l'autre des questions qu'ils s'invitaient mutuelle-
ment à résoudre ; Salomon s'y montrait le plus habile
et, en général, l'emportait en sagesse. On conserve
aujourd'hui encore à Tyr beaucoup des lettres qu'ils
échangèrent [84]. **112** Pour prouver que mes assertions
sur les chroniques tyriennes ne sont pas de mon invention, je vais citer le témoignage de Dios, qui passe pour
avoir raconté exactement l'histoire phénicienne. Cet
auteur, dans son histoire de la Phénicie, s'exprime
ainsi [85] : **113** « Après la mort d'Abibal, son fils Hirôm
devint roi. Il ajouta un remblai au quartier oriental de

---

84. Les négociations entre Salomon et Hirôm sont racontées en I
Rois, V ; mais il n'est question ni d'énigmes comme dans le cas de la reine
de Saba (I Rois, X, 1), ni d'échange de lettres. Josèphe pense vraisemblablement aux lettres qu'il a reproduites en *AJ*, VIII, 2, 6, et qui furent sans
doute forgées par Eupolémos (cf. Eusèbe, *Praep.*, IX, 33). [Th.R.]

85. Le texte de Dios est également reproduit dans les *Antiquités*,
VIII, 5, 3, § 147-9. On ne sait d'ailleurs rien de cet auteur, que C.
Müller (*FHG*, IV, 398) identifie à Ælius Dios, auteur d'un ouvrage
περὶ Ἀλεξανδρείας. Mais il pourrait aussi y avoir une confusion avec
Λαῖτος, auteur de Φοινικικά (*ibid.*, 437). [Th.R.]

προσέχωσεν καὶ μεῖζον τὸ ἄστυ ἐποίησεν καὶ τοῦ Ὀλυμπίου Διὸς τὸ ἱερὸν, καθ᾽ ἑαυτὸ ὂν ἐν νήσῳ, χώσας τὸν μεταξὺ τόπον, συνῆψε τῇ πόλει καὶ χρυσοῖς ἀναθήμασιν ἐκόσμησεν· ἀναβὰς δὲ εἰς τὸν Λίβανον ὑλοτόμησεν πρὸς τὴν τῶν ἱερῶν κατασκευήν. 114 Τὸν δὲ τυραννοῦντα Ἱεροσολύμων Σολόμωνα πέμψαι φασὶ πρὸς τὸν Εἴρωμον αἰνίγματα καὶ παρ᾽ αὐτοῦ λαβεῖν ἀξιοῦν, τὸν δὲ μὴ δυνηθέντα διακρῖναι τῷ λύσαντι χρήματα ἀποτίνειν· 115 ὁμολογήσαντα δὲ τὸν Εἴρωμον καὶ μὴ δυνηθέντα λῦσαι τὰ αἰνίγματα, πολλὰ τῶν χρημάτων εἰς τὸ ἐπιζήμιον ἀναλῶσαι. Εἶτα δι᾽ Ἀβδήμονα τινα Τύριον ἄνδρα τά τε προτεθέντα λῦσαι καὶ αὐτὸν ἄλλα προβαλεῖν, ἃ μὴ λύσαντα τὸν Σολόμωνα πολλὰ τῷ Εἰρώμῳ προσαποτῖσαι χρήματα.»

XVIII 116 Δῖος μὲν οὖν οὕτω περὶ τῶν προειρημένων ἡμῖν μεμαρτύρηκεν· ἀλλὰ πρὸς τούτῳ παραθήσομαι καὶ Μένανδρον τὸν Ἐφέσιον. Γέγραφεν δὲ οὗτος τὰς ἐφ᾽ ἑκάστου τῶν βασιλέων πράξεις τὰς παρὰ τοῖς Ἕλλησι καὶ βαρβάροις γενομένας, ἐκ τῶν παρ᾽ ἑκάστοις ἐπιχωρίων γραμμάτων σπουδάσας τὴν ἱστορίαν μαθεῖν. 117 Γράφων τοίνυν περὶ τῶν ἐν Τύρῳ βεβασιλευκότων, ἔπειτα γενόμενος κατὰ τὸν Εἴρωμον ταῦτά φησι· «τελευτήσαντος δὲ Ἀβιβάλου διεδέξατο τὴν βασιλείαν ὁ υἱὸς αὐτοῦ Εἴρωμος, ὃς βιώσας ἔτη πεντήκοντα τρία ἐβασίλευσεν ἔτη τριάκοντα τέσσαρα. 118 Οὗτος ἔχωσε τὸ Εὐρύχωρον τόν τε χρυσοῦν

---

86. C'est dans ces mots (cf. *infra* § 118) que Josèphe trouve (à tort) une allusion à la construction du temple de Jérusalem. [Th.R.]

87. Ce texte n'est pas d'accord avec ce qui suit, car l'amende est d'abord payée par celui qui ne résout pas les énigmes sans condition de réciprocité. [Th.R.]

la ville, agrandit celle-ci, y relia le temple de Zeus
Olympien, qui était isolé dans une île, en comblant
l'intervalle, et l'orna d'offrandes d'or ; il monta sur le
Liban, où il fit couper les bois pour la construction des
temples [86]. **114** Le tyran de Jérusalem, Salomon,
envoya, dit-on, à Hirôm des énigmes et demanda à en
recevoir de lui : celui qui ne pourrait deviner paierait
une somme à celui qui aurait trouvé la solution [87].
115 Hirôm y consentit et, n'ayant pu résoudre les
énigmes, dépensa, pour payer l'amende, une grande
partie de ses trésors. Puis, avec l'aide d'un certain
Tyrien nommé Abdémon, il résolut les questions
proposées et lui-même en proposa d'autres ; Salomon
ne les ayant pas résolues, restitua tout et paya en plus à
Hirôm une somme considérable. »

XVIII

Témoignage de Ménandre d'Éphèse

116 Ainsi Dios nous a apporté son témoignage au
sujet des assertions qui précèdent. Mais après lui je vais
citer encore Ménandre d'Éphèse. Cet auteur a raconté
pour chaque règne les événements accomplis tant chez
les Grecs que chez les Barbares et s'est efforcé de puiser
ses renseignements dans les chroniques nationales de
chaque peuple. **117** Donc parlant des rois de Tyr,
quand il arrive à Hirôm, il s'exprime ainsi [88] : « Après
la mort d'Abibal la succession de son trône échut à son
fils Hirôm, qui vécut cinquante-trois ans et en régna
trente-quatre. **118** Il combla l'Eurychore et dédia la

---

88. Le texte de Ménandre est également reproduit dans les *Antiquités*, VIII, 5, 3, § 144-146. Cet historien est appelé par Clément
d'Alexandrie et Tatien « Ménandre le Pergaménien ». Gutschmid
estime que son ouvrage ne concernait que l'histoire des villes de
Phénicie. Époque inconnue. [Th.R.]

κίονα τὸν ἐν τοῖς τοῦ Διὸς ἀνέθηκεν, ἐπί τε ὕλην ξύλων
ἀπελθὼν, ἔκοψεν ἀπὸ τοῦ λεγομένου Λιβάνου ὄρους
κέδρινα ξύλα εἰς τὰς τῶν ἱερῶν στέγας, καθελών τε τὰ
ἀρχαῖα ἱερὰ καινὰ ᾠκοδόμησεν, τό τε τοῦ Ἡρακλέους καὶ
τῆς Ἀστάρτης· 119 πρῶτός τε τοῦ Ἡρακλέους ἔγερσιν
ἐποιήσατο ἐν τῷ Περιτίῳ μηνί· τοῖς τε Ἰτυκαίοις ἐπε-
στρατεύσατο μὴ ἀποδιδοῦσι τοὺς φόρους, οὓς καὶ ὑποτάξας
ἑαυτῷ πάλιν ἀνέστρεψεν. 120 Ἐπὶ τούτου ἦν Ἀβδήμων παῖς
νεώτερος, ὃς ἀεὶ ἐνίκα τὰ προβλήματα, ἃ ἐπέταττε Σολομὼν
ὁ Ἱεροσολύμων βασιλεύς.» 121 Ψηφίζεται δὲ ὁ χρόνος ἀπὸ
τούτου τοῦ βασιλέως ἄχρι τῆς Καρχηδόνος κτίσεως οὕτως·
τελευτήσαντος Εἰρώμου διεδέξατο τὴν βασιλείαν
Βαλεάζαρος ὁ υἱός, ὃς βιώσας ἔτη τεσσαράκοντα τρία
ἐβασίλευσεν ἔτη δέκα ἑπτά. 122 Μετὰ τοῦτον Ἀβδάστρατος
ὁ αὐτοῦ υἱὸς βιώσας ἔτη εἰκοσιεννέα ἐβασίλευσεν ἔτη
ἐννέα. Τοῦτον οἱ τῆς τροφοῦ αὐτοῦ υἱοὶ τέσσαρες
ἐπιβουλεύσαντες ἀπώλεσαν, ὧν ὁ πρεσβύτατος ἐβασίλευσεν
Μεθουσάστρατος ὁ Λεαστράτου, ὃς βιώσας ἔτη πεντήκοντα
τέσσαρα ἐβασίλευσεν ἔτη δώδεκα. 123 Μετὰ τοῦτον ὁ
ἀδελφὸς αὐτοῦ Ἀσθάρυμος βιώσας ἔτη τέσσαρα καὶ
πεντήκοντα ἐβασίλευσεν ἔτη ἐννέα. Οὗτος ἀπώλετο ὑπὸ τοῦ

89. Ce réveil d'Héraclès paraît avoir été une fête phénicienne se
rattachant au mythe d'après lequel Héraclès, tué par Typhon, aurait
été ranimé au contact d'une caille que lui apporta Iolas (Eudoxe de
Cnide, *ap.* Athénée, IX, 392 D). — Abel (*Revue Biblique*, 1908, p. 577)
a rapproché de l'information de Ménandre le titre d'ἐγερσε(ίτης) [τοῦ]
Ἡρακλέου(ς) qui figure dans une inscription d'Amman-Philadelphie.
[Th.R.]

90. Le mois Péritios correspond à peu près à février. [Th.R.]
Février-mars dans le calendrier luni-solaire macédonien, en vigueur
jusqu'à la réforme du calendrier julien initiée par Jules César en 46.

colonne d'or qui est dans le temple de Zeus ; puis,
s'étant mis en quête de bois de construction, il fit
couper sur le mont qu'on nomme Liban des cèdres
pour les toits des temples, démolit les anciens temples
et en bâtit de nouveaux, ceux d'Héraclès et d'Astarté ;
119 le premier il célébra le Réveil d'Héraclès [89] au mois
de Péritios [90]. Il dirigea une expédition contre les habitants d'Utique (?), qui refusaient le tribut ; après les
avoir replacés sous sa domination, il revint chez lui.
120 Sous son règne vivait un certain Abdémon, garçon
encore jeune [91], qui résolvait toujours victorieusement
les questions posées par Salomon, roi de Jérusalem. »

121 On suppute le temps écoulé depuis ce roi jusqu'à
la fondation de Carthage de la manière suivante. Après
la mort d'Hirôm, la succession du trône revint à
Baléazar, son fils, qui vécut quarante-trois ans et en
régna (dix)-sept [92]. **122** Après lui Abdastratos, son fils,
vécut vingt-neuf ans et régna neuf ans. Les quatre fils
de sa nourrice conspirèrent contre lui et le firent périr.
L'aîné, nommé Méthousastratos, fils de Léastratos,
monta sur le trône : il vécut cinquante-quatre ans et en
régna douze. **123** Puis son frère Astharymos vécut
cinquante-huit ans et en régna neuf. Il fut tué par son
frère Phellès, qui s'empara du trône, gouverna huit

---

91. Trait qui manque à la relation de Dios (*supra*, § 115) et dont
l'intérêt a été remarqué par Cosquin, *Revue Biblique*, 1899, p. 67.
L'enfant prodige dont la sagacité assure la victoire d'un souverain
défié par un rival reparaît dans le Conte démotique de Siosiri, où,
grâce au héros âgé de douze ans, Ramsès II a le dessus sur le roi
d'Éthiopie (I. Lévy, *La Légende de Pythagore*, p. 194). Assez proche
d'Abdémon et de Siosiri est le jeune Daniel de l'histoire de la chaste
Suzanne (Daniel, XIII) qui à l'âge de douze ans d'après certaines
versions (cf. Baumgartner, *Archiv für Religionswissenschaft*, XXIV,
p. 273), confond l'imposture des deux vieillards. [Th.R.]

92. Le chiffre 17 (Théophile, etc.) doit être adopté de préférence
à 7 (Laurentianus) pour obtenir au § 126 le total exigé : de même au
§ 124 nous avons adopté pour Mettên 29 ans de règne (Théophile) au
lieu de 9 (Laur.). [Th.R.]

ἀδελφοῦ Φέλλητος, ὃς λαβὼν τὴν βασιλείαν ἦρξεν μῆνας ὀκτὼ βιώσας ἔτη πεντήκοντα. Τοῦτον ἀνεῖλεν Ἰθώβαλος ὁ τῆς Ἀστάρτης ἱερεύς, ὃς βιώσας ἔτη μη' ἐβασίλευσεν ἔτη λδ'. 124 Τοῦτον διεδέξατο Βαλέζωρος υἱός, ὃς βιώσας ἔτη τεσσαράκοντα πέντε ἐβασίλευσεν ἔτη ἕξ. Τούτου διάδοχος γέγονε Μέττηνος υἱός, ὃς βιώσας ἔτη τριάκοντα δύο ἐβασίλευσεν ἔτη κθ'. 125 Τούτου διάδοχος γέγονεν Πυγμαλίων, <ὃς> βιώσας ἔτη νϝ' ἐβασίλευσεν ἔτη μζ'· ἐν δὲ τῷ ἐπ᾽ αὐτοῦ ἑβδόμῳ ἔτει ἡ ἀδελφὴ αὐτοῦ φυγοῦσα ἐν τῇ Λιβύῃ πόλιν ᾠκοδόμησεν Καρχηδόνα. 126 Συνάγεται οὖν πᾶς ὁ χρόνος ἀπὸ τῆς Εἰρώμου βασιλείας μέχρι Καρχηδόνος κτίσεως ἔτη ρνε' μῆνες η'. Ἐπεὶ δὲ δωδεκάτῳ ἔτει τῆς αὐτοῦ βασιλείας ὁ ἐν Ἱεροσολύμοις ᾠκοδομήθη ναός, γέγονεν ἀπὸ τῆς οἰκοδομήσεως τοῦ ναοῦ μέχρι Καρχηδόνος κτίσεως ἔτη ρμγ' μῆνες η'. 127 Τῆς μὲν οὖν παρὰ Φοινίκων μαρτυρίας τί δεῖ προσθεῖναι πλέον; βλέπεται γὰρ τἀληθὲς ἰσχυρῶς ὡμολογημένον καὶ πολὺ δήπου προάγειν τῆς τοῦ νεὼ κατασκευῆς τὴν τῶν προγόνων ἡμῶν εἰς τὴν χώραν ἄφιξιν· ὅτε γὰρ αὐτὴν πᾶσαν πολέμῳ παρέλαβον, τότε τὸν νεὼν κατεσκεύασαν· Καὶ ταῦτα σαφῶς ἐκ τῶν ἱερῶν γραμμάτων ὑπ᾽ ἐμοῦ δεδήλωται διὰ τῆς ἀρχαιολογίας.

---

93. Josèphe a remarqué, dans les *Antiquités*, l'identité d'Ithobal avec Ethba'al, le père de Jézabel. [Th.R.]

94. Nous adoptons, comme Gutschmid et Naber, ce chiffre de préférence à celui de quarante-huit ans, qui a pour lui la majorité des témoins, mais est difficilement conciliable avec le contexte : Ithobal aurait été père de Balezoros à neuf ans, grand-prêtre, puis meurtrier de Phellès et roi à seize ans. [Th.R.]

mois et vécut cinquante ans. Celui-ci fut assassiné par Ithobal[93], prêtre d'Astarté, qui vécut soixante-huit ans[94] et régna trente-deux ans. **124** Il eut pour successeur son fils Balezoros qui vécut quarante-cinq ans et en régna six. À ce dernier succéda son fils Mettên qui vécut trente-deux ans et régna vingt-neuf ans ; **125** à Mettên Pygmalion, qui vécut cinquante-six ans et régna quarante-sept ans. Dans la septième année de son règne[95] sa sœur s'enfuit et fonda en Libye la ville de Carthage. **126** Ainsi tout le temps qui sépare l'avènement d'Hirôm de la fondation de Carthage fait un total de cent cinquante-cinq ans et huit mois, et comme c'est dans la douzième année du règne d'Hirôm que fut construit le temple de Jérusalem[96], depuis la construction du temple jusqu'à la fondation de Carthage cent quarante-trois ans et huit mois se sont écoulés.

127 Est-il besoin de multiplier ces témoignages venus des Phéniciens ? On voit que la vérité est solidement établie par le consentement des auteurs, et que certes la construction du temple est bien postérieure à l'arrivée de nos ancêtres dans le pays, car c'est seulement après l'avoir conquis tout entier qu'ils bâtirent le temple. Je l'ai clairement montré d'après les Livres sacrés dans mon *Archéologie*[97].

---

95. En 814, d'après la date la plus communément admise. [Th.R.]

96. Ailleurs (*AJ*, VIII, 3, 1, § 62) Josèphe dit que la construction commença l'an onze d'Hirôm, an 240 de Tyr. Gutschmid suppose que cette date était donnée dans les chroniques tyriennes pour la construction du temple d'Héraclès et que Josèphe l'a transportée arbitrairement à celle du temple de Jérusalem. [Th.R.]

97. Cf. *AJ*, VIII, 3, 1 suiv. [Th.R.]

XIX 128 Λέξω δὲ νῦν ἤδη τὰ παρὰ Χαλδαίοις ἀναγεγραμμένα καὶ ἱστορούμενα περὶ ἡμῶν, ἅπερ ἔχει πολλὴν
ὁμολογίαν καὶ περὶ τῶν ἄλλων τοῖς ἡμετέροις γράμμασι.
129 Μάρτυς δὲ τούτων Βηρῶσος, ἀνὴρ Χαλδαῖος μὲν τὸ
γένος, γνώριμος δὲ <πᾶσι> τοῖς περὶ παιδείαν
ἀναστρεφομένοις, ἐπειδὴ περί τε ἀστρονομίας καὶ περὶ τῶν
παρὰ Χαλδαίοις φιλοσοφουμένων αὐτὸς εἰς τοὺς Ἕλληνας
ἐξήνεγκε τὰς συγγραφάς. 130 Οὗτος τοίνυν ὁ Βηρῶσος,
ταῖς ἀρχαιοτάταις ἐπακολουθῶν ἀναγραφαῖς, περί τε τοῦ
γενομένου κατακλυσμοῦ καὶ τῆς ἐν αὐτῷ φθορᾶς τῶν
ἀνθρώπων, καθάπερ Μωυσῆς οὕτως ἱστόρηκεν, καὶ περὶ
τῆς λάρνακος, ἐν ᾗ Νῶχος ὁ τοῦ γένους ἡμῶν ἀρχηγὸς
διεσώθη, προσενεχθείσης αὐτῆς ταῖς ἀκρωρείαις τῶν
Ἀρμενίων ὀρῶν. 131 Εἶτα, τοὺς ἀπὸ Νώχου καταλέγων καὶ
τοὺς χρόνους αὐτῶν προστιθείς, ἐπὶ Ναβοπαλάσσαρον
παραγίνεται τὸν Βαβυλωνίων καὶ Χαλδαίων βασιλέα·
132 καὶ τὰς τούτου πράξεις ἀφηγούμενος, λέγει τίνα τρόπον
πέμψας ἐπὶ τὴν Αἴγυπτον καὶ ἐπὶ τὴν ἡμετέραν γῆν τὸν υἱὸν
τὸν ἑαυτοῦ Ναβοκοδρόσορον μετὰ πολλῆς δυνάμεως,
ἐπειδήπερ ἀφεστῶτας αὐτοὺς ἐπύθετο, πάντων ἐκράτησεν,
καὶ τὸν ναὸν ἐνέπρησε τὸν ἐν Ἱεροσολύμοις, ὅλως τε πάντα
τύν παρ' ἡμῶν λαὸν ἀναστήσας εἰς Βαβυλῶνα μετῴκισεν·
συνέβη δὲ καὶ τὴν πόλιν ἐρημωθῆναι χρόνον ἐτῶν

---

98. Auteur d'un ouvrage sans doute intitulé *Babyloniaca*, dédié
à Antiochos Sôter et qui avait été publié, suivant Lehmann-Haupt,
en 275. [Th.R.]

99. Le texte de Bérose est cité littéralement en *AJ*, I, 3, 6, § 93.
À la suite de Gutschmid et Ed. Schwartz, P. Schnabel, *Berossos*,
p. 166, pense que Josèphe n'a connu ce passage de Bérose qu'à travers
Alexandre Polyhistor (auquel Eusèbe emprunte le récit du déluge).
Nous rappelons que Bérose parlait non de Noé, mais de Xisuthros ;
l'identification est du fait de Josèphe. [Th.R.]

XIX

Les Chaldéens parlent aussi des Juifs. Témoignage de Bérose

128 Je vais maintenant parler des faits consignés et racontés à notre sujet dans les annales chaldéennes ; ils sont, même sur les autres points, tout à fait conformes à notre Écriture. **129** Ils sont attestés par Bérose[98], Chaldéen de naissance, connu pourtant de tous ceux qui s'occupent d'érudition, car lui-même a introduit chez les Grecs les ouvrages des Chaldéens sur l'astronomie et la philosophie. **130** Ce Bérose donc, se conformant aux plus anciennes annales, raconte comme Moïse le déluge et l'anéantissement des hommes dans cette catastrophe et il parle de l'arche dans laquelle Noé, le père de notre race, fut sauvé quand elle fut portée sur les cimes des montagnes d'Arménie[99]. **131** Puis il énumère les descendants de Noé, dont il donne aussi les époques, et arrive à Nabopalassar, roi de Babylone et de Chaldée. **132** Dans le récit détaillé de ses actions, il dit de quelle façon ce roi envoya contre l'Égypte et notre pays son fils Nabocodrosor avec une nombreuse armée, quand il apprit la révolte de ces peuples, les vainquit tous, brûla le temple de Jérusalem, emmena toute notre nation et la transporta à Babylone[100]. Il arriva que la ville resta dépeuplée durant

---

100. Josèphe a par étourderie placé ici sous le règne de Nabopalassar la destruction du temple, qui n'eut lieu que sous celui de son fils. Au reste, il résulte du texte même reproduit plus loin que Bérose n'a pas fait mention de cet événement. [Th.R.]

ἑβδομήκοντα μέχρι Κύρου τοῦ <πρώτου> Περσῶν βασιλέως. 133 Κρατῆσαι δέ φησι τὸν Βαβυλώνιον Αἰγύπτου Συρίας Φοινίκης Ἀραβίας, πάντας δὴ ὑπερβαλόμενον ταῖς πράξεσι τοὺς πρὸ αὐτοῦ Χαλδαίων καὶ Βαβυλωνίων βεβασιλευκότας. 134 [Εἶθ᾽ ἑξῆς ὑποκαταβὰς ὀλίγον ὁ Βηρῶσος πάλιν παρατίθεται ἐν τῇ τῆς ἀρχαιότητος ἱστοριογραφίᾳ.] Αὐτὰ δὲ παραθήσομαι τὰ τοῦ Βηρώσου τοῦτον ἔχοντα τὸν τρόπον· 135 « ἀκούσας δ᾽ ὁ πατὴρ αὐτοῦ Ναβοπαλάσαρος, ὅτι ὁ τεταγμένος σατράπης ἔν τε Αἰγύπτῳ καὶ τοῖς περὶ τὴν Συρίαν τὴν κοίλην καὶ τὴν Φοινίκην τόποις ἀποστάτης γέγονεν, οὐ δυνάμενος αὐτὸς ἔτι κακοπαθεῖν, συστήσας τῷ υἱῷ Ναβοκοδροσόρῳ ὄντι [ἔτι] ἐν ἡλικίᾳ μέρη τινὰ τῆς δυνάμεως ἐξέπεμψεν ἐπ᾽ αὐτόν. 136 Συμμίξας δὲ Ναβοκοδρόσορος τῷ ἀποστάτῃ καὶ παραταξάμενος, αὐτοῦ τ᾽ ἐκράτησε καὶ τὴν χώραν ἐξ ἀρχῆς ὑπὸ τὴν αὐτῶν βασιλείαν ἐποιήσατο. Τῷ τε πατρὶ αὐτοῦ συνέβη Ναβοπαλασάρῳ κατὰ τοῦτον τὸν καιρὸν ἀρρωστήσαντι ἐν τῇ Βαβυλωνίων πόλει μεταλλάξαι τὸν βίον ἔτη βεβασιλευκότι εἴκοσι ἕν. 137 Αἰσθόμενος δὲ μετ᾽ οὐ πολὺ τὴν τοῦ πατρὸς τελευτὴν Ναβοκοδρόσορος, καταστήσας τὰ κατὰ τὴν Αἴγυπτον πράγματα καὶ τὴν λοιπὴν χώραν, καὶ τοὺς

101. Durée que Josèphe assigne régulièrement à la captivité de Babylone (*AJ*, X, 9, 7 § 184 ; XI § 1 ; XX, 10, 2 § 233). Le chiffre, trop élevé de plus de vingt ans pour l'intervalle qui sépare la déportation sous Nabuchodonosor et le retour sous Cyrus, est emprunté à la chronologie factice de II Chroniques, XXXVI, 21, elle-même basée sur Jérémie, XXV, II et XXIX, 10. Josèphe, dont l'impéritie en matière de chronographie est extrême (cf. I. Lévy, *Revue des Études Juives*, 1906, I, p. 169) n'a pas remarqué (v. § 154) que ce chiffre est inconciliable avec celui qui résulte des données de Bérose. [Th.R.]

102. Le jugement sur Nabuchodonosor, roi qui éclipsa ses devanciers, se retrouve en *AJ*, X, 219. Josèphe l'a emprunté avec tout le § 133 à la source qui lui a fourni l'extrait de Bérose. [Th.R.]

103. Il s'agit du roi d'Égypte, Néchao. L'historiographie chaldéenne officielle le désignait comme un « satrape rebelle ». [Th.R.]

104. Sans doute la bataille de Karkemisch, sur l'Euphrate, où Nabuchodonosor battit Néchao en l'an 4 de Iehoiakim de Judée (Jérémie, XLVI, 2). [Th.R.]

soixante-dix ans [101] jusqu'au temps de Cyrus, premier roi de Perse. **133** Le Babylonien, dit l'auteur, soumit l'Égypte, la Syrie, la Phénicie, l'Arabie, surpassant par ses exploits tous les rois de Chaldée et de Babylone, ses prédécesseurs [102]. **134** Je citerai les propres paroles de Bérose qui s'exprime ainsi : **135** « Son père Nabopalassar, apprenant la défection du satrape chargé de gouverner l'Égypte, la Cœlé-Syrie et la Phénicie [103], comme il ne pouvait plus lui-même supporter les fatigues, mit à la tête d'une partie de son armée son fils Nabocodrosor, qui était dans la fleur de l'âge, et l'envoya contre le rebelle. **136** Nabocodrosor en vint aux mains avec celui-ci, le vainquit dans une bataille rangée [104] et replaça le pays sous leur domination. Il advint que son père Nabopalassar pendant ce temps tomba malade à Babylone et mourut après un règne de vingt et un ans. **137** Informé bientôt de la mort de son père, Nabocodrosor régla les affaires de l'Égypte et des autres pays ; les prisonniers faits sur les Juifs [105], les Phéniciens, les Syriens et les peuples de la région égyptienne [106] furent conduits, sur son ordre, à Babylone

---

105. Il est surprenant que les Juifs soient nommés en tête, alors que la Judée n'a pas été mentionnée dans le résumé du § 133 et ne paraît pas avoir été touchée par la campagne de 605. Après Hugo Winckler, Julius Lewy a conjecturé (*Mitteil. vorderas. — aeg. Gesellsch.*, t. 29, 2, p. 35, n. 3) que Ἰουδαίων τε καί est une addition de Josèphe. Cette hypothèse est inacceptable : 1° Josèphe n'a jamais, à notre connaissance, falsifié de son chef un témoignage ; 2° dans le récit des *Antiquités* sur la campagne contre Néchao (X, 6, § 86), il note expressément qu'après la bataille de Karkhamissa Nabuchodonosor occupa la Syrie jusqu'à Péluse *à l'exception de la Judée* ; 3° les mots suspectés figurent dans l'extrait de Polyhistor préservé par l'Eusèbe arménien. Josèphe est donc hors de cause ; mais on peut se demander si Polyhistor n'a pas été interpolé par un Juif surpris de ne pas trouver trace des déportations de Nabuchodonosor, et si la fin du § 138 n'est pas de la même main que Ἰουδαίων τε καί. [Th.R.]

106. Voir la note à l'Appendice. [Th.R.]

αἰχμαλώτους Ἰουδαίων τε καὶ Φοινίκων καὶ Σύρων καὶ τῶν
κατὰ τὴν Αἴγυπτον ἐθνῶν συντάξας τισὶ τῶν φίλων μετὰ
τῆς βαρυτάτης δυνάμεως καὶ τῆς λοιπῆς ὠφελείας
ἀνακομίζειν εἰς τὴν Βαβυλωνίαν, αὐτὸς ὁρμήσας ὀλιγοστὸς
παρεγένετο διὰ τῆς ἐρήμου εἰς Βαβυλῶνα. 138 Καταλαβὼν
δὲ τὰ πράγματα διοικούμενα ὑπὸ Χαλδαίων καὶ διατη-
ρουμένην τὴν βασιλείαν ὑπὸ τοῦ βελτίστου αὐτῶν,
κυριεύσας ὁλοκλήρου τῆς πατρικῆς ἀρχῆς, τοῖς μὲν
αἰχμαλώτοις παραγενομένοις συνέταξεν κατοικίας ἐν τοῖς
ἐπιτηδειοτάτοις τῆς Βαβυλωνίας τόποις ἀποδεῖξαι·
139 αὐτὸς δὲ ἀπὸ τῶν ἐκ τοῦ πολέμου λαφύρων τό τε Βήλου
ἱερὸν καὶ τὰ λοιπὰ κοσμήσας φιλοτίμως, τήν τε ὑπάρχουσαν
ἐξ ἀρχῆς πόλιν <ἀνακαινίσας> καὶ ἑτέραν ἔξωθεν † προσχα-
ρισάμενος [καὶ ἀναγκάσας] πρὸς τὸ μηκέτι δύνασθαι τοὺς
πολιορκοῦντας τὸν ποταμὸν ἀποστρέφοντας † ἐπὶ τὴν πόλιν
κατασκευάζειν †, περιεβάλετο τρεῖς μὲν τῆς ἔνδον πόλεως
περιβόλους, τρεῖς δὲ τῆς ἔξω, τούτων δὲ τοὺς μὲν ἐξ ὀπτῆς
πλίνθου καὶ ἀσφάλτου, τοὺς δὲ ἐξ αὐτῆς τῆς πλίνθου.
140 Καὶ τειχίσας ἀξιολόγως τὴν πόλιν καὶ τοὺς πυλῶνας
κοσμήσας ἱεροπρεπῶς, προσκατεσκεύασεν τοῖς πατρικοῖς
βασιλείοις ἕτερα βασίλεια ἐχόμενα ἐκείνων, ὧν τἀνάστημα
καὶ τὴν λοιπὴν πολυτέλειαν μακρὸν ἴσως ἔσται ἐάν τις
ἐξηγῆται, πλὴν ὡς ὄντα γε ὑπερβολὴν [ὡς] μεγάλα καὶ
ὑπερήφανα συνετελέσθη ἡμέραις δεκαπέντε. 141 Ἐν δὲ τοῖς
βασιλείοις τούτοις ἀναλήμματα λίθινα ὑψηλὰ ἀνοικο-
δομήσας καὶ τὴν ὄψιν ἀποδοὺς ὁμοιοτάτην τοῖς ὄρεσι,
καταφυτεύσας <δὲ> δένδρεσι παντοδαποῖς, ἐξειργάσατο
καὶ κατεσκεύασε τὸν καλούμενον κρεμαστὸν παράδεισον,

107. En pointant le traitement privilégié accordé aux captifs,
Josèphe réduit la notion de bannissement et d'exil à un simple déplacement. Les traductions actuelles utilisent le terme « colonie » et non
« terre» *(katoikia, apoikia)*, comme en II, 38.

par quelques-uns de ses amis avec les troupes les plus pesamment armées et le reste du butin ; lui-même partit avec une faible escorte et parvint à travers le désert à Babylone. **138** Trouvant les affaires administrées par les Chaldéens et le trône gardé par le plus noble d'entre eux, maître de l'empire paternel tout entier, il ordonna d'assigner aux captifs, une fois arrivés, des terres dans les endroits les plus fertiles de la Babylonie [107]. **139** Lui-même avec le butin de guerre orna magnifiquement le temple de Bel et les autres, restaura l'ancienne ville, en construisit une autre hors des murs, et, afin que des assiégeants ne pussent plus détourner le cours du fleuve et s'en faire une arme contre elle, il éleva trois remparts autour de la ville intérieure et trois autour de la ville extérieure, les premiers en brique cuite et en asphalte, les autres en brique simple. **140** Après avoir fortifié la ville d'une façon remarquable et décoré les portes d'une façon digne de leur sainteté, il construisit auprès du palais de son père un second palais attenant au premier. Il serait trop long de décrire en détail sa hauteur et les autres marques de sa magnificence. **141** Je dirai seulement que, grand et somptueux à l'excès, il fut achevé en quinze jours [108]. Dans cette résidence royale il fit élever de hautes terrasses de pierre, leur donna tout à fait l'aspect des collines, puis, en y plantant des arbres de toute espèce, il exécuta et disposa ce qu'on appelle le parc suspendu [109], parce

---

108. L'exactitude des informations de Bérose sur les grands travaux de Nabuchodonosor a été confirmée par les fouilles (cf. Koldewey, *Das wiederersteende Babylon*) et par les textes épigraphiques. En particulier, l'histoire de la construction du palais en quinze jours, qui a l'air de sortir d'un conte de fées, est textuellement traduite d'une inscription du roi (Langdon, *Neubabyl. Königsinschriften*, p. 139). [Th.R.]

109. Les jardins suspendus de Babylone font partie des sept merveilles du monde décrites par Strabon (*Géographie*, 16, 1, 5) ; Josèphe fait donc appel à des références familières aux Romains pour appuyer sa démonstration.

διὰ τὸ τὴν γυναῖκα αὐτοῦ ἐπιθυμεῖν τῆς ὀρείας διαθέσεως, τεθραμμένην ἐν τοῖς κατὰ τὴν Μηδίαν τόποις.»

XX 142 Ταῦτα μὲν οὕτως ἱστόρηκεν περὶ τοῦ προειρημένου βασιλέως καὶ πολλὰ πρὸς τούτοις ἐν τῇ τρίτῃ βίβλῳ τῶν Χαλδαϊκῶν, ἐν ᾗ μέμφεται τοῖς Ἑλληνικοῖς συγγραφεῦσιν ὡς μάτην οἰομένοις ὑπὸ Σεμιράμεως τῆς Ἀσσυρίας κτισθῆναι τὴν Βαβυλῶνα καὶ τὰ θαυμάσια κατασκευασθῆναι περὶ αὐτὴν ὑπ' ἐκείνης ἔργα ψευδῶς γεγραφόσι. 143 Καὶ κατὰ ταῦτα τὴν μὲν τῶν Χαλδαίων ἀναγραφὴν ἀξιόπιστον ἡγητέον· οὐ μὴν ἀλλὰ κἀν τοῖς ἀρχείοις τῶν Φοινίκων σύμφωνα τοῖς ὑπὸ Βηρώσου λεγομένοις ἀναγέγραπται περὶ τοῦ τῶν Βαβυλωνίων βασιλέως, ὅτι καὶ τὴν Συρίαν καὶ τὴν Φοινίκην ἅπασαν ἐκεῖνος κατεστρέψατο. 144 Περὶ τούτων γοῦν συμφωνεῖ καὶ Φιλόστρατος ἐν ταῖς ἱστορίαις μεμνημένος τῆς Τύρου πολιορκίας καὶ Μεγασθένης ἐν τῇ τετάρτῃ τῶν Ἰνδικῶν, δι' ἧς ἀποφαίνειν πειρᾶται τὸν προειρημένον βασιλέα τῶν Βαβυλωνίων Ἡρακλέους ἀνδρείᾳ καὶ μεγέθει πράξεων διενηνοχέναι· καταστρέψασθαι γὰρ αὐτόν φησι καὶ Λιβύης τὴν πολλὴν καὶ Ἰβηρίας. 145 Τὰ δὲ περὶ τοῦ ναοῦ προειρημένα τοῦ ἐν Ἱεροσολύμοις, ὅτι κατεπρήσθη μὲν ὑπὸ τῶν Βαβυλωνίων ἐπιστρατευσάντων, ἤρξατο δὲ πάλιν ἀνοικο-

---

110. Nabuchodonosor avait épousé, d'après un texte de Bérose conservé par l'Eusèbe arménien et le Syncelle, la princesse Amytis, fille d'Astyage. [Th.R.]

111. Ctésias, Deinon, Clitarque, etc., que suivront encore Strabon, Diodore, Quinte-Curce, etc. [Th.R.]

112. La citation de Philostrate est donnée avec plus de précision dans les *Antiquités*, X, 11, 1, § 228. Ici l'allusion au siège de Tyr (dont il ne sera question que plus loin, § 156) reste peu intelligible pour le lecteur. [Th.R.]

que sa femme [110], élevée dans le pays mède, avait le goût des sites montagneux. »

XX

Autre récit de Bérose

142 Voilà ce que Bérose a raconté sur ce roi et bien d'autres choses encore dans le IIIe livre de son *Histoire de Chaldée*, où il reproche aux écrivains grecs [111] de croire faussement que Sémiramis l'Assyrienne fut la fondatrice de Babylone et de s'être trompés en écrivant que ces ouvrages merveilleux y furent construits par elle. **143** Quant à ces faits les annales chaldéennes doivent être considérées comme dignes de foi, d'autant que les archives des Phéniciens s'accordent aussi avec le récit de Bérose sur le roi de Babylone, attestant qu'il soumit la Syrie et toute la Phénicie. **144** Là-dessus du moins Philostrate tombe d'accord dans ses *Histoires*, quand il raconte le siège de Tyr [112], et Mégasthène dans le IVe livre de l'*Histoire de l'Inde* [113], où il essaie de montrer que le roi de Babylone mentionné plus haut surpassa Héraclès par son courage et la grandeur de ses exploits, car, dit-il, il soumit la plus grande partie de la Libye et de l'Ibérie [114]. **145** Quant aux détails qui précèdent [115] sur le temple de Jérusalem, son incendie par les Babyloniens envahisseurs, l'époque où l'on

---

113. C. Müller et Gutschmid lisent IIe au lieu de IVe : l'ouvrage de Mégasthène n'avait probablement que trois livres. [Th.R.]

114. Même citation dans les *Antiquités*, X, 11, 1, § 227. Schnabel, à la suite de Gutschmid, estime que Josèphe n'a connu ce texte de Mégasthène qu'à travers Alexandre Polyhistor auquel l'emprunte également Abydénos (*ap.* Eusèbe, *Praep. ev.*, IX, 41). [Th.R.]

115. Plus haut, § 132. Mais la citation qui va suivre ne prouve rien de ce qu'avance Josèphe. [Th.R.]

δομεῖσθαι Κύρου τῆς Ἀσίας τὴν βασιλείαν παρειληφότος, ἐκ
τῶν Βηρώσου σαφῶς ἐπιδειχθήσεται παρατεθέντων· λέγει
γὰρ οὕτως διὰ τῆς τρίτης· 146 « Ναβοκοδρόσορος μὲν οὖν
μετὰ τὸ ἄρξασθαι τοῦ προειρημένου τείχους ἐμπεσὼν εἰς
ἀρρωστίαν, μετήλλαξε τὸν βίον βεβασιλευκὼς ἔτη
τεσσαράκοντα τρία, τῆς δὲ βασιλείας κύριος ἐγένετο ὁ υἱὸς
αὐτοῦ Εὐειλμαράδουχος. 147 Οὗτος προστὰς τῶν
πραγμάτων ἀνόμως καὶ ἀσελγῶς, ἐπιβουλευθεὶς ὑπὸ τοῦ τὴν
ἀδελφὴν ἔχοντος αὐτοῦ Νηριγλισάρου ἀνηρέθη βασιλεύσας
ἔτη δύο. Μετὰ δὲ τὸ ἀναιρεθῆναι τοῦτον διαδεξάμενος τὴν
ἀρχὴν ὁ ἐπιβουλεύσας αὐτῷ Νηριγλίσαρος ἐβασίλευσεν ἔτη
τέσσαρα. 148 Τούτου υἱὸς Λαβοροσοάρδοχος ἐκυρίευσε μὲν
τῆς βασιλείας παῖς ὢν μῆνας θ', ἐπιβουλευθεὶς δὲ διὰ τὸ
πολλὰ ἐμφαίνειν κακοήθη ὑπὸ τῶν φίλων ἀπετυμπανίσθη.
149 Ἀπολομένου δὲ τούτου συνελθόντες οἱ ἐπιβουλεύσαντες
αὐτῷ κοινῇ τὴν βασιλείαν περιέθηκαν Ναβοννήδῳ τινὶ τῶν
ἐκ Βαβυλῶνος ὄντι ἐκ τῆς αὐτῆς ἐπισυστάσεως. Ἐπὶ τούτου
τὰ περὶ τὸν ποταμὸν τείχη τῆς Βαβυλωνίων πόλεως ἐξ ὀπτῆς
πλίνθου καὶ ἀσφάλτου κατεκοσμήθη. 150 Οὔσης δὲ τῆς
βασιλείας αὐτοῦ ἐν τῷ ἑπτακαιδεκάτῳ ἔτει, προεξεληλυθὼς
Κῦρος ἐκ τῆς Περσίδος μετὰ δυνάμεως πολλῆς καὶ κατα-
στρεψάμενος τὴν λοιπὴν Ἀσίαν πᾶσαν ὥρμησεν ἐπὶ τῆς
Βαβυλωνίας. 151 Αἰσθόμενος δὲ Ναβόννηδος τὴν ἔφοδον
αὐτοῦ, ἀπαντήσας μετὰ τῆς δυνάμεως καὶ παραταξάμενος,
ἡττηθεὶς τῇ μάχῃ καὶ φυγὼν ὀλιγοστὸς συνεκλείσθη εἰς τὴν
Βορσιππηνῶν πόλιν. 152 Κῦρος δὲ Βαβυλῶνα κατα-
λαβόμενος καὶ συντάξας τὰ ἔξω τῆς πόλεως τείχη
κατασκάψαι, διὰ τὸ λίαν αὐτῷ πραγματικὴν καὶ δυσάλωτον
φανῆναι τὴν πόλιν, ἀνέζευξεν ἐπὶ Βορσίππων ἐκπο-
λιορκήσων τὸν Ναβόννηδον. 153 Τοῦ δὲ Ναβοννήδου οὐχ
ὑπομείναντος τὴν πολιορκίαν, ἀλλ᾽ ἐγχειρίσαντος αὑτὸν
πρότερον, χρησάμενος Κῦρος φιλανθρώπως αὐτῷ καὶ δοὺς
οἰκητήριον Καρμανίαν, ἐξέπεμψεν <αὐτὸν> ἐκ τῆς
Βαβυλωνίας. Ναβόννηδος μὲν οὖν τὸ λοιπὸν τοῦ χρόνου
διαγενόμενος ἐν ἐκείνῃ τῇ χώρᾳ κατέστρεψε τὸν βίον. »

---

116. Probablement le « mur de Médie » mentionné par Xénophon et Strabon (Gutschmid). [Th.R.]

commença à le rebâtir, après que Cyrus eut pris le sceptre de l'Asie, ils seront clairement prouvés par le récit de Bérose, mis sous les yeux du lecteur. **146** Il dit, en effet, dans le IIIe livre : « Nabocodrosor, après avoir commencé la muraille dont j'ai parlé [116], tomba malade et mourut ayant régné quarante-trois ans, et le pouvoir royal revint à son fils Evilmaradouch. **147** Ce prince, dont le gouvernement fut arbitraire et violent, victime d'un complot de Nériglisar, son beau-frère, fut assassiné après deux ans de règne. Lui supprimé, Nériglisar, son meurtrier, hérita du pouvoir et régna quatre ans. **148** Son fils Laborosoardoch, un enfant, détint la puissance royale neuf mois ; mais un complot fut ourdi contre lui parce qu'il montrait une grande méchanceté, et il périt sous le bâton par la main de ses familiers. **149** Après sa mort ses meurtriers se concertèrent et s'accordèrent à donner le trône à Nabonnède, un Babylonien qui avait fait partie de la même conjuration. Sous son règne les murs de Babylone qui avoisinent le fleuve furent restaurés en brique cuite et en asphalte. **150** Il régnait depuis dix-sept ans quand Cyrus partit de Perse avec une armée nombreuse, soumit tout le reste de l'Asie, puis s'élança sur la Babylonie. **151** À la nouvelle de sa marche, Nabonnède s'avança à sa rencontre avec son armée et lui livra bataille ; il fut défait, s'enfuit avec une faible escorte et s'enferma dans la ville de Borsippa. **152** Cyrus prit Babylone, fit abattre les murs extérieurs de la ville, parce qu'elle lui paraissait trop forte et difficile à prendre, et leva le camp pour aller à Borsippa assiéger Nabonnède. **153** Comme celui-ci, sans attendre l'investissement, s'était d'abord rendu, Cyrus le traita humainement, lui donna comme résidence la Carmanie et lui fit quitter la Babylonie. Nabonnède demeura en Carmanie le reste de sa vie et y mourut. »

XXI 154 Ταῦτα σύμφωνον ἔχει ταῖς ἡμετέραις βίβλοις τὴν ἀλήθειαν· γέγραπται γὰρ ἐν αὐταῖς, ὅτι Ναβουχοδονόσορος ὀκτωκαιδεκάτῳ τῆς αὐτοῦ βασιλείας ἔτει τὸν παρ᾽ ἡμῖν ναὸν ἠρήμωσεν καὶ ἦν ἀφανὴς ἐπ᾽ ἔτη πεντήκοντα, δευτέρῳ δὲ τῆς Κύρου βασιλείας ἔτει τῶν θεμελίων ὑποβληθέντων δευτέρῳ πάλιν τῆς Δαρείου βασιλείας ἀπετελέσθη. 155 Προσθήσω δὲ καὶ τὰς τῶν Φοινίκων ἀναγραφάς· οὐ γὰρ παραλειπτέον τῶν ἀποδείξεων τὴν περιουσίαν· ἔστι δὲ τοιαύτη τῶν χρόνων ἡ καταρίθμησις. 156 Ἐπ᾽ Ἰθωβάλου τοῦ βασιλέως ἐπολιόρκησε Ναβουχοδονόσορος τὴν Τύρον ἐπ᾽ ἔτη δεκατρία. Μετὰ τοῦτον ἐβασίλευσε Βαὰλ ἔτη δέκα. 157 Μετὰ τοῦτον δικασταὶ κατεστάθησαν, καὶ ἐδίκασαν Ἐκνίβαλος Βασλήχου μῆνας β', Χέλβης Ἀβδαίου μῆνας ι', Ἄββαρος ἀρχιερεὺς μῆνας γ', Μύττυνος καὶ Γεράστρατος τοῦ Ἀβδηλίμου δικασταὶ ἔτη ς', ὧν μεταξὺ ἐβασίλευσε Βαλάτορος ἐνιαυτὸν ἕνα. 158 Τούτου τελευτήσαντος ἀποστείλαντες μετεπέμψαντο Μέρβαλον ἐκ τῆς Βαβυλῶνος, καὶ ἐβασίλευσεν ἔτη δ'. Τούτου τελευτήσαντος μετεπέμψαντο τὸν ἀδελφὸν αὐτοῦ Εἴρωμον, ὃς ἐβασίλευσεν ἔτη εἴκοσιν· ἐπὶ τούτου Κῦρος Περσῶν ἐδυνάστευσεν. 159 Οὐκοῦν ὁ σύμπας χρόνος ἔτη νδ' καὶ τρεῖς μῆνας πρὸς αὐτοῖς· ἑβδόμῳ μὲν γὰρ <ἐπὶ ι'> ἔτει τῆς Ναβουχοδονοσόρου βασιλείας ἤρξατο

---

117. Jérémie, LII, 29. Ailleurs (Jérémie, ibid., 12 ; II Rois, XXV, 8) on trouve indiquée la 19ᵉ année. [Th.R.]

118. Ce chiffre de 50 ans, qu'Eusèbe lisait dans Josèphe (le Laurentianus donne ἑπτά, sept), ne figure nulle part dans la Bible qui, comme on l'a vu (note à § 132), parle de 70 ans ; il résulte des données de Bérose (§ 147-149 : 43 − 18 + 2 + 4 + 0,9 + 17) combinées avec la notion de la 2ᵉ année de Cyrus qui provient d'Esdras, III, 8. Plus loin, la 2ᵉ année de Darius est tirée de Zacharie, 1, 12 et d'Esdras, IV, 24 (en réalité, cette année marque la reprise des travaux du Temple, et non leur achèvement, qui eut lieu quatre ans plus tard, Esdras, VI, 15). [Th.R.]

XXI

*Il s'accorde avec les Livres juifs et les Annales
phéniciennes*

154 Ce récit s'accorde avec nos livres et contient la
vérité. En effet, il y est écrit que Nabuchodonosor, dans
la dix-huitième année de son règne [117], dévasta notre
temple et le fit disparaître pour cinquante ans [118] ; que,
la deuxième année du règne de Cyrus, ses nouveaux
fondements furent jetés et que, la deuxième année aussi
du règne de Darius, il fut achevé. **155** J'ajouterai encore
les annales des Phéniciens ; il ne faut point omettre des
preuves même surabondantes. **156** Voici le dénombre-
ment des années [119]. Sous le roi Ithobal, Nabuchodonosor assiégea Tyr pendant treize ans [120]. Puis Baal
régna dix ans. **157** Après lui on institua des juges, qui
occupèrent leurs fonctions, Eknibal, fils de Baslekh,
pendant deux mois ; Chelbès, fils d'Abdée, dix mois ; le
grand-prêtre Abbar trois mois ; les juges Myttynos et
Gérastrate, fils d'Abdélime, six ans, après
lesquels [121]Balator régna une année. **158** Ce roi mort,
on envoya chercher Merbal à Babylone et il occupa le
trône quatre ans. Après lui on manda son frère Hirôm,
qui régna vingt ans. C'est sous son règne que Cyrus
exerça le pouvoir en Perse. **159** Ainsi le total du temps
écoulé donne cinquante-quatre ans plus trois mois [122].
En effet, c'est la (dix)-septième année de son règne que

---

119. La citation qui suit est probablement empruntée à
Ménandre d'Éphèse. [Th.R.]

120. Même chiffre dans *AJ*, X, 228, d'après Philostrate. [Th.R.]

121. ὧν μεταξὺ signifierait en bon grec « dans l'intervalle
desquels », mais cela est peu intelligible. C'est ce qui a conduit
Gutschmid à admettre le sens (hellénistique) de « après » ; cependant
Josèphe lui-même semble n'avoir pas compté à part l'année de
Balator. [Th.R.]

122. Voir la note à l'Appendice. [Th.R.]

πολιορκεῖν Τύρον, τεσσαρεσκαιδεκάτῳ δ᾽ ἔτει τῆς Εἰρώμου Κῦρος ὁ Πέρσης τὸ κράτος παρέλαβεν. 160 Καὶ σύμφωνα μὲν <ἐστὶ> περὶ τοῦ ναοῦ τοῖς ἡμετέροις γράμμασι τὰ Χαλδαίων καὶ Τυρίων, ὡμολογημένη δὲ καὶ ἀναντίρρητος ἡ παρὰ τῶν εἰρημένων μοι μαρτυρία τῆς τοῦ γένους ἡμῶν ἀρχαιότητος.

XXII 161 Τοῖς μὲν οὖν μὴ σφόδρα φιλονείκοις ἀρκέσειν ὑπολαμβάνω τὰ προειρημένα· δεῖ δ᾽ ἄρα καὶ τῶν ἀπιστούντων μὲν τοῖς <ἐν ταῖς> βαρβάροις ἀναγραφαῖς, μόνοις δὲ τοῖς Ἕλλησι πιστεύειν ἀξιούντων, ἀποπληρῶσαι τὴν ἐπιζήτησιν καὶ παρασχεῖν πολλοὺς καὶ τούτων ἐπισταμένους τὸ ἔθνος ἡμῶν καὶ καθ᾽ ὃ καιρὸς ἦν αὐτοῖς μνημονεύοντας [παραθέσθαι] ἐν ἰδίοις αὐτῶν συγγράμμασι. 162 Πυθαγόρας τοίνυν ὁ Σάμιος ἀρχαῖος ὤν, σοφίᾳ δὲ καὶ τῇ περὶ τὸ θεῖον εὐσεβείᾳ πάντων ὑπειλημμένος διενεγκεῖν τῶν φιλοσοφησάντων, οὐ μόνον ἐγνωκὼς τὰ παρ᾽ ἡμῖν δῆλός ἐστιν, ἀλλὰ καὶ ζηλωτὴς αὐτῶν ἐκ πλείστου γεγενημένος. 163 Αὐτοῦ μὲν οὖν οὐδὲν ὁμολογεῖται σύγγραμμα, πολλοὶ δὲ τὰ περὶ αὐτὸν ἱστορήκασι, καὶ τούτων ἐπισημότατός ἐστιν Ἕρμιππος, ἀνὴρ περὶ πᾶσαν ἱστορίαν ἐπιμελής. 164 Λέγει τοίνυν ἐν τῷ πρώτῳ τῶν περὶ Πυθαγόρου βιβλίων, ὅτι Πυθαγόρας, ἑνὸς αὐτοῦ τῶν συνουσιαστῶν τελευτήσαντος, τοὔνομα Καλλιφῶντος τὸ γένος Κροτωνιάτου, τὴν ἐκείνου ψυχὴν ἔλεγε συνδιατρίβειν αὐτῷ καὶ νύκτωρ καὶ μεθ᾽ ἡμέραν· καὶ ὅτι παρεκελεύετο μὴ διέρχεσθαι τόπον, ἐφ᾽ οὗ ἂν ὄνος ὀκλάσῃ, καὶ τῶν διψίων ὑδάτων ἀπέχεσθαι καὶ

---

123. Cf. l'histoire de l'ânesse de Balaam, Nombres, XX, 22-23. [Th.R.]

Nabuchodonosor commença le siège de Tyr, et la quatorzième année du règne d'Hirôm que Cyrus le Perse prit le pouvoir. **160** L'accord est complet au sujet du temple entre nos livres et ceux des Chaldéens et des Tyriens, et la preuve de mes assertions sur l'antiquité de notre race est confirmée et indiscutable.

XXII

Les Grecs même mentionnent les Juifs. Pythagore de Samos, Hérodote, Chœrilos, Cléarque, Hécatée d'Abdère, Agatharchide

161 Ceux qui ne sont point disputeurs à l'excès se contenteront, je pense, de ces explications ; mais il faut aussi satisfaire aux questions des gens qui, refusant d'ajouter foi aux annales des barbares, accordent leur créance aux Grecs seuls ; il faut leur présenter beaucoup de ces Grecs mêmes qui connurent notre nation et la mentionnèrent à l'occasion dans leurs propres ouvrages. **162** Pythagore de Samos, auteur fort ancien, qui, pour sa sagesse et sa piété, est considéré comme le premier de tous les philosophes, a, de toute évidence, non seulement connu nos institutions, mais encore les a largement imitées. **163** De ce philosophe nous n'avons aucun ouvrage reconnu authentique, mais beaucoup d'écrivains ont raconté ce qui le concerne. Le plus célèbre est Hermippe, esprit que tout genre de recherche intéressait. **164** Il raconte dans le premier livre de son *Pythagore* que ce philosophe, après la mort d'un de ses intimes nommé Calliphon, originaire de Crotone, disait qu'il avait commerce nuit et jour avec l'âme de celui-ci, et qu'elle lui donnait le conseil de ne point passer à un endroit où un âne s'était couché [123], de s'abstenir de toute eau saumâtre (?) et de se garder

πάσης [ἀπέχειν] βλασφημίας. 165 Εἶτα προστίθησι μετὰ ταῦτα καὶ τάδε· « ταῦτα δὲ ἔπραττεν καὶ ἔλεγε τὰς Ἰουδαίων καὶ Θρᾳκῶν δόξας μιμούμενος καὶ μεταφέρων εἰς ἑαυτόν·» λέγεται γὰρ ὡς ἀληθῶς ὁ ἀνὴρ ἐκεῖνος πολλὰ τῶν παρὰ Ἰουδαίοις νομίμων εἰς τὴν αὐτοῦ μετενεγκεῖν φιλοσοφίαν. 166 ῏Ην δὲ καὶ κατὰ πόλεις οὐκ ἄγνωστον ἡμῶν πάλαι τὸ ἔθνος, καὶ πολλὰ τῶν ἐθῶν εἴς τινας ἤδη διαπεφοιτήκει καὶ ζήλου παρ᾽ ἐνίοις ἠξιοῦτο. Δηλοῖ δὲ ὁ Θεόφραστος ἐν τοῖς περὶ νόμων· 167 λέγει γάρ, ὅτι κωλύουσιν οἱ Τυρίων νόμοι ξενικοὺς ὅρκους ὀμνύειν, ἐν οἷς μετά τινων ἄλλων καὶ τὸν καλούμενον ὅρκον κορβᾶν καταριθμεῖ· παρ᾽ οὐδενὶ δ᾽ ἂν οὗτος εὑρεθείη πλὴν μόνοις Ἰουδαίοις· δηλοῖ δ᾽ ὡς ἂν εἴποι τις ἐκ τῆς Ἑβραίων μεθερμηνευόμενος διαλέκτου « δῶρον θεοῦ».

168 Καὶ μὴν οὐδὲ Ἡρόδοτος ὁ Ἁλικαρνασεὺς ἠγνόηκεν ἡμῶν τὸ ἔθνος, ἀλλὰ τρόπῳ τινὶ φαίνεται μεμνημένος· 169 περὶ γὰρ Κόλχων ἱστορῶν ἐν τῇ δευτέρᾳ βίβλῳ φησὶν οὕτως· « μοῦνοι δὲ πάντων, φησί, Κόλχοι καὶ Αἰγύπτιοι καὶ Αἰθίοπες περιτέμνονται ἀπ᾽ ἀρχῆς τὰ αἰδοῖα. Φοίνικες δὲ καὶ Σύριοι οἱ ἐν τῇ Παλαιστίνῃ καὶ αὐτοὶ ὁμολογοῦσι παρ᾽ Αἰγυπτίων μεμαθηκέναι. 170 Σύριοι δὲ οἱ περὶ Θερμώδοντα καὶ Παρθένιον ποταμὸν καὶ Μάκρωνες οἱ τούτοισιν ἀστυγείτονες ὄντες ἀπὸ Κόλχων φασὶ νεωστὶ μεμαθηκέναι· οὗτοι γάρ εἰσιν οἱ περιτεμνόμενοι ἀνθρώπων μοῦνοι καὶ οὗτοι Αἰγυπτίοισι φαίνονται ποιοῦντες κατὰ ταὐτά. Αὐτῶν δὲ Αἰγυπτίων καὶ Αἰθιόπων οὐκ ἔχω εἰπεῖν ὁπότεροι παρὰ τῶν ἑτέρων ἐξέμαθον.» 171 Οὐκοῦν εἴρηκε

---

124. Cf. Exode, XXII, 28 ; Lévitique, XIX, 16. Comparer les textes du Talmud qui défendent de prendre le bain de purification dans une eau stagnante *(Mishna Mikvaot)* ou de boire de l'eau qui est restée découverte la nuit *(Houllin, 9 b ;* y. *Teroumot, 48 c).* [Th.R.]

125. Antonius Diogène *ap.* Porphyre, *Pyth.*, 11 ; Aristobule *ap.* Eusèbe, *Praep. ev.*, XIII, 12, 4. [Th.R.]

de toute médisance [124]. **165** Puis l'auteur ajoute encore :
« Il pratiquait et répétait ces préceptes, se conformant
aux opinions des Juifs et des Thraces qu'il prenait pour
son compte. » En effet, on dit avec raison [125]que ce
philosophe fit passer dans sa doctrine beaucoup de lois
juives. **166** Dans les cités non plus notre peuple n'était
pas inconnu autrefois ; beaucoup de nos coutumes
s'étaient déjà répandues dans quelques-unes et il en est
qui jugeaient bon de les suivre. On le voit chez Théo-
phraste dans ses livres des *Lois*. **167** D'après lui, les lois
tyriennes défendent d'employer des formules de
serments étrangers, parmi lesquels, entre autres, il
compte le serment nommé *korban* ; or, nulle part on ne
le trouverait ailleurs que chez les Juifs ; traduit de
l'hébreu, ce mot signifie quelque chose comme
« présent de Dieu [126] ».

168 Et en vérité Hérodote d'Halicarnasse non plus
n'a pas ignoré notre nation, mais il l'a mentionnée
manifestement d'une certaine manière. **169** Parlant des
Colques au deuxième livre, il s'exprime ainsi : « Seuls
d'entre tous, dit-il, les Colques, les Égyptiens et les
Éthiopiens pratiquent la circoncision depuis l'origine.
Les Phéniciens et les Syriens de Palestine reconnaissent
eux-mêmes avoir appris cette pratique des Égyptiens.
170 Les Syriens des bords du Thermodon et du Parthé-
nios, de même que les Macrons, leurs voisins, assurent
qu'ils l'ont apprise récemment des Colques. Voilà les
seuls peuples circoncis, et eux-mêmes imitent évidemment les Égyptiens. Mais des Égyptiens eux-mêmes et
des Éthiopiens, je ne puis dire lesquels ont appris des
autres la circoncision [127]. » **171** Ainsi il dit que les Syriens

126. Ou plutôt « offert à Dieu » (Lévitique, I, 10 ; II, 4 ; III) =
tabou. Le prétendu serment « par l'or du Temple », *Korbanas*
(Matth., XXIII, 16) se confond avec celui-ci. [Th.R.]

127. Hérodote, II, 104 (texte rappelé aussi en abrégé dans *AJ*,
VIII, 262). [Th.R.]

Σύρους τοὺς ἐν τῇ Παλαιστίνῃ περιτέμνεσθαι· τῶν δὲ τὴν
Παλαιστίνην κατοικούντων μόνοι τοῦτο ποιοῦσιν Ἰουδαῖοι·
τοῦτο ἄρα γιγνώσκων εἴρηκεν περὶ αὐτῶν.

172 Καὶ Χοιρίλος δὲ ἀρχαιότερος γενόμενος ποιητὴς
μέμνηται τοῦ ἔθνους ἡμῶν, ὅτι συνεστράτευται Ξέρξῃ τῷ
Περσῶν βασιλεῖ ἐπὶ τὴν Ἑλλάδα· καταριθμησάμενος γὰρ
πάντα τὰ ἔθνη, τελευταῖον καὶ τὸ ἡμέτερον ἐνέταξε λέγων·

173 τῶν δ' ὄπιθεν διέβαινε γένος θαυμαστὸν ἰδέσθαι,
γλῶσσαν μὲν Φοίνισσαν ἀπὸ στομάτων ἀφιέντες,
ᾤκεον δ' ἐν Σολύμοις ὄρεσι πλατέῃ παρὰ λίμνῃ,
αὐχμαλέοι κορυφὰς τροχοκουράδες· αὐτὰρ ὕπερθεν
ἵππων δαρτὰ πρόσωπ' ἐφόρουν ἐσκληκότα καπνῷ.

174 Δῆλον οὖν ἐστιν, ὡς οἶμαι, πᾶσιν ἡμῶν αὐτὸν
μεμνῆσθαι, τῷ καὶ τὰ Σόλυμα ὄρη ἐν τῇ ἡμετέρᾳ εἶναι
χώρᾳ, ἃ κατοικοῦμεν, καὶ τὴν Ἀσφαλτῖτιν λεγομένην
λίμνην· αὕτη γὰρ πασῶν τῶν ἐν τῇ Συρίᾳ [λίμνη]
πλατυτέρα καὶ μείζων καθέστηκεν.

175 Καὶ Χοιρίλος μὲν οὖν οὕτω μέμνηται ἡμῶν. Ὅτι δὲ
οὐ μόνον ἠπίσταντο τοὺς Ἰουδαίους, ἀλλὰ καὶ ἐθαύμαζον
ὅσοις αὐτῶν ἐντύχοιεν οὐχ οἱ φαυλότατοι τῶν Ἑλλήνων,
ἀλλ' οἱ ἐπὶ σοφίᾳ μάλιστα τεθαυμασμένοι, ῥάδιον γνῶναι.
176 Κλέαρχος γὰρ, ὁ Ἀριστοτέλους ὢν μαθητὴς καὶ τῶν ἐκ
τοῦ περιπάτου φιλοσόφων οὐδενὸς δεύτερος, ἐν τῷ πρώτῳ
περὶ ὕπνου βιβλίῳ φησὶν Ἀριστοτέλην τὸν διδάσκαλον

---

128. Les mots « Syriens de Palestine », dans la langue d'Hérodote, désignent les Philistins ; or nous savons qu'au moins à l'époque
biblique ceux-ci étaient incirconcis. On a essayé de diverses manières
de justifier soit Hérodote, soit Josèphe. Cf. mes *Textes d'auteurs grecs
et romains*, p. 2. [Th.R.]

129. Il florissait vers la fin du Ve siècle. [Th.R.]

de Palestine étaient circoncis ; or, parmi les habitants de la Palestine, les Juifs seuls se livrent à cette pratique. Comme il le savait, c'est donc d'eux qu'il a parlé [128].

172 D'autre part, Chœrilos, poète assez ancien [129], cite notre nation comme ayant pris part à l'expédition de Xerxès, roi de Perse, contre la Grèce. En effet, après l'énumération de tous les peuples, à la fin il mentionne aussi le nôtre en ces termes :

173 « Derrière eux passait une race d'un aspect étonnant.
Le langage phénicien sortait de leurs lèvres.
Ils habitaient dans les monts Solymiens auprès d'un vaste lac.
Leur chevelure broussailleuse était rasée en rond, et, par dessus,
Ils portaient le cuir d'une tête de cheval séché à la fumée. »

174 Il est clair, je crois, pour tout le monde, qu'il parle de nous, car les monts Solymiens sont dans notre pays et nous les habitons ; là aussi se trouve le lac Asphaltite, qui occupe le premier rang parmi tous les lacs de Syrie pour la largeur et l'étendue [130].

175 Voilà comment Chœrilos fait mention de nous. Non seulement les Grecs connurent les Juifs, mais encore ils admiraient tous les Juifs qu'ils rencontraient ; et non pas les moindres d'entre les Grecs, mais les plus admirés pour leur sagesse, comme il est facile de s'en convaincre. **176** Cléarque, disciple d'Aristote, qui ne le cédait à aucun des péripatéticiens, rapporte dans le premier livre du *Sommeil* cette anecdote que

---

130. Le raisonnement de Josèphe est ingénieux, mais peu probant. Les fabuleux monts Solymiens (inconnus, quoi qu'il en dise, en Judée et qu'on chercha en Lycie) ont été empruntés par Chœrilos à Homère (*Odyssée*, V, 383 ; texte visé par Josèphe, *AJ*, VII, 3, 2, § 67 ; cf. Tacite, *Hist.*, V, 2). La tonsure ronde, coutumière chez les Arabes (Jérémie, IX, 25 ; Hérodote, III, 8), est expressément interdite aux Juifs (Lévitique, XIX, 27). La coiffure en protome de cheval appartient aux Éthiopiens d'Asie (Hérodote, VII, 70). [Th.R.]

αὐτοῦ περί τινος ἀνδρὸς Ἰουδαίου ταῦτα ἱστορεῖν, αὐτῷ τε
τὸν λόγον Ἀριστοτέλει περιτίθησι· ἔστι δὲ οὕτω
γεγραμμένον· 177 «ἀλλὰ τὰ μὲν πολλὰ μακρὸν ἂν εἴη
λέγειν, ὅσα δ᾽ ἔχει τῶν ἐκείνου θαυμασιότητά τινα καὶ
φιλοσοφίαν ὅμως διελθεῖν οὐ χεῖρον. Σαφῶς δ᾽ ἴσθι, εἶπεν,
Ὑπεροχίδη, [θαυμαστὸν] ὀνείροις ἴσα σοι δόξω λέγειν. Καὶ
ὁ Ὑπεροχίδης εὐλαβούμενος· δι᾽ αὐτὸ γάρ, ἔφη, τοῦτο καὶ
ζητοῦμεν ἀκοῦσαι πάντες. 178 Οὐκοῦν, εἶπεν ὁ Ἀριστοτέλης, κατὰ τὸ τῶν ῥητορικῶν παράγγελμα τὸ γένος
αὐτοῦ πρῶτον διέλθωμεν, ἵνα μὴ ἀπειθῶμεν τοῖς τῶν ἀπαγ-
γελιῶν διδασκάλοις. Λέγε, εἶπεν ὁ Ὑπεροχίδης, εἴ τί σοι
δοκεῖ. 179 Κἀκεῖνος τοίνυν τὸ μὲν γένος, <ἔφη>, ἦν
Ἰουδαῖος ἐκ τῆς κοίλης Συρίας· οὗτοι δέ εἰσιν ἀπόγονοι τῶν
ἐν Ἰνδοῖς φιλοσόφων· καλοῦνται δέ, ὥς φασιν, οἱ φιλόσοφοι
παρὰ μὲν Ἰνδοῖς Καλανοί, παρὰ δὲ Σύροις Ἰουδαῖοι,
τοὔνομα λαβόντες ἀπὸ τοῦ τόπου· προσαγορεύεται γὰρ ὃν
κατοικοῦσι τόπον Ἰουδαία. Τὸ δὲ τῆς πόλεως αὐτῶν ὄνομα
πάνυ σκολιόν ἐστιν· Ἱερουσαλήμην γὰρ αὐτὴν καλοῦσιν.
180 Οὗτος οὖν ὁ ἄνθρωπος, ἐπιξενούμενός τε πολλοῖς κἀκ
τῶν ἄνω τόπων εἰς τοὺς ἐπιθαλαττίους ὑποκαταβαίνων,
Ἑλληνικὸς ἦν οὐ τῇ διαλέκτῳ μόνον, ἀλλὰ καὶ τῇ ψυχῇ.
181 Καὶ τότε διατριβόντων ἡμῶν περὶ τὴν Ἀσίαν,
παραβαλὼν εἰς τοὺς αὐτοὺς τόπους ἄνθρωπος ἐντυγχάνει
ἡμῖν τε καί τισιν ἑτέροις τῶν σχολαστικῶν, πειρώμενος
αὐτῶν τῆς σοφίας. Ὡς δὲ πολλοῖς τῶν ἐν παιδείᾳ
συνῳκείωτο, παρεδίδου τι μᾶλλον ὧν εἶχεν.» 182 Ταῦτ᾽
εἴρηκεν ὁ Ἀριστοτέλης παρὰ τῷ Κλεάρχῳ καὶ προσέτι
πολλὴν καὶ θαυμάσιον καρτερίαν τοῦ Ἰουδαίου ἀνδρὸς ἐν τῇ
διαίτῃ καὶ σωφροσύνην διεξίων. Ἔνεστι δὲ τοῖς βουλομένοις

---

131. Dans son traité *De l'éducation* (Diog. Laërce, *prooem.*, § 9),
Cléarque faisait descendre les gymnosophistes des mages et Diogène
ajoute : « quelques-uns prétendent que les Juifs aussi descendent des
mages ». Le parallèle entre les Juifs et les brahmanes était aussi
indiqué par Mégasthène (*ap.* Clem. Alex., *Stromat.*, I, 15). [Th.R.]

son maître Aristote racontait au sujet d'un Juif. Il donne la parole à Aristote lui-même. Je cite le texte : **177** « Il serait trop long de tout dire, mais il sera bon d'exposer pourtant ce qui, chez cet homme, présentait quelque caractère merveilleux et philosophique. Je te préviens, dit-il, Hypérochide, que mes paroles vont te paraître singulières comme des songes. » Et Hypéro-chide répondit respectueusement : « C'est justement pour cela que nous désirons tous t'entendre. **178** — Eh bien alors, dit Aristote, suivant le précepte de la rhéto-rique, donnons d'abord des détails sur sa race, pour ne point désobéir à ceux qui enseignent la narration. — Parle à ta guise, dit Hypérochide. **179** — Cet homme donc était de race juive et originaire de Cœlé-Syrie ; cette race descend des philosophes indiens [131]. On appelle, dit-on, les philosophes Calanoi dans l'Inde [132], et Juifs en Syrie, du nom de leur résidence ; car le lieu qu'ils habitent se nomme la Judée. Le nom de leur ville est tout à fait bizarre : ils l'appellent Jérusalémé. **180** Cet homme donc, que beaucoup de gens recevaient comme leur hôte, et qui descendait de l'intérieur vers la côte, était Grec, non seulement par la langue, mais aussi par l'âme. **181** Pendant que je séjournais en Asie [133], il aborda aux mêmes lieux, et se lia avec moi et quelques autres hommes d'étude, pour éprouver notre science. Comme il avait eu commerce avec beaucoup d'esprits cultivés, il nous livrait plutôt un peu de la sienne. » **182** Telles sont les paroles d'Aristote dans Cléarque, et il raconte encore que ce Juif poussait à un point étonnant la force d'âme et la tempérance dans sa manière de vivre. On peut, si l'on veut, en apprendre

---

132. En réalité, Calanos n'est que le sobriquet individuel du gymnosophiste Sphinès qui suivit l'armée d'Alexandre et mit volon-tairement fin à sa vie en montant sur le bûcher. [Th.R.]

133. Il s'agit du séjour d'Aristote à Atarné (348-345). [Th.R.]

ἐξ αὐτοῦ τὸ πλέον γνῶναι τοῦ βιβλίου· φυλάττομαι γὰρ ἐγὼ [τὰ] πλείω τῶν ἱκανῶν παρατίθεσθαι.

183 Κλέαρχος μὲν οὖν ἐν παρεκβάσει ταῦτ' εἴρηκεν, — τὸ γὰρ προκείμενον ἦν αὐτῷ καθ' ἕτερον, — οὕτως ἡμῶν μνημονεύσας. Ἑκαταῖος δὲ ὁ Ἀβδηρίτης, ἀνὴρ φιλόσοφος ἅμα καὶ περὶ τὰς πράξεις ἱκανώτατος, Ἀλεξάνδρῳ τῷ βασιλεῖ συνακμάσας καὶ Πτολεμαίῳ τῷ Λάγου συγγενόμενος, οὐ παρέργως, ἀλλ' <ἴδιον> περὶ αὐτῶν Ἰουδαίων συνέγραφε βιβλίον, ἐξ οὗ βούλομαι κεφαλαιωδῶς ἐπιδραμεῖν ἔνια τῶν εἰρημένων. **184** Καὶ πρῶτον ἐπιδείξω τὸν χρόνον· μνημονεύει γὰρ τῆς Πτολεμαίου περὶ Γάζαν πρὸς Δημήτριον μάχης· αὕτη δὲ γέγονεν ἐνδεκάτῳ μὲν ἔτει τῆς Ἀλεξάνδρου τελευτῆς, ἐπὶ δὲ ὀλυμπιάδος ἑβδόμης καὶ δεκάτης καὶ ἑκατοστῆς, ὡς ἱστορεῖ Κάστωρ· **185** προθεὶς γὰρ ταύτην τὴν ὀλυμπιάδα φησίν· « ἐπὶ ταύτης Πτολεμαῖος ὁ Λάγου ἐνίκα κατὰ Γάζαν μάχῃ Δημήτριον τὸν Ἀντιγόνου τὸν ἐπικληθέντα Πολιορκητήν. » Ἀλέξανδρον δὲ τεθνάναι πάντες ὁμολογοῦσιν ἐπὶ τῆς ἑκατοστῆς τεσσαρεσκαιδεκάτης ὀλυμπιάδος· δῆλον οὖν ὅτι καὶ κατ' ἐκεῖνον καὶ κατὰ Ἀλέξανδρον ἤκμαζεν ἡμῶν τὸ ἔθνος. **186** Λέγει τοίνυν ὁ Ἑκαταῖος πάλιν τάδε, ὅτι μετὰ τὴν ἐν Γάζῃ μάχην ὁ Πτολεμαῖος ἐγένετο τῶν περὶ Συρίαν τόπων ἐγκρατής, καὶ πολλοὶ τῶν ἀνθρώπων πυνθανόμενοι τὴν ἠπιότητα καὶ φιλανθρωπίαν τοῦ Πτολεμαίου συναπαίρειν εἰς Αἴγυπτον αὐτῷ καὶ κοινωνεῖν τῶν πραγμάτων ἠβουλήθησαν. **187** « Ὧν εἷς ἦν,

---

134. E. Havet a supposé que Josèphe avait un autre motif de ne pas prolonger sa citation : c'est que le Juif d'Atarné serait identique au « magnétiseur » assez vulgaire dont il était question dans le même traité de Cléarque (fr. *ap.* Pitra, *Analecta sacra*, V, 2, p. 21). [Th.R.]

135. Ce livre ne doit pas être confondu avec l'ouvrage certainement apocryphe sur Abraham, également attribué à Hécatée (cf. *Textes d'auteurs grecs et romains*, p. 236). Les uns, comme Willrich. voient dans le livre sur les Juifs un faux, d'autres le croient identique à l'ouvrage (ou à la partie d'un grand ouvrage ?) d'Hécatée auquel Diodore a emprunté son aperçu du judaïsme (Diodore, XL, 3 = *Textes*, p. 14 suiv.). [Th.R.] *Sur les Judéens* d'Hécatée d'Abdère, voir le débat scientifique rapporté par John Barclay, « Appendix 2 : Pseudo-Hecataeus », in *Against Apion. Translation and Commentary*, p. 338-340.

davantage dans ce livre même. Pour moi, je me garde de citer plus qu'il ne faut [134].

183 Ainsi s'exprime Cléarque dans une digression, — car le sujet qu'il traite est différent, — et c'est ainsi qu'il nous mentionne. Quant à Hécatée d'Abdère, à la fois philosophe et homme d'action consommé, qui fleurit en même temps que le roi Alexandre et vécut auprès de Ptolémée, fils de Lagos, ce n'est pas incidemment qu'il a parlé de nous ; mais il a composé spécialement sur les Juifs mêmes un livre dont je veux brièvement parcourir quelques passages [135]. **184** D'abord je vais établir l'époque. Il mentionne la bataille livrée près de Gaza par Ptolémée à Démétrius ; or, elle eut lieu onze ans après la mort d'Alexandre [136] et dans la CXVIIe olympiade, comme le raconte Castor. **185** En effet, après avoir inscrit cette olympiade, il dit : « Dans ce temps Ptolémée, fils de Lagos, vainquit en bataille rangée, à Gaza, Démétrius, fils d'Antigone, surnommé Poliorcète. » Or Alexandre mourut, l'accord est unanime, dans la CXIVe olympiade [137]. Il est donc évident que sous Ptolémée et sous Alexandre notre peuple florissait. **186** Hécatée dit encore qu'après la bataille de Gaza, Ptolémée devint maître de la Syrie et que beaucoup des habitants, informés de sa douceur et de son humanité, voulurent partir avec lui pour l'Égypte et associer leurs destinées à la sienne [138]. **187** « De ce nombre, dit-il, était

---

136. En 312 av. J.-C. [Th.R.]

137. 323 av. J.-C. [Th.R.]

138. Bezalel Bar-Kochva analyse minutieusement le passage (186-190) en questionnant l'authenticité du récit qui loue Ptolémée. En le comparant aux documents existants et à celui figurant dans *AJ*, XII, 4-6 qui le présente sous un tout autre jour, il en vient à la conclusion qu'il s'agit là d'un exemple typique des arrangements que Josèphe pouvait prendre avec ses sources, les accommodant en son sens. *Pseudo Hecataeus*, p.71-82.

φησίν, Ἐζεκίας ἀρχιερεὺς τῶν Ἰουδαίων, ἄνθρωπος τὴν μὲν ἡλικίαν ὡς ἑξηκονταὲξ ἐτῶν, τῷ δ᾽ ἀξιώματι τῷ παρὰ τοῖς ὁμοέθνοις μέγας καὶ τὴν ψυχὴν οὐκ ἀνόητος, ἔτι δὲ καὶ λέγειν δυνατὸς καὶ [τοῖς περὶ] τῶν πραγμάτων, εἴπερ τις ἄλλος, ἔμπειρος. 188 Καίτοι, φησίν, οἱ πάντες ἱερεῖς τῶν Ἰουδαίων, οἱ τὴν δεκάτην τῶν γινομένων λαμβάνοντες καὶ τὰ κοινὰ διοικοῦντες, περὶ χιλίους μάλιστα καὶ πεντακοσίους εἰσίν.» 189 Πάλιν δὲ τοῦ προειρημένου μνημονεύων ἀνδρός· «οὗτος, φησίν, ὁ ἄνθρωπος τετευχὼς τῆς τιμῆς ταύτης καὶ συνήθης ἡμῖν γενόμενος, παραλαβών τινας τῶν μεθ᾽ ἑαυτοῦ, † τήν τε διαφορὰν ἀνέγνω πᾶσαν αὐτοῖς· εἶχε γὰρ τὴν κατοίκησιν αὐτῶν καὶ τὴν πολιτείαν γεγραμμένην.» 190 Εἶτα Ἑκαταῖος δηλοῖ πάλιν πῶς ἔχομεν πρὸς τοὺς νόμους, ὅτι πάντα πάσχειν ὑπὲρ τοῦ μὴ παραβῆναι τούτους προαιρούμεθα καὶ καλὸν εἶναι νομίζομεν. 191 «Τοιγαροῦν, φησί, καὶ κακῶς ἀκούοντες ὑπὸ τῶν ἀστυγειτόνων καὶ τῶν εἰσαφικνουμένων πάντων, καὶ προπηλακιζόμενοι πολλάκις ὑπὸ τῶν Περσικῶν βασιλέων καὶ σατραπῶν, οὐ δύνανται μεταπεισθῆναι τῇ διανοίᾳ, ἀλλὰ γεγυμνωμένως περὶ τούτων καὶ αἰκίαις καὶ θανάτοις δεινοτάτοις μάλιστα πάντων ἀπαντῶσι, μὴ ἀρνούμενοι τὰ πάτρια.» 192 Παρέχεται δὲ καὶ τεκμήρια τῆς ἰσχυρογνωμοσύνης τῆς περὶ τῶν νόμων οὐκ ὀλίγα· φησὶ γάρ, Ἀλεξάνδρου ποτὲ ἐν Βαβυλῶνι γενομένου καὶ προελομένου τὸ τοῦ Βήλου πεπτωκὸς ἱερὸν ἀνακαθᾶραι, καὶ πᾶσιν αὐτοῦ τοῖς στρατιώταις ὁμοίως φέρειν τὸν χοῦν προστάξαντος, μόνους τοὺς Ἰουδαίους οὐ προσσχεῖν, ἀλλὰ καὶ πολλὰς ὑπομεῖναι πληγὰς καὶ ζημίας

---

139. Ezéchias ne figure pas sur la liste des grands-prêtres juifs de cette époque donnée par Josèphe (*AJ*, XI, 8, 7 ; XII, 2, 4), liste d'ailleurs sujette à caution (cf. Willrich, *Juden und Griechen*, p. 107 suiv.) Willrich a supposé (*Urkundenfälschung*, p. 29) que la figure d'Ezéchias est calquée sur celle du grand-prêtre Onias qui se réfugia en Égypte sous Philométor. [Th.R.]

140. Chiffre très inférieur à celui de 4289 donné (pour le temps de Zorobabel) par Esdras, II, 36-39, et Néhémie, VII, 39-42. [Th.R.]

Ézéchias, grand-prêtre des Juifs [139], âgé d'environ soixante-six ans et haut placé dans l'estime de ses compatriotes, homme intelligent, avec cela orateur éloquent et rompu à la politique autant qu'homme du monde. **188** Pourtant le nombre total des prêtres juifs qui reçoivent la dîme des produits et administrent les affaires publiques est d'environ quinze cents [140]. » **189** Et revenant sur ce personnage : « Cet homme, dit-il, après avoir obtenu cette dignité [141] et lié commerce avec moi, réunit quelques-uns de ses familiers... et leur fit connaître toutes les particularités de sa nation [142], car il avait par écrit l'histoire de l'établissement des Juifs dans leur pays et leur constitution. » **190** Puis Hécatée montre encore comment nous nous comportons à l'égard des lois, que nous préférons subir toutes les souffrances plutôt que de les transgresser, et que nous plaçons là notre honneur. **191** « Aussi, dit-il, ni les sarcasmes de leurs voisins et de tous les étrangers qui les visitent, ni les fréquents outrages des rois et des satrapes perses ne peuvent les faire changer de croyances ; pour ces lois ils affrontent sans défense les coups et les morts les plus terribles de toutes, plutôt que de renier les coutumes des ancêtres [143]. » **192** Il apporte aussi des preuves nombreuses de leur fermeté à observer les lois. Il raconte qu'Alexandre, se trouvant jadis à Babylone et ayant entrepris de restaurer le temple de Bel [144] tombé en ruines, donna l'ordre à tous ses soldats sans distinction de travailler au terrassement ; seuls les Juifs s'y refusèrent et même souffrirent

---

141. Quelle dignité ? la grande prêtrise ou bien quelque distinction qui lui fut accordée par Ptolémée Sôter et dont il était question dans un passage sauté par Josèphe ? [Th.R.]

142. Texte sans doute altéré. J. Février (*La Date, la Composition et les Sources de la Lettre d'Aristée*, p. 70) a proposé de reconnaître dans διαφορὰν un mot rarissime qui signifierait livre ; il s'agirait du Pentateuque. [Th.R.]

143. Voir I, 42-44.

144. Cette entreprise est attestée par Arrien, VII, 17, et Strabon, XVI, 1, 5. [Th.R.]

ἀποτῖσαι μεγάλας, ἕως αὐτοῖς συγγνόντα τὸν βασιλέα δοῦναι τὴν ἄδειαν. 193 « Ἔτι γε μὴν τῶν εἰς τὴν χώραν, φησί, πρὸς αὐτοὺς ἀφικνουμένων νεὼς καὶ βωμοὺς κατασκευασάντων, ἅπαντα ταῦτα κατέσκαπτον, καὶ τῶν μὲν ζημίαν τοῖς σατράπαις ἐξέτινον, περί τινων δὲ καὶ συγγνώμης μετελάμβανον. » Καὶ προστίθησιν, ὅτι δίκαιον ἐπὶ τούτοις αὐτούς ἐστι θαυμάζειν. 194 Λέγει δὲ καὶ περὶ τοῦ πολυανθρωπότατον γεγονέναι ἡμῶν τὸ ἔθνος· « πολλὰς μὲν γὰρ αὐτῶν, φησίν, ἀνασπάστους εἰς Βαβυλῶνα Πέρσαι πρότερον ἐποίησαν μυριάδας, οὐκ ὀλίγαι δὲ καὶ μετὰ τὸν Ἀλεξάνδρου θάνατον εἰς Αἴγυπτον καὶ Φοινίκην μετέστησαν διὰ τὴν ἐν Συρίᾳ στάσιν. » 195 Ὁ δὲ αὐτὸς οὗτος ἀνὴρ καὶ τὸ μέγεθος τῆς χώρας ἣν κατοικοῦμεν καὶ τὸ κάλλος ἱστόρηκεν· « τριακοσίας γὰρ μυριάδας ἀρουρῶν σχεδὸν τῆς ἀρίστης καὶ παμφορωτάτης χώρας νέμονται, φησίν· ἡ γὰρ Ἰουδαία τοσαύτη πλάτος ἐστιν. » 196 Ἀλλὰ μὴν ὅτι καὶ τὴν πόλιν αὐτὴν τὰ Ἱεροσόλυμα καλλίστην τε καὶ μεγίστην ἐκ παλαιοτάτου κατοικοῦμεν καὶ περὶ πλήθους ἀνδρῶν καὶ περὶ τῆς τοῦ νεὼ κατασκευῆς οὕτως <ὁ> αὐτὸς διηγεῖται· 197 « ἔστι γὰρ τῶν Ἰουδαίων τὰ μὲν πολλὰ ὀχυρώματα κατὰ τὴν χώραν καὶ κῶμαι, μία δὲ πόλις ὀχυρὰ πεντήκοντα μάλιστα σταδίων τὴν περίμετρον, ἣν οἰκοῦσι μὲν ἀνθρώπων περὶ δώδεκα μυριάδες, καλοῦσι δ' αὐτὴν Ἱεροσόλυμα. 198 Ἐνταῦθα δ' ἐστὶ κατὰ μέσον μάλιστα τῆς πόλεως περίβολος λίθινος μῆκος ὡς πεντάπλεθρος, εὖρος δὲ πηχῶν ρ', ἔχων διπλᾶς πύλας, ἐν ᾧ βωμός ἐστι τετράγωνος

---

145. Il ne s'agit pas de la déportation de Juifs par Artaxerxès Ochus (Syncelle, I, 486 Dindorf), mais de la captivité de Babylone elle-même qu'Hécatée (?), mal informé, attribue aux Perses et non aux Chaldéens. J. G. Müller (*Des Flavius Josephus Schrift gegen den Apion*, p. 175) voit dans cette erreur une preuve de l'authenticité du morceau, mais, comme le remarque Willrich, II Macc., I, 19 parle aussi de la captivité de Babylone comme d'une déportation εἰς τὴν Περσικήν. [Th.R.]

146. 825 000 hectares. L'évaluation d'« Hécatée » est modérée, à la différence de celle de la *Lettre d'Aristée*, § 116 : la Palestine au moment de la conquête par les Hébreux aurait compté 60 millions d'aroures (plus de 16 millions d'hectares). [Th.R.]

les coups et payèrent de fortes amendes jusqu'à ce que le roi leur accordât leur pardon et les dispensât de cette tâche. **193** « De même, dit-il, quand des étrangers venus chez eux, dans leur pays, y élevèrent des temples et des autels, ils les rasèrent tous et pour les uns payèrent une amende aux satrapes, pour d'autres reçurent leur grâce. » Et il ajoute qu'il est juste de les admirer pour cette conduite. **194** Il dit aussi combien notre race est populeuse. « Bien des myriades de Juifs, dit-il, furent d'abord emmenées à Babylone par les Perses [145] et beaucoup aussi après la mort d'Alexandre passèrent en Égypte et en Phénicie à la suite des révolutions de la Syrie. » **195** Ce même auteur donne des renseignements sur l'étendue de la région que nous habitons et sur sa beauté. « Ils cultivent, dit-il, environ trois millions d'aroures [146] de la terre la meilleure et la plus fertile en toutes sortes de fruits ; car telle est la superficie de la Judée. » **196** D'autre part, sur la grande beauté et l'étendue considérable de la ville même de Jérusalem, que nous habitons depuis les temps les plus reculés, sur sa nombreuse population et sur la disposition du temple, voici les détails que donne le même auteur : **197** « Les Juifs ont de nombreuses forteresses [147] et de nombreux villages épars dans le pays, mais une seule ville fortifiée, de cinquante stades environ de circonférence [148] ; elle a une population de cent vingt mille âmes environ, et ils l'appellent Jérusalem. **198** Vers le milieu de la ville s'élève une enceinte de pierre longue de cinq plèthres environ [149], large de cent coudées [150] et

---

147. Anachronisme. [Th.R.]

148. 40 stades seulement suivant Timocharès (*Textes*, p. 52) et Aristée (§ 105), 33 selon Josèphe (*Bellum*, V, 4, 2), 27 selon Xénophon l'arpenteur (*Textes*, p. 54). Le chiffre de la population est pareillement exagéré. [Th.R.]

149. 150 mètres. [Th.R.]

150. Autre exagération. Le décret de Cyrus (Esdras, VI, 3) prescrit 60 coudées pour la largeur du temple. [Th.R.]

ἀτμήτων συλλέκτων ἀργῶν λίθων οὕτως συγκείμενος, πλευρὰν μὲν ἑκάστην εἴκοσι πηχῶν, ὕψος δὲ δεκάπηχυς· καὶ παρ' αὐτὸν οἴκημα μέγα, οὗ βωμός ἐστι καὶ λυχνίον, ἀμφότερα χρυσᾶ, δύο τάλαντα τὴν ὁλκήν. 199 Ἐπὶ δὲ τούτων φῶς ἐστιν ἀναπόσβεστον καὶ τὰς νύκτας καὶ τὰς ἡμέρας. Ἄγαλμα δὲ οὐκ ἔστιν οὐδὲ ἀνάθημα τὸ παράπαν οὐδὲ φύτευμα παντελῶς οὐδὲν οἷον ἀλσῶδες ἤ τι τοιοῦτον. Διατρίβουσι δ' ἐν αὐτῷ καὶ τὰς νύκτας καὶ τὰς ἡμέρας ἱερεῖς ἁγνείας τινὰς ἁγνεύοντες καὶ τὸ παράπαν οἶνον οὐ πίνοντες ἐν τῷ ἱερῷ.» 200 Ἔτι γε μὴν ὅτι καὶ Ἀλεξάνδρῳ τῷ βασιλεῖ συνεστρατεύσαντο καὶ μετὰ ταῦτα τοῖς διαδόχοις αὐτοῦ μεμαρτύρηκεν. Οἷς δ' αὐτὸς παρατυχεῖν φησιν ὑπ' ἀνδρὸς Ἰουδαίου κατὰ τὴν στρατείαν γενομένοις, ταῦτα παραθήσομαι. 201 Λέγει δ' οὕτως· «ἐμοῦ γοῦν ἐπὶ τὴν Ἐρυθρὰν θάλασσαν βαδίζοντος συνηκολούθει τις, μετὰ τῶν ἄλλων τῶν παραπεμπόντων ἡμᾶς ἱππέων, Ἰουδαῖος ὄνομα Μοσόλλαμος, ἄνθρωπος ἱκανῶς κατὰ ψυχήν εὔρωστος καὶ τοξότης ὑπὸ δὴ πάντων ὁμολογούμενος καὶ τῶν Ἑλλήνων καὶ τῶν βαρβάρων ἄριστος. 202 Οὗτος οὖν ὁ ἄνθρωπος διαβαδιζόντων πολλῶν κατὰ τὴν ὁδὸν καὶ μάντεώς τινος ὀρνιθευομένου καὶ πάντας ἐπισχεῖν ἀξιοῦντος ἠρώτησε, διὰ τί προσμένουσι. 203 Δείξαντος δὲ τοῦ μάντεως αὐτῷ τὸν ὄρνιθα καὶ φήσαντος, ἐὰν μὲν αὐτοῦ μένῃ, προσμένειν συμφέρειν πᾶσιν, ἂν δ' ἀναπτὰς εἰς τοὔμπροσθεν πέτηται, προάγειν, ἐὰν δὲ εἰς τοὔπισθεν, ἀναχωρεῖν αὖθις, σιωπήσας καὶ παρελκύσας τὸ τόξον ἔβαλε καὶ τὸν ὄρνιθα πατάξας ἀπέκτεινεν. 204 Ἀγανακτούντων δὲ τοῦ μάντεως καί τινων ἄλλων καὶ καταρωμένων αὐτῷ, « τί μαίνεσθε, ἔφη, κακοδαίμονες ; » εἶτα τὸν ὄρνιθα λαβὼν εἰς τὰς χεῖρας, « πῶς γάρ, ἔφη, οὗτος, τὴν αὐτοῦ σωτηρίαν οὐ

---

151. L'autel de l'Exode (XXVII, 1 suiv.) n'a que 5 coudées de long et de large sur 3 de haut. Il est remarquable que les dimensions ici indiquées sont celles que la Chronique (II, IV, 1) attribue à l'autel *d'airain* du temple de Salomon. [Th.R.]

152. Cf. I Macc., I, 23. [Th.R.]

percée de doubles portes. Elle renferme un autel carré, formé d'une réunion de pierres brutes, non taillées, qui a vingt coudées de chaque côté et dix de hauteur [151]. À côté se trouve un grand édifice, qui contient un autel et un chandelier, tous deux en or et du poids de deux talents [152]. **199** Leur feu ne s'éteint jamais ni la nuit ni le jour. Pas la moindre statue ni le moindre monument votif. Aucune plante absolument, comme arbustes sacrés ou autres semblables. Des prêtres y passent les nuits et les jours à faire certaines purifications et s'abstiennent complètement de vin dans le temple [153]. » **200** L'auteur témoigne, en outre, que les Juifs firent campagne avec le roi Alexandre [154], et ensuite avec ses successeurs. Lui-même dit avoir assisté à un incident créé par un Juif pendant l'expédition et que je vais rapporter. **201** Voici ses paroles : « Marchant vers la mer Érythrée, j'avais avec moi, parmi les cavaliers de mon escorte, un Juif nommé Mosollamos [155], homme intelligent, vigoureux, et le plus habile archer, de l'aveu unanime, parmi les Grecs et les barbares. » **202** Cet homme, voyant de nombreux soldats aller et venir sur la route, un devin prendre les auspices et décider la halte de toute la troupe, demanda pourquoi l'on restait là. **203** Le devin lui montra l'oiseau et lui dit que, s'il restait posé là, l'intérêt de tous était de s'arrêter ; s'il prenait son vol en avant, d'avancer ; s'il le prenait en arrière, de rebrousser chemin. Alors, le Juif, sans dire un mot, banda son arc, lança la flèche et frappa l'oiseau, qu'il tua. **204** Le devin et quelques autres s'indignèrent et l'accablèrent d'imprécations. « Pourquoi cette fureur, dit l'homme, ô malheureux ? » Puis, prenant la bête entre ses mains : « Comment cet oiseau,

---

153. Lévitique, X, 9. Le « service de nuit » des prêtres ne peut être qu'une garde. [Th.R.]

154. Mensonge évident. [Th.R.]

155. Transcription grecque de Meschoullam. [Th.R.]

προϊδών, περὶ τῆς ἡμετέρας πορείας ἡμῖν ἄν τι ὑγιὲς ἀπήγγελλεν ; εἰ γὰρ ἠδύνατο προγιγνώσκειν τὸ μέλλον, εἰς τὸν τόπον τοῦτον οὐκ ἂν ἦλθε, φοβούμενος μὴ τοξεύσας αὐτὸν ἀποκτείνῃ Μοσόλλαμος ὁ Ἰουδαῖος. »

205 Ἀλλὰ τῶν μὲν Ἑκαταίου μαρτυριῶν ἅλις· τοῖς γὰρ βουλομένοις πλείω μαθεῖν, τῷ βιβλίῳ ῥᾴδιόν ἐστιν ἐντυχεῖν. Οὐκ ὀκνήσω δὲ καὶ τὸν ἐπ' εὐηθείας διασυρμῷ, καθάπερ αὐτὸς οἴεται, μνήμην πεποιημένον ἡμῶν Ἀγαθαρχίδην ὀνομάσαι. 206 Διηγούμενος γὰρ τὰ περὶ Στρατονίκην, ὃν τρόπον ἦλθεν μὲν εἰς Συρίαν ἐκ Μακεδονίας καταλιποῦσα τὸν ἑαυτῆς ἄνδρα Δημήτριον, Σελεύκου δὲ γαμεῖν αὐτὴν οὐ θελήσαντος, ὅπερ ἐκείνη προσεδόκησεν, ποιουμένου [δὲ] τὴν ἀπὸ Βαβυλῶνος στρατείαν αὐτοῦ, τὰ περὶ τὴν Ἀντιόχειαν ἐνεωτέρισεν· 207 εἶθ' ὡς ἀνέστρεψεν ὁ βασιλεύς, ἁλισκομένης τῆς Ἀντιοχείας εἰς Σελεύκειαν φυγοῦσα, παρὸν αὐτῇ ταχέως ἀποπλεῖν, ἐνυπνίῳ κωλύοντι πεισθεῖσα ἐλήφθη καὶ ἀπέθανεν. 208 Ταῦτα προειπὼν ὁ Ἀγαθαρχίδης καὶ ἐπισκώπτων τῇ Στρατονίκῃ τὴν δεισιδαιμονίαν παραδείγματι χρῆται τῷ περὶ ἡμῶν λόγῳ καὶ γέγραφεν οὕτως· 209 « οἱ καλούμενοι Ἰουδαῖοι πόλιν οἰκοῦντες ὀχυρωτάτην πασῶν, ἣν καλεῖν Ἱεροσόλυμα συμβαίνει τοὺς ἐγχωρίους, — ἀργεῖν εἰθισμένοι δι' ἑβδόμης ἡμέρας καὶ μήτε τὰ ὅπλα βαστάζειν ἐν τοῖς εἰρημένοις χρόνοις μήτε γεωργίας ἅπτεσθαι μήτε ἄλλης ἐπιμελεῖσθαι λειτουργίας μηδεμιᾶς, ἀλλ' ἐν τοῖς ἱεροῖς ἐκτετακότες τὰς χεῖρας εὔχεσθαι μέχρι τῆς ἑσπέρας, — 210 εἰσιόντος εἰς τὴν χώραν Πτολεμαίου τοῦ Λάγου μετὰ τῆς δυνάμεως καὶ τῶν

---

156. L'histoire de Mosollamos est la caricature d'un très vieux thème : déjà l'*Iliade* (II, 858) met en scène un *oiônistès* que son art ne prémunit pas contre les dangers de l'expédition où il trouvera la mort. [Th.R.]

157. Agatharchide de Cnide, qui florissait sous Ptolémée VI Philométor (181-146 av. J.-C.), avait laissé d'importants ouvrages géographiques et historiques, notamment une *Histoire d'Europe* en 49 livres et une *Histoire d'Asie* en 10 livres. Le fragment suivant est reproduit en partie dans les *Antiquités*, XII, I, 1. [Th.R.]

qui n'a pas su pourvoir à son propre salut, nous donnerait-il sur notre marche une indication sensée ? S'il avait pu prévoir l'avenir, il ne serait pas venu ici, de crainte de mourir frappé d'une flèche par le Juif Mosollamos [156]. »

205 Mais en voilà assez sur les témoignages d'Hécatée ; si l'on veut en apprendre davantage, il est facile de lire son livre. Je n'hésiterai pas à nommer aussi Agatharchide, qui, pour railler notre sottise, à ce qu'il croit, fait mention de nous [157]. **206** Il raconte l'histoire de Stratonice [158], comment elle vint de Macédoine en Syrie après avoir abandonné son mari Démétrius, comment, Séleucus ayant refusé sa main contre son attente, elle souleva Antioche pendant qu'il faisait son expédition en partant de Babylone, **207** puis, après le retour du roi et la prise d'Antioche, comment elle s'enfuit à Séleucie, et, au lieu de gagner rapidement le large ainsi qu'elle le pouvait, se laissa arrêter par un songe, fut prise et mise à mort. **208** Après ce récit, Agatharchide raille la superstition de Stratonice et cite comme exemple de faiblesse pareille ce qu'on raconte de nous. **209** Il s'exprime ainsi : « Ceux qu'on appelle Juifs, habitants de la ville la plus fortifiée de toutes, que les naturels nomment Jérusalem, sont accoutumés à se reposer tous les sept jours, à ne point, pendant ce temps, porter leurs armes ni cultiver la terre ni accomplir aucune autre corvée, mais à prier dans les temples jusqu'au soir les mains étendues [159]. **210** Aussi lorsque Ptolémée fils de Lagos envahit leur territoire avec son

---

158. Stratonice, fille d'Antiochus Ier Sôter, roi d'Asie, avait épousé Démétrius II de Macédoine. Lorsque celui-ci prit une autre femme, vers 239, elle vint à Antioche dans l'espoir d'épouser son neveu Séleucus II Callinicus. [Th.R.]

159. C'est la mention la plus ancienne préservée dans la littérature grecque du repos sabbatique observé par les Juifs. Pour une analyse des fragments subsistants d'Agatharchide, cf. Bar Kochva, *The Image of the Jews in Greek Literature*, p. 280-305.

ἀνθρώπων ἀντὶ τοῦ φυλάττειν τὴν πόλιν διατηρούντων τὴν
ἄνοιαν, ἡ μὲν πατρὶς εἰλήφει δεσπότην πικρόν, ὁ δὲ νόμος
ἐξηλέγχθη φαῦλον ἔχων ἐθισμόν. 211 Τὸ δὲ συμβὰν πλὴν
ἐκείνων τοὺς ἄλλους πάντας δεδίδαχε τηνικαῦτα φυγεῖν εἰς
ἐνύπνια καὶ τὴν περὶ τοῦ θείου παραδεδομένην ὑπόνοιαν,
ἡνίκα ἂν τοῖς ἀνθρωπίνοις λογισμοῖς περὶ τῶν διαπο-
ρουμένων ἐξασθενήσωσιν.» 212 Τοῦτο μὲν Ἀγαθαρχίδῃ
καταγέλωτος ἄξιον δοκεῖ, τοῖς δὲ μὴ μετὰ δυσμενείας
ἐξετάζουσι φαίνεται μέγα καὶ πολλῶν ἄξιον ἐγκωμίων, εἰ
καὶ σωτηρίας καὶ πατρίδος ἄνθρωποί τινες νόμων φυλακὴν
καὶ τὴν πρὸς θεὸν εὐσέβειαν ἀεὶ προτιμῶσιν.

XXIII 213 Ὅτι δὲ οὐκ ἀγνοοῦντες ἔνιοι τῶν συγγραφέων
τὸ ἔθνος ἡμῶν, ἀλλ᾿ ὑπὸ φθόνου τινὸς ἢ δι᾿ ἄλλας αἰτίας
οὐχ ὑγιεῖς, τὴν μνήμην <ἡμῶν> παρέλιπον, τεκμήριον οἶμαι
παρέξειν· Ἱερώνυμος γὰρ ὁ τὴν περὶ τῶν διαδόχων ἱστορίαν
συγγεγραφὼς κατὰ τὸν αὐτὸν μὲν ἦν Ἑκαταίῳ χρόνον,
φίλος δ᾿ ὢν Ἀντιγόνου τοῦ βασιλέως τὴν Συρίαν
ἐπετρόπευεν· 214 ἀλλ᾿ ὅμως Ἑκαταῖος μὲν καὶ βιβλίον
ἔγραψεν περὶ ἡμῶν, Ἱερώνυμος δ᾿ οὐδαμοῦ κατὰ τὴν
ἱστορίαν ἐμνημόνευσε καίτοι σχεδὸν ἐν τοῖς τόποις διατε-

160. La date de cet événement est inconnue : il ne peut s'agir de
l'expédition de 320, où Ptolémée envoya en Syrie son lieutenant
Nicanor (Diodore, XVIII, 43). Willrich a supposé (Juden und Griechen,
p. 23) que la prise de Jérusalem suivit la victoire de Gaza (312), mais,
comme il le rappelle lui-même, Diodore ne mentionne (XIX, 85 suiv.)
parmi les villes de Palestine prises, puis rasées à cette occasion, que
Joppé, Samarie et Gaza. Nous savons, d'autre part, que Jérusalem fut
démantelée par Ptolémée (Appien, Syr., 50). [Th.R.]

armée, comme, au lieu de garder la ville, ces hommes persévérèrent dans leur folie, leur patrie reçut un maître tyrannique, et il fut prouvé que leur loi comportait une sotte coutume [160]. **211** Par cet événement, tout le monde, sauf eux, apprit qu'il ne faut recourir aux visions des songes et aux superstitions traditionnelles concernant la divinité, que lorsque les raisonnements humains nous laissent en détresse dans des circonstances critiques. » **212** Agatharchide trouve le fait ridicule ; mais, si on l'examine sans malveillance, on voit qu'il y a pour des hommes de la grandeur et un mérite très louable à se soucier toujours moins et de leur salut et de leur patrie que de l'observation des lois et de la piété envers Dieu [161].

XXIII

Autres auteurs grecs qui ont parlé des Juifs

213 J'ajoute que ce n'est pas par ignorance de notre nation, mais par jalousie, ou pour d'autres causes honteuses, que quelques-uns des historiens ont omis de nous mentionner ; je vais, je crois, en fournir la preuve. Hiéronyme, qui a composé l'histoire des successeurs d'Alexandre, contemporain d'Hécatée, et ami du roi Antigone, gouvernait la Syrie. **214** Cependant, tandis qu'Hécatée a écrit un livre entier sur nous, Hiéronyme ne nous a mentionnés nulle part dans son Histoire [162],

---

161. Josèphe effectue dans cette phrase une opération remarquable : plaçant la piété et l'observance des lois au-dessus du patriotisme et du salut individuel, il amenuise le rapport étroit existant entre les Juifs et la terre d'Israël *(Erets Yisrael)* d'une part, mais, de l'autre, il fait passer le renoncement à la patrie pour un pieux sacrifice.

162. Hiéronyme de Cardie vécut environ de 360 à 265 avant J.-C. Son histoire des diadoques et des épigones allait de la mort d'Alexandre à celle de Pyrrhus. [Th.R.]

τριφῶς· τοσοῦτον αἱ προαιρέσεις τῶν ἀνθρώπων διήνεγ-
καν· τῷ μὲν γὰρ ἐδόξαμεν καὶ σπουδαίας εἶναι μνήμης
ἄξιοι, τῷ δὲ πρὸς τὴν ἀλήθειαν πάντως τι πάθος οὐκ
εὔγνωμον ἐπεσκότησεν. 215 Ἀρκοῦσι δὲ ὅμως εἰς τὴν
ἀπόδειξιν τῆς ἀρχαιότητος αἵ τε Αἰγυπτίων καὶ Χαλδαίων
καὶ Φοινίκων ἀναγραφαί, πρὸς ἐκείναις τε τοσοῦτοι τῶν
Ἑλλήνων συγγραφεῖς· 216 ἔτι δὲ πρὸς τοῖς εἰρημένοις
Θεόφιλος καὶ Θεόδοτος καὶ Μνασέας καὶ Ἀριστοφάνης καὶ
Ἑρμογένης Εὐήμερός τε καὶ Κόνων καὶ Ζωπυρίων καὶ
πολλοί τινες ἄλλοι τάχα, — οὐ γὰρ ἔγωγε πᾶσιν ἐντετύχηκα
τοῖς βιβλίοις, — οὐ παρέργως ἡμῶν ἐμνημονεύκασιν.
217 Οἱ πολλοὶ δὲ τῶν εἰρημένων ἀνδρῶν τῆς μὲν ἀληθείας
τῶν ἐξ ἀρχῆς πραγμάτων διήμαρτον, ὅτι μὴ ταῖς ἱεραῖς
ἡμῶν βίβλοις ἐνέτυχον, κοινῶς μέντοι περὶ τῆς ἀρχαιότητος
ἅπαντες μεμαρτυρήκασιν, ὑπὲρ ἧς τὰ νῦν λέγειν προεθέμην.
218 Ὁ μέντοι Φαληρεὺς Δημήτριος καὶ Φίλων ὁ
πρεσβύτερος καὶ Εὐπόλεμος οὐ πολὺ τῆς ἀληθείας
διήμαρτον. Οἷς συγγιγνώσκειν ἄξιον· οὐ γὰρ ἐνῆν αὐτοῖς
μετὰ πάσης ἀκριβείας τοῖς ἡμετέροις γράμμασι παρακο-
λουθεῖν.

XXIV 219 Ἓν ἔτι μοι κεφάλαιον ὑπολείπεται τῶν κατὰ
τὴν ἀρχὴν προτεθέντων τοῦ λόγου· τὰς διαβολὰς καὶ τὰς
λοιδορίας, αἷς κέχρηνταί τινες κατὰ τοῦ γένους ἡμῶν,
ἀποδεῖξαι ψευδεῖς καὶ τοῖς γεγραφόσι ταύτας καθ᾽ ἑαυτῶν

---

163. Théophile avait parlé des rapports de Salomon avec Hirôm
(Polyhistor, fr. 19) Théodote, Samaritain, est l'auteur d'un Περὶ
Ἰουδαίων en vers (ibid., fr. 9). Nous retrouverons Mnaséas plus loin
(II, 9). Hermogène avait écrit des Φρυγιακά, où il était question de
Nannacos, le Noé phrygien (Frag. hist. graec., III, 524 Didot). Évhé-
mère est l'auteur célèbre du roman intitulé Histoire sacrée. Aristo-
phane, Conon, Zopyrion sont inconnus ou douteux. [Th.R.]

bien qu'il eût vécu presque dans notre pays, tant ces hommes différaient de sentiments ! À l'un nous avons semblé mériter une mention importante ; une passion tout à fait défavorable à la vérité empêcha l'autre de voir clair. **215** Pourtant il suffit, pour prouver notre antiquité, des annales égyptiennes, chaldéennes et phéniciennes, auxquelles s'ajoutent tant d'historiens grecs. **216** Outre ceux que j'ai déjà cités, Théophile, Théodote, Mnaséas, Aristophane, Hermogène, Évhémère, Conon, Zopyrion et beaucoup d'autres peut-être — car je n'ai pas lu tous les livres — ont parlé de nous assez longuement [163]. **217** La plupart de ces auteurs se sont trompés sur les origines pour n'avoir pas lu nos livres sacrés ; mais tous s'accordent à témoigner de notre antiquité dont j'ai fait l'objet de ce traité. **218** Pourtant Démétrius de Phalère, Philon l'ancien et Eupolémos ne se sont pas beaucoup écartés de la vérité [164]. Il faut les excuser, car ils ne pouvaient suivre nos annales en toute exactitude.

XXIV

Les calomnies à l'adresse des Juifs. Raison générale

219 Il me reste encore à traiter un des points essentiels annoncés au début de ce traité [165] : montrer la fausseté des accusations et des propos injurieux par lesquels on s'est attaqué à notre race, et invoquer

---

164. Auteurs juifs cités par Polyhistor que Josèphe a pris pour des Grecs. [Th.R.] Ces auteurs, qui ne sont pas présentés comme Juifs par Josèphe, sont actuellement considérés pour tels et rangés dans la catégorie des auteurs juifs hellénistiques. Reste la question de savoir si Josèphe les a délibérément confondus ou non. Ben Zion Wacholder, *Eupolemus : A Study of Judeo-Greek Literature*, Cincinnati, Hebrew Union College, 1974.

165. Plus haut, §§ 3-4 et 59. [Th.R.]

χρήσασθαι μάρτυσιν. 220 Ότι μὲν οὖν καὶ ἑτέροις τοῦτο πολλοῖς συμβέβηκε διὰ τὴν ἐνίων δυσμένειαν, οἶμαι γιγνώσκειν τοὺς πλέον ταῖς ἱστορίαις ἐντυγχάνοντας· καὶ γὰρ ἐθνῶν τινες καὶ τῶν ἐνδοξοτάτων πόλεων ῥυπαίνειν τὴν εὐγένειαν καὶ τὰς πολιτείας ἐπεχείρησαν λοιδορεῖν· 221 Θεόπομπος μὲν τὴν Ἀθηναίων, τὴν δὲ Λακεδαιμονίων Πολυκράτης, ὁ δὲ τὸν Τριπολιτικὸν γράψας, — οὐ γὰρ δὴ Θεόπομπός ἐστιν ὡς οἴονταί τινες, — καὶ τὴν Θηβαίων πόλιν προσέδακεν, πολλὰ δὲ καὶ Τίμαιος ἐν ταῖς ἱστορίαις περὶ τῶν προειρημένων καὶ περὶ ἄλλων βεβλασφήμηκεν. 222 Μάλιστα δὲ τοῦτο ποιοῦσι τοῖς ἐνδοξοτάτοις προσπλεκόμενοι, τινὲς μὲν διὰ φθόνον καὶ κακοήθειαν, ἄλλοι δὲ διὰ τοῦ καινολογεῖν μνήμης ἀξιωθήσεσθαι νομίζοντες. Παρὰ μὲν οὖν τοῖς ἀνοήτοις ταύτης οὐ διαμαρτάνουσι τῆς ἐλπίδος, οἱ δ᾽ ὑγιαίνοντες τῇ κρίσει πολλὴν αὐτῶν μοχθηρίαν καταδικάζουσι.

XXV 223 Τῶν δὲ εἰς ἡμᾶς βλασφημιῶν ἤρξαντο μὲν Αἰγύπτιοι· βουλόμενοι δ᾽ ἐκείνοις τινὲς χαρίζεσθαι, παρατρέπειν ἐπεχείρησαν τὴν ἀλήθειαν, οὔτε τὴν εἰς Αἴγυπτον ἄφιξιν ὡς ἐγένετο τῶν ἡμετέρων προγόνων ὁμολογοῦντες, οὔτε τὴν ἔξοδον ἀληθεύοντες. 224 Αἰτίας δὲ πολλὰς ἔλαβον τοῦ μισεῖν καὶ φθονεῖν· τὸ μὲν ἐξ ἀρχῆς, ὅτι κατὰ τὴν χώραν αὐτῶν ἐδυνάστευσαν ἡμῶν οἱ πρόγονοι κἀκεῖθεν ἀπαλλαγέντες ἐπὶ τὴν οἰκείαν πάλιν εὐδαιμόνησαν, εἶθ᾽ ἡ † τούτων ὑπεναντιότης πολλὴν αὐτοῖς

_____

166. Voir à l'Appendice note sur le § 221. [Th.R.]
167. Timée devait à sa médisance, particulièrement contre les rois, le surnom de Ἐπιτίμαιος que lui donna Istros. [Th.R.]

contre ceux qui les ont écrits leur propre témoignage. **220** Que beaucoup d'autres peuples aient subi le même sort par l'inimitié de quelques-uns, c'est un fait connu, je pense, de ceux à qui la lecture des historiens est plus familière. **221** D'aucuns, en effet, ont essayé de salir la noblesse des peuples et des villes les plus illustres et de diffamer leur constitution, Théopompe celle d'Athènes, Polycrate celle de Lacédémone ; l'auteur des *Trois cités* — ce n'est pas Théopompe, comme certains le croient — a aussi déchiré Thèbes [166]. Timée également a, dans ses Histoires, beaucoup diffamé ces cités et d'autres encore [167]. **222** Ils s'attachent surtout aux personnages les plus célèbres, les uns par envie et par malveillance, d'autres dans la pensée que ce langage nouveau les rendra dignes de mémoire. Auprès des sots ils ne sont point déçus dans cette espérance, mais les esprits au jugement sain condamnent leur grande méchanceté.

XXV

Elles vinrent d'abord des Égyptiens, qui les haïssaient

223 Les calomnies à notre adresse vinrent d'abord des Égyptiens, puis, dans l'intention de leur être agréables, certains auteurs entreprirent d'altérer la vérité ; ils n'avouèrent pas l'arrivée de nos ancêtres en Égypte telle qu'elle eut lieu, ni ne racontèrent sincèrement la façon dont ils en sortirent. **224** Les Égyptiens eurent bien des motifs de haine et d'envie : à l'origine la domination de nos ancêtres sur leur pays [168], et leur prospérité quand ils l'eurent quitté pour retourner chez eux. Puis l'opposition de leurs croyances et des nôtres

---

168. Les Hycsos assimilés à Joseph. [Th.R.]

ἐνεποίησεν ἔχθραν, τοσοῦτον τῆς ἡμετέρας διαφερούσης εὐσεβείας πρὸς τὴν ὑπ' ἐκείνων νενομισμένην, ὅσον θεοῦ φύσις ζῴων ἀλόγων διέστηκε. 225 Κοινὸν μὲν γὰρ αὐτοῖς ἐστι πάτριον τὸ ταῦτα θεοὺς νομίζειν, ἰδίᾳ δὲ πρὸς ἀλλήλους ἐν ταῖς τιμαῖς αὐτῶν διαφέρονται. Κοῦφοι δὲ καὶ ἀνόητοι παντάπασιν ἄνθρωποι, κακῶς ἐξ ἀρχῆς εἰθισμένοι δοξάζειν περὶ θεῶν, μιμήσασθαι μὲν τὴν σεμνότητα τῆς ἡμετέρας θεολογίας οὐκ ἐχώρησαν, ὁρῶντες δὲ ζηλουμένους ὑπὸ πολλῶν ἐφθόνησαν. 226 Εἰς τοσοῦτον γὰρ ἦλθον ἀνοίας καὶ μικροψυχίας ἔνιοι τῶν παρ' αὐτοῖς, ὥστ' οὐδὲ ταῖς ἀρχαίαις αὐτῶν ἀναγραφαῖς ᾤκησαν ἐναντία λέγειν, ἀλλὰ καὶ σφίσιν αὐτοῖς ἐναντία γράφοντες ὑπὸ τυφλότητος τοῦ πάθους ἠγνόησαν.

XXVI 227 Ἐφ' ἑνὸς δὲ πρώτου στήσω τὸν λόγον, ᾧ καὶ μάρτυρι μικρὸν ἔμπροσθεν τῆς ἀρχαιότητος ἐχρησάμην. 228 Ὁ γὰρ Μανέθως οὗτος, ὁ τὴν Αἰγυπτιακὴν ἱστορίαν ἐκ τῶν ἱερῶν γραμμάτων μεθερμηνεύειν ὑπεσχημένος, προειπὼν τοὺς ἡμετέρους προγόνους πολλαῖς μυριάσιν ἐπὶ τὴν Αἴγυπτον ἐλθόντας κρατῆσαι τῶν ἐνοικούντων, εἶτ' αὐτὸς ὁμολογῶν χρόνῳ πάλιν ὕστερον ἐκπεσόντας τὴν νῦν Ἰουδαίαν κατασχεῖν καὶ κτίσαντας Ἱεροσόλυμα τὸν νεὼν κατασκευάσασθαι, μέχρι μὲν τούτων ἠκολούθησε ταῖς ἀναγραφαῖς. 229 Ἔπειτα δὲ δοὺς ἐξουσίαν αὑτῷ, διὰ τοῦ φάναι γράψειν τὰ μυθευόμενα καὶ λεγόμενα, περὶ τῶν Ἰουδαίων λόγους ἀπιθάνους παρενέβαλεν, ἀναμῖξαι βουλόμενος ἡμῖν πλῆθος Αἰγυπτίων λεπρῶν καὶ ἐπὶ ἄλλοις ἀρρωστήμασιν, ὥς φησι, φυγεῖν ἐκ τῆς Αἰγύπτου καταγνωσθέντων. 230 Ἀμένωφιν γὰρ βασιλέα προθείς,

leur inspira une haine profonde, car notre piété diffère de celle qui est en usage chez eux autant que l'être divin est éloigné des animaux privés de raison. **225** Toute leur nation, en effet, d'après une coutume héréditaire, prend les animaux pour des dieux, qu'ils honorent d'ailleurs chacun à sa façon, et ces hommes tout à fait légers et insensés, qui dès l'origine s'étaient accoutumés à des idées fausses sur les dieux, n'ont pas été capables de prendre modèle sur la dignité de notre religion, et nous ont jalousés en voyant combien elle trouvait de zélateurs. **226** Quelques-uns d'entre eux ont poussé la sottise et la petitesse au point de ne pas hésiter à se mettre en contradiction même avec leurs antiques annales, et, bien mieux, de ne pas s'apercevoir, dans l'aveuglement de leur passion, que leurs propres écrits les contredisaient.

XXVI

Calomnies de Manéthôs

227 Le premier qui m'arrêtera, c'est celui dont le témoignage m'a déjà servi un peu plus haut à prouver notre antiquité. **228** Ce Manéthôs, qui avait promis de traduire l'histoire d'Égypte d'après les Livres sacrés, après avoir dit que nos aïeux, venus au nombre de plusieurs myriades en Égypte, établirent leur domination sur les habitants, avouant lui-même que, chassés plus tard, ils occupèrent la Judée actuelle, fondèrent Jérusalem et bâtirent le temple ; Manéthôs, dis-je, a suivi jusque-là les annales. **229** Mais ensuite, il prend la liberté, sous prétexte de raconter les fables et les propos qui courent sur les Juifs, d'introduire des récits invraisemblables et veut nous confondre avec une foule d'Égyptiens lépreux et atteints d'autres maladies, condamnés pour cela, selon lui, à fuir l'Égypte. **230** En

ψευδὲς ὄνομα, καὶ διὰ τοῦτο χρόνον αὐτοῦ τῆς βασιλείας
ὁρίσαι μὴ τολμήσας, καίτοι γε ἐπὶ τῶν ἄλλων βασιλέων
ἀκριβῶς τὰ ἔτη προστιθείς, τούτῳ προσάπτει τινὰς μυθο-
λογίας, ἐπιλαθόμενος σχεδόν ὅτι πεντακοσίοις ἔτεσι καὶ
δεκαοκτὼ πρότερον ἱστόρηκε γενέσθαι τὴν τῶν ποιμένων
ἔξοδον εἰς Ἱεροσόλυμα. 231 Τέθμωσις γὰρ ἦν βασιλεὺς ὅτε
ἐξῄεσαν, ἀπὸ δὲ τούτου τῶν μεταξὺ βασιλέων κατ' αὐτόν
ἐστι τριακόσια ἐνενηκοντατρία ἔτη μέχρι τῶν δύο ἀδελφῶν
Σέθω καὶ Ἑρμαίου, ὧν τὸν μὲν Σέθων Αἴγυπτον, τὸν δὲ
Ἕρμαιον Δαναὸν μετονομασθῆναί φησιν, ὃν ἐκβαλὼν ὁ
Σέθως ἐβασίλευσεν ἔτη νθ' καὶ μετ' αὐτὸν ὁ πρεσβύτερος
τῶν υἱῶν αὐτοῦ Ῥάμψης ξς'. 232 Τοσούτοις οὖν πρότερον
ἔτεσιν ἀπελθεῖν ἐξ Αἰγύπτου τοὺς πατέρας ἡμῶν ὡμολο-
γηκὼς, εἶτα τὸν Ἀμένωφιν εἰσποιήσας, ἐμβόλιμον βασιλέα,
φησὶν τοῦτον ἐπιθυμῆσαι θεῶν γενέσθαι θεατὴν, ὥσπερ
Ὧρ εἷς τῶν πρὸ αὐτοῦ βεβασιλευκότων, ἀνενεγκεῖν δὲ τὴν
ἐπιθυμίαν ὁμωνύμῳ μὲν αὐτοῦ Ἀμενώφει, πατρὸς δὲ
Παάπιος ὄντι, θείας δὲ δοκοῦντι μετεσχηκέναι φύσεως κατά
τε σοφίαν καὶ πρόγνωσιν τῶν ἐσομένων. 233 Εἰπεῖν οὖν
αὐτῷ τοῦτον τὸν ὁμώνυμον, ὅτι δυνήσεται θεοὺς ἰδεῖν, εἰ
καθαρὰν ἀπό τε λεπρῶν καὶ τῶν ἄλλων μιαρῶν ἀνθρώπων
τὴν χώραν ἅπασαν ποιήσειεν. 234 Ἡσθέντα δὲ τὸν βασιλέα
πάντας τοὺς τὰ σώματα λελωβημένους ἐκ τῆς Αἰγύπτου
συναγαγεῖν· γενέσθαι δὲ τὸ πλῆθος μυριάδας ὀκτώ· 235 καὶ

---

169. Comparer avec I, 95-96, et 98, où Josèphe cite sans
protester Manéthon qui énumère les règnes d'Aménophis qui « régna
vingt ans et sept mois ».

170. Voir la note sur le § 231 à l'Appendice. [Th.R.]

171. Voir la note sur le § 231 à l'Appendice. [Th.R.]

172. Mais Manéthôs n'assimilait pas les Hycsos aux Hébreux.
[Th.R.]

173. Or est le 9ᵉ roi de la XVIIIᵉ dynastie (supra, § 96). Mais
Hérodote, II, 42, raconte la même histoire de l'Héraclès égyptien et il
y a peut-être une confusion avec le dieu Horus. [Th.R.]

effet, après avoir cité le nom du roi Aménophis, qui est imaginaire [169], sans avoir osé, pour cette raison, fixer la durée de son règne, bien qu'à la mention des autres rois il ait exactement ajouté les années [170], il lui applique certaines légendes, oubliant sans doute que depuis cinq cent dix-huit ans, d'après son récit, avait eu lieu l'exode des pasteurs vers Jérusalem. **231** En effet, c'est sous le règne de Tethmôsis qu'ils partirent ; or, suivant l'auteur, les règnes qui succèdent à celui-là remplirent trois cent quatre-vingt-treize ans jusqu'aux deux frères Séthôs et Hermaios, dont le premier reçut, dit-il, le nouveau nom d'Ægyptos, et le second celui de Danaos. Séthôs, ayant chassé son frère, régna cinquante-neuf ans, et l'aîné de ses fils, Rampsès, lui succéda pendant soixante-six ans [171]. **232** Ainsi, après avoir avoué que tant d'années s'étaient écoulées depuis que nos pères avaient quitté l'Égypte [172], intercalant dans la suite le fabuleux roi Aménophis, il raconte que ce prince désira contempler les dieux comme l'avait fait Or, l'un de ses prédécesseurs au trône [173], et fit part de son désir à Aménophis, son homonyme, fils de Paapis, qui semblait participer à la nature divine par sa sagesse et sa connaissance de l'avenir [174]. **233** Cet homonyme lui dit qu'il pourrait réaliser son désir s'il nettoyait le pays entier des lépreux et des autres impurs. **234** Le roi se réjouit, réunit [175] tous les infirmes de l'Égypte — ils étaient au nombre de quatre-vingt mille —, **235** et les

---

174. Ce personnage paraît avoir une réalité historique : c'est Amenhotep, fils de Hapou, ministre d'Aménophis III, dont Mariette a découvert la statue avec une inscription intéressante ; on lui attribuait des grimoires magiques (Maspero, II, 298 et 449 ; Wilcken, *Ægyptiaca*, p. 147 suiv. ; Breasted, *Ancient Records*, II, 911). [Th.R.]

175. On apprend plus loin, § 237, que le rassemblement des infirmes s'est fait en très peu de temps. Josèphe a supprimé ce détail, de même qu'au § 245 il omet de présenter l'« ami » et de dire que la rencontre d'Aménophis avec les envahisseurs a lieu vers Péluse (fait mentionné seulement au § 274). [Th.R.]

τούτους εἰς τὰς λιθοτομίας τὰς ἐν τῷ πρὸς ἀνατολὴν μέρει
τοῦ Νείλου ἐμβαλεῖν αὐτόν, ὅπως ἐργάζοιντο καὶ τῶν ἄλλων
Αἰγυπτίων εἶεν κεχωρισμένοι· εἶναι δέ τινας ἐν αὐτοῖς καὶ
τῶν λογίων ἱερέων φησὶ λέπρᾳ συνεσχημένους. 236 Τὸν δὲ
Ἀμένωφιν ἐκεῖνον, τὸν σοφὸν καὶ μαντικὸν ἄνδρα, ὑποδεῖσαι
πρὸς αὐτόν τε καὶ τὸν βασιλέα χόλον τῶν θεῶν, εἰ βιασθέντες
ὀφθήσονται· καὶ προρώμενον [εἰπεῖν], ὅτι συμμαχήσουσί
τινες τοῖς μιαροῖς καὶ τῆς Αἰγύπτου κρατήσουσιν ἐπ᾽ ἔτη
δεκατρία, μὴ τολμῆσαι μὲν αὐτὸν εἰπεῖν ταῦτα τῷ βασιλεῖ,
γραφὴν δὲ καταλιπόντα περὶ πάντων ἑαυτὸν ἀνελεῖν, ἐν
ἀθυμίᾳ δὲ εἶναι τὸν βασιλέα. 237 Κἄπειτα κατὰ λέξιν οὕτως
γέγραφεν· « τῶν δ᾽ <ἐν> ταῖς λατομίαις ὡς χρόνος ἱκανὸς
διῆλθεν ταλαιπωρούντων, ἀξιωθεὶς ὁ βασιλεύς, ἵνα [πρὸς]
κατάλυσιν αὐτοῖς καὶ σκέπην ἀπομερίσῃ, τὴν τότε τῶν
ποιμένων ἐρημωθεῖσαν πόλιν Αὔαριν συνεχώρησεν· ἔστι δ᾽ ἡ
πόλις κατὰ τὴν θεολογίαν ἄνωθεν Τυφώνιος. 238 Οἱ δὲ εἰς
ταύτην εἰσελθόντες καὶ τὸν τόπον τοῦτον <ὁρμητήριον> εἰς
ἀπόστασιν ἔχοντες, ἡγεμόνα αὐτῶν τινα τῶν Ἡλιοπολιτῶν
ἱερέων Ὀσάρσηφον λεγόμενον ἐστήσαντο καὶ τούτῳ
πειθαρχήσοντες ἐν πᾶσιν ὡρκωμότησαν. 239 Ὁ δὲ πρῶτον
μὲν αὐτοῖς νόμον ἔθετο μήτε προσκυνεῖν θεοὺς μήτε τῶν
μάλιστα ἐν Αἰγύπτῳ θεμιστευομένων ἱερῶν ζῴων ἀπέχεσθαι
μηδενός, πάντα δὲ θύειν καὶ ἀναλοῦν, συνάπτεσθαι δὲ μηδενὶ
πλὴν τῶν συνομωμοσμένων. 240 Τοιαῦτα δὲ νομοθετήσας καὶ

---

176. Ce sont (Lepsius, F.G. Müller, Maspero) les carrières de
Tourah, déjà connues d'Hérodote (II, 8 et 124) comme ayant fourni
les matériaux des pyramides. [Th.R.]

177. Sur l'emploi des forçats dans les carrières à l'époque ptolémaïque, voir Bouché-Leclercq, *Histoire des Lagides* III, 241 et IV, 193
et 337. [Th.R.]

178. Osarseph d'Héliopolis et ses confrères, qui sont sans doute
ses compatriotes (*infra*, § 238 et 241) : les Héliopolitains sont, d'après
Hérodote, II, 3, Αἰγυπτίων λογιώτατοι. [Th.R.]

179. Voir plus haut, § 78 et 86. [Th.R.]

180. Ce nom théophore est clairement calqué sur celui de Joseph
par la substitution de l'élément Osiris à Iahveh, quoique plus loin ce
personnage joue le rôle, non de Joseph, mais de Moïse. [Th.R.]

envoya dans les carrières à l'est du Nil [176] travailler [177] à l'écart des autres Égyptiens. Il y avait parmi eux, suivant Manéthôs, quelques prêtres savants [178] atteints de la lèpre. **236** Alors cet Aménophis, le sage devin, craignit d'attirer sur lui et sur le roi la colère des dieux si on les forçait à se laisser contempler ; et, voyant des alliés dans l'avenir se joindre aux impurs et établir leur domination en Égypte pendant treize ans, il n'osa pas annoncer lui-même ces calamités au roi, mais il laissa le tout par écrit et se tua. Le roi tomba dans le découragement. **237** Ensuite Manéthôs s'exprime ainsi textuellement : « Les hommes enfermés dans les carrières souffraient depuis assez longtemps, lorsque le roi, supplié par eux de leur accorder un séjour et un abri, consentit à leur céder l'ancienne ville des Pasteurs, Avaris, alors abandonnée. **238** Cette ville, d'après la tradition théologique, est consacrée depuis l'origine à Typhon [179]. Ils y allèrent et, faisant de ce lieu la base d'opération d'une révolte, ils prirent pour chef un des prêtres d'Héliopolis nommé Osarseph [180] et lui jurèrent d'obéir à tous ses ordres. **239** Il leur prescrivit pour première loi de ne point adorer de dieux [181], de ne s'abstenir de la chair d'aucun des animaux que la loi divine rend le plus sacrés en Égypte [182], de les immoler tous, de les consommer et de ne s'unir qu'à des hommes liés par le même serment. **240** Après avoir

---

181. L'« athéisme » vient en tête des commandements d'Osarseph-Moïse, à titre de « première loi ». L'auteur sait-il que le Décalogue commence par l'ordre de n'avoir d'autre dieu que Iahveh ? Ou se rappelle-t-il l'ordonnance des listes de devoirs dressés par les moralistes grecs et où est inculqué, comme premier précepte (Xénophon, *Mem.*, IV, 4, 19, *Poëme doré*, v. 1, cf. Dieterich, *Nekyia*, p. 146 et suiv.) le respect des dieux ? [Th.R.]

182. Cf. Tacite, *Histoires*, V, 4 : ils sacrifient le bélier comme pour insulter Hammon, et le bœuf, parce que les Égyptiens adorent Apis. [Th.R.]

édicté ces lois et un très grand nombre d'autres, en
contradiction absolue avec les coutumes égyptiennes, il fit
réparer par une multitude d'ouvriers les murailles de la
ville et ordonna de se préparer à la guerre contre le roi
Aménophis. **241** Lui-même s'associa quelques-uns des
autres prêtres contaminés comme lui, envoya une ambassade vers les Pasteurs chassés par Tethmôsis, dans la ville
nommée Jérusalem, et, leur exposant sa situation et celle
de ses compagnons outragés comme lui, il les invita à se
joindre à eux pour marcher tous ensemble sur l'Égypte.
242 Il leur promit de les conduire d'abord à Avaris, patrie
de leurs ancêtres, et de fournir sans compter le nécessaire
à leur multitude, puis de combattre pour eux, le moment
venu, et de leur soumettre facilement le pays. **243** Les
Pasteurs, au comble de la joie, s'empressèrent de se mettre
en marche tous ensemble au nombre de deux cent mille
hommes environ et peu après arrivèrent à Avaris. Le roi
d'Égypte Aménophis, à la nouvelle de leur invasion, ne
fut pas médiocrement troublé, car il se rappelait la prédiction d'Aménophis, fils de Paapis. **244** Il réunit d'abord
une multitude d'Égyptiens, et après avoir délibéré avec
leurs chefs, il se fit amener les animaux sacrés les plus
vénérés dans les temples et recommanda aux prêtres de
chaque district de cacher le plus sûrement possible les
statues des dieux. **245** Quant à son fils Séthôs, nommé
aussi Ramessès du nom de son grand-père Rampsès [183],

---

183. Le prince héritier, fils d'Aménophis, porte les deux noms de
Séthôs et de Ramessès comme le roi Séthôs-Ramessès du § 98, également fils d'Aménophis. On remarque que le double nom n'apparaît
jamais chez Josèphe qu'une seule fois : le Séthôs ὁ καὶ Ῥαμέσσης de
§ 98 est Séthôs tout court § 101, 102 et 231 (comme d'ailleurs chez
l'Africain), celui du § 245, au contraire, ne s'appelle plus que
Ramessès ou Rampsès aux § 251 et 300 (comme chez Chaeremon,
infra § 292). Les mots Σέθων τὸν καί du présent texte et ὁ καὶ
Ῥαμέσσης du § 98 sont donc des éléments adventices destinés à identifier un Séthôs fils d'Aménophis et un Ramessès fils d'Aménophis ; cf.
Ed. Meyer, *Chronologie*, p. 91, qui considère les additions comme des
interpolations à Manéthôs. [Th.R.]

πρὸς τὸν ἑαυτοῦ φίλον. Αὐτὸς δὲ διαβὰς <σὺν> τοῖς ἄλλοις
Αἰγυπτίοις οὖσιν εἰς τριάκοντα μυριάδας ἀνδρῶν
μαχιμωτάτων, καίτοι τοῖς πολεμίοις ἀπαντήσας οὐ συνέβα-
λεν· 246 ἀλλὰ μὴ δεῖν θεομαχεῖν νομίσας, παλινδρομήσας
ἧκεν εἰς Μέμφιν, ἀναλαβών τε τόν τε Ἆπιν καὶ τὰ ἄλλα τὰ
ἐκεῖσε μεταπεμφθέντα ἱερὰ ζῷα, εὐθὺς εἰς Αἰθιοπίαν σὺν
ἅπαντι τῷ στόλῳ καὶ πλήθει τῶν Αἰγυπτίων ἀνήχθη· χάριτι
γὰρ ἦν αὐτῷ ὑποχείριος ὁ τῶν Αἰθιόπων βασιλεύς. 247 Ὃς
ὑποδεξάμενος <αὐτὸν> καὶ τοὺς ὄχλους πάντας ὑπολαβὼν
οἷς ἔσχεν ἡ χώρα τῶν πρὸς ἀνθρωπίνην τροφὴν ἐπιτηδείων,
καὶ πόλεις καὶ κώμας <παρέσχε> πρὸς τὴν τῶν πεπρωμένων
τρισκαίδεκα ἐτῶν ἀπὸ τῆς ἀρχῆς αὐτοῦ [εἰς τὴν] ἔκπτωσιν
αὐτάρκεις, οὐχ ἧττον δὲ καὶ στρατόπεδον Αἰθιοπικὸν πρὸς
φυλακὴν ἐπέταξε τοῖς παρ᾽ Ἀμενώφεως τοῦ βασιλέως... ἐπὶ
τῶν ὁρίων τῆς Αἰγύπτου. 248 Καὶ τὰ μὲν κατὰ τὴν
Αἰθιοπίαν τοιαῦτα. Οἱ δὲ Σολυμῖται κατελθόντες σὺν τοῖς
μιαροῖς τῶν Αἰγυπτίων οὕτως ἀνοσίως καὶ <ὠμῶς> τοῖς
ἀνθρώποις προσηνέχθησαν, ὥστε τὴν τῶν προειρημένων
<ποιμένων> κράτησιν χρυσὸν φαίνεσθαι τοῖς τότε τὰ
τούτων ἀσεβήματα θεωμένοις· 249 καὶ γὰρ οὐ μόνον πόλεις
καὶ κώμας ἐνέπρησαν, οὐδὲ ἱεροσυλοῦντες οὐδὲ
λυμαινόμενοι ξόανα θεῶν ἠρκοῦντο, ἀλλὰ καὶ τοῖς ἀδύτοις
ὀπτανίοις τῶν σεβαστευομένων ἱερῶν ζῴων χρώμενοι
διετέλουν, καὶ θύτας καὶ σφαγεῖς τούτων ἱερεῖς καὶ
προφήτας ἠνάγκαζον γίνεσθαι καὶ γυμνοὺς ἐξέβαλλον.
250 Λέγεται δέ, ὅτι <ὁ> τὴν πολιτείαν καὶ τοὺς νόμους
αὐτοῖς καταβαλόμενος ἱερεύς, τὸ γένος Ἡλιοπολίτης, ὄνομα
<δὲ> Ὀσάρσηφ ἀπὸ τοῦ ἐν Ἡλιουπόλει θεοῦ Ὀσίρεως, ὡς
μετέβη εἰς τοῦτο τὸ γένος, μετετέθη τοὔνομα καὶ προσ-
ηγορεύθη Μωυσῆς. »

_____

184. Quel ami ? Il n'est pas certain qu'il s'agisse du roi
d'Éthiopie dont il sera bientôt question. [Th.R.]

185. Texte suspect. [Th.R.]

et âgé de cinq ans, il le fit emmener chez son ami [184]. Lui-même passa (le Nil) avec les autres Égyptiens, au nombre de trois cent mille guerriers bien exercés, et rencontra l'ennemi sans livrer pourtant bataille ; **246** mais pensant qu'il ne fallait pas combattre les dieux, il rebroussa chemin vers Memphis, où il prit l'Apis et les autres animaux sacrés qu'il y avait fait venir, puis aussitôt, avec toute son armée et le peuple d'Égypte, il monta en Éthiopie ; car le roi d'Éthiopie lui était soumis par la reconnaissance. **247** Celui-ci l'accueillit et entretint toute cette multitude à l'aide des produits du pays convenables à la nourriture des hommes, leur assigna des villes et des villages suffisants pour les treize ans d'exil imposés par le destin à Aménophis loin de son royaume, et n'en fit pas moins camper une armée éthiopienne aux frontières de l'Égypte pour protéger le roi Aménophis et les siens [185].

248 Les choses se passaient ainsi en Éthiopie. Cependant les Solymites firent une descente avec les Égyptiens impurs et traitèrent les habitants d'une façon si sacrilège et si cruelle que la domination des Pasteurs paraissait un âge d'or à ceux qui assistèrent alors à leurs impiétés. **249** Car non seulement ils incendièrent villes et villages, et ne se contentèrent pas de piller les temples et de mutiler les statues des dieux, mais encore ils ne cessaient d'user des sanctuaires comme de cuisines pour rôtir les animaux sacrés qu'on adorait, et ils obligeaient les prêtres et les prophètes à les immoler et à les égorger, puis les dépouillaient et les jetaient dehors. **250** On dit que le prêtre d'origine héliopolitaine qui leur donna une constitution et des lois, appelé Osarseph [186], du nom du dieu Osiris adoré à Héliopolis, en passant chez ce peuple changea de nom et prit celui de Moïse. »

---

186. Josèphe (Manéthôs ?) paraît oublier qu'il a déjà mentionné Osarseph au § 238. Ed. Meyer (*op. cit.*, p. 77) voit dans ce paragraphe une addition d'un commentateur antisémite de Manéthôs, de sorte que l'assimilation Osarseph = Moïse n'émanerait pas de ce dernier. [Th.R.]

XXVII

Sottises du récit de Manéthôs

251 Voilà ce que les Égyptiens racontent sur les Juifs, sans compter bien d'autres histoires que je passe pour abréger. Manéthôs dit encore que dans la suite Aménophis revint d'Éthiopie, suivi d'une grande armée, ainsi que son fils Rampsès, à la tête d'une armée lui aussi, que tous deux ensemble attaquèrent les Pasteurs et les impurs, les vainquirent, et qu'après en avoir tué un grand nombre, ils les chassèrent jusqu'aux frontières de Syrie. Voilà, avec des faits du même genre, ce qu'a raconté Manéthôs [187]. **252** Or il dit manifestement des sottises et des mensonges, comme je vais le montrer en retenant d'abord ce fait, pour réfuter plus tard d'autres auteurs ; il nous a accordé et il a reconnu que notre race ne tire pas son origine des Égyptiens, mais que nos ancêtres vinrent du dehors s'emparer de l'Égypte et

---

187. Tout ce récit de Manéthôs est, comme le dit Maspero, « un roman où très peu d'histoire se mêle à beaucoup de fables ». Il semble même que ce peu d'histoire se borne aux noms du roi et de son ministre-sorcier. L'invention première ne paraît pas appartenir à Manéthôs, car Hécatée d'Abdère, dont l'ouvrage est, semble-t-il, un peu plus ancien, raconte déjà (*ap.* Diodore, XL, 3) que les Hébreux sont des étrangers expulsés d'Égypte à la suite d'une peste : c'était la tradition juive elle-même, accommodée au goût du public égyptien. La version d'Hécatée se corsa de nouveaux détails dont le motif est transparent : par exemple, les Juifs ont prétendu que Dieu frappa les Égyptiens de la lèpre ; on riposte qu'eux-mêmes sont des lépreux, etc. Les auteurs de ces contes polémiques n'avaient qu'une connaissance très superficielle de la Bible et, en fait de noms propres, n'avaient guère retenu que ceux de Joseph et de Moïse. On faisait de Moïse le petit-fils de Joseph (Apollonios Molon) ou son fils (Justin) ; parfois même leurs rôles ont dû être confondus. C'est ce qui explique que Manéthôs donne à Moïse un nom égyptien qui visiblement avait été d'abord inventé pour Joseph. S'il fait de lui un prêtre d'Héliopolis, c'est peut-être parce que lui-même était prêtre de Sébennytos et qu'il y avait rivalité entre les deux corporations. [Th.R.]

Αἰγύπτου καὶ πάλιν ἐξ αὐτῆς ἀπελθεῖν. 253 Ὅτι δ᾽ οὐκ ἀνεμίχθησαν ἡμῖν ὕστερον τῶν Αἰγυπτίων οἱ τὰ σώματα λελωβημένοι, καὶ ὅτι ἐκ τούτων οὐκ ἦν Μωυσῆς ὁ τὸν λαὸν ἀγαγών, ἀλλὰ πολλαῖς ἐγεγόνει γενεαῖς πρότερον, ταῦτα πειράσομαι διὰ τῶν ὑπ᾽ αὐτοῦ λεγομένων ἐλέγχειν.

XXVIII 254 Πρώτην δὴ τὴν αἰτίαν τοῦ πλάσματος ὑποτίθεται καταγέλαστον· ὁ βασιλεὺς γάρ, φησιν, Ἀμένωφις ἐπεθύμησε τοὺς θεοὺς ἰδεῖν. Ποίους; εἰ μὲν τοὺς παρ᾽ αὐτοῖς νενομοθετημένους, τὸν βοῦν καὶ τράγον καὶ κροκοδείλους καὶ κυνοκεφάλους, ἑώρα. 255 Τοὺς οὐρανίους δὲ πῶς ἐδύνατο; καὶ διὰ τί ταύτην ἔσχε τὴν ἐπιθυμίαν; ὅτι νὴ Δία καὶ πρότερος αὐτοῦ βασιλεὺς ἄλλος ἑωράκει. Παρ᾽ ἐκείνου τοίνυν ἐπέπυστο, ποταποί τινές εἰσι καὶ τίνα τρόπον αὐτοὺς εἶδεν, ὥστε καινῆς αὐτῷ τέχνης οὐκ ἔδει. 256 Ἀλλὰ σοφὸς ἦν ὁ μάντις, δι᾽ οὗ τοῦτο κατορθώσειν ὁ βασιλεὺς ὑπελάμβανε. Καὶ πῶς οὐ προέγνω τὸ ἀδύνατον αὐτοῦ τῆς ἐπιθυμίας; οὐ γὰρ ἀπέβη. Τίνα δὲ καὶ λόγον εἶχε διὰ τοὺς ἠκρωτηριασμένους ἢ λεπρῶντας ἀφανεῖς εἶναι τοὺς θεούς; ὀργίζονται γὰρ ἐπὶ τοῖς ἀσεβήμασιν, οὐκ ἐπὶ τοῖς ἐλαττώμασι τῶν σωμάτων. 257 Ὀκτὼ δὲ μυριάδας τῶν λεπρῶν καὶ κακῶς διακειμένων πῶς οἷόν τε μιᾷ σχεδὸν ἡμέρᾳ συλλεγῆναι; πῶς δὲ παρήκουσεν τοῦ μάντεως ὁ βασιλεύς; ὁ μὲν γὰρ αὐτὸν ἐκέλευσεν ἐξορίσαι τῆς Αἰγύπτου τοὺς λελωβημένους, ὁ δ᾽ αὐτοὺς εἰς τὰς λιθοτομίας ἐνέβαλεν, ὥσπερ τῶν ἐργασομένων δεόμενος, ἀλλ᾽ οὐχὶ καθᾶραι τὴν χώραν προαιρούμενος. 258 Φησὶ δὲ τὸν μὲν μάντιν αὐτὸν ἀνελεῖν τὴν ὀργὴν τῶν θεῶν προορώμενον καὶ τὰ συμβησόμενα περὶ τὴν Αἴγυπτον, τῷ δὲ βασιλεῖ γεγραμμένην τὴν πρόρρησιν καταλιπεῖν. Εἶτα πῶς οὐκ ἐξ

---

188. Singulière expression sous la plume d'un Juif. Elle reparaît plus loin, II, 63. [Th.R.]

qu'ils la quittèrent. **253** Mais nous n'avons pas été mêlés dans la suite aux Égyptiens infirmes, et Moïse, qui conduisit le peuple, loin d'être des leurs, avait vécu bien des générations plus tôt, comme je vais essayer de le prouver par les propres discours de Manéthôs.

XXVIII

Absurdité du point de départ

254 D'abord la cause sur laquelle il édifie sa fable est ridicule : « Le roi Aménophis, dit-il, désira voir les dieux. » Lesquels ? Si ce sont les dieux consacrés par leurs lois, le bœuf, la chèvre, les crocodiles et les cynocéphales, il les voyait. **255** Quant à ceux du ciel, comment le pouvait-il ? Et pourquoi eut-il ce désir ? — Parce que, par Zeus [188], déjà avant lui un autre roi les avait vus. — Il avait donc appris de lui leur nature et comment celui-ci avait pu les voir ; alors il n'avait pas besoin d'un nouveau moyen. — **256** Mais le devin grâce auquel le roi pensait réussir était, dit-on, un sage. — Alors comment n'a-t-il pas prévu que le désir du roi était irréalisable ? et en fait il ne s'est pas réalisé. Et pour quelle raison la présence des mutilés et des lépreux rendait-elle les dieux invisibles ? Les dieux s'irritent contre l'impiété, non contre les infirmités du corps. **257** Puis, comment quatre-vingt mille lépreux et malades ont-il pu être réunis presque en un seul jour ? Comment le roi n'a-t-il pas écouté le devin ? Il lui avait prescrit, en effet, de faire passer la frontière d'Égypte aux infirmes, et le roi les enferma dans les carrières, comme un homme qui a besoin d'ouvriers, mais non qui a décidé de purifier le pays. **258** D'après Manéthôs, le devin se tua parce qu'il prévoyait la colère des dieux et le sort réservé à l'Égypte, et il laissa au roi par écrit sa prédiction. Alors pourquoi dès le début le devin n'a-t-il pas

ἀρχῆς ὁ μάντις τὸν αὐτοῦ θάνατον προηπίστατο ; 259 πῶς
δὲ οὐκ εὐθὺς ἀντεῖπεν τῷ βασιλεῖ βουλομένῳ τοὺς θεοὺς
ἰδεῖν ; πῶς δ᾽ εὔλογος ὁ φόβος τῶν μὴ παρ᾽ αὐτὸν συμβη-
σομένων κακῶν ; ἢ τί χεῖρον ἔδει παθεῖν οὗ δρᾶν ἑαυτὸν
ἔσπευδεν. 260 Τὸ δὲ δὴ πάντων εὐηθέστατον ἴδωμεν·
πυθόμενος γὰρ ταῦτα καὶ περὶ τῶν μελλόντων φοβηθεὶς,
τοὺς λελωβημένους ἐκείνους, ὧν αὐτῷ καθαρίσαι
προείρητο τὴν Αἴγυπτον, οὐδὲ τότε τῆς χώρας ἐξήλασεν,
ἀλλὰ δεηθεῖσιν αὐτοῖς ἔδωκε πόλιν, ὥς φησι, τὴν πάλαι μὲν
οἰκηθεῖσαν ὑπὸ τῶν ποιμένων, Αὔαριν δὲ καλουμένην.
261 Εἰς ἣν ἀθροισθέντας αὐτοὺς ἡγεμόνα φησὶν ἐξελέσθαι
τῶν ἐξ Ἡλιουπόλεως πάλαι γεγονότων ἱερέων, καὶ τοῦτον
αὐτοῖς εἰσηγήσασθαι μήτε θεοὺς προσκυνεῖν μήτε τῶν ἐν
Αἰγύπτῳ θρησκευομένων ζῴων ἀπέχεσθαι, πάντα δὲ θύειν
καὶ κατεσθίειν, συνάπτεσθαι δὲ μηδενὶ πλὴν τῶν
συνομωμοσμένων, ὅρκοις τε τὸ πλῆθος ἐνδησάμενον, ἦ μὴν
τούτοις ἐμμενεῖν τοῖς νόμοις, καὶ τειχίσαντα τὴν Αὔαριν
πρὸς τὸν βασιλέα πόλεμον ἐξενεγκεῖν. 262 Καὶ προστίθησιν,
ὅτι ἔπεμψεν εἰς Ἱεροσόλυμα παρακαλῶν ἐκείνους αὐτοῖς
συμμαχεῖν καὶ δώσειν αὐτοῖς τὴν Αὔαριν ὑπισχνούμενος,
εἶναι γὰρ αὐτὴν τοῖς ἐκ τῶν Ἱεροσολύμων ἀφιξομένοις
προγονικήν, ἀφ᾽ ἧς ὁρμωμένους αὐτοὺς πᾶσαν τὴν
Αἴγυπτον καθέξειν. 263 Εἶτα τοὺς μὲν ἐπελθεῖν εἴκοσι
στρατοῦ μυριάσι λέγει, τὸν βασιλέα δὲ τῶν Αἰγυπτίων
Ἀμένωφιν οὐκ οἰόμενον δεῖν θεομαχεῖν εἰς τὴν Αἰθιοπίαν
εὐθὺς ἀποδρᾶναι, τὸν δὲ Ἆπιν καί τινα τῶν ἄλλων ἱερῶν
ζῴων παρατεθεικέναι τοῖς ἱερεῦσι διαφυλάττεσθαι
κελεύσαντα. 264 Εἶτα τοὺς Ἱεροσολυμίτας ἐπελθόντας τάς
τε πόλεις ἀνιστάναι καὶ τὰ ἱερὰ κατακαίειν καὶ τοὺς ἱερέας
ἀποσφάττειν, ὅλως τε μηδεμιᾶς ἀπέχεσθαι παρανομίας
μηδὲ ὠμότητος. 265 Ὁ δὲ τὴν πολιτείαν καὶ τοὺς νόμους
αὐτοῖς καταβαλόμενος ἱερεύς, φησίν, ἦν τὸ γένος Ἡλιοπολίτης, ὄνομα δ᾽ Ὀσάρσηφ ἀπὸ τοῦ ἐν Ἡλιουπόλει θεοῦ
Ὀσίρεως, μεταθέμενος δὲ Μωυσῆν αὐτὸν προσηγόρευσε.

eu la prescience de sa mort ? **259** Pourquoi n'a-t-il pas combattu tout de suite la volonté qu'avait le roi de voir les dieux ? Puis, était-il raisonnable de craindre des maux qui ne se produiraient pas de son vivant ? Et pouvait-il lui arriver rien de pire que ce suicide précipité ? **260** Mais voyons le trait le plus absurde de tous. Informé de ces faits, et redoutant l'avenir, le roi, même alors, ne chassa pas du pays ces infirmes dont il devait, suivant la prédiction, purger l'Égypte, mais, sur leur demande, il leur donna pour ville, d'après Manéthôs, l'ancienne résidence des pasteurs, nommée Avaris. **261** Ils s'y réunirent en masse, dit-il, et choisirent un chef parmi les anciens prêtres d'Héliopolis, et ce chef leur apprit à ne point adorer de dieux, à ne point s'abstenir des animaux honorés d'un culte en Égypte, mais à les immoler et à les manger tous et à ne s'unir qu'à des hommes liés par le même serment ; il fit jurer au peuple l'engagement de rester fidèle à ces lois, et, après avoir fortifié Avaris, il porta la guerre chez le roi. **262** Il envoya une ambassade à Jérusalem, ajoute Manéthôs, pour inviter le peuple de cette ville à s'allier à eux, avec la promesse de leur donner Avaris, car cette ville avait appartenu aux ancêtres de ceux qui viendraient de Jérusalem ; ils partiraient de là pour s'emparer de toute l'Égypte. **263** Puis, dit-il, ceux-ci firent invasion avec deux cent mille soldats, et le roi d'Égypte Aménophis, pensant qu'il ne fallait pas lutter contre les dieux, s'enfuit aussitôt en Éthiopie après avoir confié l'Apis et quelques-uns des autres animaux sacrés à la garde des prêtres. **264** Alors les Hiérosolymites, qui avaient envahi le pays, renversèrent les villes, incendièrent les temples, égorgèrent les prêtres, en un mot ne reculèrent devant aucun crime ni aucune cruauté. **265** Le fondateur de leur constitution et de leurs lois était, d'après notre auteur, un prêtre originaire d'Héliopolis, nommé Osarseph du nom d'Osiris, le dieu d'Héliopolis, mais il changea de nom et s'appela

Moysès. **266** Treize ans plus tard — c'était la durée
fixée par le destin à son exil —, Aménophis, suivant
Manéthôs, arriva d'Éthiopie avec une armée
nombreuse, attaqua les Pasteurs et les impurs,
remporta la victoire, et en tua un grand nombre après
les avoir chassés jusqu'aux frontières de la Syrie [189].

XXIX

Invraisemblances de la suite du récit

267 Là encore Manéthôs ne comprend pas l'invraisemblance de ses mensonges. Les lépreux et la foule qui
les accompagnait, en admettant qu'ils fussent irrités au
début contre le roi et ceux qui leur avaient infligé ce traitement suivant la prédiction du devin, se seraient en tout
cas adoucis à son égard quand ils sortirent des carrières
et reçurent de lui une ville et un pays. **268** Et si même ils
lui en avaient voulu, ils auraient conspiré contre sa
personne et n'auraient point déclaré la guerre à tous les
Égyptiens, alors qu'évidemment ils avaient parmi ceux-
ci une foule de parents, nombreux comme ils étaient.
269 Même résolus à combattre aussi les Égyptiens, ils
n'auraient point osé faire la guerre à leurs propres dieux
et n'auraient point non plus rédigé des lois absolument
contraires à celles de leurs pères, dans le respect
desquelles ils avaient été élevés. **270** Nous devons savoir
gré à Manéthôs de dire que, si les lois furent violées, ce
ne fut point sur l'initiative des gens venus de Jérusalem,
mais sur celle des Égyptiens eux-mêmes, et que leurs

---

189. On ne peut s'empêcher de trouver extrêmement oiseuse
cette répétition presque textuelle (§§ 260-266) de ce qui a été raconté
il y a un instant (§§ 237-250). On dirait que Josèphe avait d'abord
procédé par analyse du texte de Manéthôs et qu'ayant ensuite jugé à
propos d'insérer la citation textuelle il a oublié de remanier en conséquence le « résumé » qui suit. [Th.R.]

ἱερέας ἐπινοῆσαί τε ταῦτα καὶ ὁρκωμοτῆσαι τὸ πλῆθος. 271 Ἐκεῖνο μέντοι πῶς οὐκ ἄλογον, τῶν μὲν οἰκείων αὐτοῖς καὶ τῶν φίλων συναποστῆναι οὐδένα μηδὲ τοῦ πολέμου τὸν κίνδυνον συνάρασθαι, πέμψαι δὲ τοὺς μιαροὺς εἰς Ἱεροσόλυμα καὶ τὴν παρ᾽ ἐκείνων ἐπάγεσθαι συμμαχίαν; 272 ποίας αὐτοῖς φιλίας ἢ τίνος αὐτοῖς οἰκειότητος προϋπηργμένης; τοὐναντίον γὰρ ἦσαν πολέμιοι καὶ τοῖς ἔθεσι πλεῖστον διέφερον. Ὁ δέ φησιν εὐθὺς ὑπακοῦσαι τοῖς ὑπισχνουμένοις, ὅτι τὴν Αἴγυπτον καθέξουσιν, ὥσπερ αὐτῶν οὐ σφόδρα τῆς χώρας ἐμπείρως ἐχόντων, ἧς βιασθέντες ἐκπεπτώκασιν. 273 Εἰ μὲν οὖν ἀπόρως ἢ κακῶς ἔπραττον, ἴσως ἂν καὶ παρεβάλλοντο, πόλιν δὲ κατοικοῦντες εὐδαίμονα καὶ χώραν πολλὴν κρείττω τῆς Αἰγύπτου καρπούμενοι, διὰ τί ποτ᾽ ἂν ἐχθροῖς μὲν πάλαι τὰ δὲ σώματα λελωβημένοις, οὓς μηδὲ τῶν οἰκείων οὐδεὶς ὑπέμενε, τούτοις ἔμελλον παρακινδυνεύσειν βοηθοῦντες; οὐ γὰρ δή γε τὸν γενησόμενον προῄδεσαν δρασμὸν τοῦ βασιλέως· 274 τοὐναντίον γὰρ αὐτὸς εἴρηκεν, ὡς ὁ παῖς τοῦ Ἀμενώφιος τριάκοντα μυριάδας ἔχων εἰς τὸ Πηλούσιον ὑπηντίαζεν. Καὶ τοῦτο μὲν ᾔδεισαν πάντως οἱ παραγινόμενοι, τὴν δὲ μετάνοιαν αὐτοῦ καὶ τὴν φυγὴν πόθεν εἰκάζειν ἔμελλον; 275 εἶτα κρατήσαντάς φησι τῆς Αἰγύπτου πολλὰ καὶ δεινὰ δρᾶν τοὺς ἐκ τῶν Ἱεροσολύμων ἐπιστρατεύσαντας καὶ περὶ τούτων ὀνειδίζει καθάπερ οὐ πολεμίους αὐτοὺς ἐπαγαγὼν ἢ δέον τοῖς ἔξωθεν ἐπικληθεῖσιν ἐγκαλεῖν, ὁπότε ταὐτὰ πρὸ τῆς ἐκείνων ἀφίξεως ἔπραττον καὶ πράξειν ὠμωμόκεσαν οἱ τὸ γένος Αἰγύπτιοι. 276 Ἀλλὰ καὶ χρόνοις ὕστερον Ἀμένωφις ἐπελθὼν ἐνίκησε μάχῃ καὶ κτείνων τοὺς πολεμίους μέχρι

---

190. Exagération manifeste. [Th.R.]
191. Nous avons vu plus haut (§ 245) que c'est Aménophis lui-même qui fit cette marche inutile et que son fils n'était alors âgé que de cinq ans. Josèphe contredit Manéthôs sans le relire, ici comme au § 300. [Th.R.]

prêtres surtout s'en sont avisés et ont fait prêter serment à la foule. **271** Mais cette invention-ci n'est-elle point absurde ? Alors qu'aucun de leurs proches ou de leurs amis ne les suivit dans leur révolte ni ne prit sa part de leurs dangers, les contaminés envoyèrent à Jérusalem, et en ramenèrent des alliés ! **272** Quelle amitié, quelle parenté existait donc entre eux auparavant ? Au contraire, ils étaient ennemis et les mœurs les plus différentes les séparaient. Suivant lui, les gens de Jérusalem prêtèrent tout de suite l'oreille à la promesse qu'ils occuperaient l'Égypte, comme si eux-mêmes ne connaissaient point parfaitement le pays dont ils avaient été chassés par la force ! **273** Encore si leur situation avait été embarrassée ou mauvaise, peut-être se seraient-ils exposés au danger. Mais, habitant une ville opulente, et recueillant les fruits d'un vaste pays plus fertile que l'Égypte [190], pourquoi, dans l'intérêt d'anciens ennemis et d'estropiés qu'aucun même de leurs proches ne supportait, allaient-ils s'exposer au danger en les secourant ? Car certainement ils ne prévoyaient pas que le roi s'enfuirait. **274** Au contraire, Manéthôs dit lui-même qu'à la tête de trois cent mille hommes le fils d'Aménophis [191] marcha à leur rencontre dans la direction de Péluse [192]. La nouvelle en était notoire dans tous les cas parmi ceux qui étaient là ; en revanche, d'où auraient-ils conjecturé qu'il changerait d'avis et prendrait la fuite ? — **275** Vainqueurs de l'Égypte, dit-il ensuite, les envahisseurs venus de Jérusalem commettaient mille sacrilèges qu'il leur reproche, comme s'il ne les avait pas introduits en qualité d'ennemis ou comme s'il était juste de faire un crime de cette conduite à des hommes appelés de l'étranger, alors qu'avant leur arrivée des Égyptiens de race commettaient ces mêmes impiétés et avaient juré de les commettre. **276** D'autre part, dans la suite Aménophis revint à la charge, gagna une bataille, et, tout en

---

192. Voir la note au § 234. [Th.R.]

massacrant les ennemis, il les chassa jusqu'en Syrie. Ainsi, pour tous les envahisseurs, d'où qu'ils viennent, l'Égypte est une proie facile ; **277** ainsi, ses conquérants d'alors, informés qu'Aménophis était vivant, n'ont ni fortifié les routes par où l'on vient d'Éthiopie, bien qu'ils eussent pour le faire de nombreux armements, ni préparé leurs autres forces ! « Le roi, dit Manéthôs, les poursuivit jusqu'en Syrie en les massacrant, à travers le sable du désert. » Or, on sait que, même sans combattre, il est difficile à une armée de le traverser.

XXX

Les Juifs ne sont pas Égyptiens d'origine

278 Donc, d'après Manéthôs (lui-même), notre race n'est point originaire de l'Égypte, et elle n'a point été non plus mélangée d'hommes de ce pays ; car beaucoup de lépreux et de malades moururent vraisemblablement dans les carrières où ils avaient longtemps séjourné et souffert, beaucoup dans les combats qui suivirent, la plupart dans le dernier, et dans la fuite.

XXXI

Absurdité des assertions de Manéthôs sur Moïse

279 Il me reste à réfuter ses assertions sur Moïse. Les Égyptiens, qui considèrent ce personnage comme admirable et divin, veulent en faire un des leurs par une calomnie invraisemblable : ils disent qu'il appartenait au groupe des prêtres chassés d'Héliopolis pour cause de lèpre. **280** Or, on voit dans les annales qu'il a vécu cinq cent dix-huit ans plus tôt [193] et qu'il conduisit nos

---

193. Cf. la note sur le § 231. [Th.R.]

ἐξαγαγὼν ἐκ τῆς Αἰγύπτου πατέρας εἰς τὴν χώραν τὴν νῦν οἰκουμένην ὑφ' ἡμῶν. **281** Ὅτι δὲ οὐδὲ συμφορᾷ τινι τοιαύτῃ περὶ τὸ σῶμα κεχρημένος ἦν, ἐκ τῶν λεγομένων ὑπ' αὐτοῦ δῆλός ἐστι· τοῖς γὰρ λεπρῶσιν ἀπείρηκε μήτε μένειν ἐν πόλει μήτ' ἐν κώμῃ κατοικεῖν, ἀλλὰ μόνους περιπατεῖν κατεσχισμένους τὰ ἱμάτια, καὶ τὸν ἁψάμενον αὐτῶν ἢ ὁμωρόφιον γενόμενον οὐ καθαρὸν ἡγεῖται. **282** Καὶ μὴν κἂν θεραπευθῇ τὸ νόσημα καὶ τὴν αὐτοῦ φύσιν ἀπολάβῃ, προείρηκέν τινας ἁγνείας <καί> καθαρμοὺς πηγαίων ὑδάτων λουτροῖς καὶ ξυρήσεις πάσης τῆς τριχός, πολλάς τε κελεύει καὶ παντοίας ἐπιτελέσαντα θυσίας τότε παρελθεῖν εἰς τὴν ἱερὰν πόλιν. **283** Καίτοι τοὐναντίον εἰκὸς ἦν προνοίᾳ τινὶ καὶ φιλανθρωπίᾳ χρήσασθαι τὸν ἐν τῇ συμφορᾷ ταύτῃ γεγονότα πρὸς τοὺς ὁμοίως αὐτῷ δυστυχήσαντας. **284** Οὐ μόνον δὲ περὶ τῶν λεπρῶν οὕτως ἐνομοθέτησεν, ἀλλ' οὐδὲ τοῖς καὶ τὸ βραχύτατόν τι τοῦ σώματος ἠκρωτηριασμένοις ἱερᾶσθαι συγκεχώρηκεν, ἀλλ' εἰ καὶ μεταξύ τις ἱερώμενος τοιαύτῃ χρήσαιτο συμφορᾷ, τὴν τιμὴν αὐτὸν ἀφείλετο. **285** Πῶς οὖν εἰκὸς ἢ κεῖνον τοιαῦτα νομοθετεῖν ἀνοήτως <ἢ τοὺς> ἀπὸ τοιούτων συμφορῶν συνειλεγμένους προέσθαι καθ' ἑαυτῶν εἰς ὄνειδός τε καὶ βλάβην νόμους συντεθειμένους; **286** ἀλλὰ μὴν καὶ τοὔνομα λίαν ἀπιθάνως μετατέθεικεν· Ὀσαρσὴφ γάρ, φησίν, ἐκαλεῖτο. Τοῦτο μὲν οὖν εἰς τὴν μετάθεσιν οὐκ ἐναρμόζει, τὸ δ' ἀληθὲς ὄνομα δηλοῖ τὸν ἐκ τοῦ ὕδατος σωθέντα [Μωσῆν]· τὸ γὰρ ὕδωρ οἱ Αἰγύπτιοι μῶϋ καλοῦσιν.

287 Ἱκανῶς οὖν γεγονέναι νομίζω κατάδηλον, ὅτι Μανέθως, ἕως μὲν ἠκολούθει ταῖς ἀρχαίαις ἀναγραφαῖς, οὐ πολὺ τῆς ἀληθείας διημάρτανεν, ἐπὶ δὲ τοὺς ἀδεσπότους μύθους τραπόμενος ἢ συνέθηκεν αὐτοὺς ἀπιθάνως ἤ τισι τῶν πρὸς ἀπέχθειαν εἰρηκότων ἐπίστευσεν.

---

194. Cf. Lévitique, XIII, 45-46 ; XIV. [Th.R.]

195. Sur l'exclusion du sacerdoce à raison d'un accident corporel, cf. Lévitique, XXII, 16-23. [Th.R.

196. Cette étymologie est également donnée (avec l'addition nécessaire que ὑσῆς signifie *sauvé*) en *AJ*, II, 9, 6, § 228, et avec une légère variante par Philon, *De vita Moysis*, I, 4. [Th.R.]

pères de l'Égypte dans le pays que nous habitons aujourd'hui. **281** Et il n'était pas non plus affecté d'une maladie de ce genre, comme ses propres paroles le prouvent. En effet, il défend aux lépreux et de séjourner dans une ville et de résider dans un village ; ils doivent errer seuls, les vêtements déchirés. Celui qui les a touchés ou a vécu sous leur toit est, selon lui, impur. **282** Si même, grâce aux soins apportés à la maladie, le lépreux revient à la santé, il lui prescrit force purifications : de laver ses souillures en se baignant dans des eaux de source, et de raser complètement sa chevelure ; il lui ordonne aussi de faire des sacrifices nombreux et divers avant d'entrer dans la ville sainte [194]. **283** Et pourtant il eût été naturel, au contraire, s'il avait été victime de cette calamité, qu'il usât de soins prévoyants et d'humanité envers ceux qui avaient eu le même malheur. **284** Or, non seulement il a ainsi légiféré sur les lépreux, mais ceux même dont le corps porte la moindre mutilation n'ont point le droit d'être prêtres, et si un accident de ce genre arrive à un prêtre même en exercice, Moïse lui enlève cet honneur [195]. **285** Est-il probable ou qu'il ait établi sans bon sens, ou que des hommes rassemblés à la suite de semblables calamités aient accepté des lois faites contre eux-mêmes à leur honte et à leurs dépens ? **286** Mais, de plus, Manéthôs a transformé son nom de la manière la plus invraisemblable. On l'appelait, dit-il, Osarseph. Ce mot n'a point de rapport avec celui qu'il remplace. Le vrai nom signifie : « celui qui fut sauvé de l'eau », car l'eau chez les Égyptiens se dit « Môü [196] ».

287 La preuve est assez claire, je pense : tant que Manéthôs suivait les antiques annales, il ne s'écartait guère de la vérité ; mais lorsqu'il s'est tourné vers les légendes sans autorité, il les a combinées sans vraisemblance ou il a cru des propos dictés par la haine.

XXXII

Récit de Chærémon

288 Après lui, je veux examiner Chærémon [197]. Cet auteur également déclare qu'il écrit l'histoire d'Égypte, et, après avoir cité le même nom de roi que Manéthôs, **289** Aménophis, et Ramessès son fils, il raconte qu'Isis apparut à Aménophis dans son sommeil, lui reprochant la destruction de son temple pendant la guerre. L'hiérogrammate Phritobautès dit que, s'il purifiait l'Égypte des hommes atteints de souillures, ses terreurs cesseraient. **290** Le roi réunit deux cent cinquante mille de ces hommes nuisibles et les chassa. À leur tête étaient Moïse et Joseph, également hiérogrammates. Leurs noms égyptiens étaient Tisithen pour Moïse, et Peteseph pour Joseph. **291** Ces exilés arrivèrent à Péluse et rencontrèrent trois cent quatre-vingt mille hommes abandonnés par Aménophis, qui n'avait pas voulu les amener en Égypte [198]. **292** Ils conclurent avec eux un traité d'amitié et marchèrent sur l'Égypte. Aménophis, sans attendre leur attaque, s'enfuit en Éthiopie, laissant sa femme enceinte. Elle se cacha dans des cavernes et mit au monde un enfant du nom de Ramessès, qui, devenu homme, chassa les Juifs en Syrie au nombre d'environ deux cent mille, et reçut son père Aménophis revenu d'Éthiopie.

---

197. Philosophe stoïcien, directeur du Musée d'Alexandrie, hiérogrammate et précepteur de l'empereur Néron. Très probablement identique au Χαιρήμων Λεωνίδου qui figure parmi les envoyés alexandrins auprès de l'empereur Claude (pap. 1912 du Br. Mus. = Bell, *Jews and Christians in Egypt*, p. 29). [Th.R.]

198. Josèphe lui-même (§ 298) interprète ainsi cette phrase obscure et probablement corrompue. [Th.R.]

XXXIII 293 Καὶ ταῦτα μὲν ὁ Χαιρήμων. Οἶμαι δὲ αὐτόθεν φανερὰν εἶναι ἐκ τῶν εἰρημένων τὴν ἀμφοῖν ψευδολογίαν· ἀληθείας μὲν γάρ τινος ὑποκειμένης ἀδύνατον ἦν διαφωνεῖν ἐπὶ τοσοῦτον, οἱ δὲ τὰ ψευδῆ συντιθέντες οὐχ ἑτέροις σύμφωνα γράφουσιν, ἀλλ᾽ αὐτοῖς τὰ δόξαντα πλάττουσιν. 294 Ἐκεῖνος μὲν οὖν ἐπιθυμίαν τοῦ βασιλέως, ἵνα τοὺς θεοὺς ἴδῃ, φησὶν ἀρχὴν γενέσθαι τῆς τῶν μιαρῶν ἐκβολῆς, ὁ δὲ Χαιρήμων ἴδιον ὡς τῆς Ἴσιδος ἐνύπνιον συντέθεικε. 295 Κἀκεῖνος μὲν Ἀμένωφιν εἶναι λέγει τὸν προειπόντα τῷ βασιλεῖ τὸν καθαρμόν, οὗτος δὲ Φριτοβαύτην· ὁ δὲ δὴ τοῦ πλήθους ἀριθμὸς καὶ σφόδρα σύνεγγυς, ὀκτὼ μὲν μυριάδας ἐκείνου λέγοντος, τούτου δὲ πέντε πρὸς ταῖς εἴκοσιν. 296 Ἔτι τοίνυν ὁ μὲν Μανέθως πρότερον εἰς τὰς λιθοτομίας τοὺς μιαροὺς ἐκβαλὼν, εἶτα αὐτοῖς τὴν Αὔαριν δοὺς ἐγκατοικεῖν καὶ τὰ πρὸς τοὺς ἄλλους Αἰγυπτίους ἐκπολεμώσας, τότε φησὶν ἐπικαλέσασθαι τὴν παρὰ τῶν Ἱεροσολυμιτῶν αὐτοὺς ἐπικουρίαν· 297 ὁ δὲ Χαιρήμων ἀπαλλαττομένους ἐκ τῆς Αἰγύπτου περὶ Πηλούσιον εὑρεῖν ὀκτὼ καὶ τριάκοντα μυριάδας ἀνθρώπων καταλελειμμένας ὑπὸ τοῦ Ἀμενώφιος καὶ μετ᾽ ἐκείνων πάλιν εἰς τὴν Αἴγυπτον ἐμβαλεῖν, φυγεῖν δὲ τὸν Ἀμένωφιν εἰς τὴν Αἰθιοπίαν. 298 Τὸ δὲ δὴ γενναιότατον, οὐδὲ τίνες ἢ πόθεν ἦσαν αἱ τοσαῦται τοῦ στρατοῦ μυριάδες εἴρηκεν, εἴτε Αἰγύπτιοι τὸ γένος εἴτ᾽ ἔξωθεν ἥκοντες, ἀλλ᾽ οὐδὲ τὴν αἰτίαν διεσάφησε, δι᾽ ἣν αὐτοὺς ὁ βασιλεὺς εἰς τὴν Αἴγυπτον ἀνάγειν οὐκ ἠθέλησεν, ὁ περὶ τῶν λεπρῶν τὸ τῆς Ἴσιδος ἐνύπνιον συμπλάσας. 299 Τῷ δὲ Μωυσεῖ καὶ τὸν Ἰώσηπον ὁ Χαιρήμων ὡς ἐν

---

199. Josèphe aura beau jeu à relever les contradictions des deux récits de Manéthôs et de Chærémon ; mais il aurait dû simplement en conclure que ce dernier n'est qu'une modification arbitraire de celui de Manéthôs. [Th.R.]

XXXIII

Ses mensonges. Manéthôs et lui se contredisent

293 Voilà ce que raconte Chærémon. Il résulte clairement, je pense, des récits précédents que l'un et l'autre ont menti [199]. Car s'ils s'étaient appuyés sur quelque fait réel, un pareil désaccord était impossible. Mais ceux qui composent des livres mensongers ne mettent point leurs écrits d'accord les uns avec les autres ; ils façonnent les faits à leur fantaisie. **294** Ainsi, pour Manéthôs, le désir qu'avait le roi de voir les dieux fut l'origine de l'expulsion des contaminés ; Chærémon y substitue sa propre invention, l'apparition d'Isis en songe. **295** Pour celui-là, c'est Aménophis qui, dans sa prédiction, conseilla au roi la purification ; pour celui-ci, c'est Phritobautès. Voyez aussi combien se rapprochent leurs évaluations de cette multitude : l'un parle de quatre-vingt mille hommes, l'autre de deux cent cinquante mille ! **296** De plus, Manéthôs jette d'abord les contaminés dans les carrières ; puis il leur donne Avaris comme résidence, les excite à la guerre contre les autres Égyptiens, et c'est alors que, selon lui, ils appelèrent à leurs secours les Hiérosolymites. **297** Pour Chærémon, chassés d'Égypte, ils trouvèrent auprès de Péluse trois cent quatre-vingt mille hommes abandonnés par Aménophis et, avec eux, revenant sur leurs pas, ils attaquèrent l'Égypte et Aménophis s'enfuit en Éthiopie. **298** Mais le plus beau, c'est qu'il ne dit ni qui étaient, ni d'où venaient tant de milliers de soldats, s'ils étaient Égyptiens ou arrivés du dehors. Il n'a pas même révélé pour quelle raison le roi n'avait pas voulu les amener en Égypte, lui qui, au sujet des lépreux, a imaginé l'apparition d'Isis. **299** À Moïse

ταὐτῷ χρόνῳ συνεξηλελαμένον προστέθεικεν, τὸν πρὸ
Μωυσέος πρεσβύτερον τέσσαρσι γενεαῖς τετελευτηκότα,
ὧν ἐστιν ἔτη σχεδὸν ἑβδομήκοντα καὶ ἑκατόν. 300 Ἀλλὰ μὴν
ὁ Ῥαμέσσης ὁ τοῦ Ἀμενώφιος υἱὸς κατὰ μὲν τὸν Μανέθων
νεανίας συμπολεμεῖ τῷ πατρὶ καὶ συνεκπίπτει φυγὼν εἰς
τὴν Αἰθιοπίαν, οὗτος δὲ πεποίηκεν αὐτὸν μετὰ τὴν τοῦ
πατρὸς τελευτὴν ἐν σπηλαίῳ τινὶ γεγενημένον καὶ μετὰ
ταῦτα νικῶντα μάχῃ καὶ τοὺς Ἰουδαίους εἰς Συρίαν
ἐξελαύνοντα τὸν ἀριθμὸν ὄντας περὶ μυριάδας κ'. 301 Ὦ
τῆς εὐχερείας· οὔτε γὰρ πρότερον οἵτινες ἦσαν αἱ
τριάκοντα καὶ ὀκτὼ μυριάδες εἶπεν οὔτε πῶς αἱ
τεσσαράκοντα καὶ τρεῖς διεφθάρησαν, πότερον ἐν τῇ μάχῃ
κατέπεσον ἢ πρὸς τὸν Ῥαμέσσην μετεβάλοντο. 302 Τὸ δὲ δὴ
θαυμασιώτατον, οὐδὲ τίνας καλεῖ τοὺς Ἰουδαίους δυνατόν
ἐστι παρ' αὐτοῦ μαθεῖν ἢ ποτέροις [αὐτοῖς] τίθεται ταύτην
τὴν προσηγορίαν, ταῖς κε' μυριάσι τῶν λεπρῶν ἢ ταῖς η' καὶ
λ' ταῖς περὶ τὸ Πηλούσιον. 303 Ἀλλὰ γὰρ εὔηθες ἴσως ἂν εἴη
διὰ πλειόνων ἐλέγχειν τοὺς ὑφ' ἑαυτῶν ἐληλεγμένους· τὸ
γὰρ ὑπ' ἄλλων ἦν μετριώτερον.

---

200. Exode, VI, 16 suiv. [Th.R.]

201. Le chiffre de 170 ans quoique dérivé de Exode, VI, 16-20,
est en contradiction avec la durée du séjour des Hébreux en Égypte,
Exode, XII, 40 et *AJ*, II, 9, 1, § 204. [Th.R.]

202. Nouvelle défaillance de mémoire. On a vu (§ 245) que,
d'après Manéthôs, Ramsès n'avait que cinq ans au moment de la
fuite de son père. Cf. § 274. [Th.R.]

203. Chærémon ne dit rien de pareil (§ 292). [Th.R.] L'existence
de diverses versions de Chærémon ouvre toutefois à d'autres hypothèses, et notamment que Josèphe l'ait réellement cité. Barclay,
Against Apion, p. 158, note 1009.

Chærémon a adjoint Joseph, chassé avec lui, croit-il, dans le même temps, alors qu'il mourut quatre générations avant Moïse[200], ce qui fait à peu près cent soixante-dix ans[201]. **300** Ramessès, fils d'Aménophis, suivant Manéthôs, est un jeune homme qui combat avec son père[202], et partage son exil après la fuite en Éthiopie ; suivant la version de Chærémon, il naît dans une caverne, après la mort de son père[203], puis remporte une victoire sur les Juifs et les chasse en Syrie au nombre d'environ deux cent mille. **301** Ô légèreté ! il n'avait pas dit d'abord qui étaient les trois cent quatre-vingt mille hommes et il ne dit pas non plus comment périrent les quatre cent trente mille[204] (qui manquaient), s'ils tombèrent dans le combat, ou s'ils passèrent dans le camp de Ramessès. **302** Mais voici le plus étonnant : il est impossible d'apprendre de lui à qui il donne le nom de Juifs et qui il désigne ainsi : les deux cent cinquante mille lépreux ou les trois cent quatre-vingt mille hommes de Péluse. **303** Mais ce serait sottise, sans doute, de réfuter plus longuement des auteurs qui se réfutent eux-mêmes ; d'être réfuté par d'autres serait moins extraordinaire.

---

204. Correction nécessaire (le ms. a 230 000), car 250 000 lépreux (§ 290) et 380 000 Pélusiens (§ 291) font 630 000, et Ramsès ne chasse que 200 000 Juifs (§ 292). On pourrait également songer à conserver 230 000 pour les morts et disparus, en lisant 400 000 pour les survivants, mais le chiffre 200 000 est attesté par deux fois, §§ 292 et 300. [Th.R.]

XXXIV 304 Ἐπεισάξω δὲ τούτοις Λυσίμαχον εἰληφότα μὲν τὴν αὐτὴν τοῖς προειρημένοις ὑπόθεσιν τοῦ ψεύσματος περὶ τῶν λεπρῶν καὶ λελωδημένων, ὑπερπεπαικότα δὲ τὴν ἐκείνων ἀπιθανότητα τοῖς πλάσμασι, δῆλος συντεθεικὼς κατὰ πολλὴν ἀπέχθειαν. **305** Λέγει γὰρ ἐπὶ Βοκχόρεως τοῦ Αἰγυπτίων βασιλέως τὸν λαὸν τῶν Ἰουδαίων λεπροὺς ὄντας καὶ ψωροὺς καὶ ἄλλα νοσήματά τινα ἔχοντας εἰς τὰ ἱερὰ καταφυγόντας μεταιτεῖν τροφήν. Παμπόλλων δὲ ἀνθρώπων νοσηλείᾳ περιπεσόντων ἀκαρπίαν ἐν τῇ Αἰγύπτῳ γενέσθαι. **306** Βόκχοριν δὲ τὸν τῶν Αἰγυπτίων βασιλέα εἰς Ἄμμωνος πέμψαι περὶ τῆς ἀκαρπίας τοὺς μαντευσομένους, τὸν θεὸν δὲ ἀνελεῖν τὰ ἱερὰ καθᾶραι ἀπ᾽ ἀνθρώπων ἀνάγνων καὶ δυσσεβῶν, ἐκβάλλοντα αὐτοὺς ἐκ τῶν ἱερῶν εἰς τόπους ἐρήμους, τοὺς δὲ ψωροὺς καὶ λεπροὺς βυθίσαι, ὡς τοῦ ἡλίου ἀγανακτοῦντος ἐπὶ τῇ τούτων ζωῇ, καὶ τὰ ἱερὰ ἁγνίσαι καὶ οὕτω τὴν γῆν καρποφορήσειν. **307** Τὸν δὲ Βόκχοριν τοὺς χρησμοὺς λαβόντα τούς τε ἱερεῖς καὶ ἐπιβωμίτας προσκαλεσάμενον κελεῦσαι ἐπιλογὴν ποιησαμένους τῶν ἀκαθάρτων τοῖς στρατιώταις τούτους παραδοῦναι κατάξειν αὐτοὺς εἰς τὴν ἔρημον, τοὺς δὲ λεπροὺς εἰς μολιβδίνους χάρτας ἐνδῆσαι, ἵνα καθῶσιν εἰς τὸ πέλαγος· **308** βυθισθέντων δὲ τῶν λεπρῶν καὶ ψωρῶν τοὺς ἄλλους συναθροισθέντας εἰς τόπους ἐρήμους ἐκτεθῆναι ἐπ᾽

---

205. L'époque exacte de cet écrivain est inconnue. On sait seulement (Athénée, IV, 158 D) qu'il vécut après Mnaséas (IIᵉ siècle). Il était d'Alexandrie et avait écrit, outre l'ouvrage cité par Josèphe, des Θηβαϊκὰ παράδοξα et des Νόστοι. [Th.R.]

206. Analysant les fragments de Lysimaque, Bar Kochva, *The Image of the Jews in Greek Literature*, p. 306- 337, envisage la possibilité que Josèphe ait mêlé en un seul deux récits distincts. Lysimaque d'Alexandrie serait peut-être un Grec, utilisant des récits égyptiens, cf. Barclay, *Against Apion*, p. 158, note 1018.

XXXIV

Récit de Lysimaque, plus invraisemblable encore

304 Après eux je présenterai Lysimaque [205], qui a
pris pour ses mensonges le même thème que les écrivains précités, la fable des lépreux et des infirmes, mais
qui les surpasse par l'invraisemblance de ses inventions ; aussi est-il clair que son ouvrage est inspiré par
une profonde haine [206]. **305** D'après lui, sous
Bocchoris, roi d'Égypte, le peuple juif atteint de la
lèpre, de la gale et d'autres maladies, se réfugia dans les
temples, et y mendiait sa vie. Comme un très grand
nombre d'hommes étaient tombés malades, il y eut une
disette en Égypte. **306** Bocchoris, roi d'Égypte [207],
envoya consulter l'oracle d'Ammon au sujet de la
disette. Le dieu ordonna de purger les temples des
hommes impurs et impies en les chassant de là dans des
lieux déserts, de noyer les galeux et les lépreux, car,
selon lui, le soleil était irrité de leur existence, et de
purifier les temples ; qu'ainsi la terre porterait des
fruits. **307** Bocchoris, informé de l'oracle, appela près
de lui les prêtres et les serviteurs de l'autel, leur
ordonna de faire un recensement des impurs et de les
livrer aux soldats pour qu'ils les emmenassent dans le
désert, et de lier les lépreux entre des feuilles de plomb
pour les jeter à la mer. **308** Les lépreux et les galeux
noyés, on réunit les autres et on les transporta dans des

---

207. Nous verrons plus loin (II, 2, § 16) que ce Bocchoris est
censé avoir vécu 1 700 ans avant Josèphe ; on ne peut dans ce cas le
confondre avec le Bocchoris de Manéthôs (XXIVᵉ dynastie,
VIIIᵉ siècle ?), quoique la date de ce dernier prince concorde avec celle
qu'Apion assignait à l'Exode. Diodore de Sicile (I, 65) mentionne un
Bocchoris, difforme et rusé, qui aurait régné immédiatement après les
constructeurs de pyramides ; peut-être est-ce le même qu'a en vue
Lysimaque. Les anecdotes rapportées par divers auteurs sur le
compte du roi Bocchoris ne précisent pas la date de ce prince. [Th.R.]

ἀπωλείᾳ· συναχθέντας δὲ βουλεύσασθαι περὶ αὐτῶν, νυκτὸς δὲ ἐπιγενομένης πῦρ καὶ λύχνους καύσαντας φυλάττειν ἑαυτοὺς τήν τ᾽ ἐπιοῦσαν νύκτα νηστεύσαντας ἱλάσκεσθαι τοὺς θεοὺς περὶ τοῦ σῶσαι αὐτούς. 309 Τῇ δ᾽ ἐπιούσῃ ἡμέρᾳ Μωυσῆν τινα συμβουλεῦσαι αὐτοῖς παραβαλλομένους μίαν ὁδὸν τέμνειν ἄχρι ἂν [ὅτου] ἔλθωσιν εἰς τόπους οἰκουμένους, παρακελεύσασθαί τε αὐτοῖς μήτε ἀνθρώπων τινὶ εὐνοεῖν μήτε τἄριστα συμβουλεύειν ἀλλὰ τὰ χείρονα, θεῶν τε ναοὺς καὶ βωμούς, οἷς ἂν περιτύχωσιν, ἀνατρέπειν. 310 Συναινεσάντων δὲ τῶν ἄλλων, τὰ δοχθέντα ποιοῦντας διὰ τῆς ἐρήμου πορεύεσθαι, ἱκανῶς δὲ ὀχληθέντας ἐλθεῖν εἰς τὴν οἰκουμένην χώραν καὶ τούς τε ἀνθρώπους ὑβρίζοντας καὶ τὰ ἱερὰ συλῶντας καὶ ἐμπρήσαντας ἐλθεῖν εἰς τὴν νῦν Ἰουδαίαν προσαγορευομένην, κτίσαντας δὲ πόλιν ἐνταῦθα κατοικεῖν. 311 Τὸ δὲ ἄστυ τοῦτο Ἱερόσυλα ἀπὸ τῆς ἐκείνων διαθέσεως ὠνομάσθαι· ὕστερον δ᾽ αὐτοὺς ἐπικρατήσαντας χρόνῳ διαλλάξαι τὴν ὀνομασίαν πρὸς τὸ <μὴ> ὀνειδίζεσθαι καὶ τήν τε πόλιν Ἱεροσόλυμα καὶ αὐτοὺς Ἱεροσολυμίτας προσαγορεύεσθαι.

XXXV 312 Οὗτος <οὖν> οὐδὲ τὸν αὐτὸν ἐκείνοις εὗρεν εἰπεῖν βασιλέα, καινότερον δ᾽ ὄνομα συντέθεικεν καὶ παρεὶς ἐνύπνιον καὶ προφήτην Αἰγύπτιον εἰς Ἄμμωνος ἀπελήλυθεν

lieux déserts pour qu'ils périssent. Ceux-ci s'assemblèrent, délibérèrent sur leur situation ; la nuit venue, ils allumèrent du feu et des torches, montèrent la garde, et, la nuit suivante, après un jeûne, ils prièrent les dieux pour leur salut. **309** Le lendemain un certain Moïse leur conseilla de suivre résolument une seule route jusqu'à ce qu'ils parvinssent à des lieux habités et leur prescrivit de n'avoir de bienveillance pour aucun homme, ni de jamais conseiller le meilleur parti, mais le pire, et de renverser les temples et les autels des dieux qu'ils rencontreraient. **310** Les autres y consentirent et mirent à exécution leurs décisions ; ils traversèrent le désert, et, après bien des tourments, arrivèrent dans la région habitée, puis, outrageant les hommes, pillant et brûlant les temples, ils vinrent dans le pays appelé aujourd'hui Judée, y bâtirent une ville et s'y fixèrent. **311** Cette ville fut nommée Hiérosyla (sacrilège) à cause de leurs dispositions d'esprit. Plus tard, devenus maîtres du pays, avec le temps, ils changèrent cette appellation pour éviter la honte, et donnèrent à la ville le nom de Hiérosolyma, à eux-mêmes celui de Hiérosolymites [208].

XXXV

Ses mensonges et ses contradictions

312 Lysimaque n'a donc même pas trouvé moyen de nommer le même roi que les précédents, mais il a imaginé un nom plus nouveau, et, laissant de côté le songe et le prophète égyptien, il s'en est allé chez Ammon pour en rapporter un oracle sur les galeux et

---

208. Le récit de Lysimaque est reproduit dans Tacite, *Hist.*, V, 3, avec des détails supplémentaires, qui ont probablement la même provenance. [Th.R.]

περὶ τῶν ψωρῶν καὶ λεπρῶν χρησμὸν οἴσων· 313 φησὶ γὰρ
εἰς τὰ ἱερὰ συλλέγεσθαι πλῆθος Ἰουδαίων. Ἆρά γε τοῦτο
τοῖς λεπροῖς ὄνομα θέμενος ἢ μόνον τῶν Ἰουδαίων τοῖς
νοσήμασι περιπεσοῦσι ; λέγει γάρ « ὁ λαὸς τῶν Ἰουδαίων. »
314 Ὁ ποῖος ; ἔπηλυς ἢ τὸ γένος ἐγχώριος ; διὰ τί τοίνυν
Αἰγυπτίους αὐτοὺς ὄντας Ἰουδαίους καλεῖς ; εἰ δὲ ξένοι, διὰ
τί πόθεν οὐ λέγεις ; πῶς δὲ τοῦ βασιλέως πολλοὺς μὲν
αὐτῶν βυθίσαντος εἰς τὴν θάλασσαν, τοὺς δὲ λοιποὺς εἰς
ἐρήμους τόπους ἐκβαλόντος, τοσοῦτοι τὸ πλῆθος
ὑπελείφθησαν ; 315 ἢ τίνα τρόπον διεξῆλθον μὲν τὴν
ἔρημον, ἐκράτησαν δὲ τῆς χώρας ἧς νῦν κατοικοῦμεν,
ἔκτισαν δὲ καὶ πόλιν καὶ νεὼν ᾠκοδομήσαντο πᾶσι
περιβόητον ; 316 ἐχρῆν δὲ καὶ τοῦ νομοθέτου μὴ μόνον
εἰπεῖν τοὔνομα, δηλῶσαι δὲ καὶ τὸ γένος ὅστις ἦν καὶ τίνων,
διὰ τί δὲ τοιούτους [ἂν] αὐτοῖς ἐπεχείρησε τιθέναι νόμους
περὶ θεῶν καὶ τῆς πρὸς ἀνθρώπους ἀδικίας κατὰ τὴν
πορείαν. 317 Εἴτε γὰρ Αἰγύπτιοι τὸ γένος ἦσαν, οὐκ ἂν ἐκ
τῶν πατρίων ἐθῶν οὕτω ῥᾳδίως μετεβάλοντο, εἴτ'
ἀλλαχόθεν ἦσαν, πάντως τινὲς ὑπῆρχον αὐτοῖς νόμοι διὰ
μακρᾶς συνηθείας πεφυλαγμένοι. 318 Εἰ μὲν οὖν περὶ τῶν
ἐξελασάντων αὐτοὺς ὤμοσαν μηδέποτε εὐνοήσειν, λόγον
εἶχεν εἰκότα· πᾶσι δὲ πόλεμον ἀνθρώποις ἀκήρυκτον
ἄρασθαι τούτους, εἴπερ ἔπραττον ὡς αὐτὸς λέγει κακῶς,
παρὰ πάντων βοηθείας δεομένους, ἄνοιαν οὐκ ἐκείνων,
ἀλλὰ τοῦ ψευδομένου πάνυ πολλὴν παρίστησιν, ὅς γε καὶ
τοὔνομα θέσθαι τῇ πόλει ἀπὸ τῆς ἱεροσυλίας αὐτοὺς
ἐτόλμησεν εἰπεῖν, τοῦτο δὲ μετὰ ταῦτα παρατρέψαι·
319 δῆλον γάρ, ὅτι τοῖς μὲν ὕστερον γενομένοις αἰσχύνην
τοὔνομα καὶ μῖσος ἔφερεν, αὐτοὶ δ' οἱ κτίζοντες τὴν πόλιν
κοσμήσειν αὐτοὺς ὑπελάμβανον οὕτως ὀνομάσαντες. Ὁ δὲ

les lépreux. **313** En disant qu'une foule de Juifs était
réunie dans les temples, a-t-il voulu donner ce nom aux
lépreux, ou seulement à ceux des Juifs qui avaient été
frappés de ces maladies ? **314** Car il dit : « le peuple
juif ». Quel peuple ? Étranger ou indigène ? Pourquoi,
si ces hommes sont Égyptiens, les appelez-vous Juifs ?
S'ils étaient étrangers, pourquoi ne dites-vous pas leur
origine ? Et comment, si le roi en a noyé beaucoup dans
la mer et chassé le reste dans des lieux déserts, en a-t-il
survécu un si grand nombre [209] ? **315** Ou de quelle
manière ont-ils traversé le désert, conquis le pays que
nous habitons aujourd'hui, fondé une ville et bâti un
temple célèbre dans l'univers ? **316** Il fallait aussi ne pas
se contenter de dire le nom du législateur, mais encore
nous informer de sa race et de sa famille. Et pourquoi
se serait-il avisé d'établir pour eux de semblables lois
sur les dieux et sur les offenses à faire aux hommes
pendant le voyage ? **317** Égyptiens, ils n'eussent point
changé si facilement les coutumes de leur patrie. S'ils
venaient d'ailleurs, ils avaient de toute façon des lois
conservées par une longue habitude. **318** S'ils avaient
juré contre ceux qui les chassèrent une éternelle hostilité, c'eût été un récit vraisemblable ; mais qu'ils aient
engagé contre toute l'humanité une guerre implacable,
eux qui avaient besoin du secours de tout le monde, vu
leur état misérable qu'il dépeint lui-même, cela dénote
une très grande folie, non de leur part, mais de la part
de l'historien menteur. **319** Il a encore osé dire qu'ils
ont dénommé leur ville en souvenir du pillage des
temples et ont changé son nom dans la suite. Il est clair
que ce nom attirait la honte et la haine sur leurs descendants ; et eux, les fondateurs de la ville, auraient pensé

---

209. Il est singulier que Josèphe n'ait pas relevé une autre
contradiction entre Lysimaque et ses prédécesseurs : si *tous* les
lépreux ont été noyés (§ 307), les Juifs ne sont donc pas des lépreux,
mais seulement des impurs. [Th.R.]

se faire honneur en la nommant ainsi ! Et le digne homme, dans l'ivresse de l'injure, n'a pas compris que le pillage des temples n'est pas désigné par le même mot chez les Juifs et chez les Grecs. **320** Que pourrait-on ajouter contre un menteur si impudent ? Mais comme ce livre est déjà d'une étendue convenable, je vais en commencer un second où j'essaierai de présenter le reste des observations relatives à mon sujet.

LIVRE II

I 1 Διὰ μὲν οὖν τοῦ προτέρου βιβλίου, τιμιώτατέ μοι Ἐπαφρόδιτε, περί τε τῆς ἀρχαιότητος ἡμῶν ἐπέδειξα τοῖς Φοινίκων καὶ Χαλδαίων καὶ Αἰγυπτίων γράμμασι πιστωσάμενος τὴν ἀλήθειαν καὶ πολλοὺς τῶν Ἑλλήνων συγγραφεῖς παρασχόμενος μάρτυρας, τὴν τ᾽ ἀντίρρησιν ἐποιησάμην πρὸς Μανέθων καὶ Χαιρήμονα καί τινας ἑτέρους. 2 Ἄρξομαι δὲ νῦν τοὺς ὑπολειπομένους τῶν γεγραφότων τι καθ᾽ ἡμῶν ἐλέγχειν· καίτοι περὶ τῆς πρὸς Ἀπίωνα τὸν γραμματικὸν ἀντιρρήσεως ἐπῆλθέ μοι διαπορεῖν, εἰ χρὴ σπουδάσαι· 3 τὰ μὲν γάρ ἐστι τῶν ὑπ᾽ αὐτοῦ γεγραμμένων τοῖς ὑπ᾽ ἄλλων εἰρημένοις ὅμοια, τὰ δὲ λίαν ψυχρῶς προστέθεικεν, τὰ πλεῖστα δὲ βωμολοχίαν ἔχει καὶ πολλήν, εἰ δεῖ τἀληθὲς εἰπεῖν, ἀπαιδευσίαν, ὡς ἂν ὑπ᾽ ἀνθρώπου συγκείμενα καὶ φαύλου τὸν τρόπον καὶ παρὰ πάντα τὸν βίον ὀχλαγωγοῦ γεγονότος. 4 Ἐπεὶ δ᾽ οἱ πολλοὶ τῶν ἀνθρώπων διὰ τὴν αὐτῶν ἄνοιαν ὑπὸ τῶν τοιούτων ἁλίσκονται λόγων μᾶλλον ἢ τῶν μετά τινος σπουδῆς γεγραμμένων, καὶ χαίρουσι μὲν ταῖς λοιδορίαις, ἄχθονται δὲ

I

Plan de la réfutation d'Apion

1 Dans le cours du premier livre, très honoré
Épaphrodite, j'ai fait voir la vérité sur l'antiquité de
notre race, m'appuyant sur les écrits des Phéniciens, des
Chaldéens et des Égyptiens, et citant comme témoins
de nombreux historiens grecs ; j'ai, en outre, soutenu la
controverse contre Manéthôs, Chærémon et quelques
autres. **2** Je vais commencer maintenant à réfuter le
reste des auteurs qui ont écrit contre nous. Pourtant je
me suis pris à douter s'il valait la peine de combattre le
grammairien Apion [1] ; **3** car dans ses écrits, tantôt il
répète les mêmes allégations que ses prédécesseurs,
tantôt il ajoute de très froides inventions ; le plus
souvent ses propos sont purement bouffons et, à dire
vrai, témoignent d'une profonde ignorance, comme
émanant d'un homme au caractère bas et qui toute sa
vie fut un bateleur. **4** Mais puisque la plupart des
hommes sont assez insensés pour se laisser prendre par
de tels discours plutôt que par les écrits sérieux,
entendent les injures avec plaisir et les louanges avec

---

1. Apion, qui florissait sous Tibère, Caligula et Claude, avait
écrit de nombreux ouvrages d'érudition, notamment sur Homère, et
une histoire d'Égypte en 5 livres. L'étendue de son savoir, mais aussi
de son charlatanisme, est attestée par de nombreux témoignages. Il
joua un rôle actif dans l'agitation antijuive d'Alexandrie sous Caligula. Ses attaques contre les Juifs se trouvaient en partie dans son
Histoire d'Égypte (*infra* § 10), en partie, semble-t-il, dans un écrit
spécial (§ 6-7). [Th.R.]

τοῖς ἐπαίνοις, ἀναγκαῖον ἡγησάμην εἶναι μηδὲ τοῦτον ἀνεξέταστον καταλιπεῖν, κατηγορίαν ἡμῶν ἄντικρυς ὡς ἐν δίκῃ γεγραφότα. 5 Καὶ γὰρ αὖ κἀκεῖνο τοῖς πολλοῖς ἀνθρώποις ὁρῶ παρακολουθοῦν, τὸ λίαν ἐφήδεσθαι, ὅταν τις ἀρξάμενος βλασφημεῖν ἕτερον, αὐτὸς ἐλέγχηται περὶ τῶν αὐτῷ προσόντων κακῶν. 6 Ἔστι μὲν οὖν οὐ ῥᾴδιον αὐτοῦ διελθεῖν τὸν λόγον, οὐδὲ σαφῶς γνῶναι τί λέγειν βούλεται· σχεδὸν δ᾽ ὡς ἐν πολλῇ ταραχῇ καὶ ψευσμάτων συγχύσει, τὰ μὲν εἰς τὴν ὁμοίαν ἰδέαν πίπτει τοῖς προεξητασμένοις περὶ τῆς ἐξ Αἰγύπτου τῶν ἡμετέρων προγόνων μεταναστάσεως, τὰ δ᾽ ἐστὶ κατηγορία τῶν ἐν Ἀλεξανδρείᾳ κατοικούντων Ἰουδαίων. 7 Τρίτον δ᾽ ἐπὶ τούτοις μέμικται περὶ τῆς ἁγιστείας τῆς κατὰ τὸ ἱερὸν ἡμῶν καὶ τῶν ἄλλων νομίμων κατηγορία.

II 8 Ὅτι μὲν οὖν οὔτ᾽ Αἰγύπτιοι τὸ γένος ἦσαν ἡμῶν οἱ πατέρες, οὔτε διὰ λύμην σωμάτων ἢ τοιαύτας ἄλλας συμφοράς τινας ἐκεῖθεν ἐξηλάθησαν, οὐ μετρίως μόνον, ἀλλὰ καὶ πέρα τοῦ συμμέτρου προαποδεδεῖχθαι νομίζω· 9 περὶ ὧν δὲ προστίθησιν ὁ Ἀπίων ἐπιμνησθήσομαι συντόμως. 10 Φησὶ γὰρ ἐν τῇ τρίτῃ τῶν Αἰγυπτιακῶν τάδε· «Μωυσῆς, ὡς ἤκουσα παρὰ τῶν πρεσβυτέρων τῶν Αἰγυπτίων, ἦν Ἡλιοπολίτης, ὃς πατρίοις ἔθεσι κατηγ-γυημένος αἰθρίους προσευχὰς ἀνῆγεν εἰς οἵους εἶχεν ἡ πόλις

impatience, j'ai cru nécessaire de ne point laisser sans examen même cet auteur, qui a écrit contre nous un réquisitoire formel comme dans un procès. **5** D'ailleurs, la plupart des hommes, je le vois, ont aussi l'habitude de se réjouir fort quand celui qui a commencé par calomnier autrui se voit lui-même convaincu de son ignominie. **6** Il n'est pas facile d'exposer son argumentation ni de savoir clairement ce qu'il veut dire. Mais on distingue à peu près, dans le grand désordre et la confusion de ses mensonges, que les uns rentrent dans le même ordre d'idées que les récits examinés plus haut sur la façon dont nos ancêtres sortirent d'Égypte, que les autres constituent une accusation contre les Juifs résidant à Alexandrie ; **7** en troisième lieu, il mêle à ces assertions des calomnies contre les cérémonies de notre temple et le reste de nos lois.

II

Ses absurdités sur Moïse et sur les maladies des Juifs qui s'enfuirent d'Égypte

8 Que nos pères n'étaient point de race égyptienne, qu'ils ne furent chassés d'Égypte ni en raison de maladies contagieuses, ni pour d'autres infirmités de ce genre, je crois en avoir donné plus haut des preuves, non seulement suffisantes, mais encore surabondantes. **9** Je vais mentionner brièvement les allégations ajoutées par Apion. **10** Il s'exprime ainsi dans le troisième livre de son *Histoire d'Égypte* : « Moïse, comme je l'ai entendu dire aux vieillards parmi les Égyptiens, était d'Héliopolis [2] ; assujetti aux coutumes de sa patrie, il installa des lieux de prières en plein air, dans des

---

2. Nous avons déjà vu ce détail dans Manéthôs, *supra*, I, § 238. [Th.R.]

περιβόλους, πρὸς ἀφηλιώτην δὲ πάσας ἀπέστρεψεν· ὧδε
γὰρ καὶ Ἡλίου κεῖται πόλις. 11 Ἀντὶ δὲ ὀβελῶν ἔστησε
κίονας, ὑφ' οἷς ἦν ἐκτύπωμα σκάφης, σκιὰ δ' ἀνδριάντος
ἐπ' αὐτὴν διακειμένη, ὃν οὗτος ἐν αἰθέρι, τοῦτον ἀεὶ τὸν
δρόμον ἡλίῳ συμπεριπολεῖ.» 12 Τοιαύτη μέν τις ἡ
θαυμαστὴ τοῦ γραμματικοῦ φράσις. Τὸ δὲ ψεῦσμα λόγων
οὐ δεόμενον, ἀλλ' ἐκ τῶν ἔργων περιφανές· οὔτε γὰρ αὐτὸς
Μωυσῆς, ὅτε τὴν πρώτην σκηνὴν τῷ θεῷ κατεσκεύασεν,
οὐδὲν ἐκτύπωμα τοιοῦτον εἰς αὐτὴν ἐνέθηκεν, οὐδὲ ποιεῖν
τοῖς ἔπειτα προσέταξεν· ὅ τε μετὰ ταῦτα κατασκευάσας τὸν
ναὸν τὸν ἐν Ἱεροσολύμοις Σολόμων πάσης ἀπέσχετο
τοιαύτης περιεργίας οἵαν συμπέπλακεν Ἀπίων. 13 Ἀκοῦσαι
δέ φησι τῶν πρεσβυτέρων, ὅτι Μωυσῆς ἦν Ἡλιοπολίτης,
δῆλον ὅτι νεώτερος μὲν ὢν αὐτός, ἐκείνοις δὲ πιστεύσας
τοῖς διὰ τὴν ἡλικίαν ἐπισταμένοις αὐτὸν καὶ συγγενομένοις.
14 Καὶ περὶ μὲν Ὁμήρου τοῦ ποιητοῦ, γραμματικὸς ὢν
αὐτός, οὐκ ἂν ἔχοι τίς αὐτοῦ πατρίς ἐστι διαβεβαιωσάμενος
εἰπεῖν, οὐδὲ περὶ Πυθαγόρου μόνον οὐκ ἐχθὲς καὶ πρῴην
γεγονότος· περὶ δὲ Μωυσέος, τοσούτῳ πλήθει προάγοντος
ἐκείνους ἐτῶν, οὕτως ἀποφαίνεται ῥᾳδίως πιστεύων ἀκοῇ
πρεσβυτέρων, ὡς δῆλός ἐστι καταψευσάμενος. 15 Τὰ δὲ δὴ
τῶν χρόνων, ἐν οἷς φησιν τὸν Μωυσῆν ἐξαγαγεῖν τοὺς
λεπρῶντας καὶ τυφλοὺς καὶ τὰς βάσεις πεπηρωμένους,
σφόδρα δὴ τοῖς πρὸ αὐτοῦ συμπεφώνηκεν, ὡς οἶμαι, ὁ

---

3. Apion, dans son ignorance, confond les synagogues occiden-
tales (προσευχαί) ou peut-être le temple d'Onias avec le temple de
Jérusalem. En Occident, on priait vers l'Orient, c'est-à-dire dans la
direction de Jérusalem ; à Jérusalem même, cette direction, qui est
celle du soleil levant, était prohibée par les docteurs, pour éviter toute
confusion avec les païens (*Soukka*, 51 *b* ; *Baba Batra*, 25 *a*) ; dans le
Temple, le Saint des Saints était à l'ouest. [Th.R.]
4. Il y a là peut-être quelque vague souvenir des bassins et des
colonnes de bronze du temple. Apion les a comparés à un de ces
cadrans solaires à base hémisphérique ou conique comme on en a
trouvé notamment en Égypte (*Dict. des Antiquités*, Horologium,
fig. 3886). Le mot σκάφη, *skaphion*, était précisément employé pour
désigner la conque hémisphérique du cadran solaire. Cf. Th. Reinach
dans les *Mélanges Kaufmann*, p. 13 suiv. [Th.R.]

enceintes telles qu'en avait la ville et les orienta tous vers l'est [3] ; car telle est aussi l'orientation d'Héliopolis. **11** Au lieu d'obélisques, il dressa des colonnes sous lesquelles était sculptée une barque ; l'ombre projetée par une statue sur la barque y décrivait un cercle correspondant à celui du soleil dans l'espace [4]. »

12 Telle est l'étonnante assertion de ce grammairien. Ce mensonge n'a pas besoin de commentaires ; les faits le mettent en pleine évidence. En effet, ni Moïse lui-même, quand il éleva à Dieu le premier tabernacle, n'y a placé aucune sculpture de ce genre ou n'a recommandé à ses successeurs de le faire ; ni Salomon, qui dans la suite construisit le temple de Jérusalem, ne s'est permis aucune œuvre superflue comme celle qu'a imaginée Apion. **13** D'autre part, il dit avoir appris « des vieillards » que Moïse était Héliopolitain : c'est sans doute qu'étant plus jeune lui-même, il a cru des hommes qui, en raison de leur âge, avaient dû connaître Moïse et vivre de son temps. **14** Du poète Homère, lui grammairien, il ne peut nommer la patrie avec certitude, ni celle de Pythagore, qui a vécu, peu s'en faut, hier et avant-hier [5]. Mais sur Moïse, qui les précède de tant d'années, il se montre si crédule aux récits des vieillards que son mensonge en devient manifeste. **15** Sur l'époque où, selon lui, Moïse emmena les lépreux, les aveugles et les boiteux, l'accord est parfait, j'imagine, entre les écrivains antérieurs et cet exact

---

5. Voir à l'Appendice, note sur II, 14. [Th.R.] Cette formule « d'hier ou d'avant hier » est typiquement utilisée par les auteurs grecs lorsqu'ils parlent des premiers âges de l'humanité et notamment de la poésie. Elle provient de la critique littéraire classique : John Dillery, « Putting Him Back Together Again : Apion Historian, Apion Grammatikos », p. 385.

γραμματικὸς ὁ ἀκριβής. 16 Μανέθως μὲν γὰρ κατὰ τὴν Τεθμώσιος βασιλείαν ἀπαλλαγῆναί φησιν ἐξ Αἰγύπτου τοὺς Ἰουδαίους, πρὸ ἐτῶν τριακοσίων ἐνενηκοντατριῶν τῆς εἰς Ἄργος Δαναοῦ φυγῆς, Λυσίμαχος δὲ κατὰ Βόκχοριν τὸν βασιλέα, τουτέστι πρὸ ἐτῶν χιλίων ἑπτακοσίων, Μόλων δὲ καὶ ἄλλοι τινὲς ὡς αὐτοῖς ἔδοξεν· 17 ὁ δέ γε πάντων πιστότατος Ἀπίων ὡρίσατο τὴν ἔξοδον ἀκριβῶς κατὰ τὴν ἑβδόμην ὀλυμπιάδα, καὶ ταύτης ἔτος εἶναι πρῶτον, ἐν ᾧ, φησί, Καρχηδόνα Φοίνικες ἔκτισαν. Τοῦτο δὲ πάντως προσέθηκε, τὸ Καρχηδόνα, τεκμήριον οἰόμενος αὐτῷ γενέσθαι τῆς ἀληθείας ἐναργέστατον· οὐ συνῆκε δὲ καθ' ἑαυτοῦ τὸν ἔλεγχον ἐπισπώμενος. 18 Εἰ γὰρ περὶ τῆς ἀποικίας πιστεύειν δεῖ ταῖς Φοινίκων ἀναγραφαῖς, ἐν ἐκείναις Εἴρωμος ὁ βασιλεὺς γέγραπται πρεσβύτερος τῆς Καρχηδόνος κτίσεως ἔτεσι πέντε πρὸς τοῖς πεντήκοντα καὶ ἑκατόν· 19 περὶ οὗ τὰς πίστεις ἀνωτέρω παρέσχον ἐκ τῶν Φοινίκων ἀναγραφῶν, <καὶ> ὅτι Σολόμωνι τῷ τὸν ναὸν οἰκοδομησαμένῳ τὸν ἐν Ἰεροσολύμοις φίλος ἦν Εἴρωμος καὶ πολλὰ συνεβάλετο πρὸς τὴν τοῦ ναοῦ κατασκευήν. Αὐτὸς δὲ ὁ Σολόμων ᾠκοδόμησε τὸν ναὸν μετὰ τὸ ἐξελθεῖν ἐξ Αἰγύπτου τοὺς Ἰουδαίους δώδεκα καὶ ἑξακοσίοις ἔτεσιν ὕστερον. 20 Τὸν δ' ἀριθμὸν τῶν ἐλαθέντων τὸν αὐτὸν Λυσιμάχῳ σχεδιάσας, — ἕνδεκα γὰρ αὐτοὺς εἶναί φησι μυριάδας, — θαυμαστήν τινα καὶ πιθανὴν ἀποδίδωσιν αἰτίαν, ἀφ' ἧς φησι τὸ σάββατον ὠνομάσθαι· 21 «Ὁδεύσαντες γάρ, φησίν, ἐξ ἡμερῶν ὁδόν, βουβῶνας ἔσχον καὶ διὰ ταύτην τὴν αἰτίαν τῇ ἑβδόμῃ ἡμέρᾳ

---

6. Appendice, note sur II, 16-17. [Th.R.]
7. *Supra*, I, § 126. [Th.R.]
8. *Supra*, I, § 110 suiv. [Th.R.]

grammairien. **16** En effet, selon Manéthôs, c'est sous le règne de Tethmôsis que les Juifs furent chassés d'Égypte, 393 ans avant la fuite de Danaos à Argos ; selon Lysimaque, c'est sous le roi Bocchoris, c'est-à-dire il y a 1700 ans ; Molon et d'autres donnent la date à leur fantaisie. **17** Mais Apion, le plus sûr de tous, a fixé la sortie d'Égypte exactement à la VIIe olympiade et à la première année de cette olympiade, année, dit-il, où les Phéniciens fondèrent Carthage [6]. Il a ajouté de toutes pièces cette mention de Carthage dans la pensée qu'elle était un témoignage éclatant de sa véracité. Mais il n'a pas compris que par là il s'attire un démenti. **18** En effet, s'il faut, sur cette colonie, croire les annales phéniciennes, il y est écrit que le roi Hirôm vécut cent cinquante-cinq ans avant la fondation de Carthage [7] ; **19** j'en ai fourni les preuves plus haut d'après les annales phéniciennes, montrant que Hirôm était l'ami de Salomon qui éleva le temple de Jérusalem, et qu'il contribua pour une grande part à la construction de cet édifice [8]. Or, Salomon lui-même bâtit le temple six cent douze ans après que les Juifs furent sortis d'Égypte [9]. **20** Après avoir donné à la légère, pour le nombre des expulsés, la même évaluation que Lysimaque [10]— il prétend qu'ils étaient cent dix mille —, Apion indique une cause extraordinaire et bien vraisemblable qui explique, d'après lui, le nom du sabbat. **21** « Ayant marché, dit-il, pendant six jours, ils eurent des tumeurs à l'aine et, pour cette raison, ils instituèrent de se reposer le septième jour, une fois arrivés sains et saufs

---

9. Ce chiffre ne s'accorde ni avec celui de la Bible (I, Rois, VI, 1), 480 ans, ni avec celui de Josèphe lui-même dans les *Antiquités* (VIII, 3, 1, § 61), 592 ans. Mais on le retrouve dans un autre passage des *Antiquités* (XX, 10, 1, § 230). [Th.R.]

10. L'extrait de Lysimaque ci-dessus (I, 304 suiv.) ne donne aucun chiffre. Nous avons déjà (p. 95, n. 175) signalé d'autres omissions de ce genre, réparées après coup par Josèphe. [Th.R.]

ἀνεπαύσαντο, σωθέντες εἰς τὴν χώραν τὴν νῦν Ἰουδαίαν
λεγομένην, καὶ ἐκάλεσαν τὴν ἡμέραν σάββατον, σώζοντες
τὴν Αἰγυπτίων γλῶτταν· τὸ γὰρ βουβῶνος ἄλγος καλοῦσιν
Αἰγύπτιοι σαββώ.» 22 Οὐκ ἂν οὖν τις ἢ καταγελάσειε τῆς
φλυαρίας, ἢ τοὐναντίον μισήσειε τὴν ἐν τῷ τοιαῦτα γράφειν
ἀναίδειαν ; δῆλον γάρ, ὅτι πάντες ἐβουβωνίασαν ἔνδεκα
μυριάδες ἀνθρώπων. 23 Ἀλλ᾽ εἰ μὲν ἦσαν ἐκεῖνοι τυφλοὶ καὶ
χωλοὶ καὶ πάντα τρόπον νοσοῦντες, ὁποίους αὐτοὺς εἶναί
φησιν Ἀπίων, οὐδ᾽ ἂν μιᾶς ἡμέρας προελθεῖν ὁδὸν
ἠδυνήθησαν· εἰ δ᾽ οἷοι βαδίζειν διὰ πολλῆς ἐρημίας καὶ
προσέτι νικᾶν τοὺς αὐτοῖς ἀνθισταμένους μαχόμενοι
πάντες, οὐκ ἂν ἀθρόοι μετὰ τὴν ἕκτην ἡμέραν ἐβουβωνία-
σαν· 24 οὔτε γὰρ φύσει πως γίνεται <τὸ> τοιοῦτον τοῖς
βαδίζουσιν ἐξ ἀνάγκης, ἀλλὰ πολλαὶ μυριάδες στρατοπέδων
ἐπὶ πολλὰς ἡμέρας τὸ σύμμετρον ἀεὶ βαδίζουσιν, οὔτε κατὰ
ταὐτόματον εἰκὸς οὕτως συμβῆναι· πάντων γὰρ
ἀλογώτατον. 25 Ὁ δὲ θαυμαστὸς Ἀπίων διὰ μὲν ἓξ ἡμερῶν
αὐτοὺς ἐλθεῖν εἰς τὴν Ἰουδαίαν προείρηκε, πάλιν δὲ τὸν
Μωυσῆν εἰς τὸ μεταξὺ τῆς Αἰγύπτου καὶ τῆς Ἀραβίας ὄρος,
ὃ καλεῖται Σίναιον, ἀναβάντα φησὶν ἡμέρας τεσσαράκοντα
κρυβῆναι κἀκεῖθεν καταβάντα δοῦναι τοῖς Ἰουδαίοις τοὺς
νόμους. Καίτοι πῶς οἷόν τε τοὺς αὐτοὺς καὶ τεσσαράκοντα
μένειν ἡμέρας ἐν ἐρήμῳ καὶ ἀνύδρῳ τόπῳ, καὶ τὴν μεταξὺ
πᾶσαν ἐν ἡμέραις ἓξ διελθεῖν ; 26 ἡ δὲ περὶ τὴν ὀνομασίαν
τοῦ σαββάτου γραμματικὴ μετάθεσις <ἢ> ἀναίδειαν ἔχει
πολλὴν ἢ δεινὴν ἀμαθίαν· τὸ γὰρ σαββὼ καὶ σάββατον
πλεῖστον ἀλλήλων διαφέρει· 27 τὸ μὲν γὰρ σάββατον κατὰ
τὴν Ἰουδαίων διάλεκτον ἀνάπαυσίς ἐστιν ἀπὸ παντὸς
ἔργου, τὸ δὲ σαββώ, καθάπερ ἐκεῖνός φησι, δηλοῖ παρ᾽
Αἰγυπτίοις τὸ βουβῶνος ἄλγος.

---

11. Le texte ci-dessus d'Apion (§ 21), quoique très entortillé,
pourrait s'interpréter autrement : le sabbat aurait été institué *en
Judée*, en souvenir du repos du 7e jour, mais ce repos n'aurait pas eu
lieu nécessairement en Judée. [Th.R.]

dans le pays nommé aujourd'hui Judée, et ils appelèrent ce jour *sabbat*, conservant le terme égyptien. Car
le mal d'aine se dit en Égypte *sabbô*. » **22** Comment ne
pas rire de cette niaiserie, ou, au contraire, comment ne
pas s'indigner de l'impudence qui fait écrire de pareilles
choses ? Apparemment tous ces cent dix mille hommes
avaient des tumeurs à l'aine ? **23** Mais s'ils étaient
aveugles, boiteux et atteints de toutes les maladies,
comme le prétend Apion, ils n'auraient pas pu fournir
même une marche d'un seul jour. Et s'ils ont été
capables de traverser un vaste désert, et de vaincre, en
combattant tous, les ennemis qui se dressaient devant
eux, ils n'auraient pas été en masse atteints de tumeurs
à l'aine après le sixième jour. **24** Car cette maladie
n'atteint point naturellement ceux qui marchent par
force : des myriades d'hommes, dans les armées, font
pendant de longs jours de suite les étapes convenables ;
et, d'autre part, comment croire que cette maladie leur
soit venue toute seule ? ce serait l'hypothèse la plus
absurde de toutes. **25** L'étonnant Apion, après avoir
commencé par dire qu'ils mirent six jours à parvenir en
Judée [11], raconte ensuite que Moïse gravit la montagne
nommée Sinaï, située entre l'Égypte et l'Arabie, y resta
caché quarante jours et en descendit pour donner les
lois aux Juifs. Cependant, comment se peut-il que les
mêmes hommes restent quarante jours dans un désert
sans eau, et aient traversé tout l'espace (entre les deux
pays) en six jours ? **26** Quant au nom du Sabbat, le
changement grammatical qu'il opère dénote beaucoup
d'impudence ou une profonde ignorance ; car *sabbô* et
sabbaton sont très différents. **27** En effet, *sabbaton*,
dans la langue des Juifs, désigne la cessation de tout
travail, et *sabbô* signifie chez les Égyptiens, comme il le
dit, le mal d'aine.

III 28 Τοιαῦτα μέν τινα περὶ Μωυσέος καὶ τῆς ἐξ
Αἰγύπτου γενομένης τοῖς Ἰουδαίοις ἀπαλλαγῆς ὁ Αἰγύπτιος
Ἀπίων ἐκαινοποίησεν παρὰ τοὺς ἄλλους ἐπινοήσας. Καὶ τί
γε δεῖ θαυμάζειν, εἰ περὶ τῶν ἡμετέρων ψεύδεται προγόνων,
λέγων αὐτοὺς εἶναι τὸ γένος Αἰγυπτίους ; 29 αὐτὸς γὰρ περὶ
αὐτοῦ τοὐναντίον ἐψεύδετο· καὶ γεγενημένος ἐν Ὀάσει τῆς
Αἰγύπτου, πάντων Αἰγυπτίων πρῶτος ὤν, ὡς ἂν εἴποι τις,
τὴν μὲν ἀληθῆ πατρίδα καὶ τὸ γένος ἐξωμόσατο,
Ἀλεξανδρεὺς δ᾽ εἶναι καταψευδόμενος ὁμολογεῖ τὴν
μοχθηρίαν τοῦ γένους. 30 Εἰκότως οὖν οὓς μισεῖ καὶ
βούλεται λοιδορεῖν τούτους Αἰγυπτίους καλεῖ· εἰ μὴ γὰρ
φαυλοτάτους εἶναι ἐνόμιζεν Αἰγυπτίους, οὐκ ἂν τὸ γένος
αὐτὸς ἔφυγεν, ὡς οἵ γε μεγαλοφρονοῦντες ἐπὶ ταῖς ἑαυτῶν
πατρίσι σεμνύνονται μὲν ἀπὸ τούτων αὐτοὶ χρηματίζοντες,
τοὺς ἀδίκως δ᾽ αὐτῶν ἀντιποιουμένους ἐλέγχουσι. 31 Πρὸς
ἡμᾶς δὲ δυοῖν θάτερον Αἰγύπτιοι πεπόνθασιν· ἢ γὰρ ὡς
ἐπισεμνυνόμενοι προσποιοῦνται τὴν συγγένειαν, ἢ
κοινωνοὺς ἡμᾶς ἐπισπῶνται τῆς αὐτῶν κακοδοξίας. 32 Ὁ δὲ
γενναῖος Ἀπίων δοκεῖ μὲν τὴν βλασφημίαν τὴν καθ᾽ ἡμῶν
ὥσπερ τινὰ μισθὸν ἐθελῆσαι παρασχεῖν Ἀλεξανδρεῦσι τῆς
δοθείσης αὐτῷ πολιτείας, καὶ τὴν ἀπέχθειαν αὐτῶν
ἐπιστάμενος τὴν πρὸς τοὺς συνοικοῦντας αὐτοῖς ἐπὶ τῆς
Ἀλεξανδρείας Ἰουδαίους, προτέθειται μὲν ἐκείνοις
λοιδορεῖσθαι, συμπεριλαμβάνει δὲ καὶ τοὺς ἄλλους
ἅπαντας, ἐν ἀμφοτέροις ἀναισχύντως ψευδόμενος.

---

12. Willrich (*Juden und Griechen vor der makkabäischen Erhebung*, p. 176) signale une contradiction entre ce texte et le § 48 où il
serait question des ancêtres *Macédoniens* d'Apion ; mais, dans ce
dernier §, le mot Μακεδόνων est probablement interpolé (Naber).
[Th.R.]

III

Il voudrait faire croire que les Juifs sont de race
égyptienne

28 Voilà sur Moïse et les Juifs chassés d'Égypte les
nouveautés imaginées par l'Égyptien Apion, en contradiction avec les autres auteurs. Faut-il d'ailleurs
s'étonner qu'il mente sur nos aïeux et dise qu'ils étaient
Égyptiens de race ? **29** Car lui-même a fait sur son
propre compte le mensonge inverse : né dans l'oasis
d'Égypte, et plus Égyptien qu'aucun autre [12],
pourrait-on dire, il a renié sa vraie patrie et sa race, et,
quand il se donne faussement comme Alexandrin, il
avoue l'ignominie de sa race. **30** Il est donc naturel qu'il
appelle Égyptiens les gens qu'il déteste et veut insulter.
En effet, s'il n'avait pas eu le plus grand mépris pour les
Égyptiens, il ne se serait pas évadé lui-même de cette
race : les hommes fiers de leur patrie se flattent d'en être
appelés citoyens [13] et attaquent ceux qui s'arrogent sans
droit ce titre. **31** À notre égard les Égyptiens ont l'un de
ces deux sentiments : ou ils imaginent une parenté avec
nous pour en tirer gloire, ou ils nous attirent à eux pour
nous faire partager leur mauvaise réputation. **32** Quant
au noble Apion, il semble vouloir par ses calomnies
contre nous payer aux Alexandrins le droit de cité qu'il
a reçu d'eux, et, connaissant leur haine pour les Juifs
qui habitent Alexandrie avec eux, il s'est proposé
d'injurier ceux-là, et d'envelopper dans ses invectives
tous les autres Juifs, mentant avec impudence sur les
uns et les autres [14].

---

13. Les éditions récentes se basent, entre autres, sur cette phrase
– dont la lecture est à présent différente : « ceux qui estiment hautement leur patrie s'honorent de porter son nom » pour récuser l'usage
du terme « juif » et lui préférer « judéen » dans l'interprétation de
Ioudaioi. John Barclay, *Against Apion*, p. LXI, et note 158.
    14. Voir à l'Appendice note sur § 32. [Th.R.]

IV 33 Τίνα τοίνυν ἐστὶ τὰ δεινὰ καὶ σχέτλια τῶν ἐν Ἀλεξανδρείᾳ κατοικούντων Ἰουδαίων, ἃ κατηγόρηκεν αὐτῶν, ἴδωμεν. « Ἐλθόντες, φησίν, ἀπὸ Συρίας ᾤκησαν πρὸς ἀλίμενον θάλασσαν, γειτνιάσαντες ταῖς τῶν κυμάτων ἐκβολαῖς.» 34 Οὐκοῦν τόπος εἰ λοιδορίαν ἔχει, τὴν οὐ πατρίδα μὲν, λεγομένην δὲ, αὐτοῦ λοιδορεῖ τὴν Ἀλεξάνδρειαν· ἐκείνης γὰρ καὶ τὸ παράλιόν ἐστι μέρος, ὡς πάντες ὁμολογοῦσιν, εἰς κατοίκησιν τὸ κάλλιστον. 35 Οὐκ οἶδα δέ, τί ποτ᾽ ἂν ἔλεγεν Ἀπίων, <εἰ> πρὸς τῇ νεκροπόλει κατῴκουν καὶ μὴ πρὸς τοῖς βασιλείοις ἦσαν ἱδρύμενοι. 36 Ἰουδαῖοι δ᾽ εἰ μὲν βιασάμενοι κατέσχον, ὡς μηδ᾽ ὕστερον ἐκπεσεῖν, ἀνδρείας τεκμήριόν ἐστιν αὐτοῖς· εἰς κατοίκησιν δὲ αὐτοῖς ἔδωκε τόπον Ἀλέξανδρος καὶ ἴσης παρὰ τοῖς Μακεδόσι τιμῆς ἐπέτυχον· καὶ μέχρι νῦν αὐτῶν ἡ φυλὴ τὴν προσηγορίαν εἶχεν Μακεδόνες. 37 Εἰ μὲν οὖν ἀναγνοὺς τὰς ἐπιστολὰς Ἀλεξάνδρου τοῦ βασιλέως καὶ τὰς Πτολεμαίου τοῦ Λάγου, καὶ τῶν μετ᾽ ἐκεῖνον τῆς Αἰγύπτου βασιλέων ἐντυχὼν τοῖς γράμμασι, καὶ τὴν στήλην τὴν ἑστῶσαν ἐν Ἀλεξανδρείᾳ καὶ τὰ δικαιώματα περιέχουσαν, ἃ Καῖσαρ ὁ μέγας τοῖς Ἰουδαίοις ἔδωκεν, εἰ μὲν οὖν ταῦτα, φημί, γιγνώσκων τἀναντία γράφειν ἐτόλμησε, πονηρὸς ἦν, εἰ δὲ μηδὲν ἠπίστατο τούτων, ἀπαίδευτος. 38 Τὸ δὲ δὴ

---

15. Le quartier juif était situé dans l'est d'Alexandrie, au-delà du port, mais dans le voisinage du château royal ; la nécropole était à l'extrême ouest de la ville. [Th.R.]

16. Cf. *Bellum*, II, 8, 7. En réalité l'établissement des Juifs à Alexandrie ne paraît pas antérieur à Ptolémée Sôter ; cf. *AJ*, XII, 8. [Th.R.]

IV

Accusations injustes contre les Juifs d'Alexandrie

33 Voyons donc quelles sont les graves et terribles
accusations qu'il a dirigées contre les Juifs habitant
Alexandrie. « Venus de Syrie, dit-il, ils s'établirent
auprès d'une mer sans ports, dans le voisinage des
épaves rejetées par les flots. » **34** Or, si le lieu mérite une
injure, elle retombe je ne dis pas sur la patrie, mais sur
la prétendue patrie d'Apion, Alexandrie. Car le quartier maritime fait également partie de cette ville et, de
l'aveu général, c'est le plus beau pour une résidence.
35 Et je ne sais ce qu'aurait dit Apion si les Juifs avaient
habité près de la nécropole au lieu de s'établir près du
palais [15]. **36** Si les Juifs ont occupé ce quartier de force,
sans jamais en avoir été chassés dans la suite, c'est une
preuve de leur vaillance. Mais, en réalité, ils le reçurent
d'Alexandre comme résidence [16] ; chez les Macédoniens, ils obtinrent la même considération qu'eux-
mêmes, et, jusqu'à nos jours, leur tribu [17] a porté le
nom de Macédoniens. **37** S'il a lu les lettres du roi
Alexandre et de Ptolémée, fils de Lagos, si les ordonnances des rois d'Égypte suivants lui sont tombées sous
les yeux, ainsi que la stèle qui s'élève à Alexandrie,
contenant les droits accordés aux Juifs par César le
Grand, si, dis-je, connaissant ces documents il a osé
écrire le contraire, il fut un malhonnête homme ; s'il ne
les connaissait pas, un ignorant [18]. **38** Et quand il

---

17. Jouguet suppose que le terme *macédonien* désignait à
Alexandrie les immigrés, par opposition aux indigènes égyptiens.
[Th.R.]

18. Nous ne savons rien de ces lettres et ordonnances. Quant à
la « stèle de César le Grand » qui est encore mentionnée en *AJ*, XIV,
10, 1, elle émane en réalité d'Auguste (*Revue des Études juives*, 1924,
p. 123). [Th.R.]

θαυμάζειν, πῶς Ἰουδαῖοι ὄντες Ἀλεξανδρεῖς ἐκλήθησαν, τῆς ὁμοίας ἀπαιδευσίας· πάντες γὰρ οἱ εἰς ἀποικίαν τινὰ κατακληθέντες, κἂν πλεῖστον ἀλλήλων τοῖς γένεσι διαφέρωσιν, ἀπὸ τῶν οἰκιστῶν τὴν προσηγορίαν λαμβάνουσιν. 39 Καὶ τί δεῖ περὶ τῶν ἄλλων λέγειν ; αὐτῶν γὰρ ἡμῶν οἱ τὴν Ἀντιόχειαν κατοικοῦντες Ἀντιοχεῖς ὀνομάζονται· τὴν γὰρ πολιτείαν αὐτοῖς ἔδωκεν ὁ κτίστης Σέλευκος. Ὁμοίως οἱ ἐν Ἐφέσῳ <καὶ> κατὰ τὴν ἄλλην Ἰωνίαν τοῖς αὐθιγενέσι πολίταις ὁμωνυμοῦσιν, τοῦτο παρασχόντων αὐτοῖς τῶν διαδόχων. 40 Ἡ δὲ Ῥωμαίων φιλανθρωπία πᾶσιν οὐ μικροῦ δεῖν τῆς αὐτῶν προσηγορίας μεταδέδωκεν, οὐ μόνον ἀνδράσιν, ἀλλὰ καὶ μεγάλοις ἔθνεσιν ὅλοις ; Ἴβηρες γοῦν οἱ πάλαι καὶ Τυρρηνοὶ καὶ Σαβῖνοι Ῥωμαῖοι καλοῦνται. 41 Εἰ δὲ τοῦτον ἀφαιρεῖται τὸν τρόπον τῆς πολιτείας Ἀπίων, παυσάσθω λέγων αὐτὸν Ἀλεξανδρέα· γεννηθεὶς γάρ, ὡς προεῖπον, ἐν τῷ βαθυτάτῳ τῆς Αἰγύπτου, πῶς ἂν Ἀλεξανδρεὺς εἴη, τῆς κατὰ δόσιν πολιτείας, ὡς αὐτὸς ἐφ' ἡμῶν ἠξίωκεν, ἀναιρουμένης ; καίτοι μόνοις Αἰγυπτίοις οἱ κύριοι νῦν Ῥωμαῖοι τῆς οἰκουμένης μεταλαμβάνειν ἡστινοσοῦν πολιτείας ἀπειρήκασιν. 42 Ὁ δ' οὕτως ἐστὶ γενναῖος, ὡς μετέχειν ἀξιῶν αὐτὸς ὧν τυχεῖν ἐκωλύετο, συκοφαντεῖν ἐπεχείρησε τοὺς δικαίως λαβόντας· οὐ γὰρ ἀπορίᾳ γε τῶν οἰκησόντων τὴν μετὰ σπουδῆς ὑπ' αὐτοῦ πόλιν κτιζομένην Ἀλέξανδρος τῶν ἡμετέρων τινὰς ἐκεῖ συνήθροισεν, ἀλλὰ πάντας δοκιμάζων ἐπιμελῶς ἀρετῆς καὶ πίστεως τοῦτο τοῖς ἡμετέροις τὸ γέρας ἔδωκεν. 43 Ἐτίμα γὰρ ἡμῶν τὸ ἔθνος, ὡς καί φησιν Ἑκαταῖος περὶ ἡμῶν, ὅτι διὰ τὴν ἐπιείκειαν

---

19. S'agit-il du titre d'Alexandrin *usurpé* par les Juifs ou ce titre leur avait-il été conféré dans quelque document officiel ? Nous connaissons un document de ce genre : c'est l'édit de Claude, *AJ*, XIX, 280. Mais dans le pap. Berlin 1140 un pétitionnaire juif ayant été désigné comme Ἀλεξανδρεύς le scribe a corrigé en : Ἰουδαίων τῶν ἀπὸ Ἀλεξανδρείας. [Th.R.]

20. Voir à l'Appendice. [Th.R.]

s'étonne qu'étant Juifs ils aient été appelés Alexandrins [19], il fait preuve de la même ignorance. En effet, tous les hommes appelés dans une colonie, si diverses que soient leurs races, reçoivent leur nom du fondateur. **39** A quoi bon citer les autres peuples ? Les hommes de notre propre race qui habitent Antioche s'appellent Antiochiens ; car le droit de cité leur fut donné par son fondateur Séleucus [20]. De même les Juifs d'Éphèse et du reste de l'Ionie ont le même nom que les citoyens indigènes, droit qu'ils ont reçu des successeurs d'Alexandre [21]. **40** Les Romains, dans leur générosité, n'ont-ils pas partagé leur nom avec tous les hommes, ou peu s'en faut, non seulement avec des individus, mais avec de grands peuples tout entiers ? Par exemple les Ibères d'autrefois, les Étrusques, les Sabins sont appelés Romains [22]. **41** Mais si Apion supprime ce genre de droit de cité, qu'il cesse de se dire Alexandrin. Car né, ainsi que je l'ai déjà dit, au plus profond de l'Égypte, comment serait-il Alexandrin si l'on supprimait le don du droit de cité, comme lui-même le demande pour nous ? Pourtant les Égyptiens seuls se voient refuser par les Romains, maîtres aujourd'hui de l'univers, le droit d'être reçus dans aucune cité [23]. **42** Mais Apion a le cœur si noble que, voulant prendre sa part d'un bien dont il était écarté, il a entrepris de calomnier ceux qui l'ont reçu à bon droit. Car ce n'est pas faute d'habitants pour peupler la ville fondée par lui avec tant de zèle qu'Alexandre y a réuni quelques-uns des nôtres ; mais, soumettant à une épreuve attentive la vertu et la fidélité de tous les peuples, il accorda aux nôtres ce privilège. **43** Car il estimait notre nation au point même que, suivant Hécatée, en reconnaissance

21. Voir à l'Appendice. [Th.R.]
22. Voir à l'Appendice. [Th.R.]
23. Voir à l'Appendice. [Th.R.]

καὶ πίστιν, ἣν αὐτῷ παρέσχον Ἰουδαῖοι, τὴν Σαμαρεῖτιν χώραν προσέθηκεν ἔχειν αὐτοῖς ἀφορολόγητον. 44 Ὅμοια δὲ Ἀλεξάνδρῳ καὶ Πτολεμαῖος ὁ Λάγου περὶ τῶν ἐν Ἀλεξανδρείᾳ κατοικούντων ἐφρόνησεν· καὶ γὰρ τὰ κατὰ τὴν Αἴγυπτον αὐτοῖς ἐνεχείρισε φρούρια, πιστῶς ἅμα καὶ γενναίως φυλάξειν ὑπολαμβάνων· καὶ Κυρήνης ἐγκρατῶς ἄρχειν βουλόμενος καὶ τῶν ἄλλων τῶν ἐν τῇ Λιβύῃ πόλεων, εἰς αὐτὰς μέρος Ἰουδαίων ἔπεμψε κατοικῆσον. 45 Ὁ δὲ μετ᾽ αὐτὸν Πτολεμαῖος ὁ Φιλάδελφος ἐπικληθεὶς οὐ μόνον εἴ τινες ἦσαν αἰχμάλωτοι παρ᾽ αὐτῷ τῶν ἡμετέρων πάντας ἀπέδωκεν, ἀλλὰ καὶ χρήματα πολλάκις ἐδωρήσατο, καὶ τὸ μέγιστον, ἐπιθυμητὴς ἐγένετο τοῦ γνῶναι τοὺς ἡμετέρους νόμους καὶ ταῖς τῶν ἱερῶν γραφῶν βίβλοις ἐντυχεῖν. 46 Ἔπεμψε γοῦν ἀξιῶν ἄνδρας ἀποσταλῆναι τοὺς ἑρμη-νεύσοντας αὐτῷ τὸν νόμον, καὶ τοῦ γραφῆναι ταῦτα καλῶς τὴν ἐπιμέλειαν ἐπέταξεν οὐ τοῖς τυχοῦσιν, ἀλλὰ Δημήτριον τὸν Φαληρέα καὶ Ἀνδρέαν καὶ Ἀριστέα, τὸν μὲν παιδείᾳ τῶν καθ᾽ ἑαυτὸν διαφέροντα [Δημήτριον], 47 τοὺς δὲ τὴν τοῦ σώματος αὐτοῦ φυλακὴν ἐγκεχειρισμένους, ἐπὶ τῆς ἐπιμελείας ταύτης ἔταξεν, οὐκ ἂν δήπου τοὺς νόμους καὶ τὴν πάτριον ἡμῶν φιλοσοφίαν ἐπιθυμήσας ἐκμαθεῖν, εἰ τῶν χρωμένων αὐτοῖς ἀνδρῶν κατεφρόνει καὶ μὴ λίαν ἐθαύμαζεν.

---

24. Ce renseignement ne dérive pas du véritable Hécatée, car c'est sous Démétrius II que *trois* districts seulement de la Samaritide furent annexés, avec exemption d'impôts, à la Judée (I Macc., XI, 34). Cf. Schürer, I (2ᵉ édit.), p. 141, et Willrich, *Judaica*, p. 97. [Th.R.]

des bons sentiments et de la fidélité que lui témoignèrent les Juifs, il ajouta à leurs possessions la province de Samarie exempte de tribut [24]. **44** Ptolémée, fils de Lagos, partageait les sentiments d'Alexandre à l'égard des Juifs qui habitaient Alexandrie. En effet, il mit entre leurs mains les places fortes de l'Égypte dans la pensée qu'ils les garderaient fidèlement et bravement [25] ; et comme il désirait affermir sa domination sur Cyrène et les autres villes de Libye, il envoya une partie des Juifs s'y établir [26]. **45** Son successeur, Ptolémée, surnommé Philadelphe, non seulement rendit tous les prisonniers de notre race qu'il pouvait avoir, mais il donna maintes fois aux Juifs des sommes d'argent, et, ce qui est le plus important, il désira connaître nos lois et lire nos livres sacrés. **46** Il est constant qu'il fit demander aux Juifs de lui envoyer des hommes pour lui traduire la loi [27], et il ne confia pas aux premiers venus le soin de bien faire rédiger la traduction, mais c'est Démétrios de Phalère, Andréas et Aristée, l'un le plus savant homme de son temps, **47** les autres, ses gardes du corps, qui furent chargés par lui de surveiller l'exécution de ce travail ; or il n'aurait pas désiré approfondir nos lois et la sagesse de nos ancêtres s'il avait méprisé les hommes qui en usaient, au lieu de les admirer beaucoup [28].

---

25. Voir à l'Appendice. [Th.R.]

26. Renseignement non confirmé par ailleurs. [Th.R.]

27. Courte description de la légende de la traduction de la Bible en grec, la Septante.

28. Tout ce § dérive de la *Lettre d'Aristée à Philocrate*. [Th.R.]

V **48** Ἀπίωνα δὲ σχεδὸν ἐφεξῆς πάντες ἔλαθον οἱ τῶν προγόνων αὐτοῦ [Μακεδόνων] βασιλεῖς οἰκειότατα πρὸς ἡμᾶς διατεθέντες· καὶ γὰρ <ὁ> τρίτος Πτολεμαῖος, ὁ λεγόμενος Εὐεργέτης, κατασχὼν ὅλην Συρίαν κατὰ κράτος, οὐ τοῖς ἐν Αἰγύπτῳ θεοῖς χαριστήρια τῆς νίκης ἔθυσεν, ἀλλὰ παραγενόμενος εἰς Ἱεροσόλυμα πολλὰς, ὡς ἡμῖν νόμιμόν ἐστιν, ἐπετέλεσε θυσίας τῷ θεῷ καὶ ἀνέθηκεν ἀναθήματα τῆς νίκης ἄξια. **49** Ὁ δὲ Φιλομήτωρ Πτολεμαῖος καὶ ἡ γυνὴ αὐτοῦ Κλεοπάτρα τὴν βασιλείαν ὅλην τὴν ἑαυτῶν Ἰουδαίοις ἐπίστευσαν, καὶ στρατηγοὶ πάσης τῆς δυνάμεως ἦσαν Ὀνίας καὶ Δοσίθεος Ἰουδαῖοι, ὧν Ἀπίων σκώπτει τὰ ὀνόματα, δέον τὰ ἔργα θαυμάζειν καὶ μὴ λοιδορεῖν, ἀλλὰ χάριν αὐτοῖς ἔχειν, ὅτι διέσωσαν τὴν Ἀλεξάνδρειαν, ἧς ὡς πολίτης ἀντιποιεῖται· **50** πολεμούντων γὰρ αὐτῶν τῇ βασιλίσσῃ Κλεοπάτρᾳ καὶ κινδυνευόντων ἀπολέσθαι κακῶς, οὗτοι συμβάσεις ἐποίησαν καὶ τῶν ἐμφυλίων κακῶν ἀπήλλαξαν. Ἀλλὰ « μετὰ ταῦτα, φησίν, Ὀνίας ἐπὶ τὴν πόλιν ἤγαγε στρατὸν <οὐκ> ὀλίγον, ὄντος ἐκεῖ Θέρμου τοῦ παρὰ Ῥωμαίων πρεσβευτοῦ καὶ παρόντος.» **51** Ὀρθῶς δὲ ποιῶν, φαίην ἂν, καὶ μάλα δικαίως· ὁ γὰρ Φύσκων ἐπικληθεὶς Πτολεμαῖος, ἀποθανόντος αὐτῷ τοῦ ἀδελφοῦ Πτολεμαίου τοῦ Φιλομήτορος, ἀπὸ Κυρήνης ἐξῆλθε Κλεοπάτραν ἐκβαλεῖν βουλόμενος τῆς βασιλείας et filios regis, ut ipse regnum iniuste sibimet applicaret ; **52** propter haec ergo Onias

---

29. Ce renseignement ne se trouve nulle part ailleurs. [Th.R.]

30. Ptolémée VI Philométor régna de 181 à 145 avant J.-C. ; Cléopâtre (II) était sa femme et sa sœur. [Th.R.]

31. Dosithéos (Samaritain ?) n'est pas autrement connu. Onias peut bien être identique au fondateur du temple de Léontopolis (vers 160). [Th.R.]

V

*Estime des rois d'Égypte et des empereurs romains
pour les Juifs d'Alexandrie*

48 Apion a aussi ignoré que successivement presque
tous les rois de ses aïeux témoignèrent à notre égard les
plus bienveillantes dispositions. En effet, Ptolémée III,
surnommé Évergète, après avoir conquis toute la Syrie,
ne sacrifia pas aux dieux égyptiens en reconnaissance
de sa victoire, mais il vint à Jérusalem, y fit suivant
notre rite de nombreux sacrifices à Dieu, et lui consacra
des offrandes dignes de sa victoire [29]. **49** Ptolémée
Philométor et sa femme Cléopâtre [30] confièrent à des
Juifs tout leur royaume et mirent à la tête de leur armée
entière Onias et Dosithéos [31], deux Juifs, dont Apion
raille les noms, quand il devrait admirer leurs actions
et, loin de les injurier, leur être reconnaissant d'avoir
sauvé Alexandrie dont il se prétend citoyen. **50** En
effet, alors que les Alexandrins faisaient la guerre à la
reine Cléopâtre [32] et couraient le danger d'être anéantis
misérablement, ce sont ces hommes qui négocièrent un
accommodement et conjurèrent les troubles civils.
« Mais ensuite, dit-il, Onias mena contre la ville une
forte armée, alors que Thermus, l'ambassadeur romain
était là et présent [33]. » **51** Je prétends qu'il eut raison et
agit en toute justice. Car Ptolémée surnommé Physcon,
après la mort de son frère Ptolémée Philométor, vint de
Cyrène dans l'intention de renverser du trône Cléopâtre et les enfants [34] du roi pour s'attribuer injustement la couronne. **52** C'est pour cela qu'Onias lui fit la

---

32. Après la mort de Philométor (145), sa veuve avait proclamé
roi leur fils (Philopator Néos) ; mais le frère du feu roi, Ptolémée
(VIII) Évergète II (Physcon), vint de Cyrène, sans doute à l'invitation
des Alexandrins, tua le jeune roi et s'empara du trône et de la reine,
qu'il épousa. [Th.R.]

33. L. Minucius Thermus qui avait déjà en 154 installé Évergète II à Chypre (Polybe, XXXIII, 5). [Th.R.]

34. Voir la note à l'Appendice. [Th.R.]

aduersus eum bellum pro Cleopatra suscepit et fidem,
quam habuit circa reges, nequaquam in necessitate dese-
ruit. 53 Testis autem Deus iustitiae eius manifestus appa-
ruit ; nam Physcon Ptolomaeus cum aduersus exercitum
quidem Oniae pugnare <non> praesumeret, omnes uero
Iudaeos in ciuitate positos cum filiis et uxoribus capiens
nudos atque uinctos elephantis subiecisset, ut ab eis concul-
cati deficerent, et ad hoc etiam bestias ipsas inebriasset, in
contrarium quae praeparauerat euenerunt. 54 Elephanti
enim relinquentes sibi appositos Iudaeos, impetu facto
super amicos eius, multos ex ipsis interemerunt. Et post
haec Ptolomaeus quidem aspectum terribilem contem-
platus est prohibentem se ut illis noceret hominibus.
55 Concubina uero sua carissima, quam alii quidem
Ithacam, alii uero Hirenen denominant, supplicante ne
tantam impietatem perageret, ei concessit, et ex his, quae
iam egerat uel acturus erat, paenitentiam egit. Unde recte
hanc diem Iudaei <in> Alexandria constituti, eo quod
aperte a deo salutem promeruerunt, celebrare noscuntur.
56 Apion autem omnium calumniator etiam propter bellum
aduersus Physconem gestum Iudaeos accusare praesumpsit, cum eos laudare debuerit. Is autem etiam ultimae
Cleopatrae Alexandrinorum reginae meminit ueluti nobis
improperans, quoniam circa nos fuit ingrata, et non potius
illam redarguere studuit ; 57 cui nihil omnino iniustitiae et

guerre afin de défendre Cléopâtre, et n'abandonna pas dans le péril la fidélité qu'il avait vouée à ses rois. **53** Dieu témoigna clairement de la justice de sa conduite ; en effet, comme Ptolémée Physcon n'osait pas combattre l'armée d'Onias, mais prenant tous les Juifs citoyens de la ville avec leurs femmes et leurs enfants, les livra nus et ligotés aux éléphants pour qu'ils mourussent écrasés par ces bêtes, enivrées pour la circonstance, l'événement tourna contrairement à ses prévisions. **54** Les éléphants, sans toucher aux Juifs placés devant eux, se précipitèrent sur les amis de Physcon, dont ils tuèrent un grand nombre. Après cela, Ptolémée vit un fantôme terrible qui lui défendait de maltraiter ces hommes. **55** Et comme sa concubine favorite, nommée Ithaque par les uns, Irène par les autres, le suppliait de ne pas consommer une telle impiété, il céda à son désir, et fit pénitence pour ce qu'il avait déjà fait et pour ce qu'il avait failli faire. C'est l'origine de la fête qu'avec raison célèbrent, comme on sait, à l'anniversaire de ce jour, les Juifs établis à Alexandrie, parce qu'ils ont manifestement mérité de Dieu leur salut[35]. **56** Mais Apion, dont la calomnie ne respecte rien, n'a pas craint de faire un crime aux Juifs de la guerre contre Physcon, alors qu'il aurait dû les en louer. Il parle aussi de la dernière Cléopâtre, reine d'Alexandrie, pour nous reprocher l'hostilité qu'elle nous a témoignée au lieu de consacrer son zèle à l'accusation de cette femme ; **57** qui ne s'abstint d'aucune

---

35. L'épisode des éléphants est mis sur le compte de Ptolémée IV Philopator (221-204) par le IIIe livre des Macchabées, c. 4-5. L'origine commune de ces légendes doit être une fête véritable, analogue à celle de *Pourim*, et qui fut peut-être l'origine de celle-ci. D'autre part, Willrich a cherché à montrer (*Hermes*, XXXIX, 244 suiv.) que l'intervention des généraux juifs contre Physcon est une transposition d'un épisode qui se placerait en réalité vers 88, au temps où Sôter II supplanta Ptolémée Alexandre. Une persécution des juifs d'Alexandrie à cette époque est attestée par Jordanès, c. 81 Mommsen. [Th.R.]

malorum operum defuit uel circa generis necessarios uel
circa maritos suos, qui etiam dilexerunt eam, uel in
communi contra Romanos omnes et benefactores suos
imperatores ; quae etiam sororem Arsinoën occidit in
templo, nihil sibi nocentem, peremit autem et fratrem insi-
diis, paternosque deos et sepulcra progenitorum depopu-
lata est ; 58 percipiensque regnum a primo Caesare, eius
filio et successori rebellare praesumpsit ; Antoniumque
corrumpens amatoriis rebus et patriae inimicum fecit et
infidelem circa suos amicos instituit, alios quidem genere
regali spolians, alios autem deiciens et ad mala gerenda
compellens. 59 Sed quid oportet amplius dici, cum illum
ipsum in nauali certamine relinquens, id est maritum et
parentem communium filiorum, tradere eum exercitum et
principatum et se sequi coëgit ? 60 Nouissime uero, Alexandria a Caesare capta, ad hoc usque perducta est, ut salutem
hinc sperare se iudicaret, si posset ipsa manu sua [Iudaeos]
<se> perimere, eo quod circa omnes crudelis et infidelis
extaret. Putasne gloriandum nobis non esse, si, quemad-
modum dicit Apion, famis tempore Iudaeis triticum non est
mensa ? 61 Sed illa quidem poenam subiit competentem,
nos autem maximo Caesare utimur teste solacii atque fidei,
quam circa eum contra Aegyptios gessimus, necnon et
senatu eiusque dogmatibus et epistulis Caesaris Augusti,
quibus nostra merita comprobantur. 62 Has litteras
Apionem oportebat inspicere et secundum genera exami-
nare testimonia sub Alexandro facta et omnibus Ptolomaeis
et quae a senatu constituta sunt necnon et a maximis
Romanis imperatoribus. 63 Si uero Germanicus frumenta
cunctis in Alexandria commorantibus metiri non potuit,

---

36. Représenter la guerre de Cléopâtre contre Octave comme
une « révolte » est bien caractéristique de l'historiographie officielle
de l'Empire. [Th.R.]

37. Celle de 43-42 av. J.-C. Cf. Wilcken, *Grundzüge*, p. 364.
[Th.R.]

injustice et d'aucun crime, soit contre ses parents, soit
contre ses maris, ou ses amants, soit contre tous les
Romains en général et leurs chefs, ses bienfaiteurs ; qui
alla jusqu'à tuer dans le temple sa sœur Arsinoé innocente à son égard ; **58** qui assassina traîtreusement son
frère aussi, pilla les dieux nationaux et les tombeaux de
ses ancêtres ; qui, tenant son royaume du premier
César, ne craignit pas de se révolter contre le fils et
successeur de celui-ci [36] ; et, corrompant Antoine par
les plaisirs de l'amour, en fit un ennemi de sa patrie, un
traître envers ses amis, dépouillant ceux-ci de leur rang
royal, et poussant les autres jusqu'au crime. **59** Mais à
quoi bon en dire davantage ? Ne l'abandonna-t-elle pas
lui-même au milieu du combat naval, lui, son mari, le
père de leurs enfants, et ne l'obligea-t-elle pas à livrer
son armée et son empire pour la suivre ? **60** En dernier
lieu, après la prise d'Alexandrie [37] par César, elle ne vit
plus d'espoir pour elle que dans le suicide, tant elle
s'était montrée cruelle et déloyale envers tous. Pensez-
vous donc que nous ne devions pas nous glorifier de ce
que, dans une disette, comme le dit Apion, elle ait
refusé de distribuer du blé aux Juifs ? **61** Mais cette
reine reçut le châtiment qu'elle méritait ; et nous, nous
avons César pour grand témoin de l'aide fidèle que
nous lui avons apportée contre les Égyptiens [38] ; nous
avons aussi le Sénat et ses décrets, ainsi que les lettres
de César Auguste qui prouvent nos services. **62** Apion
aurait dû examiner ces lettres et peser, chacun en son
genre, les témoignages rédigés sous Alexandre et sous
tous les Ptolémées, comme ceux qui émanent du Sénat
et des plus grands généraux romains. **63** Que si Germanicus ne put distribuer du blé à tous les habitants

---

38. Jules César fut secouru par le contingent juif d'Hyrcan et
d'Antipater dans la guerre d'Alexandrie, dont le récit lui était
attribué. [Th.R.]

hoc indicium est sterilitatis ac necessitatis frumentorum, non accusatio Iudaeorum. Quid enim sapiant omnes imperatores de Iudaeis in Alexandria commorantibus, palam est ; 64 nam administratio tritici nihilo minus ab eis quam ab aliis Alexandrinis translata est, maximam uero eis fidem olim a regibus datam conseruauerunt, id est fluminis custodiam totiusque † custodiae, nequaquam his rebus indignos esse iudicantes.

VI 65 Sed super haec, quomodo ergo, inquit, si sunt ciues, eosdem deos quos Alexandrini non colunt ? Cui respondeo : quomodo etiam, cum uos sitis Aegyptii, inter alterutros proelio magno et sine foedere de religione contenditis ? 66 An certe propterea non uos omnes dicimus Aegyptios, et neque communiter homines, quoniam bestias aduersantes naturae nostrae colitis multa diligentia nutrientes, cum genus utique nostrum unum atque idem esse uideatur ? 67 Si autem in uobis Aegyptiis tantae differentiae opinionum sunt, quid miraris super his, qui aliunde in Alexandriam aduenerunt, si in legibus a principio constitutis circa talia permanserunt ? 68 Is autem etiam seditionis causas nobis apponit ;

---

39. En 19 ap. J.-C. Le véritable motif est que des distributions de ce genre ne devaient profiter qu'aux citoyens (Wilcken, *Hermes*, 63, 52). [Th.R.]

40. Sur ces « camps juifs », cf. Schürer, 3ᵉ éd., III, 98, note. [Th.R.]

41. Josèphe songe aux conflits qui opposaient les adeptes de cultes locaux antagonistes (Plutarque, *De Iside*, 72 ; Juvénal, *Sat.*, XV, 33-92). [Th.R.]

d'Alexandrie [39], c'est la preuve d'une mauvaise récolte et de la disette de blé, non un grief contre les Juifs. Car la sage opinion de tous les empereurs sur les Juifs résidant à Alexandrie est notoire. **64** Sans doute, l'administration du blé leur a été retirée, comme aux autres Alexandrins ; mais ils ont conservé la très grande preuve de confiance que leur avaient jadis accordée les rois, je veux dire la garde du fleuve et de toute la (frontière ?) [40] dont les empereurs ne les ont pas jugés indignes.

VI

Ils peuvent être citoyens d'Alexandrie
sans adorer les dieux égyptiens

65 Mais il insiste. « Pourquoi donc, dit-il, s'ils sont citoyens, n'adorent-ils pas les même dieux que les Alexandrins ? » À quoi je réponds : Pourquoi aussi, bien que vous soyez tous Égyptiens, vous livrez-vous les uns aux autres une guerre acharnée et sans trêve au sujet de la religion [41] ? **66** Est-ce que pour cela nous ne vous donnons pas à tous le nom d'Égyptiens, et vous refusons-nous plus qu'à tous les autres celui d'hommes, parce que vous adorez des animaux hostiles à notre nature, et que vous les nourrissez avec un grand soin, alors que toute la race humaine semble une et identique [42] ? **67** Mais s'il y a entre vous Égyptiens de telles différences d'opinions, pourquoi t'étonnes-tu que des hommes, venus d'un autre pays à Alexandrie, aient conservé sur cette matière leurs lois primitivement établies ? **68** — Il nous accuse encore de fomenter des

_____

42. L'idée paraît être que les Égyptiens, en adorant des animaux hostiles à l'espèce humaine, manquent à la loi de solidarité entre les hommes. [Th.R.]

qui si cum ueritate ob hoc accusat Iudaeos in Alexandria
constitutos, cur omnes nos culpat ubique positos, eo quod
noscamur habere concordiam ? 69 Porro etiam seditionis
auctores quilibet inueniet Apionis similes Alexandrinorum
fuisse ciues. Donec enim Graeci fuerunt et Macedones hanc
ciuitatem habentes, nullam seditionem aduersus nos gesse-
runt, sed antiquis cessere sollemnitatibus. Cum uero multi-
tudo Aegyptiorum creuisset inter eos propter confusiones
temporum, etiam hoc opus semper est additum. Nostrum
uero genus permansit purum. 70 Ipsi igitur molestiae huius
fuere principium, nequaquam populo Macedonicam habente
constantiam neque prudentiam Graecam, sed cunctis scilicet
utentibus malis moribus Aegyptiorum et antiquas inimicitias
aduersum nos exercentibus. 71 E diuerso namque factum
est, quod nobis improperare praesumunt ; nam cum plurimi
eorum non opportune ius eius ciuitatis optineant, peregrinos
uocant eos, qui hoc priuilegium a dominis impetrasse
noscuntur. 72 Nam Aegyptiis neque regum quisquam uidetur
ius ciuitatis fuisse largitus neque nunc quilibet imperatorum,
nos autem Alexander quidem introduxit, reges autem
auxerunt, Romani uero semper custodire dignati sunt.
73 Itaque derogare nobis Apion conatus est, quia imperatorum non statuamus imagines, tamquam illis hoc ignoran-
tibus aut defensione Apionis indigentibus, cum potius
debuerit admirari magnanimitatem mediocritatemque
Romanorum, quoniam subiectos non cogunt patria iura
transcendere, sed suscipiunt honores, sicut dare offerentes
pium atque legitimum est ; non enim honores gratiam
habent, qui ex necessitate et uiolentia conferuntur.
74 Graecis itaque et aliis quibusdam bonum esse creditur

---

43. Cf. plus haut § 41 et la note. [Th.R.]
44. On se rappelle la crise soulevée par la prétention de Caligula
de faire ériger sa statue dans le temple de Jérusalem. [Th.R.]

séditions. En admettant que le grief fût fondé contre les Juifs établis à Alexandrie, pourquoi fait-il à ceux d'entre nous qui sont établis partout ailleurs un crime de leur concorde bien connue ? **69** Et puis, il est facile de reconnaître que, en réalité, les fauteurs de séditions ont été des citoyens d'Alexandrie du genre d'Apion. En effet, tant que les Grecs et les Macédoniens furent maîtres de cette cité, ils ne soulevèrent aucune sédition contre nous, et ils toléraient nos antiques solennités. Mais quand le nombre des Égyptiens se fut accru parmi eux par le désordre des temps, les séditions se multiplièrent sans cesse. Notre race, au contraire, demeura pure. **70** C'est donc eux qu'on trouve à l'origine de ces violences, car le peuple était loin désormais d'avoir la fermeté des Macédoniens et la sagesse des Grecs ; tous s'abandonnaient aux mauvaises mœurs des Égyptiens et exerçaient contre nous leurs vieilles rancunes. **71** C'est, en effet, du côté opposé qu'a été commis ce qu'ils osent nous reprocher. La plupart d'entre eux jouissent mal à propos du droit de cité alexandrin, et ils appellent étrangers ceux qui sont connus pour avoir obtenu des maîtres ce privilège ! **72** Car les Égyptiens, à ce qu'il semble, n'ont reçu le droit de cité d'aucun roi, ni, à notre époque, d'aucun empereur[43]. Nous, au contraire, Alexandre nous a introduits dans la cité, les rois ont augmenté nos privilèges et les Romains ont jugé bon de nous les conserver à jamais. **73** Aussi, Apion s'est-il efforcé de nous décrier auprès d'eux sous prétexte que nous ne dressons pas de statues aux empereurs. Comme s'ils ignoraient ce fait ou avaient besoin d'être défendus par Apion[44] ! il aurait mieux fait d'admirer la grandeur d'âme et la modération des Romains, qui n'obligent pas leurs sujets à transgresser leurs lois héréditaires, et se contentent de recevoir les honneurs qu'on leur offre sans manquer à la religion ni à la loi. Car il n'y a point de charme dans les honneurs rendus par nécessité et par force. **74** Ainsi les Grecs et quelques autres peuples croient qu'il est bon d'élever des statues ; ils prennent plaisir à faire peindre le portrait de leurs pères, de leurs femmes et de leurs enfants ; quelques-uns vont jusqu'à acquérir les portraits de gens qui ne les touchent en rien ; d'autres font de même pour des esclaves favoris. Est-il donc étonnant qu'on les voie rendre aussi cet honneur à leurs empereurs et à leurs maîtres ? **75** D'autre part, notre législateur [a désapprouvé cette pratique], non pour défendre, comme par une prophétie, d'honorer la puissance romaine, mais par mépris pour une chose qu'il regardait comme inutile à Dieu et aux hommes, et parce qu'il a interdit de fabriquer l'image inanimée de tout être vivant et à plus forte raison de la divinité, comme nous le montrerons plus bas. **76** Mais il n'a pas défendu d'honorer, par d'autres hommages, après Dieu, les hommes de bien ; et ces honneurs, nous les décernons aux empereurs et au peuple romain. **77** Nous faisons sans cesse des sacrifices pour eux et non seulement chaque jour [45], aux frais communs de tous les Juifs [46], nous célébrons de telles cérémonies, mais encore, alors que nous n'offrons jamais d'autres victimes en commun…, nous accordons aux seuls empereurs cet honneur suprême que nous refusons à tous les autres hommes. **78** Voilà une réponse générale à ce qu'a dit Apion au sujet d'Alexandrie.

---

45. Ici, comme ailleurs lorsqu'il mentionne les services du Temple, Josèphe ignore délibérément sa destruction, et utilise le temps présent, comme si rien ne s'était passé.

46. Au temple de Jérusalem on sacrifiait deux fois par jour pour le salut de l'Empereur et du peuple romain (*Bellum*, II, 197). Mais il semble que ce fût aux frais de l'empereur (Philon, *Leg. ad Caium*, § 157). [Th.R.]

VII 79 Admiror autem etiam eos, qui ei huiusmodi
fomitem praebuerunt, id est Posidonium et Apollonium
Molonem, quoniam accusant quidem nos, quare nos
eosdem deos cum aliis non colimus, mentientes autem
pariter et de nostro templo blasphemias componentes
incongruas, non se putant impie agere, dum sit ualde
turpissimum liberis qualibet ratione mentiri, multo magis
de templo apud cunctos homines nominato et tanta sancti-
tate pollente. 80 In hoc enim sacrario Apion praesumpsit
edicere asini caput collocasse Iudaeos et eum colere ac
dignum facere tanta religione ; et hoc affirmat fuisse depa-
latum, dum Antiochus Epiphanes exspoliasset templum et
illud caput inuentum ex auro compositum, multis pecuniis
dignum. 81 Ad haec igitur prius equidem dico, quoniam
Aegyptius, uel si aliquid tale apud nos fuisset, nequaquam
debuerat increpare, cum non sit deterior asinus † furonibus
et hircis et aliis, quae sunt apud eos dii. 82 Deinde quomodo
non intellexit operibus increpatus de incredibili suo
mendacio ? Legibus namque semper utimur isdem, in
quibus sine fine consistimus, et cum uarii casus nostram
ciuitatem sicut etiam aliorum uexauerint, et Pius ac
Pompeius Magnus et Licinius Crassus et ad nouissimum
Titus Caesar bello uincentes optinuerint templum, nihil

---

47. La légende du culte de l'âne est ici enchâssée avec celle de la
tête d'or de l'âne rapportée par Mnaseas (cf. 112) ; sur l'ensemble de
cette histoire et son développement, voir J. W. van Henten et
R. Abusch, « The Jews as Typhonians and Josephus' Strategy of
Refutation in *Contra Apionem 1* », et Bar Kochva « An ass in the
Jerusalem Temple. The Origins and Development of the Slander »,
in L. H. Feldman et J. R. Levison, *Josephus' Contra Apionem*,
p. 271-309 ; 310-326.

VII

Légende ridicule de la tête d'âne adorée dans le temple

79 J'admire aussi les écrivains qui lui ont fourni une telle matière, je parle de Posidonios et d'Apollonios Molon, qui nous font un crime de n'adorer pas les mêmes dieux que les autres peuples. D'autre part, quand ils mentent également et inventent des calomnies absurdes contre notre temple, ils ne se croient pas impies, alors que rien n'est plus honteux pour des hommes libres que de mentir de quelque façon que ce soit, et surtout au sujet d'un temple célèbre dans l'univers entier et puissant par une si grande sainteté. **80** Ce sanctuaire, Apion a osé dire que les Juifs y avaient placé une tête d'âne, qu'ils l'adoraient et la jugeaient digne d'un si grand culte ; il affirme que le fait fut dévoilé lors du pillage du temple par Antiochos Épiphane et qu'on découvrit cette tête d'âne faite d'or, et d'un prix considérable [47]. — **81** À cela donc je réponds d'abord qu'en sa qualité d'Égyptien, même si chose pareille avait existé chez nous, Apion n'eût point dû nous le reprocher, car l'âne n'est pas plus vil que les furets (?), les boucs et les autres animaux qui ont chez eux rang de dieux. **82** Ensuite comment n'a-t-il pas compris que les faits le convainquent d'un incroyable mensonge ? En effet, nous avons toujours les mêmes lois, auxquelles nous sommes éternellement fidèles. Et, quand des malheurs divers ont fondu sur notre cité comme sur d'autres, quand [Antiochos] le Pieux [48], Pompée le Grand, Licinius Crassus et, en dernier lieu, Titus César triomphant de nous ont occupé le

---

48. Antiochos Sidétès surnommé Εὐσεβής (*AJ*, XIII, § 244), qui prit Jérusalem en 130 av. J.-C. [Th.R.]

huiusmodi illic inuenerunt, sed purissimam pietatem, de qua nihil nobis est apud alios <in-> effabile. 83 Quia uero Antiochus neque iustam fecit templi depraedationem, sed egestate pecuniarum ad hoc accessit, cum non esset hostis, et † super nos auxiliatores suos et amicos adgressus est nec aliquid dignum derisione illic inuenit, — 84 multi et digni conscriptores super hoc quoque testantur, Polybius Megalopolita, Strabon Cappadox, Nicolaus Damascenus, Timagenes et Castor temporum conscriptor et Apollodorus ; omnes dicunt pecuniis indigentem Antiochum, transgressum foedera, Iudaeorum exspoliasse templum auro argentoque plenum. 85 Haec igitur Apion debuit respicere, nisi cor asini ipse potius habuisset et impudentiam canis, qui apud ipsos assolet coli ; † neque enim extrinsecus aliqua ratiocinatione mentitus est. † 86 Nos itaque asinis neque honorem neque potestatem aliquam damus, sicut Aegyptii crocodillis et aspidibus, quando eos, qui ab istis mordentur et a crocodillis rapiuntur, felices et deo dignos arbitrantur. 87 Sed sunt apud nos asini, quod apud alios sapientes uiros, onera sibimet imposita sustinentes, et, licet ad areas accedentes comedant aut uiam propositam non adimpleant, multas ualde plagas accipiunt quippe operibus et ad agriculturam rebus necessariis ministrantes. 88 Sed aut omnium gurdissimus fuit Apion ad componendum uerba fallacia, aut certe † ex rebus † initia sumens haec implere non ualuit, quando nulla potest contra nos blasphemia prouenire.

---

49. Mesure de précaution à l'égard de ses protecteurs ? Le Temple est indiqué ici « occupé », mais il fut surtout incendié, ce dont Josèphe a tenté d'exonérer Titus dans la *Guerre* VI, 251-259 ; 261-264.

50. Sur les honneurs rendus en Égypte à la victime d'un crocodile, voir Hérodote, II, 90. — Voir à l'Appendice. [Th.R.]

51. Philippe Borgeaud, « Quelques remarques sur Typhon, Seth, Moïse et son âne, dans la perspective d'un dialogue réactif transculturel », in Ph. Borgeaud, Thomas Römer et Youri Volokhine (éd.), *Interprétations de Moïse, Égypte, Judée, Grèce et Rome*, Leyde-Boston, Brill, 2010, p.173-185.

temple[49], ils n'y trouvèrent rien de semblable, mais un culte très pur au sujet duquel nous n'avons rien à cacher à des étrangers.

83 Mais qu'Antiochos (Épiphane) mit à sac le temple contre toute justice, qu'il y vint par besoin d'argent sans être ennemi déclaré, qu'il nous attaqua, nous ses alliés et ses amis, et qu'il ne trouva dans le temple rien de ridicule, **84** voilà ce que beaucoup d'historiens dignes de foi attestent également, Polybe de Mégalopolis, Strabon de Cappadoce, Nicolas de Damas, Timagène, les chronographes Castor et Apollodore ; tous disent que, à court de ressources, Antiochos viola les traités et pilla le temple des Juifs plein d'or et d'argent. **85** Voilà les témoignages qu'aurait dû considérer Apion s'il n'avait eu plutôt lui-même le cœur de l'âne et l'impudence du chien, qu'on a coutume d'adorer chez eux. Car son mensonge n'a pas même pu s'appuyer sur quelque raisonnement d'analogie (?). **86** En effet, les ânes, chez nous, n'obtiennent ni honneur ni puissance, comme chez les Égyptiens les crocodiles et les vipères, puisque ceux qui sont mordus par des vipères ou dévorés par des crocodiles passent à leurs yeux pour bienheureux et dignes de la divinité[50]. **87** Mais les ânes sont chez nous, comme chez les autres gens sensés[51], employés à porter les fardeaux dont on les charge, et s'ils approchent des aires pour manger[52] ou s'ils ne remplissent pas leur tâche, ils reçoivent force coups ; car ils servent aux travaux et à l'agriculture. **88** Ou bien donc Apion fut le plus maladroit des hommes à imaginer ses mensonges, ou, parti d'un fait, il n'a pas su en conclure justement (?), car aucune calomnie à notre adresse ne peut réussir.

---

52. Pourtant le Deutéronome (XXV, 4) défend de museler le *bœuf* qui foule le grain, à plus forte raison de le battre s'il en mange un peu. [Th.R.]

VIII

Autre légende calomnieuse : le meurtre rituel

89 Il raconte encore, d'après les Grecs, une autre fable pleine de malice à notre adresse. Là-dessus, il suffira de dire que, quand on ose parler de piété, on ne doit pas ignorer qu'il y a moins d'impureté à violer l'enceinte d'un temple qu'à en calomnier les prêtres. **90** Mais ces auteurs se sont appliqués plutôt à défendre un roi sacrilège qu'à raconter des faits exacts et véridiques sur nous et sur le temple. Dans le désir de défendre Antiochus et de couvrir la déloyauté et le sacrilège qu'il a commis envers notre race par besoin d'argent, ils ont encore inventé sur notre compte la calomnie qu'on va lire. **91** Apion s'est fait le porte-parole des autres [53] : il prétend qu'Antiochus trouva dans le temple un lit sur lequel un homme était couché, et devant lui une table chargée de mets, poissons, animaux terrestres, volatiles. L'homme restait frappé de stupeur. **92** Bientôt il salua avec un geste d'adoration l'entrée du roi comme si elle lui apportait le salut ; tombant à ses genoux, il étendit la main droite et demanda la liberté. Le roi lui dit de se rassurer, de lui raconter qui il était, pourquoi il habitait ce lieu, ce que signifiait cette nourriture. L'homme alors, avec des gémissements et des larmes, lui raconta d'un ton

---

53. Josèphe veut-il dire qu'Apion a copié une source écrite, ou qu'il a suivi des on-dit ? Dans le premier cas, le seul écrivain ancien dont on puisse le rapprocher est Damocrite, auteur d'un ouvrage sur les Juifs connu par une notice de Suidas (*Textes d'auteurs grecs et romains*, p. 121). Mais l'époque de ce Damocrite est complètement inconnue. Il est du moins certain qu'il y a une parenté entre l'écrit résumé par Suidas et celui d'Apion : Damocrite a élevé contre les Juifs les deux mêmes griefs (culte de la tête d'âne, sacrifice de l'étranger), qu'Apion a groupés dans l'histoire de la visite d'Épiphane au Temple. Les variantes sont d'importance secondaire : la principale porte sur la fréquence du meurtre rituel. [Th.R.]

suam narrasse necessitatem. 93 Ait, inquit, esse quidem se
Graecum, et dum peragraret prouinciam propter uitae
causam, direptum se subito ab alienigenis hominibus atque
deductum ad templum et inclusum illic, et a nullo conspici
sed cuncta dapium praeparatione saginari. 94 Et primum
quidem haec sibi inopinabilia beneficia prodidisse et detu-
lisse laetitiam, deinde suspicionem, postea stuporem, ac
postremum consulentem a ministris ad se accedentibus
audisse legem ineffabilem Iudaeorum, pro qua nutriebatur,
et hoc illos facere singulis annis quodam tempore consti-
tuto, 95 et comprehendere quidem Graecum peregrinum
eumque annali tempore saginare, et deductum ad quandam
siluam occidere quidem eum hominem eiusque corpus
sacrificare secundum suas sollemnitates et gustare ex eius
uisceribus et iusiurandum facere in immolatione Graeci, ut
inimicitias contra Graecos haberent, et tunc in quandam
foueam reliqua hominis pereuntis abicere. 96 Deinde refert
eum dixisse paucos iam dies de uita sibimet superesse atque
rogasse, ut erubescens Graecorum deos et † superantes † in
suo sanguine insidias Iudaeorum de malis eum circumas-
tantibus liberaret. 97 Huiusmodi ergo fabula non tantum
omni tragoedia plenissima est, sed etiam impudentia
crudeli redundat, non tamen a sacrilegio priuat Antiochum,
sicut arbitrati sunt qui haec ad illius gratiam conscripse-
runt ; 98 non enim praesumpsit aliquid tale, ut ad templum
accederet, sed, sicut aiunt, inuenit non sperans. Fuit ergo
uoluntate iniquus, impius et nihilominus sine deo, quant-
auis sit mendacii superfluitas, quam ex ipsa re cognoscere
ualde facillimum est. 99 Non enim circa solos Graecos
discordia legum esse dinoscitur, sed maxime aduersus
Aegyptios et plurimos alios. Quem enim horum non
contigit aliquando circa nos peregrinari, ut aduersus solos
<illos> renouata coniuratione per effusionem sanguinis

54. Cette accusation proviendrait d'une ancienne propagande
séleucide, probablement recyclée par Apion. K. Berthelot, *Philanthrôpia judaica*, p. 141-142.

lamentable son malheur. **93** Il dit, continue Apion, qu'il était Grec, et que, tandis qu'il parcourait la province pour gagner sa vie, il avait été tout à coup saisi par des hommes de race étrangère et conduit dans le temple ; là on l'enferma, on ne le laissait voir de personne, mais on préparait toutes sortes de mets pour l'engraisser. **94** D'abord ce traitement qui lui apportait un bienfait inespéré lui fit plaisir ; puis vint le soupçon, ensuite la terreur ; enfin, en consultant les serviteurs qui l'approchaient, il apprit la loi ineffable des Juifs qui commandait de le nourrir ainsi ; qu'ils pratiquaient cette coutume tous les ans à une époque déterminée ; **95** qu'ils s'emparaient d'un voyageur grec, l'engraissaient pendant une année, puis conduisaient cet homme dans une certaine forêt, où ils le tuaient ; qu'ils sacrifiaient son corps suivant leurs rites, goûtaient ses entrailles et juraient, en immolant le Grec, de rester les ennemis des Grecs ; alors ils jetaient dans un fossé les restes de leur victime. **96** Enfin, rapporte Apion, il dit que peu de jours seulement lui restaient à vivre, et supplia le roi, par pudeur pour les dieux de la Grèce et pour déjouer les embûches des Juifs contre sa race, de le délivrer des maux qui le menaçaient. **97** Une telle fable non seulement est pleine de tous les procédés dramatiques, mais encore elle déborde d'une cruelle impudence. Cependant elle n'absout pas Antiochus du sacrilège, comme l'ont imaginé ceux qui l'ont racontée en sa faveur [54]. **98** En effet, ce n'est pas parce qu'il prévoyait cette horreur qu'il est venu au temple, mais, selon leur propre récit, il l'a rencontrée sans s'y attendre. Il fut donc en tout cas volontairement injuste et impie et athée, quel que soit l'excès du mensonge que les faits eux-mêmes montrent facilement. **99** En effet, les Grecs ne sont pas seuls, comme on sait, à avoir des lois en désaccord avec les nôtres ; mais il y a surtout les Égyptiens et beaucoup d'autres peuples. Or, quel est celui de ces peuples dont les citoyens n'aient jamais eu

ageremus ? 100 Uel quomodo possibile est, ut ad has hostias omnes Iudaei colligerentur et tantis milibus ad gustandum uiscera illa sufficerent, sicut ait Apion ? Uel cur inuentum hominem, quicumque fuit, non enim suo nomine conscripsit ? 101 Aut quomodo eum in suam patriam rex non cum pompa deduxit, dum posset hoc faciens ipse quidem putari pius et Graecorum amator eximius, assumere uero contra Iudaeorum odium solacia magna cunctorum ? 102 Sed haec relinquo ; insensatos enim non uerbis sed operibus decet arguere. Sciunt igitur omnes qui uiderunt constructionem templi nostri qualis fuerit, et intransgressibilem eius purificationis integritatem. 103 Quattuor etenim habuit porticus in circuitu, et harum singulae propriam secundum legem habuere custodiam ; in exteriorem itaque ingredi licebat omnibus etiam alienigenis ; mulieres tantummodo menstruatae transire prohibebantur. 104 In secunda uero porticu cuncti Iudaei ingrediebantur eorumque coniuges, cum essent ab omni pollutione mundae ; in tertia masculi Iudaeorum mundi existentes atque purificati ; in quartam autem sacerdotes stolis induti sacerdotalibus ; in adytum uero soli principes sacerdotum propria stola circumamicti. 105 Tanta uero est circa omnia

---

55. La conjuration autour d'un sacrifice humain, évoqué par Josèphe, renvoie à divers récits dans la littérature grecque (Platon, *Critias*, 119, Plutarque, *Publicola*, 4-5, Xénophon, *Éphésiaques*, II, 13). Salomon Reinach, « Le sacrifice de Tyndare », *Cultes, mythes et religions*, Paris, Robert Laffont, Bouquins, 1996, p. 342-351. E. Bickerman, « Ritual Murder and the Worship of an Ass. A Contribution to the study of ancient political propaganda », *Studies in Jewish and Christian History* [1980], éd. A. Tropper, Leyde-Boston, Brill, 2007 (2 vol.), vol. 1, p. 497-527.

56. Apion ne paraît pas responsable de l'absurdité que lui prête Josèphe : le texte cité § 95 ne signifie pas que tous les Juifs participent au sacrifice. [Th.R.]

57. Texte peut-être mutilé. [Th.R.]

à voyager chez nous ? Et pourquoi dès lors, par un complot sans cesse renouvelé [55], aurions-nous besoin, pour les Grecs seuls, de verser le sang ? **100** Et puis comment se peut-il que tous les Juifs se soient réunis pour partager cette victime annuelle et que les entrailles d'un seul aient suffi à tant de milliers d'hommes, comme le dit Apion [56] ? Et pourquoi, après avoir découvert cet homme quel qu'il fût, Apion n'a-t-il pu enregistrer son nom [57] ? **101** ou comment le roi ne l'a-t-il pas ramené dans sa patrie en grande pompe, alors qu'il pouvait par ce procédé se donner à lui-même une grande réputation de piété et de rare philhellénisme, tout en s'assurant de tous, contre la haine des Juifs, de puissants secours ? **102** Mais passons : il faut réfuter les insensés non par des raisons, mais par des faits. Tous ceux qui ont vu la construction de notre temple savent ce qu'il était, connaissent les barrières infranchissables qui défendaient sa pureté [58]. **103** Il comprenait quatre portiques concentriques dont chacun avait une garde particulière suivant la loi. C'est ainsi que, dans le portique extérieur tout le monde avait droit d'entrer, même les étrangers [59] ; seules les femmes pendant leur impureté mensuelle s'en voyaient interdire le passage. **104** Dans le second entraient tous les Juifs et leurs femmes, quand elles étaient pures de toutes souillures ; dans le troisième les Juifs mâles, sans tache et purifiés ; dans le quatrième les prêtres revêtus de leurs robes sacerdotales. Quant au saint des saints, les chefs des prêtres y pénétraient seuls, drapés dans le vêtement qui leur est propre. **105** Le culte a été réglé

---

58. La description qui suit est une des sources de notre connaissance du Temple détruit par Titus, quoiqu'elle soit moins circonstanciée que *Bellum*, V, 5, et *AJ*, XV, 11. Josèphe s'y est inspiré de ses souvenirs personnels. [Th.R.]

59. Rappel discret de l'attitude bienveillante à l'égard des étrangers ?

prouidentia pietatis, ut secundum quasdam horas sacerdotes ingredi constitutum sit ; mane etenim aperto templo
oportebat facientes traditas hostias introire et meridie
rursus, dum clauderetur templum. 106 Denique nec uas
aliquod portari licet in templum, sed erant in eo solum-
modo posita altare, mensa, turibulum, candelabrum, quae
omnia et in lege conscripta sunt. 107 Etenim nihil amplius
neque mysteriorum aliquorum ineffabilium agitur, neque
intus ulla epulatio ministratur ; haec enim quae praedicta
sunt habent totius populi testimonium manifestationemque
gestorum. 108 Licet enim sint tribus quattuor sacerdotum
et harum tribuum singulae habeant hominum plus quam
quinque milia, fit tamen obseruatio particulariter per dies
certos, et his transactis, alii succedentes ad sacrificia
ueniunt et congregati in templum mediante die a prae-
cedentibus claues templi et ad numerum omnia uasa perci-
piunt, nulla re, quae ad cibum aut potum adtineat, in
templo delata. 109 Talia namque etiam ad altare offerre
prohibitum est praeter illa, quae ad sacrificia praeparantur.
Quid ergo Apionem esse dicimus nisi, nihil horum exami-
nantem, uerba incredula protulisse ? Sed turpe est ; histo-
riae enim ueram notitiam se proferre grammaticus non
promisit ? 110 At sciens templi nostri pietatem hanc
quidem praetermisit, hominis autem Graeci comprehen-
sionem finxit et pabulum ineffabile et ciborum opulentis-
simam claritatem et seruos ingredientes ubi nec
nobilissimos Iudaeorum licet intrare, nisi fuerint sacerdotes. 111 Hoc ergo pessima est impietas atque mendacium
spontaneum ad eorum seductionem, qui noluerint discutere
ueritatem. Per ea siquidem mala et ineffabilia, quae praedicta sunt, nobis detrahere temptauerunt.

---

60. Plus exactement « dans le sanctuaire ». [Th.R.]

61. On ne voit pas bien de quel autel il s'agit. Ailleurs (*Bellum*,
V, 5, 5) Josèphe ne mentionne que les trois derniers objets. [Th.R.]

62. Voir à l'Appendice. [Th.R.]

d'avance si soigneusement dans tous ses détails qu'on a
fixé certaines heures pour l'entrée des prêtres. En effet, le
matin dès l'ouverture du temple, il leur fallait entrer pour
faire les sacrifices traditionnels, puis de nouveau à midi
jusqu'à la fermeture du temple. **106** Enfin il est défendu
de porter dans le temple [60] même un vase ; on n'avait
placé à l'intérieur qu'un autel [61], une table, un encensoir,
un candélabre, tous objets mentionnés même dans la loi.
107 Il n'y a rien de plus ; il ne s'y passe point de mystères
qu'on ne doive pas révéler, et à l'intérieur on ne sert
aucun repas. Les détails que je viens de signaler sont
attestés par le témoignage de tout le peuple et apparaissent dans les faits. **108** Car, bien qu'il y ait quatre
tribus de prêtres [62], et que chacune de ces tribus
comprenne plus de cinq mille personnes, cependant ils
officient par fractions à des jours déterminés ; une fois ces
jours passés, d'autres prêtres, leur succédant, viennent
aux sacrifices, et, réunis dans le temple au milieu du jour,
en reçoivent les clefs de leurs prédécesseurs, ainsi que le
compte exact de tous les vases, sans apporter à l'intérieur
rien qui serve à la nourriture ou à la boisson. **109** Car il
est interdit d'offrir même sur l'autel des objets de ce
genre, sauf ceux qu'on prépare pour le sacrifice.

En conséquence que dire d'Apion sinon que, sans
examiner ces faits, il a débité des propos incroyables ?
Et cela est honteux, car lui, grammairien, ne s'est-il pas
engagé à apporter des notions exactes sur l'histoire ?
110 Connaissant la piété observée dans notre temple, il
n'en a pas tenu compte, et il a inventé cette fable d'un
Grec captif secrètement nourri des mets les plus
coûteux et les plus réputés, des esclaves entrant dans
l'endroit dont l'accès est interdit même aux plus nobles
des Juifs s'ils ne sont pas prêtres. **111** C'est donc une
très coupable impiété et un mensonge volontaire
destiné à séduire ceux qui n'ont pas voulu examiner la
vérité, s'il est vrai qu'en débitant ces crimes et ces
mystères, ils ont tenté de nous porter préjudice.

IX 112 Rursumque tamquam piissimos deridet adiciens fabulae suae Mnaseam. Ait enim illum retulisse, dum bellum Iudaei contra Idumaeos haberent, longo quodam tempore, in aliqua ciuitate Idumaeorum, qui Dorii nominantur, quendam eorum qui in ea Apollinem colebat uenisse ad Iudaeos, cuius hominis nomen dicit Zabidon, deinde quia eis promisisset traditurum se eis Apollinem deum Doriensium uenturumque illum ad nostrum templum, si omnes abscederent ; **113** et credidisse omnem multitudinem Iudaeorum, Zabidon uero fecisse quoddam machinamentum ligneum et circumposuisse sibi et in eo tres ordines infixisse lucernarum et ita ambulasse, ut procul stantibus appareret, quasi stellae per terram τὴν πορείαν ποιουμένων· **114** τοὺς μὲν Ἰουδαίους ὑπὸ τοῦ παραδόξου τῆς θέας καταπεπληγμένους, πόρρω μένοντας ἡσυχίαν ἄγειν, τὸν δὲ Ζάβιδον ἐπὶ πολλῆς ἡσυχίας εἰς τὸν ναὸν παρελθεῖν, καὶ τὴν χρυσῆν ἀποσῦραι τοῦ κάνθωνος κεφαλήν, — οὕτω γὰρ ἀστεϊζόμενος γέγραφεν, — καὶ πάλιν εἰς Δῶρα κατὰ τάχος ἀπελθεῖν. **115** Ἆρα οὖν καὶ ἡμεῖς ἂν εἴποιμεν, ὅτι τὸν κάνθωνα, τουτέστιν ἑαυτόν, Ἀπίων ἐπιφορτίζει καὶ ποιεῖ τῆς μωρολογίας ἅμα καὶ τῶν ψευσμάτων κατάγομον ; καὶ γὰρ τόπους οὐκ ὄντας γράφει καὶ πόλεις οὐκ εἰδὼς μετατίθησιν. **116** Ἡ μὲν γὰρ Ἰδουμαία τῆς ἡμετέρας χώρας ἐστὶν ὅμορος, κατὰ Γάζαν κειμένη, καὶ Δῶρα ταύτης ἐστὶν οὐδεμία πόλις· τῆς μέντοι Φοινίκης παρὰ τὸ Καρμήλιον ὄρος Δῶρα πόλις ὀνομάζεται, μηδὲν ἐπικοινωνοῦσα τοῖς Ἀπίωνος φλυαρήμασι· τεσσάρων γὰρ

---

63. Mnaséas de Patara, polygraphe du IIIᵉ siècle av. J.-C. [Th.R.]

64. Il s'agit bien probablement dans la pensée de Mnaséas de Adora (aujourd'hui Doûra) ville effectivement située en Idumée. La même faute se retrouve en *AJ*, XIV, 88 (cf. Benzinger, v. *Adora* dans Pauly-Wissowa). [Th.R.]

IX

*Fable ridicule d'après laquelle un Iduméen, déguisé
en Apollon, alla dérober dans le temple la tête d'âne*

112 Après cela Apion raille les Juifs, comme très
superstitieux, en ajoutant à sa fable le témoignage de
Mnaséas [63]. Cet auteur raconte, à l'en croire, qu'il y a
très longtemps, les Juifs et les Iduméens étant en guerre,
d'une certaine ville iduméenne nommée Dora [64], un des
hommes qui étaient attachés au culte d'Apollon [65] vint
trouver les Juifs. Il se nommait, dit-il, Zabidos. Il leur
promit de leur livrer Apollon, le dieu de Dora, qui se
rendrait à notre temple si tout le monde s'éloignait.
113 Et toute la multitude des Juifs le crut. Zabidos
cependant fabriqua un appareil de bois dont il
s'entoura et où il plaça trois rangs de lumières. Ainsi
équipé il se promena, de sorte qu'il avait de loin l'apparence d'une constellation [66] en voyage sur la terre.
114 Les Juifs, frappés de stupeur par ce spectacle inattendu, restèrent à distance et se tinrent cois. Zabidos
tout tranquillement arriva jusqu'au temple, arracha la
tête d'or du baudet — c'est ainsi qu'il s'exprime pour
faire le plaisant —, et revint en hâte à Dora. **115** Ne
pourrions-nous pas dire à notre tour qu'Apion
surcharge le baudet, c'est-à-dire lui-même, et l'accable
sous le poids de sa sottise et de ses mensonges ? En
effet, {78}il décrit des lieux qui n'existent pas et, sans le
savoir, change les villes de place. **116** L'Idumée est limi-
trophe de notre pays, voisine de Gaza, et elle n'a
aucune ville du nom de Dora. Mais en Phénicie, près
du mont Carmel, il y a une ville appelée Dora, qui n'a
rien de commun avec les niaiseries d'Apion ; car elle est

---

65. Culte attesté chez les Iduméens par l'inscription de
Memphis, Strack, *Archiv für Pap.*, III, 129. [Th.R.]
66. Ici reprend le texte grec. [Th.R.]

ἡμερῶν ὁδὸν τῆς Ἰδουμαίας ἀφέστηκεν. 117 Τί δ᾽ ἡμῶν ἔτι
κατηγορεῖ τὸ μὴ κοινοὺς ἔχειν τοῖς ἄλλοις θεούς, εἰ ῥᾳδίως
οὕτως ἐπείσθησαν οἱ πατέρες ἡμῶν ἥξειν τὸν Ἀπόλλωνα
πρὸς αὐτούς, καὶ μετὰ τῶν ἄστρων ἐπὶ τῆς γῆς ᾠήθησαν
ὁρᾶν αὐτὸν περιπατοῦντα ; 118 λύχνον γὰρ οὐδέπω δῆλον
ὅτι πρόσθεν ἑωράκασιν οἱ τὰς τοσαύτας καὶ τηλικαύτας
λυχνοκαΐας ἐπιτελοῦντες· ἀλλ᾽ οὐδέ τις αὐτῷ βαδίζοντι
κατὰ τὴν χώραν τῶν τοσούτων μυριάδων ὑπήντησεν,
ἔρημα δὲ καὶ τὰ τείχη φυλάκων εὗρε πολέμου συνεσ-
τηκότος, — ἐῶ τἆλλα. 119 Τοῦ ναοῦ δ᾽ αἱ θύραι τὸ μὲν ὕψος
ἦσαν ἑξήκοντα πηχῶν, εἴκοσι δὲ τὸ πλάτος, κατάχρυσοι δὲ
πᾶσαι καὶ μικροῦ δεῖν σφυρήλατοι· ταύτας ἔκλειον οὐκ
ἐλάττους ὄντες <ἢ> ἄνδρες διακόσιοι καθ᾽ ἑκάστην ἡμέραν,
καὶ τὸ καταλιπεῖν ἠνοιγμένας ἦν ἀθέμιτον. 120 Ῥᾳδίως οὖν
αὐτὰς ὁ λυχνοφόρος ἐκεῖνος ἀνέῳξεν, οἶμαι, μόνος καὶ τὴν
τοῦ κάνθωνος ᾤχετο κεφαλὴν ἔχων. Πότερον οὖν αὐτὴ
πάλιν ὡς ἡμᾶς ἀνέστρεψεν ἢ <ὁ> λαβὼν [ἀπιὼν] αὐτὴν
εἰσεκόμισεν <εἰς τὸ ἱερὸν>, ἵνα Ἀντίοχος εὕρῃ πρὸς
δευτέραν Ἀπίωνι μυθολογίαν.

X 121 Καταψεύδεται δὲ καὶ ὅρκον ἡμῶν ὡς ὀμνυόντων
τὸν θεὸν τὸν ποιήσαντα τὸν οὐρανὸν καὶ τὴν γῆν καὶ τὴν
θάλασσαν μηδενὶ εὐνοήσειν ἀλλοφύλῳ, μάλιστα δὲ

---

67. 30 sur 15 d'après *Bellum*, V, 202. [Th.R.]
68. 20 par porte (*Bellum*, VI, 293). [Th.R.]
69. Le développement qui suit (§ 121-124) serait mieux à sa
place après le § 111 puisqu'il se rattache à la légende du serment
contre les Grecs du § 95. Peut-être s'agit-il d'un morceau rajouté par
Josèphe *in extremis* en marge et introduit à une fausse place par les
copistes. [Th.R.]

à quatre journées de marche de l'Idumée. **117** Et pour-quoi nous accuse-t-il encore de n'avoir point les mêmes dieux que les autres, si nos pères se sont laissé persuader si facilement qu'Apollon viendrait chez eux et s'ils ont cru le voir se promener avec les astres sur la terre ? **118** Sans doute ils n'avaient jamais vu une lampe auparavant, ces hommes qui allument tant et de si belles lampes dans leurs fêtes ! Et personne, parmi tant de milliers d'habitants, n'est allé à sa rencontre quand il s'avançait à travers le pays ; il a trouvé aussi les murailles vides de sentinelles, en pleine guerre ! **119** Je passe le reste ; mais les portes du temple étaient hautes de soixante coudées, larges de vingt [67], toutes dorées et presque d'or massif ; elles étaient fermées tous les jours par deux cents hommes [68] au moins, et il était défendu de les laisser ouvertes. **120** Il a donc été facile à ce porteur de lampes, je pense, de les ouvrir à lui tout seul, et de partir avec la tête du baudet ? Mais est-elle rentrée toute seule chez nous ou celui qui l'a prise l'a-t-il rapportée dans le temple afin qu'Antiochos la trouvât pour fournir à Apion une seconde fable ?

X

Mensonge du serment de haine contre les Grecs

121 [69] Il forge aussi un serment par lequel, prétend-il, en invoquant le dieu qui a fait le ciel, la terre et la mer [70], nous jurons de ne montrer de bienveillance envers aucun étranger, mais surtout envers les Grecs.

---

70. L'invocation à Dieu qui a créé ciel, terre et mer est biblique (Néhémie, IX, 6, Psaume 146, 6 ; Actes des Apôtres, IV, 24). Apion a-t-il su l'existence de cette formule ? Ou son texte a-t-il été remanié par Josèphe ou sa source juive ? [Th.R.]

178 ΛΟΓΟΣ Β'

Έλλησιν. 122 Ἔδει δὲ καταψευδόμενον ἅπαξ εἰπεῖν μηδενὶ εὐνοήσειν ἀλλοφύλῳ, μάλιστα δ' Αἰγυπτίοις· οὕτω γὰρ ἂν τοῖς ἐξ ἀρχῆς αὐτοῦ πλάσμασιν ἥρμοττεν τὰ περὶ τὸν ὅρκον, εἴπερ ἦσαν ὑπὸ Αἰγυπτίων τῶν συγγενῶν οἱ πατέρες ἡμῶν οὐχὶ διὰ πονηρίαν, ἀλλ' ἐπὶ συμφοραῖς, ἐξεληλαμένοι· 123 τῶν Ἑλλήνων δὲ πλέον τοῖς τόποις ἢ τοῖς ἐπιτηδεύμασιν ἀφεστήκαμεν, ὥστε μηδεμίαν ἡμῖν εἶναι πρὸς αὐτοὺς ἔχθραν μηδὲ ζηλοτυπίαν. Τοὐναντίον μέντοι πολλοῖς παρ' αὐτῶν εἰς τοὺς ἡμετέρους νόμους συνέβη εἰσελθεῖν, καί τινες μὲν ἐνέμειναν, εἰσὶ δ' οἳ τὴν καρτερίαν οὐχ ὑπομείναντες πάλιν ἀπέστησαν. 124 Καὶ τούτων οὐδεὶς πώποτε τὸν ὅρκον εἶπεν ἀκοῦσαι παρ' ἡμῖν ὀμωμοσμένον, ἀλλὰ μόνος Ἀπίων, ὡς ἔοικεν, ἤκουσεν· αὐτὸς γὰρ ὁ συνθεὶς αὐτὸν ἦν.

XI 125 Σφόδρα τοίνυν τῆς πολλῆς συνέσεως καὶ ἐπὶ τῷ μέλλοντι ῥηθήσεσθαι θαυμάζειν ἄξιόν ἐστιν Ἀπίωνα· τεκμήριον γὰρ εἶναί φησιν τοῦ μήτε νόμοις ἡμᾶς χρῆσθαι δικαίοις μήτε τὸν θεὸν εὐσεβεῖν ὡς προσήκει <τὸ μὴ ἄρχειν>, δουλεύειν δὲ μᾶλλον ἔθνεσιν [καὶ] ἄλλοτε ἄλλοις καὶ τὸ κεχρῆσθαι συμφοραῖς τισι περὶ τὴν πόλιν, αὐτῶν δῆλον ὅτι πόλεως ἡγεμονικωτάτης ἐκ τῶν ἄνωθεν ἄρχειν, ἀλλὰ μὴ Ῥωμαίοις δουλεύειν συνειθισμένων. 126 Καίτοι τούτων τίς ἂν ἀνάσχοιτο τοιαύτας μεγαλαυχίας ; τῶν μὲν

71. La prise de Jérusalem par Pompée a inspiré à Cicéron une réflexion analogue (*Pro Flacco*, § 69 = *Textes d'auteurs grecs et romains*, p. 241). [Th.R.]

122 Une fois qu'il se mettait à mentir il aurait dû dire au moins : *envers aucun étranger, mais surtout envers les Égyptiens*. De cette façon sa fable du serment aurait concordé avec ses mensonges du début, si vraiment nos ancêtres ont été chassés par les Égyptiens, qui leur étaient apparentés, non pour aucun crime mais à cause de leurs malheurs. **123** Quant aux Grecs, nous en sommes trop éloignés par les lieux comme par les coutumes pour qu'il puisse exister entre eux et nous aucune haine ou aucune jalousie. Loin de là, il est arrivé que beaucoup d'entre eux ont adopté nos lois ; quelques-uns y ont persévéré, d'autres n'ont pas eu l'endurance nécessaire et s'en sont détachés. **124** Mais de ceux-là, nul n'a jamais raconté qu'il eût entendu prononcer chez nous le serment en question ; seul Apion, semble-t-il, l'a entendu, et pour la bonne raison qu'il en était l'inventeur.

<h2 style="text-align:center">XI</h2>

Prétendue preuve de l'injustice des lois juives,
tirée des malheurs des Juifs

125 Il faut encore grandement admirer la vive intelligence d'Apion pour ce que je vais dire. La preuve, à l'en croire, que nos lois ne sont pas justes, et que nous n'adorons pas Dieu comme il faut, c'est que nous ne sommes pas les maîtres, mais bien plutôt les esclaves tantôt d'un peuple, tantôt d'un autre, et que notre cité éprouva des infortunes [71] — comme si ses propres citoyens étaient habitués depuis une haute antiquité à être les maîtres dans la cité la plus propre à commander au lieu d'être asservis aux Romains. **126** Cependant qui supporterait de leur part une telle jactance ? Parmi le

γὰρ ἄλλων οὐκ ἔστιν ὅστις ἀνθρώπων οὐχ ἱκανῶς καθ᾽ αὑτοῦ φαίη τοῦτον ὑπ᾽ Ἀπίωνος λελέχθαι τὸν λόγον· 127 ὀλίγοις μὲν γὰρ ὑπῆρξεν ἐφ᾽ ἡγεμονίας διὰ καιροῦ τινὸς γενέσθαι, καὶ τούτους αἱ μεταβολαὶ πάλιν ἄλλοις δουλεύειν ὑπέζευξαν, τὸ πλεῖστον δὲ φῦλον ἄλλων ὑπακήκοεν πολλάκις. 128 Αἰγύπτιοι δ᾽ ἄρα μόνοι, διὰ τὸ καταφυγεῖν, ὥς φασιν, εἰς τὴν χώραν αὐτῶν τοὺς θεοὺς καὶ σωθῆναι μεταβάλλοντας εἰς μορφὰς θηρίων, ἐξαίρετον γέρας εὕροντο τὸ μηδενὶ δουλεῦσαι τῶν τῆς Ἀσίας ἢ τῆς Εὐρώπης κρατησάντων, οἱ μίαν ἡμέραν ἐκ τοῦ παντὸς αἰῶνος ἐλευθερίας οὐ τυχόντες, ἀλλ᾽ οὐδὲ παρὰ τῶν οἴκοι δεσποτῶν. 129 Ὅντινα μὲν γὰρ αὐτοῖς ἐχρήσαντο Πέρσαι τρόπον, οὐχ ἅπαξ μόνον ἀλλὰ καὶ πολλάκις πορθοῦντες τὰς πόλεις, ἱερὰ κατασκάπτοντες, τοὺς παρ᾽ αὐτοῖς νομι- ζομένους θεοὺς κατασφάζοντες, οὐκ ἂν ὀνειδίσαιμι· 130 μιμεῖσθαι γὰρ οὐ προσῆκεν τὴν Ἀπίωνος ἀπαιδευσίαν, ὃς οὔτε τὰς Ἀθηναίων τύχας οὔτε τὰς Λακεδαιμονίων ἐνενόησεν, ὧν τοὺς μὲν ἀνδρειοτάτους εἶναι, τοὺς δ᾽ εὐσεβεστάτους τῶν Ἑλλήνων ἅπαντες λέγουσιν. 131 Ἐῶ βασιλέας τοὺς ἐπ᾽ εὐσεβείᾳ διαβοηθέντας, ὧν ἕνα Κροῖσον, οἵαις ἐχρήσαντο συμφοραῖς βίου· ἐῶ τὴν καταπρησθεῖσαν Ἀθηναίων ἀκρόπολιν, τὸν ἐν Ἐφέσῳ ναόν, τὸν ἐν Δελφοῖς, ἄλλους μυρίους· καὶ οὐδεὶς ὠνείδισεν ταῦτα τοῖς παθοῦσιν, ἀλλὰ τοῖς δράσασιν. 132 Καινὸς δὲ κατήγορος ἡμῶν Ἀπίων ηὑρέθη, τῶν ἰδίων αὐτοῦ περὶ τὴν Αἴγυπτον κακῶν ἐκλαθόμενος· ἀλλὰ Σέσωστρις αὐτὸν ὁ μυθευόμενος Αἰγύπτου βασιλεὺς ἐτύφλωσεν· ἡμεῖς δὲ τοὺς ἡμετέρους οὐκ ἂν εἴποιμεν βασιλέας Δαυίδην καὶ Σολομῶνα πολλὰ χειρωσαμένους ἔθνη ; 133 τούτους μὲν οὖν παραλίπωμεν·

---

72. Cf. Ovide, *Métamorphoses*, V, 325 suiv. ; Diodore, I, 86, etc. [Th.R.]

73. Les incendies de l'Acropole d'Athènes par les Perses, du temple d'Éphèse par Hérostrate sont bien connus. L'allusion au temple de Delphes peut se rapporter soit à l'incendie du temple primitif (548), soit à celui qu'allumèrent les barbares Maides au temps de Sylla (Plut., *Num.*, 9) ; il s'agit plutôt de ce dernier événe- ment. [Th.R.]

reste des hommes il n'est personne pour nier que ce discours d'Apion ne s'adresse assez bien à lui. **127** Peu de peuples ont eu la fortune de dominer fût-ce par occasion, et ceux-là même ont vu des revers les soumettre à leur tour à un joug étranger ; les autres peuples, pour la plupart, sont plusieurs fois tombés en servitude. **128** Ainsi donc les seuls Égyptiens, parce que les dieux, à les en croire, se sont réfugiés dans leur pays et ont assuré leur salut en prenant la forme d'animaux [72], ont obtenu le privilège exceptionnel de n'être soumis à aucun des conquérants de l'Asie ou de l'Europe, eux qui n'ont pas eu un seul jour de liberté en aucun temps, pas même de leurs maîtres nationaux ! **129** Du traitement que leur infligèrent les Perses, qui, non pas une fois, mais à plusieurs reprises, saccagèrent leurs villes, renversèrent leurs temples, égorgèrent ce qu'ils prennent pour des dieux, je ne leur fais pas un grief. **130** Car il ne convient pas d'imiter l'ignorance d'Apion, qui n'a songé ni aux malheurs des Athéniens, ni à ceux des Lacédémoniens, dont les uns furent les plus braves, les autres les plus pieux des Grecs, du consentement unanime. **131** Je laisse de côté les malheurs qui accablèrent les rois renommés partout pour leur piété, comme Crésus. Je passe sous silence l'incendie de l'Acropole d'Athènes, du temple d'Éphèse, de celui de Delphes, et de mille autres. Personne n'a reproché ces catastrophes aux victimes, mais à leurs auteurs [73]. **132** Mais Apion s'est trouvé pour produire contre nous cette accusation d'un nouveau genre, oubliant les propres maux de son pays, l'Égypte. Sans doute Sésostris, le roi d'Égypte légendaire, l'a aveuglé [74]. Mais nous, ne pourrions-nous pas citer nos rois David et Salomon, qui ont soumis bien des nations ? **133** Cependant n'en parlons pas. Mais il

---

74. Allusion possible à la cécité dont auraient été frappés Sésostris et son fils (Hérodote, II, 111). [Th.R.]

est un fait universellement connu, quoique ignoré d'Apion : c'est que les Perses et les Macédoniens, maîtres après eux de l'Asie, asservirent les Égyptiens, qui leur obéirent comme des esclaves, alors que nous, libres, nous régnions même sur les cités d'alentour pendant cent vingt ans environ [75], jusqu'au temps de Pompée le Grand. **134** Et alors que tous les rois de la terre avaient été subjugués par les Romains, seuls nos rois, pour leur fidélité, furent conservés par eux comme alliés et amis.

XII

Apion prétend que la race juive n'a pas produit
de grands hommes

135 « Mais nous n'avons pas produit d'hommes dignes d'admiration, qui, par exemple, aient innové dans les arts ou excellé dans la sagesse ». Et il énumère Socrate, Zénon, Cléanthe et d'autres du même genre ; puis, ce qui est le plus admirable de tous ses propos, il s'ajoute lui-même à la liste et félicite Alexandrie de posséder un tel citoyen. **136** Assurément il avait besoin de témoigner pour lui-même ; car aux yeux de tous les autres il passait pour un méchant ameuteur de badauds, dont la vie fut aussi corrompue que la parole, de sorte qu'on aurait sujet de plaindre Alexandrie si elle tirait vanité de lui. Quant aux grands hommes nés chez nous qui méritèrent des éloges autant qu'aucun autre, ils sont connus de ceux qui lisent mon *Histoire ancienne*.

---

75. Depuis l'insurrection des Macchabées (168). [Th.R.]

XIII 137 Τὰ λοιπὰ τῶν ἐν τῇ κατηγορίᾳ γεγραμμένων ἄξιον ἦν ἴσως ἀναπολόγητα παραλιπεῖν, ἵν᾽ αὐτὸς αὑτοῦ καὶ τῶν ἄλλων Αἰγυπτίων ᾗ ὁ κατηγορῶν· ἐγκαλεῖ γὰρ, ὅτι ζῷα θύομεν <ἥμερα> καὶ χοῖρον οὐκ ἐσθίομεν, καὶ τὴν τῶν αἰδοίων χλευάζει περιτομήν. 138 Τὸ μὲν οὖν περὶ τῆς τῶν ἡμέρων ζῴων ἀναιρέσεως κοινόν ἐστι καὶ πρὸς τοὺς ἄλλους ἀνθρώπους ἅπαντας, Ἀπίων δὲ τοῖς θύουσιν ἐγκαλῶν αὑτὸν ἐξήλεγξεν ὄντα τὸ γένος Αἰγύπτιον· οὐ γὰρ ἂν Ἕλλην ὢν ἢ Μακεδὼν ἐχαλέπαινεν· οὗτοι γὰρ εὔχονται θύειν ἑκατόμβας τοῖς θεοῖς, καὶ χρῶνται τοῖς ἱερείοις πρὸς εὐωχίαν, καὶ οὐ διὰ τοῦτο συμβέβηκεν ἐρημοῦσθαι τὸν κόσμον τῶν βοσκημάτων, ὅπερ Ἀπίων ἔδεισεν. 139 Εἰ μέντοι τοῖς Αἰγυπτίων ἔθεσιν ἠκολούθουν ἅπαντες, ἠρήμωτο μὲν ἂν ὁ κόσμος τῶν ἀνθρώπων, τῶν ἀγριωτάτων δὲ θηρίων ἐπληθύνθη, ἃ θεοὺς οὗτοι νομίζοντες ἐπιμελῶς ἐκτρέφουσιν. 140 Καὶ μὴν εἴ τις αὐτὸν ἤρετο, τῶν πάντων Αἰγυπτίων τίνας εἶναι καὶ σοφωτάτους καὶ θεοσεβεῖς νομίζει, πάντως ἂν ὡμολόγησε τοὺς ἱερεῖς· 141 δύο γὰρ αὐτούς φασιν ὑπὸ τῶν βασιλέων ἐξ ἀρχῆς ταῦτα προστετάχθαι, τὴν τῶν θεῶν θεραπείαν καὶ τῆς σοφίας τὴν ἐπιμέλειαν. Ἐκεῖνοι τοίνυν ἅπαντες καὶ περιτέμνονται καὶ χοιρείων ἀπέχονται βρωμάτων· οὐ μὴν οὐδὲ τῶν ἄλλων Αἰγυπτίων οὐδὲ εἷς ὗν θύει τοῖς θεοῖς. 142 Ἆρ᾽ οὖν τυφλὸς ἦν τὸν νοῦν Ἀπίων ὑπὲρ Αἰγυπτίων ἡμᾶς λοιδορεῖν συνθέμενος, ἐκείνων δὲ κατηγορῶν, οἵ γε μὴ μόνον χρῶνται τοῖς ὑπὸ τούτου λοιδορουμένοις ἔθεσιν, ἀλλὰ καὶ τοὺς ἄλλους ἐδίδαξαν περιτέμνεσθαι, καθάπερ εἴρηκεν

---

76. Sur la circoncision des Égyptiens, cf. Hérodote, II, 37 et 104 ; sur celle des prêtres en particulier, voir W. Otto, *Priester und Tempel im hellenistischen Aegypten*, I, 214 ; II, 326. Sur l'abstinence de la viande de porc, Plutarque, *Quaest. conviv.*, IV, 5. [Th.R.]

XIII

Autres griefs injustifiés : les Juifs sacrifient des animaux, ne mangent pas de porc et pratiquent la circoncision

137 Le reste de son réquisitoire mériterait peut-être d'être laissé sans réponse pour que lui-même soit son propre accusateur et celui des autres Égyptiens. En effet, il nous reproche de sacrifier des animaux domestiques, de ne point manger de porc, et il raille la circoncision. **138** Pour ce qui est d'immoler des animaux domestiques, c'est une pratique qui nous est commune avec tous les autres hommes, et Apion, par sa critique de cet usage, s'est dénoncé comme Égyptien. S'il avait été Grec ou Macédonien, il ne s'en serait pas ému. Ces peuples, en effet, se font gloire d'offrir aux dieux des hécatombes ; ils mangent les victimes dans les festins, et cette pratique n'a pas vidé l'univers de troupeaux, comme l'a craint Apion. **139** Si, au contraire, tout le monde suivait les coutumes égyptiennes, c'est d'hommes que l'univers serait dépeuplé pour être rempli des bêtes les plus sauvages, qu'ils prennent pour des dieux et nourrissent avec soin. **140** En outre, si on lui avait demandé lesquels de tous les Égyptiens il considérait comme les plus sages et les plus pieux, il eût convenu assurément que c'étaient les prêtres. **141** Car dès l'origine ils furent, dit-on, chargés de deux fonctions : le culte des dieux et la pratique de la sagesse. Or, tous les prêtres égyptiens sont circoncis et s'abstiennent de manger du porc [76]. Et même parmi les autres Égyptiens, il n'en est pas un seul qui ose sacrifier un porc aux dieux. **142** Apion n'avait-il pas l'esprit aveuglé lorsque, se proposant de nous injurier pour faire valoir les Égyptiens, il les accusait au contraire eux qui, non seulement pratiquent ces coutumes blâmées par lui, mais encore ont enseigné aux

Ἡρόδοτος ; 143 ὅθεν εἰκότως μοι δοκεῖ τῆς εἰς τοὺς πατρίους αὐτοῦ νόμους βλασφημίας δοῦναι δίκην Ἀπίων τὴν πρέπουσαν· περιετμήθη γὰρ ἐξ ἀνάγκης, ἑλκώσεως αὐτῷ περὶ τὸ αἰδοῖον γενομένης, καὶ μηδὲν ὠφεληθεὶς ὑπὸ τῆς περιτομῆς, ἀλλὰ σηπόμενος, ἐν δειναῖς ὀδύναις ἀπέθανεν. 144 Δεῖ γὰρ τοὺς εὖ φρονοῦντας τοῖς μὲν οἰκείοις νόμοις περὶ τὴν εὐσέβειαν ἀκριβῶς ἐμμένειν, τοὺς δὲ τῶν ἄλλων μὴ λοιδορεῖν· ὃ δὲ τούτους μὲν ἔφυγεν, τῶν ἡμετέρων δὲ κατεψεύσατο. Τοῦτο μὲν Ἀπίωνι τοῦ βίου τὸ τέλος ἐγένετο καὶ τοῦτο [παρ'] ἡμῶν ἐνταῦθα τὸ πέρας ἔστω τοῦ λόγου.

XIV 145 Ἐπεὶ δὲ καὶ Ἀπολλώνιος ὁ Μόλων καὶ Λυσίμαχος καί τινες ἄλλοι τὰ μὲν ὑπ' ἀγνοίας, τὸ πλεῖστον δὲ κατὰ δυσμένειαν, περί τε τοῦ νομοθετήσαντος ἡμῖν Μωυσέως καὶ περὶ τῶν νόμων πεποίηνται λόγους οὔτε δικαίους οὔτε ἀληθεῖς, τὸν μὲν ὡς γόητα καὶ ἀπατεῶνα διαβάλλοντες, τοὺς νόμους δὲ κακίας ἡμῖν καὶ οὐδεμιᾶς ἀρετῆς φάσκοντες εἶναι διδασκάλους, βούλομαι συντόμως καὶ περὶ τῆς ὅλης ἡμῶν καταστάσεως τοῦ πολιτεύματος καὶ περὶ τῶν κατὰ μέρος, ὡς ἂν ᾧ δυνατὸς, εἰπεῖν. 146 Οἶμαι

---

77. Hérodote, II, 104 (v. supra, I, § 169). [Th.R.]

autres peuples la circoncision, comme le dit Hérodote [77].
143 Aussi est-ce justement, à mon avis, qu'après avoir
médit des lois de sa patrie, Apion a subi le châtiment qui
convenait. Car il fut circoncis par nécessité, à la suite
d'un ulcère des parties sexuelles ; d'ailleurs la circoncision ne lui profita point, sa chair tomba en gangrène et
il mourut dans d'atroces douleurs. **144** Il faut, pour être
sage, observer exactement les lois de son pays relatives à
la religion et ne point attaquer celles des autres. Mais
Apion s'est écarté des premières et a menti sur les nôtres.

Ainsi finit Apion ; que ce soit aussi la fin de mes
observations à son sujet.

XIV

*Réfutation des erreurs d'Apollonios Molon
et de Lysimaque sur les lois juives*

145 Mais puisque Apollonios Molon, Lysimaque et
quelques autres, tantôt par ignorance, le plus souvent
par malveillance, ont tenu, sur notre législateur Moïse
et sur ses lois, des propos injustes et inexacts, accusant
l'un de sorcellerie et d'imposture, et prétendant que les
autres nous enseignent le vice à l'exclusion de toute
vertu, je veux parler brièvement et de l'ensemble de
notre constitution et de ses détails, comme je le
pourrai [78]. **146** Il apparaîtra clairement, je pense, qu'en

---

78. Le plaidoyer pour la législation juive ainsi annoncé (ch. XV et
suiv.) présente de nombreuses concordances avec les *Hypothetica* de
Philon dont Eusèbe a conservé un extrait, *Praep. ev.*, VIII, 6-7,
pp. 355 c-361 b (cf. Wendland, *Die Therapeuten und die phil. Schrift vom
beschaul. Leben*, 709-12 ; B. Motzo, *Atti della R. Ac. di Torino*, XLVII,
1911-2, 760 ; I. Lévy, *La Légende de Pythagore*, p. 212). Josèphe est
tributaire de la source même où a puisé Philon, une apologie du
judaïsme composée suivant toute apparence à Alexandrie vers le début
de l'époque romaine. Il affecte de défendre la pure loi de Moïse, tandis
que Philon reconnaît (*l. l.*, 358 d) que les prescriptions qu'il énumère ne
sont pas toutes contenues dans le Pentateuque et proviennent en partie
de « lois non écrites ». [Th.R.]

γὰρ ἔσεσθαι φανερόν, ὅτι καὶ πρὸς εὐσέβειαν καὶ πρὸς κοινωνίαν τὴν μετ᾽ ἀλλήλων καὶ πρὸς τὴν καθόλου φιλανθρωπίαν, ἔτι δὲ πρὸς δικαιοσύνην καὶ τὴν ἐν τοῖς πόνοις καρτερίαν καὶ θανάτου περιφρόνησιν, ἄριστα κειμένους ἔχομεν τοὺς νόμους, 147 Παρακαλῶ δὲ τοὺς ἐντευξομένους τῇ γραφῇ μὴ μετὰ φθόνου ποιεῖσθαι τὴν ἀνάγνωσιν· οὐ γὰρ ἐγκώμιον ἡμῶν αὐτῶν προειλόμην συγγράφειν, ἀλλὰ πολλὰ καὶ ψευδῆ κατηγορουμένοις ἡμῖν ταύτην ἀπολογίαν δικαιοτάτην εἶναι νομίζω, τὴν ἀπὸ τῶν νόμων, καθ᾽ οὓς ζῶντες διατελοῦμεν. 148 Ἄλλως τε καὶ τὴν κατηγορίαν ὁ Ἀπολλώνιος οὐκ ἀθρόαν ὥσπερ ὁ Ἀπίων ἔταξεν, ἀλλὰ σποράδην, καὶ δὴ ἡμᾶς ποτὲ μὲν ὡς ἀθέους καὶ μισανθρώπους λοιδορεῖ, ποτὲ δ᾽ αὖ δειλίαν ἡμῖν ὀνειδίζει, καὶ τοὐμπαλιν ἔστιν ὅπου τόλμαν κατηγορεῖ καὶ ἀπόνοιαν. Λέγει δὲ καὶ ἀφυεστάτους εἶναι τῶν βαρβάρων, καὶ διὰ τοῦτο μηδὲν εἰς τὸν βίον εὕρημα συμβεβλῆσθαι μόνους. 149 Ταῦτα δὲ πάντα διελεγχθήσεσθαι νομίζω σαφῶς, εἰ τἀναντία τῶν εἰρημένων φανείη καὶ διὰ τῶν νόμων ἡμῖν προστεταγμένα καὶ πραττόμενα μετὰ πάσης ἀκριβείας ὑφ᾽ ἡμῶν. 150 Εἰ δ᾽ ἄρα βιασθείην μνησθῆναι τῶν παρ᾽ ἑτέροις ὑπεναντίως νενομισμένων, τούτου δίκαιοι τὴν αἰτίαν ἔχειν εἰσὶν οἱ τὰ παρ᾽ ἡμῖν ὡς χείρω παραβάλλειν ἀξιοῦντες. Οἷς οὐδέτερον ἀπολειφθήσεσθαι νομίζω λέγειν, οὔθ᾽ ὡς οὐχὶ τούτους ἔχομεν τοὺς νόμους, ὧν ἐγὼ παραθήσομαι τοὺς κεφαλαιωδεστάτους, οὔθ᾽ ὡς οὐχὶ μάλιστα πάντων ἐμμένομεν τοῖς ἑαυτῶν νόμοις.

vue de la piété, des rapports sociaux, de l'humanité en général, et aussi de la justice, de l'endurance au travail et du mépris de la mort, nos lois sont fort bien établies [79]. **147** J'invite ceux qui tomberont sur cet écrit à le lire sans jalousie. Ce n'est point un panégyrique de nous-mêmes que j'ai entrepris d'écrire, mais après les accusations nombreuses et fausses dirigées contre nous, la plus juste apologie, à mon avis est celle qui se tire des lois que nous continuons à observer. **148** D'autant plus qu'Apollonios n'a pas réuni ses griefs en un faisceau comme Apion ; mais les a semés çà et là, tantôt nous injuriant comme athées et misanthropes, tantôt nous reprochant la lâcheté, et, au contraire, à d'autres endroits, nous accusant d'être téméraires et forcenés. Il dit aussi que nous sommes les plus mal doués des barbares et que pour cette raison nous sommes les seuls à n'avoir apporté pour notre part aucune invention utile à la civilisation. **149** Toutes ces accusations seront, je pense, clairement réfutées s'il apparaît que c'est le contraire que nous prescrivent nos lois et que nous observons rigoureusement. **150** Si donc j'ai été obligé de mentionner les lois contraires, en vigueur chez d'autres peuples, il est juste que la faute en retombe sur ceux qui veulent montrer par comparaison l'infériorité des nôtres. Ces éclaircissements leur interdiront je pense, de prétendre ou que nous n'avons pas ces lois dont je vais citer les principales, ou que nous ne sommes pas, parmi tous les peuples, le plus attaché à ses lois.

---

79. Ici également, Josèphe exalte l'aspect moral du mépris de la mort, mais cette fois, contrairement aux passages précédents, il le situe dans le système de valeurs grecques.

XV 151 Μικρὸν οὖν ἀναλαβὼν τὸν λόγον, τοῦτ᾽ ἂν
εἴποιμι πρῶτον, ὅτι τῶν ἀνόμως καὶ ἀτάκτως βιούντων οἱ
τάξεως καὶ νόμου κοινωνίας ἐπιθυμηταὶ γενόμενοι καὶ
πρῶτοι κατάρξαντες εἰκότως ἂν ἡμερότητι καὶ φύσεως
ἀρετῇ διενεγκεῖν μαρτυρηθεῖεν. 152 Ἀμέλει πειρῶνται τὰ
παρ᾽ αὐτοῖς ἕκαστοι πρὸς τὸ ἀρχαιότατον ἀνάγειν, ἵνα <μὴ>
μιμεῖσθαι δόξωσιν ἑτέρους, ἀλλ᾽ αὐτοὶ τοῦ ζῆν νομίμως
ἄλλοις ὑφηγήσασθαι. 153 Τούτων δὲ τοῦτον ἐχόντων τὸν
τρόπον ἀρετὴ μέν ἐστι νομοθέτου τὰ βέλτιστα συνιδεῖν καὶ
πεῖσαι τοὺς χρησομένους περὶ τῶν ὑπ᾽ αὐτοῦ τιθεμένων,
πλήθους δὲ τὸ πᾶσι τοῖς δόξασιν ἐμμεῖναι καὶ μήτε
εὐτυχίαις μήτε συμφοραῖς αὐτῶν μηδὲν μεταβάλλειν.
154 Φημὶ τοίνυν τὸν ἡμέτερον νομοθέτην τῶν ὁπουδηπο-
τοῦν μνημονευομένων νομοθετῶν προάγειν ἀρχαιότητι·
Λυκοῦργοι γὰρ καὶ Σόλωνες καὶ Ζάλευκος ὁ τῶν Λοκρῶν
καὶ πάντες οἱ θαυμαζόμενοι παρὰ τοῖς Ἕλλησιν ἐχθὲς δὴ
καὶ πρῴην ὡς πρὸς ἐκεῖνον παραβαλλόμενοι φαίνονται
γεγονότες, ὅπου γε μηδ᾽ αὐτὸ τοὔνομα πάλαι ἐγιγνώσκετο
τοῦ νόμου παρὰ τοῖς Ἕλλησι. 155 Καὶ μάρτυς Ὅμηρος
οὐδαμοῦ τῆς ποιήσεως αὐτῷ χρησάμενος· οὐδὲ γὰρ ἦν κατὰ
τοῦτον, ἀλλὰ γνώμαις ἀορίστοις τὰ πλήθη διῳκεῖτο καὶ
προστάγμασι τῶν βασιλέων, ἀφ᾽ οὗ καὶ μέχρι πολλοῦ
διέμειναν ἔθεσιν ἀγράφοις χρώμενοι καὶ πολλὰ τούτων ἀεὶ

---

80. Les Spartes attribuaient à Lycurgue, législateur mythique,
leur constitution.
81. La formule, utilisée à nouveau ici, renvoie directement à
Platon, *Lois*, 677d.
82. Le mot νόμος ne se trouve pas, en effet, dans les poèmes
homériques ; les plus anciens exemples sont dans Hésiode. [Th.R.]

XV

Moïse est le plus ancien des législateurs connus

151 Reprenant donc d'un peu plus haut, je dirai d'abord que, comparés aux hommes dont la vie est affranchie de lois et de règles, ceux qui, soucieux de l'ordre et d'une loi commune en ont donné le premier exemple, mériteraient justement ce témoignage qu'ils l'ont emporté par la douceur et la vertu naturelle. **152** La preuve en est que chaque peuple essaie de faire remonter ses lois le plus haut possible pour paraître ne point imiter les autres hommes et leur avoir, au contraire, lui-même ouvert la voie de la vie légale. **153** Les choses étant ainsi, la vertu du législateur consiste à embrasser du regard ce qui est le meilleur et à faire admettre, par ceux qui doivent en user, les lois instituées par lui ; celle de la multitude est de rester fidèle aux lois adoptées et de n'en rien changer sous l'influence de la prospérité ni des épreuves.

154 Eh bien, je prétends que notre législateur est le plus ancien des législateurs connus du monde entier. Les Lycurgue [80], les Solon, les Zaleucos de Locres et tous ceux qu'on admire chez les Grecs paraissent nés d'hier ou d'avant-hier comparés à lui [81], puisque le nom même de *loi* dans l'antiquité était inconnu en Grèce. **155** Témoin Homère qui nulle part dans ses poèmes ne s'en est servi [82]. En effet la loi n'existait même pas de son temps [83] ; les peuples étaient gouvernés suivant des maximes non définies et par les ordres des rois. Longtemps encore ils continuèrent à suivre des coutumes

83. Josèphe joue habilement ici. Le fait que le terme *nomos* n'apparaisse pas chez Homère n'implique pas forcément que les anciens Grecs aient vécu sans loi aucune ; le terme utilisé dans l'*Odyssée*, IX, 112, est *themistes* : « principes de justice », « coutumes », « pratiques ».

πρὸς τὸ συντυγχάνον μετατιθέντες. 156 Ὁ δ᾽ ἡμέτερος
νομοθέτης ἀρχαιότατος γεγονώς, — τοῦτο γὰρ δήπουθεν
ὁμολογεῖται καὶ παρὰ τοῖς πάντα καθ᾽ ἡμῶν λέγουσιν, —
ἑαυτόν τε παρέσχεν ἄριστον τοῖς πλήθεσιν ἡγεμόνα καὶ
σύμβουλον, τήν τε κατασκευὴν αὐτοῖς ὅλην τοῦ βίου τῷ
νόμῳ περιλαβὼν ἔπεισεν παραδέξασθαι καὶ βεβαιοτάτην εἰς
ἀεὶ φυλαχθῆναι παρεσκεύασεν.

XVI 157 Ἴδωμεν δὲ τῶν ἔργων αὐτοῦ τὸ πρῶτον
μεγαλεῖον· ἐκεῖνος γὰρ τοὺς προγόνους ἡμῶν, ἐπείπερ
ἔδοξεν αὐτοῖς τὴν Αἴγυπτον ἐκλιποῦσιν ἐπὶ τὴν πάτριον γῆν
ἐπανιέναι, πολλὰς ὄντας μυριάδας παραλαβὼν ἐκ πολλῶν
καὶ ἀμηχάνων διέσωσεν εἰς ἀσφάλειαν· καὶ γὰρ τὴν
ἄνυδρον αὐτοὺς καὶ πολλὴν ψάμμον ἔδει διοδοιπορῆσαι καὶ
νικῆσαι πολεμίους καὶ τέκνα καὶ γυναῖκας καὶ λείαν ὁμοῦ
σῴζειν μαχομένους. 158 Ἐν οἷς ἅπασι καὶ στρατηγὸς
ἄριστος ἐγένετο καὶ σύμβουλος συνετώτατος καὶ πάντων
κηδεμὼν ἀληθέστατος. Ἅπαν δὲ τὸ πλῆθος εἰς ἑαυτὸν
ἀνηρτῆσθαι παρεσκεύασεν, καὶ περὶ παντὸς ἔχων
πεισθέντας [ἀντὶ τοῦ κελευσθέντος] εἰς οὐδεμίαν οἰκείαν
ἔλαβεν ταῦτα πλεονεξίαν· 159 ἀλλ᾽ ἐν ᾧ μάλιστα τοῦ καιροῦ
δυνάμεις μὲν αὐτοῖς περιβάλλονται καὶ τυραννίδας οἱ
προεστηκότες, ἐθίζουσι δὲ τὰ πλήθη μετὰ πολλῆς <ζῆν>

non écrites, dont beaucoup, au fur, et à mesure des circonstances, étaient modifiées.

156 Mais notre législateur, qui vécut dans la plus haute antiquité — et cela, je suppose, de l'aveu même des gens qui dirigent contre nous toutes les attaques —, se montra excellent guide et conseiller du peuple ; et après avoir embrassé dans sa loi toute l'organisation de la vie des hommes, il leur persuada de l'accepter et fit en sorte qu'elle fût conservée inébranlable pour l'éternité.

XVI

L'œuvre de Moïse

157 Voyons la première grande œuvre qu'il accomplit. C'est lui qui, lorsque nos ancêtres eurent décidé, après avoir quitté l'Égypte, de retourner dans le pays de leurs aïeux, se chargea de toutes ces myriades d'hommes, les tira de mille difficultés et assura leur salut ; car il leur fallait traverser le désert sans eau et de grandes étendues de sable, vaincre leurs ennemis et sauver, en combattant, leurs femmes, leurs enfants, et en même temps leur butin [84]. **158** Dans toutes ces conjonctures il fut le meilleur des chefs, le plus avisé des conseillers et il administra toutes choses avec la plus grande conscience. Il disposa le peuple entier à dépendre de lui, et, le trouvant docile en toute chose, il ne profita point de cette situation pour son ambition personnelle ; **159** mais dans les circonstances précisément où les chefs s'emparent de l'empire absolu et de la tyrannie, et habituent les peuples à vivre sans lois, Moïse,

---

84. Josèphe songe sans doute aux objets précieux dont les fils d'Israël, au moment du départ, dépouillèrent les Égyptiens (Exode, XII, 35-7). Les Juifs alexandrins, choqués de ce que la Bible contait comme un tour de bonne guerre, ont essayé de divers moyens pour éliminer de l'incident tout ce qui ressemblait à un abus de confiance, cf. Josèphe, *AJ*, I, § 314, et Ezekiel le Tragique, fr. 7, v. 35. [Th.R.]

ἀνομίας, ἐν τούτῳ τῆς ἐξουσίας ἐκεῖνος καθεστηκὼς
τοὐναντίον ᾠήθη δεῖν εὐσεβεῖν καὶ πολλὴν εὐνομίαν τοῖς
λαοῖς ἐμπαρασχεῖν, οὕτως αὐτός τε τὰ μάλιστα τὴν ἀρετὴν
ἐπιδείξειν τὴν αὐτοῦ νομίζων καὶ σωτηρίαν τοῖς αὐτὸν
ἡγεμόνα πεποιημένοις βεβαιοτάτην παρέξειν. 160 Καλῆς
οὖν αὐτῷ προαιρέσεως καὶ πράξεων μεγάλων ἐπιτυγχα-
νομένων εἰκότως ἐνόμιζεν ἡγεμόνα τε καὶ σύμβουλον θεὸν
ἔχειν, καὶ πείσας πρότερον ἑαυτὸν ὅτι κατὰ τὴν ἐκείνου
βούλησιν ἅπαντα πράττει καὶ διανοεῖται, ταύτην ᾤετο δεῖν
πρὸ παντὸς ἐμποιῆσαι τὴν ὑπόληψιν τοῖς πλήθεσιν· οἱ γὰρ
πιστεύσαντες ἐπισκοπεῖν θεὸν τοὺς ἑαυτῶν βίους οὐθὲν
ἀνέχονται ἐξαμαρτεῖν. 161 Τοιοῦτος μὲν δή τις [αὐτὸς] ἡμῶν
ὁ νομοθέτης, οὐ γόης οὐδ᾽ ἀπατεών, ἅπερ λοιδοροῦντες
λέγουσιν ἀδίκως, ἀλλ᾽ οἷον παρὰ τοῖς Ἕλλησιν αὐχοῦσιν
τὸν Μίνω γεγονέναι καὶ μετ᾽ αὐτὸν τοὺς ἄλλους νομοθέτας·
162 οἱ μὲν γὰρ αὐτῶν τοὺς νόμους ὑποτίθενται Διί, οἱ δ᾽ εἰς
τὸν Ἀπόλλω καὶ τὸ Δελφικὸν αὐτοῦ μαντεῖον ἀνέφερον,
ἤτοι τἀληθὲς οὕτως ἔχειν νομίζοντες ἢ πείσειν ῥᾶον
ὑπολαμβάνοντες. 163 Τίς δ᾽ ἦν ὁ μάλιστα κατορθώσας τοὺς
νόμους καὶ τίς ὁ δικαιότατα περὶ τῆς τοῦ θεοῦ πίστεως
ἐπιτυχών, πάρεστιν ἐξ αὐτῶν κατανοεῖν τῶν νόμων ἀντιπα-
ραβάλλοντας· ἤδη γὰρ περὶ τούτων λεκτέον.

164 Οὐκοῦν ἄπειροι μὲν αἱ κατὰ μέρος τῶν ἐθῶν καὶ τῶν
νόμων παρὰ τοῖς ἅπασιν ἀνθρώποις διαφοραί, κεφαλαιωδῶς <δ᾽> ἂν εἴποι τις· οἱ μὲν γὰρ μοναρχίαις, οἱ δὲ ταῖς
ὀλίγων δυναστείαις, ἄλλοι δὲ τοῖς πλήθεσιν ἐπέτρεψαν τὴν

---

85. Noter la prudence rationaliste avec laquelle Josèphe défend
« l'inspiration » divine de Moïse. [Th.R.]

86. Josèphe a utilisé cet argument dans les *AJ*, II, 3, 1 § 23-4, où
Ruben, pour dissuader ses frères de tuer Joseph, leur remontre que
Dieu, à qui rien n'échappe, châtiera le fratricide. L'idée, qui n'est pas
formulée dans la Bible, est un lieu commun pythagoricien, cf.
Jamblique 174. [Th.R.]

élevé à ce degré de puissance, estima au contraire qu'il devait vivre pieusement et assurer au peuple les meilleures lois, dans la pensée que c'était le moyen le meilleur de montrer sa propre vertu, et le plus sûr de sauver ceux qui l'avaient choisi pour chef. **160** Comme ses desseins étaient nobles et que le succès couronnait ses grandes actions, il pensa avec vraisemblance que Dieu le guidait et le conseillait. Après s'être persuadé le premier que la volonté divine inspirait tous ses actes et toutes ses pensées [85], il crut qu'il fallait avant tout faire partager cette opinion au peuple ; car ceux qui ont adopté cette croyance, que Dieu surveille leur vie, ne se permettent aucun péché [86]. **161** Tel fut notre législateur. Ce n'est pas un sorcier ni un imposteur, comme nos insulteurs le disent injustement [87] ; mais il ressemble à ce Minos tant vanté par les Grecs, et aux autres législateurs qui le suivirent. **162** Car les uns [88] attribuent leurs lois à Zeus, les autres les ont fait remonter à Apollon et à son oracle de Delphes, soit qu'ils crussent cette histoire exacte, soit qu'ils espérassent ainsi se faire obéir plus facilement. **163** Mais qui institua les meilleures lois et qui trouva les prescriptions les plus justes sur la religion, on peut le savoir par la comparaison des lois elles-mêmes et voici le moment d'en parler.

164 Infinies sont les différences particulières des mœurs et des lois entre les hommes ; mais on peut les résumer ainsi : les uns ont confié à des monarchies, d'autres à des oligarchies, d'autres encore au peuple le

---

87. Ces insulteurs sont d'après le § 145 Apollonios Molon et Lysimaque ; le grief de γοήτεια revient chez Celse (Origène, *Contre Celse*, I, 26 = *Textes*, p. 165), et Pline (XXX, 1 = *Textes*, p. 282) ainsi qu'Apulée (*Apol.*, 90 = *Textes*, p. 335) nomment Moïse dans une liste de magiciens fameux. Josèphe a puisé à la même source que Philon, ap. Eusèbe, *Praep. ev.*, VIII, 6, 356 a. [Th.R.]

88. Texte très altéré. Les conjectures de Niese admises, il s'agit de Minos et de Lycurgue. [Th.R.]

ἐξουσίαν τῶν πολιτευμάτων. 165 Ὁ δ᾽ ἡμέτερος νομοθέτης εἰς μὲν τούτων οὐδ᾽ ὁτιοῦν ἀπεῖδεν, ὡς δ᾽ ἄν τις εἴποι βιασάμενος τὸν λόγον θεοκρατίαν ἀπέδειξε τὸ πολίτευμα, θεῷ τὴν ἀρχὴν καὶ τὸ κράτος ἀναθείς. 166 Καὶ πείσας εἰς ἐκεῖνον ἅπαντας ἀφορᾶν, — ὡς αἴτιον μὲν ἁπάντων ὄντα τῶν ἀγαθῶν, ἃ κοινῇ τε πᾶσιν ἀνθρώποις ὑπάρχει καὶ ὅσων ἔτυχον αὐτοὶ δεηθέντες ἐν ἀμηχάνοις, λαθεῖν δὲ τὴν ἐκείνου γνώμην οὐκ ἐνὸν οὔτε τῶν πραττομένων οὐδὲν οὔθ᾽ ὧν ἄν τις παρ᾽ αὑτῷ διανοηθῇ, — 167 ἕνα αὐτὸν ἀπέφηνε καὶ ἀγένητον καὶ πρὸς τὸν ἀίδιον χρόνον ἀναλλοίωτον, πάσης ἰδέας θνητῆς κάλλει διαφέροντα, καὶ δυνάμει μὲν ἡμῖν γνώριμον, ὁποῖος δὲ κατ᾽ οὐσίαν ἐστὶν ἄγνωστον. 168 Ταῦτα περὶ θεοῦ φρονεῖν οἱ σοφώτατοι παρ᾽ Ἕλλησιν ὅτι μὲν ἐδιδάχθησαν ἐκείνου τὰς ἀρχὰς παρασχόντος, ἐῶ νῦν

---

89. Division platonicienne, qu'on retrouve chez Polybe, Cicéron, etc. [Th.R.]

90. Ce mot, qui a fait fortune en changeant un peu de sens, est donc de l'invention de Josèphe — ou de sa source. [Th.R.]

91. Barclay relève le déplacement du discours, passant de la structure politique des états à la structure métaphysique de l'univers, mettant ainsi en phase la constitution judéenne avec la théorie politique philosophique en vogue, *Against Apion*, p. 262, note 638.

92. Il s'agit là de l'omniscience divine.

93. Introduction de la transcendance.

pouvoir politique[89]. **165** Notre législateur n'a arrêté ses regards sur aucun de ces gouvernements ; il a — si l'on peut faire cette violence à la langue — institué le gouvernement théocratique[90], plaçant en Dieu le pouvoir et la force[91]. **166** Il a persuadé à tous de tourner les yeux vers celui-ci comme vers la cause de tous les biens que possèdent tous les hommes en commun, et de tous ceux que les Juifs eux-mêmes ont obtenus par leurs prières dans les moments critiques. Rien ne peut échapper à sa connaissance, ni aucune de nos actions, ni aucune de nos pensées intimes[92]. **167** Quant à Dieu lui-même, Moïse montra qu'il est unique, incréé, éternellement immuable, plus beau que toute forme mortelle, connaissable pour nous par sa puissance, mais inconnaissable en son essence[93]. **168** Que cette conception de Dieu ait été celle des plus sages parmi les Grecs, qui s'inspirèrent des enseignements donnés pour la première fois par Moïse[94], je

---

94. L'idée que les philosophes grecs sont tributaires de la Bible est depuis l'époque ptolémaïque un lieu commun de l'apologétique judéo-alexandrine. Déjà Artapanos imaginait qu'Orphée fut le disciple de Mousaios-Moïse. Suivant Philon, c'est de Moïse que se sont inspirés Héraclite et les stoïciens (cf. Elter, *De gnomol. graec. historia*, 221 ; Bréhier, *Les Idées philos. et relig. de Philon d'Alexandrie*, 48 ; Paul Krüger, *Philo und Josephus als Apologeten des Judentums*, 21). Aristobule (soi-disant contemporain de Ptolémée VI Philométor, en réalité prête-nom d'un faussaire d'époque impériale) fait dépendre de Moïse, outre Homère et Hésiode, Pythagore, Socrate et Platon (Eusèbe, *Praep. ev.*, XIII, 12) et Clément d'Alexandrie assure qu'il attribuait la même origine à la philosophie péripatéticienne (*Strom.*, V, 14, 97). [Th.R.] Moïse, inspirateur de la philosophie grecque ; l'idée, défendue par Aristobule de Panée, Philon d'Alexandrie et Josèphe, s'est développée sous la plume d'Eusèbe de Césarée, et de là dans la patristique, sous la forme du « larcin », *Préparation évangélique*, X, 1-7. Pour l'analyse de ce cheminement, cf. Harry Austryn Wolfson, *Philo. Foundations of Religious Philosophy in Judaism, Christianity, and Islam*, 2 vol., Cambridge, Mass., Harvard University Press [1947], 1948, t. I, p. 160-163. Norman Roth, « The "Theft of Philosophy" by the Greeks from the Jews », *Classical Folia*, 32, 1978, p. 53-67. S. A. Goldberg, *La Clepsydre. Essai sur la pluralité des temps dans le judaïsme*, Paris, Albin Michel, 2000, p. 198, et note 336.

λέγειν, ὅτι δ᾽ ἐστὶ καλὰ καὶ πρέποντα τῇ τοῦ θεοῦ φύσει καὶ
μεγαλειότητι, σφόδρα μεμαρτυρήκασι· καὶ γὰρ Πυθαγόρας
καὶ Ἀναξαγόρας καὶ Πλάτων οἵ τε μετ᾽ ἐκείνους ἀπὸ τῆς
στοᾶς φιλόσοφοι [καὶ] μικροῦ δεῖν ἅπαντες οὕτως φαίνονται
περὶ τῆς τοῦ θεοῦ φύσεως πεφρονηκότες. 169 Ἀλλ᾽ οἱ μὲν
πρὸς ὀλίγους φιλοσοφοῦντες εἰς πλήθη δόξαις προκατει-
λημμένα τὴν ἀλήθειαν τοῦ δόγματος ἐξενεγκεῖν οὐκ
ἐτόλμησαν, ὁ δὲ ἡμέτερος νομοθέτης, ἅτε δὴ τὰ ἔργα
παρέχων σύμφωνα τοῖς λόγοις, οὐ μόνον τοὺς καθ᾽ αὑτὸν
ἔπεισεν, ἀλλὰ καὶ τοῖς ἐξ ἐκείνων ἀεὶ γενησομένοις τὴν περὶ
θεοῦ πίστιν ἐνέφυσεν ἀμετακίνητον. 170 Αἴτιον δ᾽ ὅτι καὶ τῷ
τρόπῳ τῆς νομοθεσίας πρὸς τὸ χρήσιμον πάντων ἀεὶ πολὺ
διήνεγκεν· οὐ γὰρ μέρος ἀρετῆς ἐποίησεν τὴν εὐσέβειαν,
ἀλλὰ ταύτης μέρη τἆλλα, λέγω δὲ τὴν δικαιοσύνην, τὴν
σωφροσύνην, τὴν καρτερίαν, τὴν τῶν πολιτῶν πρὸς
ἀλλήλους ἐν ἅπασι συμφωνίαν· 171 ἅπασαι γὰρ αἱ πράξεις
καὶ διατριβαὶ καὶ λόγοι πάντες ἐπὶ τὴν πρὸς θεὸν ἡμῖν
εὐσέβειαν ἀναφέρουσιν· οὐδὲν γὰρ τούτων ἀνεξέταστον οὐδὲ
ἀόριστον παρέλιπεν. Δύο μὲν γάρ εἰσιν ἁπάσης παιδείας
τρόποι καὶ τῆς περὶ τὰ ἔθη κατασκευῆς, ὧν ὁ μὲν λόγῳ
διδασκαλικός, ὁ δὲ διὰ τῆς ἀσκήσεως τῶν ἐθῶν. 172 Οἱ μὲν
οὖν ἄλλοι νομοθέται ταῖς γνώμαις διέστησαν καὶ τὸν ἕτερον
αὐτῶν ὃν ἔδοξεν ἑκάστοις ἑλόμενοι τὸν ἕτερον παρέλιπον,
οἷον Λακεδαιμόνιοι μὲν καὶ Κρῆτες ἔθεσιν ἐπαίδευον, οὐ
λόγοις, Ἀθηναῖοι δὲ καὶ σχεδὸν οἱ ἄλλοι πάντες Ἕλληνες ἃ
μὲν χρὴ πράττειν ἢ μὴ προσέτασσον διὰ τῶν νόμων, τοῦ δὲ
πρὸς αὐτὰ διὰ τῶν ἔργων ἐθίζειν ὠλιγώρουν.

---

95. Josèphe s'aventure beaucoup en identifiant, par exemple, le
panthéisme stoïcien au monothéisme hébreu. [Th.R.]

96. Même expression chez Philon, *Vita Mosis*, I, 6 § 29 et déjà
dans la source de Jamblique, *Vit. Pyth.*, 176. [Th.R.]

97. Cette « concorde » remplace la sagesse, φρόνησις, comme
quatrième vertu cardinale (Thackeray). [Th.R.] En ce sens, la piété
englobe l'ensemble des vertus évoquées.

98. Le début de § 172, avec les mots de § 172 « ce qu'il fallait faire
ou éviter » provient du document copié par Jamblique, *Vit. Pyth.*, 86
et 137. Il en est de même de § 192 (« il faut suivre Dieu ») et de § 197
(sur la prière). Cf. I. Lévy, *La Légende de Pythagore*, p. 213. [Th.R.]

n'en dis rien pour le moment ; mais ils ont formellement attesté qu'elle est belle et convient à la nature
comme à la grandeur divine ; car Pythagore, Anaxagore, Platon, les philosophes du Portique qui vinrent
ensuite, tous, peu s'en faut, ont manifestement eu cette
conception de la nature divine [95]. **169** Mais tandis que
leur philosophie s'adressa à un petit nombre et qu'ils
n'osèrent pas apporter parmi le peuple, enchaîné à
d'anciennes opinions, la vérité de leur croyance, notre
législateur, en conformant ses actes à ses discours [96], ne
persuada pas seulement ses contemporains, mais il mit
encore dans l'esprit des générations successives qui
devaient descendre d'eux une foi en Dieu innée et
immuable. **170** C'est que, en outre, par le caractère de
sa législation, tournée vers l'utile, il l'emporta toujours
beaucoup sur tous les autres ; il ne fit point de la piété
un élément de la vertu, mais de toutes les autres vertus,
des éléments de la piété, je veux dire la justice, la tempérance, l'endurance, et la concorde des citoyens dans
toutes les affaires [97]. **171** Car toutes nos actions, nos
préoccupations et nos discours se rattachent à notre
piété envers Dieu. Moïse n'a donc rien omis d'examiner
ou de fixer de tout cela. Toute instruction et toute
éducation morale peuvent, en effet, se faire de deux
manières : par des préceptes qu'on enseigne, ou par la
pratique des mœurs. **172** Les autres législateurs ont
différé d'opinion et, choisissant chacun celle des deux
manières qui leur convenait, ont négligé l'autre [98]. Par
exemple, les Lacédémoniens [99] et les Crétois élevaient
les citoyens par la pratique, non par des préceptes.
D'autre part, les Athéniens et presque tous les autres
Grecs prescrivaient par les lois ce qu'il fallait faire ou
éviter, mais ne se souciaient point d'en donner l'habitude par l'action.

---

99. Voir Plutarque, *Lycurg.*, 13. [Th.R.]

XVII

Moïse a réuni le précepte et l'application

173 Notre législateur, lui, a mis tous ses soins à
concilier ces deux enseignements [100]. Il n'a point laissé
sans explication la pratique des mœurs, ni souffert que
le texte de la loi fût sans effet ; à commencer par la
première éducation et la vie domestique de chacun, il
n'a rien laissé, pas même le moindre détail à l'initiative
et à la fantaisie des assujettis ; **174** même les mets dont
il faut s'abstenir ou qu'on peut manger, les personnes
qu'on peut admettre à partager notre vie, l'application
au travail et inversement le repos, il a lui-même délimité
et réglé tout cela pour eux par sa loi, afin que, vivant
sous elle comme soumis à un père et à un maître, nous
ne péchions en rien ni volontairement ni par ignorance.
175 Car il n'a pas non plus laissé l'excuse de l'ignorance ; il a proclamé la loi l'enseignement le plus beau
et le plus nécessaire ; ce n'est pas une fois, ni deux ni
plusieurs, qu'il faut l'entendre : mais il a ordonné que
chaque semaine, abandonnant tous autres travaux, on
se réunît pour écouter la loi et l'apprendre exactement
par cœur [101]. C'est ce que tous les législateurs semblent
avoir négligé.

---

100. Théorie conforme à l'enseignement talmudique. Cf. *Aboth
R. Nathan*, p. 22 ; *Sabbath*, p. 318. [Th.R.]

101. Josèphe, comme le Talmud de Jérusalem (*Megilla*, IV, 75 *a*),
attribue à Moïse l'institution des lectures sabbatiques. [Th.R.]
Josèphe décrit la lecture publique de la Torah, le shabbat, pratiqué en
Judée et certainement aussi en Galilée comme en diaspora. Les
réunions devaient se tenir dans les synagogues et autres lieux de
réunion et d'enseignement (Philon, *De somniis*, II, 127).

XVIII 176 Καὶ τοσοῦτον οἱ πλεῖστοι τῶν ἀνθρώπων
ἀπέχουσι τοῦ κατὰ τοὺς οἰκείους ζῆν νόμους, ὥστε σχεδὸν
αὐτοὺς οὐδ᾿ ἴσασιν, ἀλλ᾿ ὅταν ἐξαμάρτωσιν, τότε παρ᾿
ἄλλων μανθάνουσιν, ὅτι τὸν νόμον παραδεδήκασιν· **177** οἵ
τε τὰς μεγίστας καὶ κυριωτάτας παρ᾿ αὐτοῖς ἀρχὰς διοικοῦντες ὁμολογοῦσι τὴν ἄγνοιαν· ἐπιστάτας γὰρ παρα-
καθίστανται τῆς τῶν πραγμάτων οἰκονομίας τοὺς ἐμπειρίαν
ἔχειν τῶν νόμων ὑπισχνουμένους. **178** Ἡμῶν δὲ ὁντινοῦν τις
ἔροιτο τοὺς νόμους, ῥᾷον ἂν εἴποι πάντας ἢ τοὔνομα τὸ
ἑαυτοῦ. Τοιγαροῦν ἀπὸ τῆς πρώτης εὐθὺς αἰσθήσεως
αὐτοὺς ἐκμανθάνοντες ἔχομεν ἐν ταῖς ψυχαῖς ὥσπερ ἐγκεχα-
ραγμένους, καὶ σπάνιος μὲν ὁ παραβαίνων, ἀδύνατος δ᾿ ἡ
τῆς κολάσεως παραίτησις.

XIX 179 Τοῦτο πρῶτον ἁπάντων τὴν θαυμαστὴν
ὁμόνοιαν ἡμῖν ἐμπεποίηκεν· τὸ γὰρ μίαν μὲν ἔχειν καὶ τὴν
αὐτὴν δόξαν περὶ θεοῦ, τῷ βίῳ δὲ καὶ τοῖς ἔθεσι μηδὲν
ἀλλήλων διαφέρειν, καλλίστην ἐν ἤθεσιν ἀνθρώπων
συμφωνίαν ἀποτελεῖ. **180** Παρ᾿ ἡμῖν γὰρ μόνοις οὔτε περὶ
θεοῦ λόγους ἀκούσεταί τις ἀλλήλοις ὑπεναντίους, — ὁποῖα
πολλὰ παρ᾿ ἑτέροις οὐχ ὑπὸ τῶν τυχόντων μόνον κατὰ τὸ

---

102. Allusion aux assesseurs des archontes athéniens et au
conseil des gouverneurs romains. [Th.R.]
103. Deut., VI, 7 ; XI, 19. [Th.R.]

XVIII

Supériorité des Juifs, qui tous connaissent leur loi

176 La plupart des hommes sont si loin de vivre suivant leurs lois nationales que, peu s'en faut, ils ne les connaissent même pas, et que c'est seulement après un délit qu'ils apprennent par d'autres qu'ils ont violé la loi. **177** Ceux qui remplissent chez eux les charges les plus hautes et les plus importantes avouent cette ignorance, puisqu'ils placent auprès d'eux, pour diriger l'administration des affaires, les hommes qui font profession de connaître les lois [102]. **178** Chez nous, qu'on demande les lois au premier venu, il les dira toutes plus facilement que son propre nom. Ainsi, dès l'éveil de l'intelligence, l'étude approfondie des lois les grave pour ainsi dire dans nos âmes [103] ; rarement quelqu'un les transgresse, et aucune excuse ne saurait conjurer le châtiment.

XIX

*L'unité de croyance produit chez les Juifs
la concorde*

179 Telle est avant tout la cause de notre admirable concorde. L'unité et l'identité de croyance religieuse, la similitude absolue de vie et de mœurs produisent un très bel accord dans les caractères des hommes [104]. **180** Chez nous seuls, on n'entendra pas de propos contradictoires sur Dieu — comme chez d'autres peuples en osent soutenir, non pas les premiers venus

---

104. L'harmonie et l'unité dont Josèphe caractérise le mode de vie juif contredit ses propres récits *(Guerre, Antiquités)*, où il a relaté les guerres intestines qui ont jalonné l'histoire, *a fortiori* la guerre civile qu'il a présentée comme ayant conduit les Judéens à leur perte.

προσπεσὸν ἑκάστῳ λέγεται πάθος, ἀλλὰ καὶ παρά τισι τῶν φιλοσόφων αὐτῶν τετόλμηται, τῶν μὲν τὴν ὅλην τοῦ θεοῦ φύσιν ἀναιρεῖν τοῖς λόγοις ἐπικεχειρηκότων, ἄλλων δὲ τὴν ὑπὲρ ἀνθρώπων αὐτοῦ πρόνοιαν ἀφαιρουμένων — οὔτ᾽ ἐν τοῖς ἐπιτηδεύμασι τῶν βίων ὄψεται διαφοράν· 181 ἀλλὰ κοινὰ μὲν ἔργα πάντων παρ᾽ ἡμῖν, εἷς δὲ λόγος ὁ τῷ νόμῳ συμφωνῶν περὶ θεοῦ, πάντα λέγων ἐκεῖνον ἐφορᾶν· καὶ μὴν περὶ τῶν κατὰ τὸν βίον ἐπιτηδευμάτων, ὅτι δεῖ πάντα τἆλλα τέλος ἔχειν τὴν εὐσέβειαν, καὶ γυναικῶν ἀκούσειεν ἄν τις καὶ τῶν οἰκετῶν.

XX 182 Ὅθεν δὴ καὶ τὸ προφερόμονον ἡμῖν ὑπό τινων ἔγκλημα, τὸ δὴ μὴ καινῶν εὑρετὰς ἔργων ἢ λόγων ἄνδρας παρασχεῖν, ἐντεῦθεν συμβέβηκεν· οἱ μὲν γὰρ ἄλλοι τὸ μηδενὶ τῶν πατρίων ἐμμένειν καλὸν εἶναι νομίζουσι καὶ τοῖς τολμῶσι ταῦτα παραβαίνειν μάλιστα σοφίας δεινότητα μαρτυροῦσιν· 183 ἡμεῖς δὲ τοὐναντίον μίαν εἶναι καὶ φρόνησιν καὶ ἀρετὴν ὑπειλήφαμεν τὸ μηδὲν ὅλως ὑπεναντίον μήτε πρᾶξαι μήτε διανοηθῆναι τοῖς ἐξ ἀρχῆς νομοθετηθεῖσιν. Ὅπερ εἰκότως ἂν εἴη τεκμήριον τοῦ κάλλιστα τὸν νόμον τεθῆναι· τὰ γὰρ μὴ τοῦτον ἔχοντα τὸν τρόπον αἱ πεῖραι δεόμενα διορθώσεως ἐλέγχουσιν.

suivant la fantaisie qui les prend, mais des philosophes mêmes, les uns essayant par leurs discours de supprimer toute divinité, les autres privant Dieu de sa Providence sur les hommes ; **181** on ne verra pas non plus de différence dans les occupations de notre vie : nous avons tous des travaux communs et une seule doctrine religieuse, conforme à la loi, d'après laquelle Dieu étend ses regards sur l'univers. Que toutes les autres occupations de la vie doivent avoir pour fin la piété, les femmes mêmes et les serviteurs vous le diraient.

XX

Si les Juifs ne sont point inventeurs,
c'est qu'ils respectent la tradition

182 C'est l'origine du grief qu'on nous fait aussi [105], de n'avoir point produit d'inventeurs dans les arts ni dans la pensée. En effet, les autres peuples trouvent honorable de n'être fidèles à aucune des coutumes de leurs pères ; ils décernent à ceux qui les transgressent avec le plus d'audace un certificat de profonde sagesse. **183** Nous, au contraire, nous pensons que la seule sagesse et la seule vertu est de ne commettre absolument aucune action, de n'avoir aucune pensée contraire aux lois instituées à l'origine. Ce qui paraîtrait prouver que la loi a été très bien établie ; car lorsqu'il n'en est pas ainsi, les tentatives pour redresser les lois démontrent qu'elles en ont besoin.

---

105. *Supra*, II, §§ 135 et 148. [Th.R.]

XXI 184 Ἡμῖν δὲ τοῖς πεισθεῖσιν ἐξ ἀρχῆς τεθῆναι τὸν νόμον κατὰ θεοῦ βούλησιν οὐδ᾿ εὐσεβὲς ἦν τοῦτον μὴ φυλάττειν· τί γὰρ αὐτοῦ τις ἂν μετακινήσειεν ἢ τί κάλλιον ἐξεύροι ἢ τί παρ᾿ ἑτέρων ὡς ἄμεινον ἐξενέγκοι ; **185** ἆρά γε τὴν ὅλην κατάστασιν τοῦ πολιτεύματος ; καὶ τίς ἂν καλλίων ἢ δικαιοτέρα γένοιτο τῆς θεὸν μὲν ἡγεμόνα τῶν ὅλων πεποιημένης, τοῖς ἱερεῦσι δὲ κοινῇ μὲν τὰ μέγιστα διοικεῖν ἐπιτρεπούσης, τῷ δὲ πάντων ἀρχιερεῖ πάλιν αὖ πεπιστευκυίας τὴν τῶν ἄλλων ἱερέων ἡγεμονίαν ; **186** οὓς οὐ κατὰ πλοῦτον οὐδέ τισιν ἄλλαις προύχοντας αὐτομάτοις πλεονεξίαις τὸ πρῶτον εὐθὺς ὁ νομοθέτης ἐπὶ τῆς τιμῆς ἔταξεν, ἀλλ᾿ ὅσοι τῶν μετ᾿ αὐτοῦ πειθοῖ τε καὶ σωφροσύνῃ τῶν ἄλλων διέφερον, τούτοις τὴν περὶ τὸν θεὸν μάλιστα θεραπείαν ἐνεχείρισεν. **187** Τοῦτο δ᾿ ἦν καὶ τοῦ νόμου καὶ τῶν ἄλλων ἐπιτηδευμάτων ἀκριβὴς ἐπιμέλεια· καὶ γὰρ ἐπόπται πάντων καὶ δικασταὶ τῶν ἀμφισβητουμένων καὶ κολασταὶ τῶν κατεγνωσμένων οἱ ἱερεῖς ἐτάχθησαν.

XXI

Apologie de la constitution théocratique

184 Mais pour nous, qui avons reçu cette conviction que la loi, dès l'origine, a été instituée suivant la volonté de Dieu [106], ce serait même une impiété que de ne pas l'observer encore. Et en effet, que pourrait-on y changer ? Que trouver de plus beau ? ou qu'y apporter de l'étranger qu'on juge meilleur ? **185** Changera-t-on l'ensemble de la constitution ? Mais peut-il y en avoir de plus belle et de plus juste que celle qui attribue à Dieu le gouvernement de tout l'État, qui charge les prêtres d'administrer au nom de tous les affaires les plus importantes et confie au grand prêtre à son tour la direction des autres prêtres ? **186** Et ces hommes, ce n'est point la supériorité de la richesse ou d'autres avantages accidentels qui les a fait placer dès l'origine par le législateur dans cette charge honorable ; mais tous ceux qui, avec lui, l'emportaient sur les autres par l'éloquence et la sagesse, il les chargea de célébrer principalement le culte divin [107]. **187** Or, ce culte, c'était aussi la surveillance rigoureuse de la loi et des autres occupations. En effet, les prêtres reçurent pour mission de surveiller tous les citoyens, de juger les contestations et de châtier les condamnés [108].

---

106. Attestation de la loi divinement instaurée.

107. Ce rôle, dévolu aux prêtres, d'assurer le maintien de la loi divine sera assuré dans le corpus talmudique par les « sages ». Barclay remarque que la royauté juive ayant été essentiellement sporadique, et ayant cessé en 40 è.c., la continuité du gouvernement des prêtres, énumérée « depuis 2000 ans » (I, 30-36), présente la spécificité de la constitution juive. *Against Apion*, p. 274, note 732.

108. Les attributions judiciaires des prêtres sont encore très limitées dans le Deutéronome (XVII, 8, etc.). Elles se sont développées à l'époque du Second Temple, et déjà Hécatée remarque que Moïse confia aux prêtres le jugement des causes les plus importantes (Diodore de Sicile, XL, 3, 6 = *Textes d'auteurs grecs et romains*, p. 17). [Th.R.]

XXII 188 Τίς ἂν οὖν ἀρχὴ γένοιτο ταύτης ὁσιωτέρα ; τίς δὲ τιμὴ θεῷ μᾶλλον ἁρμόζουσα, παντὸς μὲν τοῦ πλήθους κατεσκευασμένου πρὸς τὴν εὐσέβειαν, ἐξαίρετον δὲ τὴν ἐπιμέλειαν τῶν ἱερέων πεπιστευμένων, ὥσπερ δὲ τελετῆς τινος τῆς ὅλης πολιτείας οἰκονομουμένης ; 189 ἃ γὰρ ὀλίγων ἡμερῶν ἀριθμὸν ἐπιτηδεύοντες ἄλλοι φυλάττειν οὐ δύνανται μυστήρια καὶ τελετὰς ἐπονομάζοντες, ταῦτα μεθ᾽ ἡδονῆς καὶ γνώμης ἀμεταθέτου φυλάττομεν ἡμεῖς δι᾽ αἰῶνος. 190 Τίνες οὖν εἰσιν αἱ προρρήσεις καὶ ἀπαγορεύσεις ; ἁπλαῖ τε καὶ γνώριμοι. Πρώτη δ᾽ ἡγεῖται ἡ περὶ θεοῦ λέγουσα, ὅτι θεὸς ἔχει τὰ σύμπαντα παντελὴς καὶ μακάριος, αὐτὸς αὐτῷ καὶ πᾶσιν αὐτάρκης, ἀρχὴ καὶ μέσα καὶ τέλος οὗτος τῶν πάντων, ἔργοις μὲν καὶ χάρισιν ἐναργὴς καὶ παντὸς οὕτινος φανερώτερος, μορφὴν δὲ καὶ μέγεθος ἡμῖν ἄφατος· 191 πᾶσα μὲν γὰρ ὕλη πρὸς εἰκόνα τὴν τούτου, κἂν ᾖ πολυτελής, ἄτιμος, πᾶσα δὲ τέχνη πρὸς μιμήσεως ἐπίνοιαν ἄτεχνος· οὐδὲν γὰρ ὅμοιον οὔτ᾽ εἴδομεν οὔτ᾽ ἐπινοοῦμεν οὔτ᾽ εἰκάζειν ἐστιν ὅσιον. 192 Ἔργα βλέπομεν αὐτοῦ, φῶς, οὐρανὸν, γῆν, ἥλιον καὶ σελήνην, ποταμοὺς καὶ θάλασσαν, ζῴων γενέσεις, καρπῶν ἀναδόσεις. Ταῦτα θεὸς ἐποίησεν οὐ χερσὶν, οὐ πόνοις οὐδέ τινων συνεργασομένων ἐπιδεηθείς, ἀλλ᾽ αὐτοῦ θελήσαντος, καθὼς ἐβουλήθη εὐθὺς ἐγένετο. Τούτῳ δεῖ πάντας ἀκολουθεῖν καὶ θεραπεύειν αὐτὸν ἀσκοῦντας ἀρετήν· τρόπος γὰρ θεοῦ θεραπείας οὗτος ὁσιώτατος.

---

109. Voir à l'Appendice la note sur § 190. [Th.R.]

110. Exode, XX, 4, etc. [Th.R.] Contrairement aux innombrables représentations polythéistes.

111. La lumière est nommée en tête, conformément à Genèse, 1, 3. [Th.R.]

112. Coup de griffe à Philon (*De opif. mundi*, § 24), qui, entraîné par le *Timée*, attribuait à Dieu des collaborateurs. Pour tout le passage, cf. *Genèse Rabba*, 1 et 3. [Th.R.]

XXII

Dieu dans la conception juive

188 Peut-il exister une magistrature plus sainte que celle-là ? Peut-on honorer Dieu d'une façon plus convenable qu'en préparant tout le peuple à la piété et en confiant aux prêtres des fonctions choisies, de sorte que toute l'administration de l'État soit réglée comme une cérémonie religieuse ? **189** Car les pratiques en usage, chez d'autres, un petit nombre de jours, et qu'ils ont peine à observer, les mystères et les cérémonies, comme ils les appellent, c'est avec plaisir, avec une décision immuable que nous les observons toute notre vie. **190** Quelles sont donc les prescriptions et les défenses de notre loi ? Elles sont simples et connues. En tête vient ce qui concerne Dieu : Dieu, parfait et bienheureux, gouverne l'univers ; il se suffit à lui-même et suffit à tous les êtres ; il est le commencement, le milieu et la fin de toutes choses [109] ; il se manifeste par ses œuvres et ses bienfaits, et rien n'est plus apparent ; mais sa forme et sa grandeur sont pour nous inexprimables. **191** Car toute matière, si précieuse soit-elle, est vile pour imiter son image, et tout art perd ses moyens s'il cherche à la rendre ; nous ne voyons, nous n'imaginons aucun être semblable et il est impie de le représenter [110]. **192** Nous contemplons ses œuvres, la lumière [111], le ciel, la terre, le soleil et la lune, les fleuves et la mer, les animaux qui s'engendrent, les fruits qui croissent. Ces œuvres, Dieu les a créées, non de ses mains, non par des efforts pénibles, et sans même avoir eu besoin de collaborateurs [112] ; mais il les voulut, et aussitôt elles furent comme il les avait voulues [113]. C'est lui que tous doivent suivre et servir en pratiquant la vertu ; car c'est la manière la plus sainte de servir Dieu.

---

113. Cf. Philon, *De opif. mundi, ad fin.* ; *Rosh Hashana*, 11 *a* (= *Houllin*, 60 *a*). [Th.R.]

XXIII 193 Εἰς ναὸς ἑνὸς θεοῦ, φίλον γὰρ ἀεὶ παντὶ τὸ ὅμοιον, κοινὸς ἁπάντων κοινοῦ θεοῦ ἁπάντων. Τοῦτον θεραπεύσουσιν μὲν διὰ παντὸς οἱ ἱερεῖς, ἡγήσεται δὲ τούτων ὁ πρῶτος ἀεὶ κατὰ γένος. 194 Οὗτος μετὰ τῶν συνιερέων θύσει τῷ θεῷ, φυλάξει τοὺς νόμους, δικάσει περὶ τῶν ἀμφισβητουμένων, κολάσει τοὺς ἐλεγχθέντας. Ὁ τούτῳ μὴ πειθόμενος ὑφέξει δίκην ὡς εἰς θεὸν αὐτὸν ἀσεβῶν. 195 Θύομεν τὰς θυσίας οὐκ εἰς μέθην ἑαυτοῖς, — ἀβούλητον γὰρ θεῷ τόδε, — ἀλλ᾿ εἰς σωφροσύνην. 196 Καὶ ἐπὶ ταῖς θυσίαις χρὴ πρῶτον ὑπὲρ τῆς κοινῆς εὔχεσθαι σωτηρίας, εἶθ᾿ ὑπὲρ ἑαυτῶν· ἐπὶ γὰρ κοινωνίᾳ γεγόναμεν καὶ ταύτην ὁ προτιμῶν τοῦ καθ᾿ αὑτὸν ἰδίου μάλιστ᾿ ἂν εἴη θεῷ κεχαρισμένος. 197 Δέησις δ᾿ ἔστω πρὸς τὸν θεόν, οὐχ ὅπως διδῷ τἀγαθά, — δέδωκεν γὰρ αὐτὸς ἑκὼν καὶ πᾶσιν εἰς μέσον κατέθηκεν, — ἀλλ᾿ ὅπως δέχεσθαι δυνώμεθα καὶ λαβόντες φυλάττωμεν. 198 Ἁγνείας ἐπὶ ταῖς θυσίαις

---

114. L'emploi du temps présent à propos du Temple suscite, ici encore, perplexité et débats.

115. Formule qui remonte à Platon, *Gorgias*, 510 b, et à Aristote, *Eth. Nicom.*, VIII, 1, 1155. Cf. Dibelius, *Neue Jahrb. für das klass. Alt.*, 1915, XXXV, p. 232. [Th.R.]

116. Le Temple étant détruit lors de la rédaction de ce texte, Josèphe semble suggérer que les sacrifices continuent d'y être effectués, ce qui n'est évidemment plus le cas. On peut cependant émettre l'hypothèse que Josèphe entretient l'espoir que le Temple soit reconstruit, comme le voulaient les usages romains après les incendies récurrents de temples, d'autant que ses murs extérieurs existaient encore à cette époque et que son mobilier et ses ornements rituels avaient été déposés à Rome et pouvaient y être rapportés. Goodman, *Rome et Jérusalem*, p. 586. Barclay suggère que Josèphe ne peut imaginer un judaïsme sans Temple, et, en s'appuyant sur sa description dans *Guerre*, VI, 435-447, il en conclut que Josèphe raisonne sur le fait qu'ayant déjà été détruit et reconstruit il le sera à nouveau, *Against Apion*, p. 279, note 769.

XXIII

Le culte

193 Il n'y a qu'un temple pour le Dieu un [114] — car toujours le semblable aime le semblable [115]—, commun à tous, comme Dieu est commun à tous. Les prêtres passeront tout leur temps à le servir, et à leur tête sera toujours le premier par la naissance. **194** Avec ses collègues, il fera des sacrifices à Dieu, conservera les lois, jugera les contestations, châtiera les condamnés. Si quelqu'un lui désobéit, il sera puni comme d'une impiété à l'égard de Dieu même. **195** Nos sacrifices n'ont pas pour but de nous enivrer — car Dieu déteste ces pratiques —, mais de nous rendre sages [116]. **196** Dans les sacrifices, nous devons prier d'abord pour le salut commun, ensuite pour nous-mêmes [117]. Car nous sommes nés pour la communauté, et celui qui la préfère à son propre intérêt sera le plus agréable à Dieu. **197** On doit demander à Dieu non qu'il nous donne les biens — car il nous les a donnés lui-même spontanément et les a mis à la disposition de tous —, mais que nous puissions les recevoir et les conserver après les avoir reçus [118]. **198** Des purifications en vue

---

117. Indication précieuse quant au développement de l'office à l'époque du Second Temple.

118. Idée platonicienne (*Lois*, III, 687 d), sans fondement dans la Bible, mais qui ressemble singulièrement à la doctrine de l'Évangile selon saint Matthieu, VI, 8 suiv. [Th.R.]

διείρηκεν ὁ νόμος ἀπὸ κήδους, ἀπὸ λεχοῦς, ἀπὸ κοινωνίας τῆς πρὸς γυναῖκα καὶ πολλῶν ἄλλων [ἃ μακρὸν ἂν εἴη γράφειν. Τοιοῦτος μὲν ὁ περὶ θεοῦ καὶ τῆς ἐκείνου θεραπείας λόγος ἡμῖν ἐστιν, ὁ δ᾽ αὐτὸς ἅμα καὶ νόμος.]

XXIV 199 Τίνες δ᾽ οἱ περὶ γάμων νόμοι ; μῖξιν μόνην οἶδεν ὁ νόμος τὴν κατὰ φύσιν τὴν πρὸς γυναῖκα, καὶ ταύτην εἰ μέλλοι τέκνων ἕνεκα γίνεσθαι. Τὴν δὲ πρὸς ἄρρενας ἀρρένων ἐστύγηκεν καὶ θάνατος τοὐπιτίμιον, εἴ τις ἐπιχειρήσειεν. **200** Γαμεῖν δὲ κελεύει μὴ προικὶ προσέχοντας μηδὲ βιαίοις ἁρπαγαῖς μηδ᾽ αὖ δόλῳ καὶ ἀπάτῃ πείσαντας, ἀλλὰ μνηστεύειν παρὰ τοῦ δοῦναι κυρίου καὶ κατὰ συγγένειαν ἐπιτηδείου. **201** Γυνὴ χείρων, φησίν, ἀνδρὸς εἰς ἅπαντα. Τοιγαροῦν ὑπακουέτω, μὴ πρὸς ὕβριν, ἀλλ᾽ ἵν᾽ ἄρχηται· θεὸς γὰρ ἀνδρὶ τὸ κράτος ἔδωκεν. Ταύτῃ συνεῖναι δεῖ τὸν γήμαντα μόνῃ, τὸ δὲ τὴν ἄλλου πειρᾶν ἀνόσιον. Εἰ δέ τις τοῦτο πράξειεν, οὐδεμία θανάτου παραίτησις, οὔτ᾽ εἰ βιάσαιτο παρθένον ἑτέρῳ προωμολογημένην, οὔτ᾽ εἰ πείσειεν γεγαμημένην. **202** Τέκνα τρέφειν

---

119. Cette restriction n'est nulle part formulée dans la Loi, mais elle est dans l'esprit du Talmud (interdiction d'épouser une femme stérile : *Yebamot*, 61 *b* ; *Tossefta Yebamot*, 8, 4 ; répudiation de la femme qui n'a pas d'enfants après dix ans de mariage : *Mishna Yebamot*, 6, 6). Josèphe s'est aussi souvenu de la doctrine essénienne, *Bellum*, II, 8, 13. [Th.R.]

120. Lévitique, XVIII, 22 ; 29 ; XX, 13. [Th.R.] Contraste avec les mœurs usuelles de l'environnement gréco-romain. La *Lettre d'Aristée à Philocrate* (§152), largement utilisée par Josèphe dans ses *Antiquités*, a également pu inspirer ce passage ; trad. André Pelletier, Paris, Le Cerf, 1962, p. 175. Arye Kasher, « Josephus in Praise of Mosaic Laws on Marriage (*Contra Apionem*, II, 199-201) », in Mauro Perani (éd.), « *The Words of a Wise Man's Mouth are Gracious* » *(Qoh 10,12). Festschrift for Günter Stemberger on the Occasion of his 65th Birthday*, Berlin-New York, Walter de Gruyter, 2005, p. 77-108.

des sacrifices sont ordonnées par la loi après un enterrement, un accouchement, après les rapports sexuels et
dans bien d'autres cas.

XXIV

Prescriptions relatives aux mariages

199 Quelles sont maintenant les prescriptions relatives au mariage ? La loi ne connaît qu'une seule union,
l'union naturelle avec la femme, et seulement si elle doit
avoir pour but de procréer [119]. Elle a en horreur l'union
entre mâles et punit de mort ceux qui l'entre-
prennent [120]. **200** Elle ordonne de se marier sans se
préoccuper de la dot, sans enlever la femme de
force [121], et, d'autre part, sans la décider par la ruse ou
la tromperie ; il faut demander sa main à celui qui est
maître de l'accorder et qui est qualifié par sa
parenté [122]. **201** La femme, dit la loi, est inférieure à
l'homme en toutes choses [123]. Aussi doit-elle obéir non
pour s'humilier, mais pour être dirigée, car c'est à
l'homme que Dieu a donné la puissance. Le mari ne
doit s'unir qu'à sa femme ; essayer de corrompre la
femme d'autrui est un péché. Si on le commettait on
serait puni de mort sans excuse, soit qu'on violentât
une jeune fille déjà fiancée à un autre, soit qu'on
séduisît une femme mariée [124]. **202** La loi a ordonné de

---

121. Critique également des habitudes en vigueur.

122. Usages attestés par l'Écriture, mais non prescrits par la Loi.
[Th.R.]

123. Genèse, III, 16. [Th.R.] Stéréotype dans l'Antiquité, on le
retrouve également dans le Nouveau Testament.

124. Les différentes variétés d'adultère sont prévues et punies,
Deut., XXII, 22-27 ; Lévitique, XX, 10. Mais nulle part il n'est prescrit au mari « de ne s'unir qu'à sa femme ». L'adultère, dans la Bible
ne désigne que le commerce illégitime avec la femme (ou fille)
d'autrui. [Th.R.]

ἅπαντα προσέταξεν, καὶ γυναιξὶν ἀπεῖπεν μήτ' ἀμβλοῦν τὸ
σπαρὲν μήτε διαφθείρειν ἄλλῃ μηχανῇ· τεκνοκτόνος γὰρ ἂν
εἴη ψυχὴν ἀφανίζουσα καὶ τὸ γένος ἐλαττοῦσα. Τοιγαροῦν
οὐδ' εἴ τις ἐπὶ λεχοῦς φθορὰν παρέλθοι, καθαρὸς εἶναι
δύναται. 203 Καὶ μετὰ τὴν νόμιμον συνουσίαν ἀνδρὸς καὶ
γυναικὸς ἀπολούσασθαι· ψυχῆς γὰρ ἔχειν τοῦτο μολυσμὸν
πρὸς ἄλλην χώραν <ὑποβαλούσης> ὑπέλαβεν· καὶ γὰρ
ἐμφυομένη σώμασιν κακοπαθεῖ καὶ τούτων αὖ θανάτῳ
διακριθεῖσα. Διόπερ ἁγνείας ἐπὶ πᾶσι τοῖς τοιούτοις ἔταξεν.

XXV 204 Οὐ μὴν οὐδ' ἐπὶ ταῖς τῶν παίδων γενέσεσιν
ἐπέτρεψεν εὐωχίας συντελεῖν καὶ προφάσεις ποιεῖσθαι
μέθης, ἀλλὰ σώφρονα τὴν ἀρχὴν εὐθὺς τῆς τροφῆς ἔταξε.
Καὶ γράμματα παιδεύειν ἐκέλευσεν <καὶ> τὰ περὶ τοὺς
νόμους καὶ τῶν προγόνων τὰς πράξεις ἐπίστασθαι, τὰς μὲν

---

125. Le refus de l'infanticide et de l'exposition d'enfants, si
communs à cette époque, était considéré, à lire Tacite (*Histoires*, V,
5,3), comme l'une des singularités juives.
126. La Loi ne renferme aucune disposition contre l'avortement.
Il est absurde d'interpréter comme telle la bénédiction, Exode, XXIII,
26. [Th.R.] Barclay introduit entre crochets « humaine » ; il entend
par là, en se référant aux passages parallèles de Philon (*Des lois
spéciales*, 3, 118), que Josèphe parle au nom de l'humanité et non
d'une spécificité juive. *Against Apion*, p. 286, note 814.
127. Sur l'impureté de l'accouchée, cf. Lévitique, XII. [Th.R.]

nourrir tous ses enfants et a défendu aux femmes de se faire avorter ou de détruire par un autre moyen la semence vitale ; car ce serait un infanticide [125] de supprimer une âme et d'amoindrir la race [126]. C'est pourquoi également, si l'on ose avoir commerce avec une accouchée, on ne peut être pur [127]. **203** Même après les rapports légitimes du mari et de la femme la loi ordonne des ablutions [128]. Elle a supposé que l'âme contracte par là une souillure étant passée en un autre endroit ; car l'âme souffre par le fait d'être logée par la nature dans le corps et aussi quand elle en est séparée par la mort [129]. Voilà pourquoi la loi a prescrit des purifications pour tous les cas de ce genre.

XXV

L'éducation des enfants

204 La loi n'a pas prescrit, à l'occasion de la naissance des enfants, d'organiser des festins et d'en faire un prétexte à s'enivrer [130]. Mais elle veut que la sagesse préside à leur éducation dès le début ; elle ordonne de leur apprendre à lire, elle veut qu'ils vivent dans le commerce des lois et sachent les actions de leurs aïeux,

---

128. Josèphe paraît avoir mal interprété le verset de Lévitique, XV, 18 qui ne vise que le cas où l'homme est affligé d'un flux. Le Talmud connaît des ablutions après des rapports conjugaux : 1° pour les prêtres, avant la consommation des prémices (*Baba Kamma*, 82 *b*), 2° pour les laïques, avant la prière ou l'étude de la loi (mais ceci fut abrogé, *Berakhot*, 22 ; *Houllin*, 126). [Th.R.]

129. Encore une idée essénienne ; cf. *Bellum*, II, 8, 11. [Th.R.] Que l'on retrouve, bien ancrée dans la tradition juive, au long des siècles. Goldberg, *Les Deux rives du Yabbok*, Paris, Le Cerf, 1989, p. 146.

130. Cela n'exclut pas les fêtes à l'occasion d'une naissance ou d'une circoncision. [Th.R.]

ἵνα μιμῶνται, τοῖς δ᾽ ἵνα συντρεφόμενοι μήτε παραβαίνωσι μήτε σκῆψιν ἀγνοίας ἔχωσι.

XXVI 205 Τῆς εἰς τοὺς τετελευτηκότας προυνόησεν ὁσίας οὔτε πολυτελείαις ἐνταφίων οὔτε κατασκευαῖς μνημείων ἐπιφανῶν, ἀλλὰ τὰ μὲν περὶ τὴν κηδείαν τοῖς οἰκειοτάτοις ἐπιτελεῖν, πᾶσι δὲ τοῖς παριοῦσι καὶ προσελθεῖν καὶ συναποδύρασθαι. Καθαίρειν δὲ καὶ τὸν οἶκον καὶ τοὺς ἐνοικοῦντας ἀπὸ κήδους, [ἵνα πλεῖστον ἀπέχῃ τοῦ δοκεῖν καθαρὸς εἶναί τις φόνον ἐργασάμενος.]

XXVII 206 Γονέων τιμὴν μετὰ τὴν πρὸς θεὸν δευτέραν ἔταξεν καὶ τὸν οὐκ ἀμειβόμενον τὰς παρ᾽ αὐτῶν χάριτας ἀλλ᾽ εἰς ὁτιοῦν ἐλλείποντα λευσθησόμενον παραδίδωσι. Καὶ παντὸς τοῦ πρεσβυτέρου τιμὴν ἔχειν τοὺς νέους φησίν, ἐπεὶ πρεσβύτατον ὁ θεός. 207 Κρύπτειν οὐδὲν ἐᾷ πρὸς φίλους· οὐ γὰρ εἶναι φιλίαν τὴν μὴ πάντα πιστεύουσαν. Κἂν

---

131. Deut., VI, 7 ; XI, 19. [Th.R.]
132. Voir note à l'Appendice. [Th.R.]
133. Voir note à l'Appendice. [Th.R.]
134. Les codifications juives concernant les rites et pratiques liés à l'enterrement et au deuil, recueillies dans le traité *Evel Rabbati*, remontent au IIIe siècle ; elles comportent, tout comme les indications données par Josèphe, des similitudes avec les XII Tables. Goldberg, *Les Deux Rives du Yabbok*, p. 26-33. John R. Levison, « The Roman character of funerals in the writings of Josephus », *Journal for the Study of Judaism*, 33, 3, 2002, p. 245-277.

afin qu'ils imitent celles-ci et que, nourris dans le culte de celles-là, ils ne les transgressent pas et n'aient point de prétexte de les ignorer [131].

XXVI

Les devoirs aux morts

205 Elle a prévu aussi les devoirs à rendre aux morts, sans le luxe des enterrements ni les édifices funéraires qui attirent les yeux [132] ; mais elle commet aux soins des funérailles les parents les plus proches, et tous ceux qui passent devant un convoi funèbre doivent [133] se joindre à la famille et pleurer avec elle [134] ; l'on doit purifier la maison et ses habitants après la cérémonie [135] [afin que l'auteur d'un meurtre soit très loin de sembler pur [136].]

XXVII

Autres prescriptions morales

206 Le respect des parents vient au second rang, après le respect de Dieu [137], dans les prescriptions de la loi ; et si on ne répond pas à leurs bienfaits, si l'on y manque le moins du monde, elle livre le coupable à la lapidation [138]. Elle veut que tout vieillard soit respecté des jeunes gens [139], car Dieu est la vieillesse suprême [140]. **207** Elle défend de rien cacher à ses amis, car elle n'admet point d'amitié sans confiance

---

135. Voir note à l'Appendice. [Th.R.]
136. Voir note à l'Appendice. [Th.R.]
137. Voir note à l'Appendice. [Th.R.]
138. Voir note à l'Appendice. [Th.R.]
139. Voir note à l'Appendice. [Th.R.]
140. Voir note à l'Appendice. [Th.R.]

συμβῇ τις ἔχθρα, τἀπόρρητα λέγειν κεκώλυκε. Δικάζων εἰ δῶρά τις λάβοι, θάνατος ἡ ζημία. Περιορῶν ἱκέτην, βοηθεῖν ἐνὸν, ὑπεύθυνος. 208 Ὁ μὴ κατέθηκέν τις οὐκ ἀναιρήσεται, τῶν ἀλλοτρίων οὐδενὸς ἅψεται, τόκον οὐ λήψεται. Ταῦτα καὶ πολλὰ τούτοις ὅμοια τὴν πρὸς ἀλλήλους ἡμῶν συνέχει κοινωνίαν.

XXVIII 209 Πῶς δὲ καὶ τῆς πρὸς ἀλλοφύλους ἐπιεικείας ἐφρόντισεν ὁ νομοθέτης, ἄξιον ἰδεῖν, φανεῖται γὰρ ἄριστα πάντων προνοησάμενος ὅπως μήτε τὰ οἰκεῖα διαφθείρωμεν μήτε φθονήσωμεν τοῖς μετέχειν τῶν ἡμετέρων προαιρουμένοις. 210 Ὅσοι μὲν γὰρ θέλουσιν ὑπὸ τοὺς αὐτοὺς ἡμῖν νόμους ζῆν ὑπελθόντες δέχεται φιλοφρόνως, οὐ τῷ γένει μόνον, ἀλλὰ καὶ τῇ προαιρέσει τοῦ βίου νομίζων εἶναι τὴν οἰκειότητα. Τοὺς δ᾿ ἐκ παρέργου προσιόντας ἀναμίγνυσθαι τῇ συνηθείᾳ οὐκ ἠθέλησεν.

---

141. Voir note à l'Appendice. [Th.R.]
142. Voir note à l'Appendice. [Th.R.]
143. Voir note à l'Appendice. [Th.R.]

absolue [141]. Même si l'inimitié survient, il est défendu de dévoiler les secrets [142]. Si un juge reçoit des présents, il est puni de mort [143]. L'indifférence envers un suppliant qu'on pourrait secourir engage la responsabilité [144]. **208** On ne peut se saisir d'un objet qu'on n'a pas mis en dépôt [145]. On ne s'emparera d'aucun objet appartenant à autrui [146]. Le prêteur ne prendra pas d'intérêt [147]. Ces prescriptions et beaucoup d'autres analogues maintiennent les rapports qui nous unissent.

XXVIII

Prescriptions relatives aux étrangers

209 Le souci qu'a eu le législateur de l'équité envers les étrangers mérite aussi d'être observé : on verra qu'il a pris les mesures les plus efficaces pour nous empêcher à la fois de corrompre nos coutumes nationales et de repousser ceux qui désirent y participer. **210** Quiconque veut venir vivre chez nous sous les mêmes lois, le législateur l'accueille avec bienveillance, car il pense que ce n'est pas la race seule, mais aussi leur morale qui rapprochent les hommes [148]. Mais il ne nous a pas permis de mêler à notre vie intime ceux qui viennent chez nous en passant [149].

---

144. Voir note à l'Appendice. [Th.R.]
145. Voir note à l'Appendice. [Th.R.]
146. Voir note à l'Appendice. [Th.R.]
147. Voir note à l'Appendice. [Th.R.]
148. Exode, XXII, 21 ; XXIII, 9 ; Lévitique, XIX, 33 ; Deut., X, 19 XXIII, 7. [Th.R.]
149. Probablement une allusion à l'exclusion de l'étranger de la fête de Pâques (Exode, XII, 43). [Th.R.]

XXIX 211 Τἄλλα δὲ προείρηκεν, ὧν ἡ μετάδοσις ἐστιν ἀναγκαία· πᾶσι παρέχειν τοῖς δεομένοις πῦρ, ὕδωρ, τροφήν, ὁδοὺς φράζειν, ἄταφον μὴ περιορᾶν, ἐπιεικεῖς δὲ καὶ τὰ πρὸς τοὺς πολεμίους κριθέντας εἶναι· 212 οὐ γὰρ ἐᾷ τὴν γῆν αὐτῶν πυρπολεῖν οὐδὲ τέμνειν ἥμερα δένδρα, ἀλλὰ καὶ σκυλεύειν ἀπείρηκεν τοὺς ἐν τῇ μάχῃ πεσόντας καὶ τῶν αἰχμαλώτων προυνόησεν, ὅπως αὐτῶν ὕβρις ἀπῇ, μάλιστα δὲ γυναικῶν. 213 Οὕτως δ᾽ ἡμερότητα καὶ φιλανθρωπίαν ἡμᾶς ἐξεπαίδευσεν, ὡς μηδὲ τῶν ἀλόγων ζῴων ὀλιγωρεῖν, ἀλλὰ μόνην ἐφῆκε τούτων χρῆσιν τὴν νόμιμον, πᾶσαν δ᾽ ἑτέραν ἐκώλυσεν· ἃ δ᾽ ὥσπερ ἱκετεύοντα προσφεύγει ταῖς οἰκίαις ἀπεῖπεν ἀνελεῖν. Οὐδὲ νεοττοῖς τοὺς γονέας αὐτῶν ἐπέτρεψε συνεξαιρεῖν, φείδεσθαι δὲ κελεύει κἂν τῇ πολεμίᾳ τῶν ἐργαζομένων ζῴων καὶ μὴ φονεύειν. 214 Οὕτως πανταχόθεν τὰ πρὸς ἐπιείκειαν περιεσκέψατο, διδασκαλικοῖς μὲν τοῖς προειρημένοις χρησάμενος νόμοις, τοὺς δ᾽ αὖ κατὰ τῶν παραβαινόντων τιμωρητικοὺς τάξας ἄνευ προφάσεως.

---

150. Deut., XXVII, 18 : « Maudit soit celui qui égare l'aveugle en son chemin ». Juvénal, XIV, 103, reprochait aux Juifs *non monstrare vias eadem nisi sacra colenti*. Josèphe avait déjà généralisé le précepte du Deutéronome dans *AJ*, IV, 276. [Th.R.]

151. Voir note à l'Appendice. [Th.R.]

152. Ce paragraphe peut être perçu comme une réponse directe aux accusations de misanthropie, notamment à l'égard des étrangers, que l'on retrouve chez Tacite et Juvénal.

XXIX

Humanité de la loi

211 Ses autres prescriptions doivent être exposées : fournir à tous ceux qui le demandent du feu, de l'eau, des aliments ; indiquer le chemin [150] ; ne pas laisser un corps sans sépulture [151] ; être équitable même envers les ennemis déclarés [152] ; **212** car il défend de ravager leur pays par l'incendie, il ne permet pas de couper les arbres cultivés [153], et même il interdit de dépouiller les soldats tombés dans le combat [154] ; il a pris des dispositions pour soustraire les prisonniers de guerre à la violence, et surtout les femmes [155]. **213** Il nous a si bien enseigné la douceur et l'humanité qu'il n'a pas même négligé les bêtes privées de raison ; il n'en a autorisé l'usage que conformément à la loi et l'a interdit dans tout autre cas [156]. Les animaux qui se réfugient dans les maisons comme des suppliants ne doivent pas être tués [157]. Il ne permet pas non plus de faire périr en même temps les parents avec leurs petits [158], et il ordonne d'épargner même en pays ennemi les animaux de labour et de ne pas les tuer [159]. **214** Il s'est ainsi préoccupé en toutes choses de la modération, usant, pour l'enseigner, des lois citées plus haut, établissant d'autre part contre ceux qui les transgressent des lois pénales qui n'admettent pas d'excuse.

---

153. Voir note à l'Appendice. [Th.R.]
154. Voir note à l'Appendice. [Th.R.]
155. Voir note à l'Appendice. [Th.R.]
156. Voir note à l'Appendice. [Th.R.]
157. Voir note à l'Appendice. [Th.R.]
158. Voir note à l'Appendice. [Th.R.]
159. Voir note à l'Appendice. [Th.R.]

XXX 215 Ζημία γὰρ ἐπὶ τοῖς πλείστοις τῶν παραβαινόντων ὁ θάνατος, ἂν μοιχεύσῃ τις, ἂν βιάσηται κόρην, ἂν ἄρρενι τολμήσῃ πεῖραν προσφέρειν, ἂν ὑπομείνῃ παθεῖν ὁ πειρασθείς. Ἔστι δὲ καὶ ἐπὶ δούλοις ὁμοίως ὁ νόμος ἀπαραίτητος. 216 Ἀλλὰ καὶ περὶ μέτρων ἤν τις κακουργήσῃ ἢ σταθμῶν ἢ πράσεως ἀδίκου καὶ δόλῳ γενομένης, κἂν ὑφέληταί τις ἀλλότριον, κἂν ὃ μὴ κατέθηκεν ἀνέληται, πάντων εἰσὶ κολάσεις οὐχ οἷαι παρ᾽ ἑτέροις, ἀλλ᾽ ἐπὶ τὸ μεῖζον. 217 Ἐπὶ μὲν γὰρ γονέων ἀδικίας ἢ τῆς εἰς θεὸν ἀσεβείας, κἂν μελλήσῃ τις, εὐθὺς ἀπόλλυται. 218 Τοῖς μέντοι γε νομίμως βιοῦσι γέρας ἐστιν οὐκ ἀργύριον οὐδὲ χρυσὸς, οὐ κοτίνου στέφανος ἢ σελίνου καὶ τοιαύτη τις ἀνακήρυξις, ἀλλ᾽ αὐτὸς ἕκαστος αὐτῷ τὸ συνειδὸς ἔχων μαρτυροῦν πεπίστευκεν, τοῦ μὲν νομοθέτου προφητεύσαντος, τοῦ δὲ θεοῦ τὴν πίστιν ἰσχυρὰν παρεσχηκότος, ὅτι τοῖς τοὺς νόμους διαφυλάξασι, κἂν δέῃ θνῄσκειν ὑπὲρ αὐτῶν προθύμως ἀποθανοῦσιν, δέδωκεν ὁ θεὸς γενέσθαι τε πάλιν καὶ βίον ἀμείνω λαβεῖν ἐκ περιτροπῆς. 219 Ὤκνουν δ᾽ ἂν ἐγὼ ταῦτα γράφειν, εἰ μὴ διὰ τῶν ἔργων ἅπασιν ἦν φανερὸν, ὅτι πολλοὶ καὶ πολλάκις ἤδη τῶν ἡμετέρων περὶ τοῦ μηδὲ ῥῆμα φθέγξασθαι παρὰ τὸν νόμον πάντα παθεῖν γενναίως προείλοντο.

---

160. Lévitique, XX, 10. [Th.R.]
161. Seulement si la vierge était fiancée, Deut., XXII, 23. [Th.R.]
162. Lévitique, XX, 13. [Th.R.]
163. Texte sans doute altéré. [Th.R.]
164. Sur les faux poids, fausses balances, le dol, etc., les textes sont simplement prohibitifs (Lévitique, XIX, 11-13 ; 35-36 ; Deut., XXV, 13-15). [Th.R.]
165. Deut., XXI, 18 ; Lévitique, XXIV, 13. [Th.R.]
166. Opinion pharisienne (*AJ*, XVIII, 14) sans fondement biblique. [Th.R.]

XXX

Châtiments et récompenses

215 Dans la plupart des cas où l'on transgresse la loi, la peine est la mort : si l'on commet un adultère [160] ; si l'on viole une jeune fille [161] ; si l'on ose entreprendre un mâle [162] ou si celui-ci supporte pareil outrage. S'il s'agit d'esclaves (?) la loi est également inflexible [163]. **216** De plus les délits sur les mesures et les poids, la vente malhonnête et dolosive, le vol, la soustraction d'un objet qu'on n'avait pas remis en dépôt, toutes ces fautes sont punies de châtiments non pas semblables à ceux des autres législations, mais plus sévères [164]. **217** Les outrages aux parents et l'impiété, même à l'état de tentative, sont immédiatement punis de mort [165]. **218** Cependant ceux dont tous les actes sont conformes aux lois ne reçoivent point en récompense de l'argent ni de l'or, ni même une couronne d'olivier ou d'ache, ou quelque distinction de ce genre proclamée par le héraut : mais chacun, d'après le témoignage de sa propre conscience, s'est fait la conviction que, suivant la prophétie du législateur, suivant la promesse certaine de Dieu, ceux qui ont observé exactement les lois, et qui, s'il fallait mourir pour elles, sont morts de bon cœur, reçoivent de Dieu une nouvelle existence et une vie meilleure [166] dans la révolution des âges [167]. **219** J'hésiterais à écrire ces choses si tout le monde ne pouvait voir par les faits que souvent beaucoup d'entre nous ont mieux aimé endurer vaillamment les pires traitements que de prononcer une seule parole contraire à la loi.

---

167. Josèphe atteste ici l'influence de la croyance d'une « autre vie » après la mort, objet de conflit avec les Sadducéens (*GJ*, II, 165. *AJ*, XVIII.16), ce qu'il a également exprimé auparavant, un peu différemment (*GJ*, III, 374). La « révolution des âges » pourrait être une allusion à la fin des temps.

XXXI 220 Κἄν τε τι μὴ συμβεβήκει γνώριμον ἡμῶν τὸ
ἔθνος ἅπασιν ἀνθρώποις ὑπάρχειν κἂν φανερῷ κεῖσθαι τὴν
ἐθελούσιον ἡμῶν τοῖς νόμοις ἀκολουθίαν, 221 ἀλλά τις ἢ
συγγράψας λόγους αὐτὸς ἀνεγίνωσκε τοῖς Ἕλλησιν ἤ που
περιτυχεῖν, ἔξω τῆς γινωσκομένης γῆς, ἔφασκεν ἀνθρώποις
τοιαύτην μὲν ἔχουσι δόξαν οὕτω σεμνὴν περὶ θεοῦ,
τοιούτοις δὲ νόμοις πολὺν αἰῶνα βεβαίως ἐμμεμενηκόσι,
πάντας ἂν οἶμαι θαυμάσαι διὰ τὰς συνεχεῖς παρ᾽ αὐτοῖς
μεταβολάς. 222 Ἀμέλει τῶν γράψαι τι παραπλήσιον εἰς
πολιτείαν καὶ νόμους ἐπιχειρησάντων ὡς θαυμαστὰ
συνθέντων κατηγοροῦσι, φάσκοντες αὐτοὺς λαβεῖν
ἀδυνάτους ὑποθέσεις. Καὶ τοὺς μὲν ἄλλους παραλείπω
φιλοσόφους, ὅσοι τι τοιοῦτον ἐν τοῖς συγγράμμασιν
ἐπραγματεύσαντο· 223 Πλάτων δὲ θαυμαζόμενος παρὰ τοῖς
Ἕλλησιν ὡς καὶ σεμνότητι βίου διενεγκὼν καὶ δυνάμει
λόγων καὶ πειθοῖ πάντας ὑπεράρας τοὺς ἐν φιλοσοφίᾳ
γεγονότας, ὑπὸ τῶν φασκόντων δεινῶν εἶναι τὰ πολιτικὰ
μικροῦ δεῖν χλευαζόμενος καὶ κωμῳδούμενος διατελεῖ.
224 Καίτοι τἀκείνου σκοπῶν συχνῶς τις ἂν εὕροι ῥᾷον·
ὄντα καὶ ταῖς τῶν πολλῶν ἔγγιον συνηθείαις, αὐτὸς δὲ
Πλάτων ὡμολόγηκεν, ὅτι τὴν ἀληθῆ περὶ θεοῦ δόξαν εἰς τὴν

168. Les lois du Pentateuque avaient probablement déjà été
amendées dès avant le judaïsme rabbinique, mais aucune trace de ces
lois ne nous est parvenue, peut-être en raison de la destruction des
archives du Temple dès le début de la révolte (*GJ*, II, 427).

169. L'opposition entre les Juifs attachés à la tradition et les
Grecs amis des nouveautés a déjà été indiquée en II, § 182. [Th.R.]

XXXI

Admirable attachement des Juifs à leurs lois

220 S'il ne s'était trouvé que notre peuple fût connu de tous les hommes, que notre obéissance volontaire aux lois fût visible, **221** et si un auteur, ayant composé lui-même une histoire, en donnait lecture aux Grecs, ou leur disait avoir rencontré quelque part, en dehors du monde connu, des hommes qui se font de Dieu une idée si sainte et, pendant de longs siècles, sont restés fidèlement attachés à de telles lois [168], ce serait, je pense, un étonnement général de leur part à cause de leurs continuels changements [169]. **222** Certainement nous voyons ceux qui ont tenté de rédiger une constitution et des lois analogues, accusés par les Grecs d'avoir imaginé un État chimérique, fondé, d'après eux, sur des bases impossibles. Je laisse de côté les autres philosophes qui se sont occupés de questions semblables dans leurs ouvrages. **223** Mais Platon, admiré en Grèce pour avoir excellé par la dignité de sa vie et pour avoir surpassé tous les autres philosophes par la puissance de son talent et par son éloquence persuasive, Platon ne cesse cependant d'être bafoué et tourné en ridicule [170], ou peu s'en faut, par ceux qui se donnent pour de grands politiques. **224** Cependant si l'on examinait attentivement ses lois, on trouverait qu'elles sont plus faciles que les nôtres et qu'elles se rapprochent davantage des coutumes du plus grand nombre. Platon lui-même avoue qu'il serait imprudent d'introduire la vérité sur

---

170. Geffcken (*Hermes*, 1928, p. 101) a rapproché l'expression de Josèphe de celle de l'auteur cité par Athénée 508 b c (suivant toute apparence Hérodicus de Babylone) : Athènes, qui a vu naître Dracon, Solon et Platon, a obéi aux deux premiers, mais n'a eu que risée pour les *Lois* et la *République*. [Th.R.]

τῶν ὄχλων ἄνοιαν οὐκ ἦν ἀσφαλὲς ἐξενεγκεῖν. 225 Ἀλλὰ τὰ
μὲν Πλάτωνος λόγους τινὲς εἶναι κενοὺς νομίζουσι κατὰ
πολλὴν ἐξουσίαν κεκαλλιγραφημένους, μάλιστα δὲ τῶν
νομοθετῶν Λυκοῦργον τεθαυμάκασι καὶ τὴν Σπάρτην
ἅπαντες ὑμνοῦσιν, ὅτι τοῖς ἐκείνου νόμοις ἐπὶ πλεῖστον
ἐνεκαρτέρησεν. 226 Οὐκοῦν τοῦτο μὲν ὡμολογήσθω
τεκμήριον ἀρετῆς εἶναι τὸ πείθεσθαι τοῖς νόμοις· οἱ δὲ
Λακεδαιμονίους θαυμάζοντες τὸν ἐκείνων χρόνον ἀντιπα-
ραβαλλέτωσαν τοῖς πλείοσιν ἢ δισχιλίοις ἔτεσι τῆς
ἡμετέρας πολιτείας· 227 καὶ προσέτι λογιζέσθωσαν, ὅτι
Λακεδαιμόνιοι μὲν ὅσον ἐφ᾽ ἑαυτῶν χρόνον εἶχον τὴν
ἐλευθερίαν ἀκριβῶς ἔδοξαν τοὺς νόμους διαφυλάττειν, ἐπεὶ
μέντοι περὶ αὐτοὺς ἐγένοντο μεταβολαὶ τῆς τύχης, μικροῦ
δεῖν ἁπάντων ἐπελάθοντο τῶν νόμων. 228 Ἡμεῖς δ᾽ ἐν
τύχαις γεγονότες μυρίαις, διὰ τὰς τῶν βασιλευσάντων τῆς
Ἀσίας μεταβολάς, οὐδ᾽ ἐν τοῖς ἐσχάτοις τῶν δεινῶν τοὺς
νόμους προύδομεν οὐκ ἀργίας οὐδὲ τρυφῆς αὐτοὺς χάριν
περιέποντες, ἀλλ᾽ εἴ τις ἐθέλοι σκοπεῖν, πολλῷ τινι τῆς
δοκούσης ἐπιτετάχθαι Λακεδαιμονίοις καρτερίας μείζονας
ἄθλους καὶ πόνους ἡμῖν ἐπιτεθέντας <ἂν εὕροι>· 229 οἱ μέν
γε μήτε γῆν ἐργαζόμενοι μήτε περὶ τέχνας πονοῦντες, ἀλλὰ
πάσης ἐργασίας ἄφετοι, λιπαροί, καὶ τὰ σώματα πρὸς

---

171. Cette observation, qui n'est guère à sa place, paraît
provenir du contexte de la source du § 169. Il est sans doute fait allusion à *Timée* 28 c, où Platon déclare qu'il est impossible de communi-
quer à tout le monde la nature véritable du démiurge. [Th.R.]

172. Cicéron, *Pro Flacco*, 63, admire les Spartiates pour être
restés fidèles jusqu'à son temps aux lois reçues sept siècles auparavant. Moins hyperbolique, Plutarque fait valoir comme un exemple
exceptionnel de stabilité politique que Sparte a observé pendant cinq
siècles la constitution de Lycurgue sans autre changement que l'institution des éphores (*Lycurg.*, 30). [Th.R.]

Dieu parmi les foules déraisonnables [171]. **225** Mais les œuvres de Platon sont, dans la pensée de quelques-uns, des discours vides, des fantaisies brillantes, et le législateur qu'ils admirent le plus est Lycurgue ; tout le monde entonne les louanges de Sparte parce qu'elle est pendant très longtemps restée attachée aux règles de ce législateur. **226** Qu'on l'avoue donc : l'obéissance aux lois est une preuve de vertu ; mais que les admirateurs des Lacédémoniens comparent la durée de ce peuple [172] aux deux mille ans [173] et plus qu'a duré notre constitution. **227** En outre, qu'ils réfléchissent à ceci : les Lacédémoniens, tant que, maîtres d'eux-mêmes, ils conservèrent la liberté, jugèrent bon d'observer exactement leurs lois, mais lorsque les revers de la fortune les atteignirent, ils les oublièrent toutes ou peu s'en faut. **228** Nous, au contraire, en proie à mille calamités par suite des changements des princes qui régnèrent en Asie, même dans les périls extrêmes nous n'avons pas trahi nos lois [174] ; et ce n'est point par paresse ou par mollesse que nous leur faisons honneur ; mais, si l'on veut y regarder, elles nous imposent des épreuves et des travaux bien plus pénibles que la prétendue fermeté prescrite aux Lacédémoniens. **229** Ceux-ci ne cultivaient point la terre, ne se fatiguaient pas dans des métiers [175], mais, libres de tout travail, brillants de santé, exerçant leur corps en vue de la beauté, ils

---

173. Josèphe a déjà indiqué plus haut I, § 36 que l'intervalle qui sépare son époque de celle de Moïse et d'Aaron est de deux mille ans. Ce chiffre qui excède de 200 environ celui qui résulte des données chronologiques précises disséminées dans les *Antiquités* et la *Guerre*, se retrouve chez Philon (Eusèbe, *Praep. Ev.*, VIII, 7, 357 b) et est sans doute emprunté à la source des *Hypothetica*. [Th.R.]

174. L'emphase, portée sur la fidélité aux lois en toutes circonstances, introduit le développement qui va suivre. Après avoir présenté la Cité idéale, il passe au peuple idéal.

175. Cf. Nicolas de Damas, fr. 114, 1 ; Élien, *Var. Hist.*, VI, 6, etc. [Th.R.]

κάλλος ἀσκοῦντες, ἐπὶ τῆς πόλεως διῆγον, 230 ἄλλοις ὑπηρέταις πρὸς ἅπαντα τὰ τοῦ βίου χρώμενοι καὶ τὴν τροφὴν ἑτοίμην παρ' ἐκείνων λαμβάνοντες, ἐφ' ἓν δὴ τοῦτο μόνον, τὸ καλὸν ἔργον καὶ φιλάνθρωπον, ἅπαντα καὶ πράττειν καὶ πάσχειν ὑπομένοντες, τὸ κρατεῖν πάντων, ἐφ' οὓς ἂν στρατεύσωσιν. 231 Ὅτι δὲ μηδὲ τοῦτο κατώρθωσαν, ἐῶ λέγειν· οὐ γὰρ καθ' ἕνα μόνον, ἀλλὰ πολλοὶ πολλάκις ἀθρόως τῶν τοῦ νόμου προσταγμάτων ἀμελήσαντες αὑτοὺς μετὰ τῶν ὅπλων παρέδοσαν τοῖς πολεμίοις.

XXXII 232 Ἆρ' οὖν καὶ παρ' ἡμῖν, οὐ λέγω τοσούτους, ἀλλὰ δύο ἢ τρεῖς ἔγνω τις προδότας γενομένους τῶν νόμων ἢ θάνατον φοβηθέντας, οὐχὶ τὸν ῥᾷστον ἐκεῖνον λέγω τὸν συμβαίνοντα τοῖς μαχομένοις, ἀλλὰ τὸν μετὰ λύμης τῶν σωμάτων, ὁποῖος εἶναι δοκεῖ πάντων χαλεπώτατος; 233 ὃν ἔγωγε νομίζω τινὰς κρατήσαντας ἡμῶν οὐχ ὑπὸ μίσους προσφέρειν τοῖς ὑποχειρίοις, ἀλλ' ὡς θαυμαστόν τι θέαμα βουλομένους ἰδεῖν, εἴ τινές εἰσιν ἄνθρωποι μόνον εἶναι κακὸν αὐτοῖς πεπιστευκότες, εἰ πρᾶξαί τι παρὰ τοὺς ἑαυτῶν νόμους ἢ μόνον εἰπεῖν παρ' ἐκείνους βιασθεῖεν. 234 Οὐ χρὴ δὲ θαυμάζειν, εἰ πρὸς θάνατον ἀνδρείως ἔχομεν ὑπὲρ τῶν νόμων παρὰ τοὺς ἄλλους ἅπαντας· οὐδὲ γὰρ τὰ ῥᾷστα δοκοῦντα τῶν ἡμετέρων ἐπιτηδευμάτων ἄλλοι ῥᾳδίως

---

176. Allusion notamment à l'affaire de Sphactérie. [Th.R.]

177. Cet éloge de la mort en martyr, même sous la torture, est récurrent. Plus généralement, Josèphe introduit son lectorat à la fois en la résurrection qui sous-tend ces actes supposés surprenants. Casey D. Elledge, *Life and Death in Early Judaism. The Evidence of Josephus*, Tübingen, Mohr Siebeck, 2006, p. 55 ; van Henten, « Noble death », p. 211.

passaient leur existence dans la ville, **230** se faisaient servir par d'autres pour tous les besoins de la vie, et recevaient d'eux leur nourriture toute prête, résolus à tout faire et à tout supporter pour obtenir ce seul résultat — bien beau et bien humain —, d'être plus forts que tous ceux contre qui ils partiraient en guerre. **231** Et ils n'y réussirent même pas, pour le dire en passant ; car, ce n'est pas seulement un citoyen isolé, mais un grand nombre ensemble qui souvent, au mépris des prescriptions de la loi, se sont rendus avec leurs armes aux ennemis [176].

XXXII

Leur grandeur d'âme

232 Est-ce que chez nous aussi on a connu, je ne dis pas autant d'hommes, mais deux ou trois seulement, qui aient trahi les lois ou redouté la mort ? je ne parle pas de la mort la plus facile qui arrive dans les combats, mais de la mort accompagnée de la torture du corps, qui semble être la plus affreuse de toutes [177]. **233** C'est au point que, selon moi, quelques-uns de nos vainqueurs nous maltraitaient [178], non par haine pour des gens à leur discrétion, mais afin de contempler l'étonnant spectacle d'hommes pour qui l'unique malheur est d'être contraints de commettre une action ou seulement de prononcer une parole contraire à leurs lois. **234** Il ne faut pas s'étonner si nous envisageons la mort pour les lois avec un courage qui dépasse celui de tous les autres peuples. En effet, celles même de nos coutumes qui

---

178. Là encore Josèphe omet de mentionner ceux qui sont les « vainqueurs » et de préciser le sort infligé à ses compatriotes dans les théâtres publics après la défaite de la Judée.

semblent les plus faciles sont difficilement supportées par d'autres ; je veux dire le travail personnel, la frugalité de la nourriture, la contrainte de ne pas abandonner au hasard ou à son caprice particulier le manger et le boire, ni les rapports sexuels, ni la dépense ; d'autre part, l'observation du repos immuablement fixé. **235** Les hommes qui marchent au combat l'épée à la main et mettent en fuite les ennemis au premier choc, n'ont pu regarder en face les prescriptions qui règlent la manière de vivre. Nous au contraire, à nous soumettre avec plaisir aux lois qui la concernent, nous gagnons de montrer, dans le combat aussi, notre valeur.

XXXIII

Critique de la religion grecque

236 Après cela, les Lysimaque, les Molon et autres écrivains du même genre, méprisables sophistes qui trompent la jeunesse, nous représentent injurieusement comme les plus vils de tous les hommes. **237** Je ne voudrais pas examiner les lois des autres peuples ; il est de tradition chez nous d'observer nos propres lois et non de critiquer celles des étrangers ; même la raillerie et le blasphème à l'égard des dieux reçus chez les autres nous ont été formellement interdits par le législateur, à cause du nom même de Dieu [179]. **238** Mais comme nos accusateurs croient nous confondre par la comparaison, il n'est pas possible de garder le silence, d'autant plus que le raisonnement par lequel je vais

---

179. Allusion à Exode, XXII, 28, verset que les Septante interprètent θεοὺς οὐ κακαλογήσεις et qui est entendu dans le sens indiqué par Philon, *Vit. Mos.*, III, 26 § 205 ; *De Monarch.*, p. 818, § 7, ainsi que par Josèphe lui-même, *AJ*, IV, 207 (voir la note sur ce passage). On peut aussi rapprocher Exode, XXIII, 13 : « Vous ne prononcerez point le nom d'autres dieux ». [Th.R.]

νῦν οὐχ ὑφ᾽ ἡμῶν αὐτῶν συντεθέντος, ἀλλὰ ὑπὸ πολλῶν εἰρημένου καὶ λίαν εὐδοκιμούντων. 239 Τίς γὰρ τῶν παρὰ τοῖς Ἕλλησιν ἐπὶ σοφίᾳ τεθαυμασμένων οὐκ ἐπιτετίμηκεν καὶ ποιητῶν τοῖς ἐπιφανεστάτοις καὶ νομοθετῶν τοῖς μάλιστα πεπιστευμένοις, ὅτι τοιαύτας δόξας περὶ θεῶν ἐξ ἀρχῆς τοῖς πλήθεσιν ἐγκατέσπειραν ; 240 ἀριθμῷ μὲν ὁπόσους ἂν αὐτοὶ θελήσωσιν ἀποφαινόμενοι, ἐξ ἀλλήλων δὲ γινομένους καὶ κατὰ παντοίους τρόπους γενέσεων, τούτους δὲ καὶ διαιροῦντες τόποις καὶ διαίταις, ὥσπερ τῶν ζῴων τὰ γένη, τοὺς μὲν ὑπὸ γῆν, τοὺς δὲ ἐν θαλάττῃ, τοὺς μέντοι πρεσβυτάτους αὐτῶν ἐν τῷ ταρτάρῳ δεδεμένους· 241 ὅσοις δὲ τὸν οὐρανὸν ἀπένειμαν, τούτοις πατέρα μὲν τῷ λόγῳ, τύραννον δὲ τοῖς ἔργοις καὶ δεσπότην ἐφιστάντες, καὶ διὰ τοῦτο συνισταμένην ἐπιβουλὴν ἐπ᾽ αὐτὸν ὑπὸ γυναικὸς καὶ ἀδελφοῦ καὶ θυγατρός, ἣν ἐκ τῆς ἑαυτοῦ κεφαλῆς ἐγέννησεν, <πλάττοντες> ἵνα δὴ συλλαβόντες αὐτὸν καθείρξωσιν, ὥσπερ αὐτὸς ἐκεῖνος τὸν πατέρα τὸν ἑαυτοῦ.

XXXIV 242 Ταῦτα δικαίως μέμψεως πολλῆς ἀξιοῦσιν οἱ φρονήσει διαφέροντες καὶ πρὸς τούτοις καταγελῶσιν, εἰ τῶν θεῶν τοὺς μὲν ἀγενείους καὶ μειράκια, τοὺς δὲ πρεσβυτέρους καὶ γενειῶντας εἶναι χρὴ δοκεῖν, ἄλλους δὲ τετάχθαι πρὸς ταῖς τέχναις, χαλκεύοντά τινα, τὴν δὲ ὑφαίνουσαν, τὸν δὲ πολεμοῦντα καὶ μετὰ ἀνθρώπων μαχόμενον, τοὺς δὲ κιθαρίζοντας ἢ τοξικῇ χαίροντας· 243 εἶτ᾽ αὐτοῖς ἐγγιγνομένας πρὸς ἀλλήλους στάσεις καὶ

---

180. Les Titans. [Th.R.]
181. Allusion à la scène de l'*Iliade*, I, 399. [Th.R.]
182. Héphaistos. [Th.R.]
183. Athéné. [Th.R.]
184. Arès. [Th.R.]

répondre n'a pas été imaginé par moi pour la circonstance, mais a été exposé par des auteurs nombreux et très estimés. **239** Quel est en effet parmi les auteurs admirés en Grèce pour leur sagesse celui qui n'a point blâmé les plus illustres des poètes et les législateurs les plus autorisés d'avoir semé dès l'origine parmi la foule de telles idées sur les dieux ? **240** Ils en grossissent le nombre à leur volonté, les font naître les uns des autres et s'engendrer de diverses façons. Ils les distinguent par leur résidence et leur manière de vivre, comme les espèces animales, ceux-ci sous terre, ceux-là dans la mer, les plus âgés prisonniers dans le Tartare [180]. **241** Tous ceux à qui ils ont donné le ciel en partage sont soumis par eux à un prétendu père, qui est en réalité un tyran et un maître ; aussi voit-on, d'après leurs imaginations, conspirer contre lui son épouse, son frère et sa fille, qu'il engendra par la tête, pour le saisir et l'emprisonner [181], comme lui-même fit son propre père.

XXXIV

Grossièreté des dieux grecs

242 C'est à juste titre que les esprits les plus distingués ne ménagent point leurs critiques à ces histoires ; et ils trouvent ridicule aussi d'être obligé de croire que parmi les dieux ceux-ci sont des jouvenceaux imberbes, ceux-là des vieillards barbus ; que les uns sont préposés aux arts, que celui-ci travaille le fer [182], que celle-là tisse la toile [183], qu'un troisième fait la guerre et se bat avec les hommes [184], que d'autres encore jouent de la cithare [185] ou se plaisent à lancer des flèches [186] ; **243** puis d'admettre qu'ils se révoltent les uns contre les

185. Apollon. [Th.R.]
186. Apollon et Artémis. [Th.R.]

περὶ ἀνθρώπων φιλονεικίας μέχρι τοῦ μὴ μόνον ἀλλήλοις
τὰς χεῖρας προσφέρειν, ἀλλὰ καὶ ὑπ᾽ ἀνθρώπων τραυματι-
ζομένους ὀδύρεσθαι καὶ κακοπαθεῖν. 244 Τὸ δὲ δὴ πάντων
ἀσελγέστατον, τὴν περὶ τὰς μίξεις ἀκρασίαν καὶ τοὺς ἔρωτας
πῶς οὐκ ἄτοπον μικροῦ δεῖν ἅπασι προσάψαι καὶ τοῖς ἄρρεσι
τῶν θεῶν καὶ ταῖς θηλείαις ; 245 εἶθ᾽ ὁ γενναιότατος καὶ
πρῶτος αὐτὸς ὁ πατὴρ τὰς ἀπατηθείσας ὑπ᾽ αὐτοῦ καὶ
γενομένας ἐγκύους καθειργνυμένας ἢ καταποντιζομένας
περιορᾷ, καὶ τοὺς ἐξ αὐτοῦ γεγονότας οὔτε σῴζειν δύναται
κρατούμενος ὑπὸ τῆς εἱμαρμένης, οὔτ᾽ ἀδακρυτὶ τοὺς
θανάτους αὐτῶν ὑπομένειν. 246 Καλά γε ταῦτα καὶ τούτοις
ἄλλα ἑπόμενα, μοιχείας μὲν ἐν οὐρανῷ βλεπομένης οὕτως
ἀναισχύντως ὑπὸ τῶν θεῶν, ὥστε τινὰς καὶ ζηλοῦν ὁμολογεῖν
τοὺς ἐπ᾽ αὐτῇ δεδεμένους· τί γὰρ οὐκ ἔμελλον, ὁπότε μηδ᾽ ὁ
πρεσβύτατος καὶ βασιλεὺς ἠδυνήθη τῆς πρὸς τὴν γυναῖκα
μίξεως ἐπισχεῖν τὴν ὁρμὴν ὅσον γοῦν εἰς τὸ δωμάτιον
ἀπελθεῖν ; 247 οἱ δὲ δὴ δουλεύοντες τοῖς ἀνθρώποις θεοὶ καὶ
νῦν μὲν οἰκοδομοῦντες ἐπὶ μισθῷ, νῦν δὲ ποιμαίνοντες, ἄλλοι
δὲ τρόπον κακούργων ἐν χαλκῷ δεσμωτηρίῳ δεδεμένοι, τίνα
τῶν εὖ φρονούντων οὐκ ἂν παροξύνειαν, ὡς τοῖς ταῦτα
συνθεῖσιν ἐπιπλῆξαι καὶ πολλὴν εὐήθειαν καταγνῶναι τῶν
προσεμένων ; 248 οἱ δὲ καὶ δεῖμόν τινα καὶ φόβον, ἤδη δὲ καὶ
λύσσαν καὶ ἀπάτην, καὶ τί γὰρ οὐχὶ τῶν κακίστων παθῶν εἰς
θεοῦ φύσιν καὶ μορφὴν ἀνέπλασαν· τοῖς δὲ εὐφημοτέροις
τούτων καὶ θύειν τὰς πόλεις ἔπεισαν. 249 Τοιγαροῦν εἰς
πολλὴν ἀνάγκην καθίστανται τοὺς μέν τινας τῶν θεῶν
νομίζειν δοτῆρας ἀγαθῶν, τοὺς δὲ καλεῖν ἀποτροπαίους, εἶτα
δὲ τούτους ὥσπερ τοὺς πονηροτάτους τῶν ἀνθρώπων χάρισι
καὶ δώροις ἀποσείονται, μέγα τι λήψεσθαι κακὸν ὑπ᾽ αὐτῶν
προσδοκῶντες, εἰ μὴ μισθὸν αὐτοῖς παράσχοιεν.

---

187. Allusion au célèbre épisode de l'Ida, *Iliade*, XIV, 329 suiv.
[Th.R.]

188. Poséidon, Apollon, les Titans. [Th.R.]

189. C'est la traduction normale de ἀποτροπαίους, mais à lire la
phrase suivante il semble bien que Josèphe ait pris ce mot au sens
passif « dieux *à détourner* » qui ne se rencontre qu'avec des termes
abstraits, *idée, spectacle, calomnie*, etc. (Thackeray). [Th.R.]

autres, et se querellent au sujet des hommes au point non seulement d'en venir aux mains entre eux, mais encore de se lamenter, et de souffrir, blessés par les mortels. **244** Et, pour comble de grossièreté, n'est-il pas inconvenant d'attribuer des unions et des amours sans frein presque à tous les dieux des deux sexes ? **245** Ensuite, le plus noble d'entre eux et le premier, le père lui-même, après avoir séduit des femmes par la ruse et les avoir rendues mères, les voit, d'un œil tranquille, emprisonner ou noyer ; et les enfants issus de lui, il ne peut ni les sauver, soumis qu'il est au destin, ni supporter leur mort sans pleurer. **246** Voilà de belles choses ; d'autres qui suivent ne le sont pas moins, comme l'adultère auquel les dieux assistent au ciel avec tant d'impudence que quelques-uns avouent même qu'ils envient le couple ainsi uni ; que ne devaient-ils pas se permettre quand le plus vieux, le roi, n'a pas même pu refréner son désir de posséder sa femme, ne fût-ce que le temps de gagner sa chambre à coucher [187] ? **247** Et les dieux en esclavage chez les hommes, et salariés tantôt pour bâtir, tantôt pour paître les troupeaux ; d'autres enchaînés dans une prison d'airain à la manière des criminels [188] ! Est-il un homme sensé qui ne soit excité par ces contes à blâmer ceux qui les ont imaginés et à condamner la grande sottise de ceux qui les admettent ? **248** D'autres divinisent la crainte et la terreur, la rage et la fourberie ; quelle est celle des pires passions qu'ils n'aient représentée avec la nature et sous la forme d'un dieu ? Ils ont même persuadé aux cités de faire des sacrifices aux plus favorables d'entre elles. **249** Aussi ils sont mis dans la nécessité absolue de croire que certains dieux accordent les biens, et de donner aux autres le nom de « dieux qui détournent les maux [189] ». Alors, ils s'efforcent de les fléchir comme les plus méchants des hommes par des bienfaits et des présents, et s'attendraient à subir de leur part un grand mal s'ils ne les payaient pas.

XXXV

*Cela vient de ce que les Grecs n'ont pas à l'origine
légiféré sur la religion*

250 Quelle est donc la cause d'une telle anomalie et
d'une telle inconvenance à l'égard de la divinité ? Elle
vient, je crois, de ce que leurs législateurs n'ont pas eu
conscience à l'origine de la véritable nature de Dieu, et
que, même dans la mesure où ils ont pu la saisir, ils
n'ont pas su la définir exactement pour y conformer le
reste de leur organisation politique ; **251** comme si
c'était un détail des plus négligeables, ils ont permis aux
poètes de présenter les dieux qu'ils voudraient, soumis
à toutes les passions, et aux orateurs de donner le droit
de cité par un décret à celui des dieux étrangers qui
serait utile. **252** Les peintres aussi et les sculpteurs
jouirent à cet égard d'une grande liberté chez les Grecs,
chacun tirant de sa propre imagination une forme, que
l'un modelait dans la glaise et que l'autre dessinait. Les
artistes les plus admirés se servent de l'ivoire et de l'or,
qui fournissent matière à des inventions toujours
nouvelles. **253** Et puis certains dieux, après avoir connu
les honneurs dans la maturité, ont vieilli pour me servir
d'un euphémisme ; **254** d'autres nouvellement introduits, obtiennent l'adoration [190]. Certains temples sont
désertés et de nouveaux s'élèvent, les hommes bâtissant
chacun suivant son caprice, alors qu'ils devraient au
contraire conserver immuable leur croyance en Dieu et
le culte qu'ils lui rendent.

---

190. Nous laissons de côté les gloses qui encombrent le texte du
Laurentianus, §§ 253 et 254. [Th.R.]

XXXVI 255 Ἀπολλώνιος μὲν οὖν ὁ Μόλων τῶν ἀνοήτων
εἰς ἦν καὶ τετυφωμένων, τοὺς μέντοι κατ᾿ ἀλήθειαν ἐν τοῖς
Ἕλλησι φιλοσοφήσαντας οὔτε τῶν προειρημένων οὐδὲν
διέλαθεν, οὔτε τὰς ψυχρὰς προφάσεις τῶν ἀλληγοριῶν
ἠγνόησαν· διόπερ τῶν μὲν εἰκότως κατεφρόνησαν, εἰς δὲ
τὴν ἀληθῆ καὶ πρέπουσαν περὶ τοῦ θεοῦ δόξαν ἡμῖν
συνεφώνησαν. 256 Ἀφ᾿ ἧς ὁρμηθεὶς ὁ Πλάτων οὔτε τῶν
ἄλλων οὐδένα ποιητῶν φησι δεῖν εἰς τὴν πολιτείαν
παραδέχεσθαι, καὶ τὸν Ὅμηρον εὐφήμως ἀποπέμπεται
στεφανώσας καὶ μύρον αὐτοῦ καταχέας, ἵνα δὴ μὴ τὴν
ὀρθὴν δόξαν περὶ θεοῦ τοῖς μύθοις ἀφανίσειε. 257 Μάλιστα
δὲ Πλάτων μεμίμηται τὸν ἡμέτερον νομοθέτην κἂν τῷ
μηδὲν οὕτω παίδευμα προστάττειν τοῖς πολίταις ὡς τὸ
πάντας ἀκριβῶς τοὺς νόμους ἐκμανθάνειν, καὶ μὴν καὶ περὶ
τοῦ μὴ δεῖν ὡς ἔτυχεν ἐπιμίγνυσθαί τινας ἔξωθεν, ἀλλ᾿ εἶναι
καθαρὸν τὸ πολίτευμα τῶν ἐμμενόντων τοῖς νόμοις
προυνόησεν. 258 Ὧν οὐδὲν λογισάμενος ὁ Μόλων
Ἀπολλώνιος ἡμῶν κατηγόρησεν, ὅτι μὴ παραδεχόμεθα τοὺς
ἄλλαις προκατειλημμένους δόξαις περὶ θεοῦ, μηδὲ
κοινωνεῖν ἐθέλομεν τοῖς καθ᾿ ἑτέραν συνήθειαν βίου ζῆν
προαιρουμένοις. 259 Ἀλλ᾿ οὐδὲ τοῦτ᾿ ἔστιν ἴδιον ἡμῶν,
κοινὸν δὲ πάντων, οὐχ Ἑλλήνων δὲ μόνων, ἀλλὰ καὶ τῶν ἐν
τοῖς Ἕλλησιν εὐδοκιμωτάτων· Λακεδαιμόνιοι δὲ καὶ
ξενηλασίας ποιούμενοι διετέλουν καὶ τοῖς αὐτῶν ἀποδημεῖν
πολίταις οὐκ ἐπέτρεπον, διαφθορὰν ἐξ ἀμφοῖν ὑφορώμενοι
γενήσεσθαι περὶ τοὺς νόμους. 260 Ἐκείνοις μὲν οὖν τάχ᾿ ἂν

191. Texte obscur. [Th.R.]
192. *République*, II *in fine* ; III, 398 A. [Th.R.]
193. Sur Platon imitateur de Moïse, v. *supra*, note à II § 168.
[Th.R.]
194. *Lois*, XII, 949. [Th.R.] Josèphe affirme ici le fondement
philosophique de la législation juive, tout en suggérant, à nouveau,
que Platon s'en serait inspiré.

XXXVI

Analogies entre les lois de Platon et celles des Juifs

255 Apollonius Molon était parmi les esprits insensés
et aveugles ; mais ceux des philosophes grecs qui ont
parlé selon la vérité, ont bien vu tout ce que je viens de
dire, et ils n'ont point ignoré les froids prétextes des allé-
gories [191]. C'est pourquoi ils les méprisèrent justement,
et leur conception de Dieu, vraie et convenable, fut
conforme à la nôtre. **256** En partant de cette croyance,
Platon [192] déclare qu'il ne faut recevoir dans la République aucun poète, et il en exclut Homère en termes
bienveillants après l'avoir couronné, et aspergé de
parfum, pour l'empêcher d'obscurcir par ses fables la
vraie conception de Dieu. **257** Mais Platon suit surtout
l'exemple de notre législateur [193] en ce que sa prescription la plus impérieuse pour l'éducation des citoyens est
l'étude exacte et approfondie de la loi, obligatoire pour
tous ; par les mesures aussi qu'il a prises pour empêcher
que des étrangers ne se mêlassent au hasard à la nation
et pour conserver dans sa pureté l'État, composé de
citoyens fidèles aux lois [194]. **258** Sans avoir réfléchi à
aucun de ces faits, Apollonios Molon nous a fait un
crime de ne point recevoir parmi nous les hommes qui se
sont laissé assujettir auparavant par d'autres croyances
religieuses, et de ne point vouloir de société avec ceux qui
préfèrent d'autres habitudes de vie [195]. **259** Mais cette
pratique non plus ne nous est pas particulière ; elle est
commune à tous les peuples, et non seulement à des
Grecs mais aux plus estimés d'entre les Grecs. Les Lacédémoniens, non contents d'expulser couramment des
étrangers, n'autorisaient pas leurs concitoyens à voyager
au dehors, craignant dans les deux cas la ruine de leurs
lois. **260** Peut-être aurait-on droit de leur reprocher leur

195. Josèphe a déjà indiqué (II, § 148) qu'Apollonios reprochait
aux Juifs leur *misanthropie*. [Th.R.]

δυσκολίαν τις ὀνειδίσειεν εἰκότως· οὐδενὶ γὰρ οὔτε τῆς πολιτείας, οὔτε τῆς παρ᾿ αὐτοῖς μετεδίδοσαν διατριβῆς· 261 ἡμεῖς δὲ τὰ μὲν τῶν ἄλλων ζηλοῦν οὐκ ἀξιοῦμεν, τοὺς μέντοι μετέχειν τῶν ἡμετέρων βουλομένους ἡδέως δεχόμεθα. Καὶ τοῦτο ἂν εἴη τεκμήριον, οἶμαι, φιλανθρωπίας ἅμα καὶ μεγαλοψυχίας.

XXXVII 262 Ἐῶ περὶ Λακεδαιμονίων ἐπὶ πλείω λέγειν. Οἱ δὲ κοινὴν εἶναι τὴν ἑαυτῶν δόξαντες πόλιν Ἀθηναῖοι πῶς περὶ τούτων εἶχον, Ἀπολλώνιος ἠγνόησεν, ὅτι καὶ τοὺς ῥῆμα μόνον παρὰ τοὺς ἐκείνων νόμους φθεγξαμένους περὶ θεῶν ἀπαραιτήτως ἐκόλασαν. 263 Τίνος γὰρ ἑτέρου χάριν Σωκράτης ἀπέθανεν ; οὐ γὰρ δὴ προεδίδου τὴν πόλιν τοῖς πολεμίοις, οὐδὲ τῶν ἱερῶν ἐσύλησεν οὐδέν, ἀλλ᾿ ὅτι καινοὺς ὅρκους ὤμνυεν καί τι δαιμόνιον αὐτῷ σημαίνειν ἔφασκε νὴ Δία παίζων, ὡς ἔνιοι λέγουσι, διὰ ταῦτα κατεγνώσθη κώνειον πιὼν ἀποθανεῖν. 264 Καὶ διαφθείρειν δὲ τοὺς νέους ὁ κατήγορος αὐτὸν ἠτιᾶτο, τῆς πατρίου πολιτείας καὶ τῶν νόμων ὅτι προῆγεν αὐτοὺς καταφρονεῖν. Σωκράτης μὲν οὖν πολίτης Ἀθηναῖος ὢν τοιαύτην ὑπέμεινε τιμωρίαν. 265 Ἀναξαγόρας δὲ Κλαζομένιος ἦν, ἀλλ᾿ ὅτι νομιζόντων Ἀθηναίων τὸν ἥλιον εἶναι θεὸν ὅδ᾿ αὐτὸν ἔφη μύδρον εἶναι διάπυρον, θάνατον αὐτοῦ παρ᾿ ὀλίγας ψήφους κατέγνωσαν. 266 Καὶ Διαγόρᾳ τῷ Μηλίῳ τάλαντον ἐπεκήρυξαν, εἴ τις αὐτὸν ἀνέλοι, ἐπεὶ τὰ παρ᾿ αὐτοῖς μυστήρια χλευάζειν ἐλέγετο. Καὶ Πρωταγόρας εἰ μὴ θᾶττον ἔφυγε, συλληφθεὶς ἂν ἐτεθήκει, γράψαι τί δόξας οὐχ ὁμολογούμενον τοῖς

---

196. Pour cette locution, cf. I, 255. [Th.R.]
197. Une meule, d'après la leçon du Laurentianus. [Th.R.]

manque de sociabilité, car ils n'accordaient à personne le
droit de cité ni celui de séjourner parmi eux. **261** Nous,
au contraire, si nous ne croyons pas devoir imiter les
coutumes des autres, du moins nous accueillons avec
plaisir ceux qui veulent participer aux nôtres. Et c'est là,
je pense, une preuve à la fois d'humanité et de magnani-
mité.

XXXVII

*Les Athéniens aussi punissaient sévèrement
l'impiété. De même les Scythes et les Perses*

262 Je n'insiste pas sur les Lacédémoniens. Mais les
Athéniens, qui ont cru que leur cité était commune à
tous, quelle était sur ce point leur conduite ? Apollonios ne l'a pas su, ni qu'un seul mot prononcé au sujet
des dieux en violation de leurs lois était inexorablement
puni. **263** En effet, pour quelle autre raison Socrate
est-il mort ? Il n'avait point livré sa patrie aux ennemis,
il n'avait pillé aucun temple ; mais parce qu'il jurait
suivant de nouvelles formules, et disait, par Zeus [196], à
ce qu'on raconte, en manière de plaisanterie, qu'un
démon se manifestait à lui, il fut condamné à mourir en
buvant la ciguë. **264** En outre, son accusateur lui reprochait de corrompre les jeunes gens, parce qu'il les poussait à mépriser la constitution et les lois de leur patrie.
Donc Socrate, un citoyen d'Athènes, subit un tel châtiment. **265** Anaxagore, lui, était de Clazomènes ; cependant, parce que les Athéniens prenaient le soleil pour
un dieu, tandis qu'il en faisait une masse de métal [197]
incandescente, il s'en fallut de peu de suffrages qu'il ne
fût par eux condamné à mort. **266** Ils promirent publi-
quement un talent pour la tête de Diagoras de Mélos,
parce qu'il passait pour railler leurs mystères. Prota-
goras, s'il n'avait promptement pris la fuite, aurait été

Ἀθηναίοις περὶ θεῶν. **267** Τί δὲ δεῖ θαυμάζειν εἰ πρὸς ἄνδρας οὕτως ἀξιοπίστους διετέθησαν, οἵ γε μηδὲ γυναικῶν ἐφείσαντο; Νίνον γὰρ τὴν ἱέρειαν ἀπέκτειναν, ἐπεί τις αὐτῆς κατηγόρησεν, ὅτι ξένους ἐμύει θεούς· νόμῳ δ᾽ ἦν τοῦτο παρ᾽ αὐτοῖς κεκωλυμένον καὶ τιμωρία κατὰ τῶν ξένον εἰσαγόντων θεὸν ὥριστο θάνατος. **268** Οἱ δὲ τοιούτῳ νόμῳ χρώμενοι δῆλον ὅτι τοὺς τῶν ἄλλων οὐκ ἐνόμιζον εἶναι θεούς· οὐ γὰρ ἂν αὐτοῖς πλειόνων ἀπολαύειν ἐφθόνουν.

269 Τὰ μὲν οὖν Ἀθηναίων ἐχέτω καλῶς. Σκύθαι δὲ φόνοις χαίροντες ἀνθρώπων καὶ βραχὺ τῶν θηρίων διαφέροντες, ὅμως τὰ παρ᾽ αὐτοῖς οἴονται δεῖν περιστέλλειν, καὶ τὸν ὑπὸ τῶν Ἑλλήνων ἐπὶ σοφίᾳ θαυμασθέντα, τὸν Ἀνάχαρσιν, ἐπανελθόντα πρὸς αὐτοὺς ἀνεῖλον, ἐπεὶ τῶν Ἑλληνικῶν ἐθῶν ἔδοξεν ἥκειν ἀνάπλεως. **270** Πολλοὺς δὲ καὶ παρὰ Πέρσαις ἄν τις εὕροι καὶ διὰ τὴν αὐτὴν αἰτίαν κεκολασμένους. Ἀλλὰ δῆλον ὅτι τοῖς Περσῶν ἔχαιρε νόμοις ὁ Ἀπολλώνιος κἀκείνους ἐθαύμαζεν, ὅτι τῆς ἀνδρείας αὐτῶν ἀπέλαυσαν οἱ Ἕλληνες καὶ τῆς ὁμογνωμοσύνης ἧς εἶχον περὶ θεῶν, ταύτης μὲν [οὖν] ἐν τοῖς ἱεροῖς οἷς κατέπρησαν, τῆς ἀνδρείας δὲ δουλεῦσαι παρὰ μικρὸν ἐλθόντες· [ἁπάντων δὲ] καὶ τῶν ἐπιτηδευμάτων μιμητὴς ἐγένετο τῶν Περσικῶν γυναῖκας ἀλλοτρίας ὑβρίζων καὶ παῖδας ἐκτέμνων. **271** Παρ᾽ ἡμῖν δὲ θάνατος ὥρισται, κἂν ἄλογόν τις οὕτω ζῷον ἀδικῇ· καὶ τούτων ἡμᾶς τῶν νόμων ἀπαγαγεῖν οὔτε φόβος ἴσχυσεν τῶν κρατησάντων, οὔτε ζῆλος τῶν παρὰ τοῖς ἄλλοις τετιμημένων.

---

198. Au milieu du IVᵉ siècle (Démosthène, XIX, 281 ; et schol., XXXIX, 2 ; XL, 9. Denys d'Halicarnasse, *Dinarch.*, 11). Elle avait introduit des mystères phrygiens. [Th.R.]

199. Hérodote IV, 76-7. [Th.R.]

200. Allusion aux incendies de temples et aux attentats contre jeunes filles et jeunes garçons dont Hérodote (VI, 32) accuse les Perses. [Th.R.]

201. Comme dans *AJ*, IV, 291, Josèphe interprète dans le sens de l'interdiction de la castration le verset du Lévitique, XXII, 24 ; mais on ne voit pas d'où lui vient l'idée que le contrevenant encourt la peine de mort. [Th.R.]

arrêté et mis à mort parce que, dans un ouvrage, il avait paru contredire les sentiments des Athéniens sur les dieux. **267** Faut-il s'étonner qu'ils aient eu cette attitude à l'égard d'hommes aussi dignes de foi, quand ils n'ont pas même épargné les femmes ? En effet, ils mirent à mort la prêtresse Ninos [198] parce qu'on l'avait accusée d'initier au culte de dieux étrangers ; or la loi chez eux l'interdisait, et la peine édictée contre ceux qui introduisaient un dieu étranger était la mort. **268** Ceux qui avaient une telle loi ne pensaient évidemment pas que les dieux des autres fussent dieux ; car ils ne se seraient point privés d'en admettre un plus grand nombre pour en tirer profit.

269 Voilà pour les Athéniens. Mais les Scythes eux-mêmes, qui se complaisent dans le meurtre des hommes et qui ne sont pas très supérieurs aux bêtes, croient cependant devoir protéger leurs coutumes ; et leur compatriote, dont les Grecs admiraient la sagesse, Anarcharsis, fut mis à mort par eux à son retour [199], parce qu'il leur paraissait revenir infecté des coutumes grecques. **270** Chez les Perses on trouverait aussi de nombreux personnages châtiés pour la même raison. Cependant Apollonios aimait les lois des Perses et les admirait, apparemment parce que la Grèce a bénéficié de leur courage et de la concordance de leurs idées religieuses avec les siennes, de celle-ci quand ils réduisirent les temples en cendres, de leur courage quand elle faillit subir leur joug ; il imita même les coutumes perses, outrageant les femmes d'autrui et mutilant des enfants [200]. **271** Chez nous la mort est la peine édictée contre qui maltraite ainsi même un animal privé de raison [201]. Et rien n'a été assez fort pour nous détourner de ces lois, ni la crainte de nos maîtres, ni l'attrait des usages honorés chez les autres peuples.

272 Οὐδὲ τὴν ἀνδρείαν ἠσκήσαμεν ἐπὶ τῷ πολέμους ἄρασθαι χάριν πλεονεξίας, ἀλλ᾽ ἐπὶ τῷ τοὺς νόμους διαφυλάττειν. Τὰς γοῦν ἄλλας ἐλαττώσεις πράως ὑπομένοντες, ἐπειδάν τινες ἡμᾶς τὰ νόμιμα κινεῖν ἀναγκάζωσι, τότε καὶ παρὰ δύναμιν αἰρούμεθα πολέμους καὶ μέχρι τῶν ἐσχάτων ταῖς συμφοραῖς ἐγκαρτεροῦμεν. 273 Διὰ τί γὰρ ἂν καὶ ζηλώσαιμεν τοὺς ἑτέρων νόμους, ὁρῶντες μηδὲ παρὰ τοῖς θεμένοις αὐτοὺς τετηρημένους ; πῶς γὰρ οὐκ ἔμελλον Λακεδαιμόνιοι μὲν τῆς ἀνεπιμίκτου καταγνώσεσθαι πολιτείας καὶ τῆς περὶ τοὺς γάμους ὀλιγωρίας, Ἠλεῖοι δὲ καὶ Θηβαῖοι τῆς παρὰ φύσιν καὶ [ἄγαν] ἀνέδην πρὸς τοὺς ἄρρενας μίξεως ; 274 ἃ γοῦν πάλαι κάλλιστα καὶ συμφορώτατα πράττειν ὑπελάμβανον, ταῦτ᾽, εἰ καὶ μὴ παντάπασι τοῖς ἔργοις πεφεύγασιν, οὐχ ὁμολογοῦσιν· 275 ἀλλὰ καὶ τοὺς περὶ αὐτῶν νόμους ἀπόμνυνται τοσοῦτόν ποτε παρὰ τοῖς Ἕλλησιν ἰσχύσαντας, ὥστε καὶ τοῖς θεοῖς τὰς τῶν ἀρρένων μίξεις ἐπεφήμισαν· κατὰ τὸν αὐτὸν δὲ λόγον καὶ τοὺς τῶν γνησίων ἀδελφῶν γάμους, ταύτην ἀπολογίαν αὐτοῖς τῶν ἀτόπων καὶ παρὰ φύσιν ἡδονῶν συντιθέντες.

202. Doit-on voir ici une justification discrète de la révolte ?
203. Cf. supra II, § 259. [Th.R.]
204. Dérive de la même source que Cicéron, Rép., IV, 4 et Plutarque, De educ. pueris, 15. [Th.R.]

272 Nous n'avons pas non plus exercé notre courage à entreprendre des guerres par ambition, mais à conserver nos lois. Nous supportons patiemment d'être amoindris de toute autre façon, mais quand on vient à nous contraindre de changer nos lois, alors, même sans être en force, nous entreprenons des guerres, et nous tenons contre les revers jusqu'à la dernière extrémité[202]. **273** Pourquoi, en effet, envierions-nous à d'autres leurs lois, quand nous voyons leurs auteurs mêmes ne point les observer ? En effet, comment les Lacédémoniens n'auraient-ils pas condamné leur constitution insociable et leur mépris du mariage[203], les Éléens et les Thébains la liberté sans frein des rapports contre nature entre mâles[204] ? **274** Ces pratiques, en tout cas, que jadis ils croyaient très honorables et utiles, si en fait ils ne les ont pas absolument abandonnées, ils ne les avouent plus, **275** et même ils répudient les lois relatives à ces unions, qui chez les Grecs furent jadis tellement en vigueur, qu'ils mettaient sous le patronage des dieux les rapports avec des mâles[205] et, suivant le même principe, les mariages entre frères et sœurs[206], imaginant cette excuse aux plaisirs anormaux et contraires à la nature, auxquels ils s'adonnaient eux-mêmes[207].

205. Zeus et Ganymède. [Th.R.]
206. Zeus et Héra. [Th.R.]
207. Le commerce entre mâles est, comme on l'a vu en II, § 215, puni de mort par la Bible ; il en est de même pour l'inceste du frère et de la sœur (Lévitique, XX, 19). [Th.R.]

XXXVIII 276 Ἐῶ νῦν περὶ τῶν τιμωριῶν λέγειν, ὅσας μὲν ἐξ ἀρχῆς ἔδοσαν οἱ πλεῖστοι νομοθέται τοῖς πονηροῖς διαδύσεις, ἐπὶ μοιχείας μὲν ζημίας χρημάτων, ἐπὶ φθορᾶς δὲ καὶ γάμους νομοθετήσαντες, ὅσας δὲ καὶ περὶ τῆς ἀσεβείας προφάσεις περιέχουσιν ἀρνήσεως, εἰ [καὶ] τις ἐπιχειρήσειεν ἐξετάζειν· ἤδη γὰρ παρὰ τοῖς πλείοσι μελέτη γέγονε τοῦ παραβαίνειν τοὺς νόμους. 277 Οὐ μὴν καὶ παρ' ἡμῖν· ἀλλὰ κἂν πλούτου καὶ πόλεων καὶ τῶν ἄλλων ἀγαθῶν στερηθῶμεν, ὁ γοῦν νόμος ἡμῖν ἀθάνατος διαμένει, καὶ οὐδεὶς Ἰουδαίων οὔτε μακρὰν οὕτως ἂν ἀπέλθοι τῆς πατρίδος οὔτε πικρὸν φοβηθήσεται δεσπότην, ὡς μὴ πρὸ ἐκείνου δεδιέναι τὸν νόμον. 278 Εἰ μὲν οὖν διὰ τὴν ἀρετὴν τῶν νόμων οὕτως πρὸς αὐτοὺς διακείμεθα, συγχωρησάτωσαν ὅτι κρατίστους ἔχομεν νόμους. Εἰ δὲ φαύλοις οὕτως ἡμᾶς ἐμμένειν ὑπολαμβάνουσι, τί οὐκ ἂν αὐτοὶ δικαίως πάθοιεν, τοὺς κρείττονας οὐ φυλάττοντες ;

XXXIX 279 Ἐπεὶ τοίνυν ὁ πολὺς χρόνος πιστεύεται πάντων εἶναι δοκιμαστὴς ἀληθέστατος, τοῦτον ἂν ποιησαίμην ἐγὼ μάρτυρα τῆς ἀρετῆς ἡμῶν τοῦ νομοθέτου καὶ τῆς ὑπ' ἐκείνου φήμης περὶ τοῦ θεοῦ παραδοθείσης· 280 ἀπείρου γὰρ τοῦ χρόνου γεγονότος, εἴ τις αὐτὸν παραβάλλοι ταῖς τῶν ἄλλων ἡλικίαις νομοθετῶν, παρὰ πάντ' ἂν εὕροι τοῦτον, ὅτι ὑφ' ἡμῶν τε διηλέγχθησαν οἱ νόμοι καὶ τοῖς ἄλλοις ἅπασιν

XXXVIII

*Mais les autres peuples trouvent des moyens
de violer la loi*

276 Je laisse de côté pour le moment les pénalités :
toutes les échappatoires que dès l'origine la plupart des
législateurs offrirent aux coupables, édictant contre
l'adultère l'amende, et contre le séducteur le mariage ;
dans les affaires d'impiété aussi tous les prétextes qu'ils
fournissent de nier au cas où l'on entreprendrait une
enquête. En effet, chez la plupart tourner les lois est
devenu une véritable étude. **277** Il n'en est pas ainsi
chez nous ; qu'on nous dépouille même de nos
richesses, de nos villes, de nos autres biens, notre loi du
moins demeure immortelle. Et il n'est pas un Juif, si
éloigné de sa patrie, si terrorisé par un maître sévère,
qu'il ne craigne la loi plus que lui. **278** Si donc c'est
grâce à la vertu de nos lois que nous leur sommes tellement attachés, qu'on nous accorde qu'elles sont excel-
lentes. Et si l'on estime mauvaises des lois auxquelles
nous sommes à ce point fidèles, quel châtiment ne mériteraient pas ceux qui en transgressent de meilleures ?

XXXIX

*La loi juive a subi l'épreuve du temps et a été
adoptée par plusieurs peuples*

279 Or donc, puisqu'une longue durée passe pour
l'épreuve la plus sûre de toute chose, je pourrais la
prendre à témoin de la vertu de notre législateur et de
la révélation qu'il nous a transmise de Dieu. **280** Car
un temps infini s'étant écoulé depuis, si l'on compare
l'époque où il vécut à celle des autres législateurs, on
trouvera que pendant tout ce temps les lois ont été

ἀνθρώποις ἀεὶ καὶ μᾶλλον αὐτῶν ζῆλον ἐμπεποιήκασι.

281 Πρῶτοι μὲν γὰρ οἱ παρὰ τοῖς Ἕλλησι φιλοσοφήσαντες τῷ μὲν δοκεῖν τὰ πάτρια διεφύλαττον, ἐν δὲ τοῖς γράμμασι καὶ τῷ φιλοσοφεῖν ἐκείνῳ κατηκολούθησαν, ὅμοια μὲν περὶ θεοῦ φρονοῦντες, εὐτέλειαν δὲ βίου καὶ τὴν πρὸς ἀλλήλους κοινωνίαν διδάσκοντες. 282 Οὐ μὴν ἀλλὰ καὶ πλήθεσιν ἤδη πολὺς ζῆλος γέγονεν ἐκ μακροῦ τῆς ἡμετέρας εὐσεβείας, οὐδ᾿ ἔστιν οὐ πόλις Ἑλλήνων οὐδητισοῦν οὐδὲ βάρβαρον οὐδὲ ἓν ἔθνος, ἔνθα μὴ τὸ τῆς ἑβδομάδος, ἣν ἀργοῦμεν ἡμεῖς, [τὸ] ἔθος [δὲ] διαπεφοίτηκεν καὶ αἱ νηστεῖαι καὶ λύχνων ἀνακαύσεις καὶ πολλὰ τῶν εἰς βρῶσιν ἡμῖν [οὐ] νενομισμένων παρατετήρηται. 283 Μιμεῖσθαι δὲ πειρῶνται καὶ τὴν πρὸς ἀλλήλους ἡμῶν ὁμόνοιαν καὶ τὴν τῶν ὄντων ἀνάδοσιν καὶ <τὸ> φιλεργὸν ἐν ταῖς τέχναις καὶ τὸ καρτερικὸν ἐν ταῖς ὑπὲρ τῶν νόμων ἀνάγκαις· 284 τὸ γὰρ θαυμασιώτατον, ὅτι χωρὶς τοῦ τῆς ἡδονῆς ἐπαγωγοῦ δελέατος αὐτὸς καθ᾿ ἑαυτὸν ἴσχυσεν ὁ νόμος, καὶ ὥσπερ ὁ θεὸς διὰ παντὸς τοῦ κόσμου πεφοίτηκεν, οὕτως ὁ νόμος διὰ πάντων ἀνθρώπων βεβάδικεν. Αὐτὸς δέ τις ἕκαστος τὴν πατρίδα καὶ τὸν οἶκον ἐπισκοπῶν τὸν αὐτοῦ τοῖς ὑπ᾿ ἐμοῦ λεγομένοις οὐκ ἀπιστήσει. 285 Χρὴ τοίνυν <ἢ> πάντων ἀνθρώπων καταγνῶναι πονηρίαν ἐθελούσιον, εἰ τἀλλότρια καὶ φαῦλα πρὸ τῶν οἰκείων καὶ καλῶν ζηλοῦν ἐπιτεθυμήκασιν, ἢ παύσασθαι βασκαίνοντας ἡμῖν τοὺς κατηγοροῦντας. 286 Οὐδὲ γὰρ ἐπιφθόνου τινὸς ἀντιποιούμεθα πράγματος τὸν αὐτῶν τιμῶντες νομοθέτην καὶ τοῖς ὑπ᾿ ἐκείνου προφητευθεῖσι περὶ τοῦ θεοῦ πεπιστευκότες·

---

208. Cf. plus haut, §§ 168 et 256. [Th.R.]

209. Les idées exprimées §§ 280 et 282 apparaissent déjà, suivant la remarque de Cohn, chez Philon, *Vita Mosis*, II §§ 20-23. Cf. Tertullien, *Ad Nationes*, I, 13, avec les observations de Schürer, *Geschichte*, III, 166, n. 49. — L'allumage des lampes (*ritus lucernarum* chez Tertullien) se pratiquait le vendredi soir, avant le commencement du sabbat, afin de ne pas contrevenir au précepte défendant de faire du feu le jour férié (Exode, XXXV, 3). Cet usage, dont Josèphe et Tertullien attestent la popularité chez les demi-prosélytes, a été raillé par Sénèque et Perse (*Textes d'auteurs grecs et romains*, p. 263 et 264). [Th.R.]

approuvées par nous et se sont attiré de plus en plus la faveur de tous les autres hommes. **281** Les premiers, les philosophes grecs, s'ils conservèrent en apparence les lois de leur patrie, suivirent Moïse dans leurs écrits et dans leur philosophie, se faisant de Dieu la même idée que lui [208], et enseignant la vie simple et la communauté entre les hommes. **282** Cependant la multitude aussi est depuis longtemps prise d'un grand zèle pour nos pratiques pieuses, et il n'est pas une cité grecque ni un seul peuple barbare, où ne se soit répandue notre coutume du repos hebdomadaire, et où les jeûnes, l'allumage des lampes, et beaucoup de nos lois relatives à la nourriture ne soient observés [209]. **283** Ils s'efforcent aussi d'imiter et notre concorde et notre libéralité et notre ardeur au travail dans les métiers et notre constance dans les tortures subies pour les lois. **284** Car ce qui est le plus étonnant, c'est que, sans le charme ni l'attrait du plaisir, la loi a trouvé sa force en elle-même, et, de même que Dieu s'est répandu dans le monde entier, de même la loi a cheminé parmi tous les hommes [210]. Que chacun examine lui-même sa patrie et sa famille, il ne mettra point en doute mes paroles. **285** Il faut donc ou bien que nos détracteurs accusent tous les hommes de perversité volontaire pour avoir désiré suivre des lois étrangères et mauvaises plutôt que leurs lois nationales et bonnes, ou qu'ils cessent de nous dénigrer. **286** Car nous n'élevons pas une prétention critiquable en honorant notre propre législateur et en croyant à sa doctrine prophétique au sujet de Dieu ; en effet, si même nous ne comprenions pas par nous-

---

210. Faisant suite à l'argumentation précédente, cette diffusion de la loi peut être comprise comme une apologie de la dispersion des Juifs, qui leur permet de répandre la « lumière » auprès des nations *(or la-goyim)*, selon les prophéties d'Isaïe 49,6 et Zacharie 8,20-23.

mêmes la vertu de nos lois, de toute façon le nombre
des hommes qui les suivent nous eût portés à en conce-
voir une haute idée.

XL

Résumé de ce traité

287 Au reste j'ai rapporté en détail les lois et la
constitution des Juifs dans mes écrits sur les *Antiquités* [211] ; ici j'en ai fait mention dans la mesure où
c'était nécessaire, non pour blâmer les mœurs des
autres ni pour exalter les nôtres, mais pour prouver que
les écrivains injustes à notre égard ont attaqué avec
impudence la vérité elle-même. **288** Je pense avoir
suffisamment rempli dans cet ouvrage ma promesse du
début. J'ai montré en effet que notre race remonte à
une haute antiquité, tandis que nos accusateurs la
disent très récente. J'ai produit d'antiques témoins en
grand nombre, qui nous mentionnent dans leurs
histoires, tandis qu'à croire leurs affirmations il n'en
existe aucun. **289** Ils prétendaient que nos aïeux étaient
Égyptiens ; j'ai montré qu'ils étaient venus en Égypte
d'un autre pays. Ils ont affirmé faussement que les Juifs
en avaient été chassés à cause de l'impureté de leur
corps ; j'ai montré qu'ils étaient retournés dans leur
patrie parce qu'ils le voulaient, et qu'ils étaient les plus
forts. **290** Ils ont vilipendé notre législateur en le repré-
sentant comme très méprisable ; mais pour témoin de
sa valeur il a trouvé Dieu autrefois et, après Dieu, le
temps.

---

211. Principalement *AJ*, livre III, ch. IX-XII. [Th.R.]

XLI 291 Περὶ τῶν νόμων οὐκ ἐδέησε λόγου πλείονος· αὐτοὶ
γὰρ ἑωράθησαν δι᾽ αὐτῶν οὐκ ἀσέβειαν μὲν, εὐσέβειαν δ᾽
ἀληθεστάτην διδάσκοντες, οὐδ᾽ ἐπὶ μισανθρωπίαν, ἀλλ᾽ ἐπὶ
τὴν τῶν ὄντων κοινωνίαν παρακαλοῦντες, ἀδικίας ἐχθροί,
δικαιοσύνης ἐπιμελεῖς, ἀργίαν καὶ πολυτέλειαν ἐξορίζοντες,
αὐτάρκεις καὶ φιλοπόνους εἶναι διδάσκοντες, 292 πολέμων μὲν
ἀπείργοντες εἰς πλεονεξίαν, ἀνδρείους δὲ ὑπὲρ αὐτῶν εἶναι
παρασκευάζοντες, ἀπαραίτητοι πρὸς τὰς τιμωρίας, ἀσόφιστοι
λόγων παρασκευαῖς, τοῖς ἔργοις ἀεὶ βεβαιούμενοι· ταῦτα γὰρ
ἀεὶ ἡμεῖς παρέχομεν τῶν γραμμάτων ἐναργέστερα. 293 Διόπερ
ἐγὼ θαρσήσας ἂν εἴποιμι πλείστων ἅμα καὶ καλλίστων ἡμᾶς
εἰσηγητὰς τοῖς ἄλλοις γεγονέναι· τί γὰρ εὐσεβείας
ἀπαραβάτου κάλλιον ; τί δὲ τοῦ πειθαρχεῖν τοῖς νόμοις
δικαιότερον ; 294 ἢ τί συμφορώτερον τοῦ πρὸς ἀλλήλους
ὁμονοεῖν καὶ μήτ᾽ ἐν συμφοραῖς διίστασθαι μήτ᾽ ἐν εὐτυχίαις
στασιάζειν ἐξυβρίζοντας, ἀλλ᾽ ἐν πολέμῳ μὲν θανάτου
καταφρονεῖν, ἐν εἰρήνῃ δὲ τέχναις ἢ γεωργίαις προσανέχειν,
πάντα δὲ καὶ πανταχοῦ πεπεῖσθαι τὸν θεὸν ἐποπτεύοντα
διέπειν ; 295 ταῦτ᾽ εἰ μὲν παρ᾽ ἑτέροις ἢ ἐγράφη πρότερον ἢ
ἐφυλάχθη βεβαιότερον, ἡμεῖς ἂν ἐκείνοις χάριν ὠφείλομεν ὡς
μαθηταὶ γεγονότες· εἰ δὲ καὶ χρώμενοι μάλιστα πάντων
βλεπόμεθα καὶ τὴν πρώτην εὕρεσιν αὐτῶν ἡμετέραν οὖσαν
ἐπεδείξαμεν, Ἀπίωνες μὲν καὶ Μόλωνες καὶ πάντες ὅσοι τῷ
ψεύδεσθαι καὶ λοιδορεῖν χαίρουσιν ἐξελήλεγχθωσαν. 296 Σοὶ
δέ, Ἐπαφρόδιτε, μάλιστα τὴν ἀλήθειαν ἀγαπῶντι καὶ διὰ σὲ
τοῖς ὁμοίως βουλησομένοις περὶ τοῦ γένους ἡμῶν εἰδέναι,
τοῦτό <τε> καὶ τὸ πρὸ αὐτοῦ γεγράφθω βιβλίον.

---

212. Cette vertu, caractérisant les meilleures valeurs humaines,
est également énumérée par Plutarque, *Brutus*, 12, 2 ; *Œuvres
morales*, 84a, 1044a.

213. Cette conclusion en forme de panégyrique reprend les
qualités que Josèphe avait attribuées aux Esséniens, en les étendant à
l'ensemble du peuple juif. *Guerre*, II, 119, 122-123, 134, 145.

XLI

Conclusion

291 Sur les lois je n'avais pas besoin de m'étendre davantage : elles ont montré par elles-mêmes qu'elles enseignent, non l'impiété, mais la piété la plus vraie ; qu'elles invitent non à la haine des hommes, mais à la mise en commun des biens ; qu'elles s'élèvent contre l'injustice, se préoccupent de l'équité, bannissent la paresse et le luxe, enseignent la modération et le travail ; **292** qu'elles repoussent les guerres de conquêtes, mais préparent les hommes à les défendre elles-mêmes vaillamment, inflexibles dans le châtiment, insensibles aux sophismes des discours apprêtés, s'appuyant toujours sur des actes ; car ce sont là nos arguments, plus clairs que les écrits. **293** Aussi oserai-je dire que nous avons initié les autres peuples à de très nombreuses et aussi à de très belles idées. Quoi de plus beau que la piété inviolable ? de plus juste que d'obéir aux lois ? **294** Quoi de plus utile que de s'accorder entre concitoyens, de ne point se désunir dans le malheur, et dans la prospérité de ne point provoquer de dissensions par excès d'orgueil ; dans la guerre de mépriser la mort [212], dans la paix de s'appliquer aux arts et à l'agriculture, et de croire que Dieu étend sur tout et partout son regard et son autorité [213] ? **295** Si ces préceptes avaient été antérieurement écrits chez d'autres hommes, ou s'ils avaient été observés avec plus de constance, nous devrions à ces hommes une reconnaissance de disciples ; mais si l'on voit que personne ne les suit mieux que nous, et si nous avons montré que la création de ces lois nous appartient, alors, que les Apion, les Molon et tous ceux dont le plaisir est de mentir et d'injurier soient confondus. **296** À toi, Épaphrodite, qui aimes avant tout la vérité, et par ton entremise à ceux qui voudront également être fixés sur notre origine, je dédie ce livre et le précédent.

Appendice

Page 5, § 1.

3. Même chiffre *AJ,* Proœm. : les 5 000 années se décomposent en 3 000 de la création à Moïse (*infra*, I, 39) et en 2 000 depuis l'époque de Moïse et Aaron (*infra*, I, 36 et II, 226). 3. Ailleurs (*AJ*, X, 8, 5, etc.), Josèphe ne compte que 4 223 ans depuis la création jusqu'à Titus.

Pages 17-18, § 29-31.

16-17. Josèphe confond volontairement la tenue des registres généalogiques, telle qu'elle était pratiquée sous le Second Temple par le sacerdoce, avec la manière toute différente dont furent composés les anciens livres historiques de la Bible. Il est curieux de le voir affirmer que, même après la ruine de l'État juif, ces registres continueront à être tenus à jour. L'événement n'a pas confirmé cette prédiction.

Quant à ses indications sur le mariage des prêtres, comparer les renseignements généalogiques fournis par Josèphe au commencement de son autobiographie et extraits par lui « des registres publics ». En réalité, la loi était encore plus exigeante que ne le dit ici Josèphe : la femme d'un prêtre ne devait pas seulement être de race israélite, mais n'être ni veuve, ni divorcée, ni déflorée, ni prostituée (cf. Lévitique, XXI, 7-14 ; *AJ*, III, ch. XII, §§ 276-277.)

Pages 26-28, § 51, 53, 54.

42, 43. Les deux personnages mentionnés en compagnie d'Agrippa II sont sûrement des membres de la famille d'Hérode.

1° Julius Archelaüs, fils d'Helcias, avait épousé Mariamme, fille d'Agrippa Ier (*AJ*, XIX, 355) ; il était donc le beau-frère d'Agrippa II.

2° Hérode ὁ σεμνότατος est non pas, comme l'a cru Dessau, le très jeune fils d'Aristobule (roi de Petite-Arménie et arrière-petit-fils d'Hérode le Grand), mais, probablement, suivant Otto (Pauly-Wissowa, *Supplément*, II, 162), un fils de Phasaël (neveu d'Hérode le Grand) et de Salampsio (fille du même). Cf. *AJ*, XVIII, 131-138.

46. Cf. Thucydide, I, 22.

47. *AJ*, I, 5 ; XX, 261.

48. L'interprétation rabbinique.

Page 47, § 103.

75. L'addition des chiffres donnés au ch. XV ne fournit, entre l'expulsion des Hycsos et l'*avènement* de Séthôs, que 334 ans. Il est probable, comme l'a vu Lepsius, que Josèphe (ou plutôt sa source) a ajouté à cette somme les 59 ans qu'il assigne plus loin (§ 231) au règne de Séthôs. Josèphe a donc reproduit ce total d'après un apologiste antérieur sans se soucier de le mettre d'accord avec la liste précédente (Hœlscher).

Page 59, § 137.

106. Gutschmid constatant que καί est mal attesté et supposant qu'ἐθνῶν est interpolé, propose de lire Συρῶν τῶν κατὰ τὴν Αἴγυπτον. Il est plus probable que τ. κ. τ. Α. ἔ. concerne les peuples de l'Arabie nommée § 133 à côté de la Syrie.

Page 67, § 159.

122. Le total des années énumérées aux §§ 156-158 donne 55 ans 3 mois ; Josèphe ne compte que 54, 3, soit parce qu'il prend μεταξὺ (157) au sens classique, soit parce que son point de départ sous-entendu est non le siège de Tyr (an 17), mais la destruction du temple qui eut lieu (154) l'an 18 de Nabuchodonosor. Comme la reconstruction commença l'an 2 de Cyrus = 16 (?) d'Hirôm, il faut retrancher du total les 4 dernières années d'Hirôm et l'on obtient bien les 50 ans du § 154.

Page 91, § 221.

166. Théopompe avait la réputation d'un écrivain âpre et médisant (*maledicentissimus scriptor*, Nepos, *Alcib.*, 11), mais sa malveillance ne s'était pas exercée particulièrement contre Athènes ; tout au plus, en sa qualité de victime des démocrates, avait-il jugé sévèrement les démagogues athéniens (cf. C. Müller, *FHG*, I, p. LXXV). Le Τριπολιτικός, plus souvent appelé Τρικάρανος, était un pamphlet contre Athènes, Sparte et Thèbes, œuvre du sophiste Anaximène, qui l'avait faussement mis sous le nom de Théopompe (Pausanias, VI, 18). Quant à Polycrate, on ne sait s'il faut y voir l'auteur d'ailleurs inconnu de Λακωνικά dont Athénée (IV, 139 D = *FHG*, IV, 480) cite une description de la fête des Hyacinthies, ou, comme le croit C. Müller, le sophiste athénien du IVᵉ siècle, auteur d'un pamphlet célèbre contre Socrate.

Page 95, § 230-231.

170-171. Ed. Meyer (*Chronologie*, p. 77) a fait observer que Manéthôs n'indique la durée d'un règne qu'à la fin de celui-ci ; et il pense que Josèphe ne disposait que d'un extrait qui s'arrêtait avant la fin du règne d'Aménophis. Il est difficile de savoir d'ailleurs sous quel Aménophis Manéthôs plaçait l'histoire des Impurs. D'après Josèphe, elle serait postérieure au règne de Séthôs = Seti, 3ᵉ roi de la XIXᵉ dynastie ; or, aucun roi de cette dynastie ne porte le nom d'Amenhotep. Si l'histoire était racontée « hors cadre » on pourrait songer soit à Aménophis III (1411-1375) sous lequel vécut Aménophis, fils de Paapis (= § 232), soit à Aménophis IV (1375-1358) dont la réforme religieuse et le culte solaire trouvaient un écho dans l'anecdote du « prêtre d'Héliopolis » rebelle. Quoi qu'il en soit, Josèphe paraît admettre (§ 231) que l'Aménophis en question est le successeur de Ramsès (II) fils de Séthôs. Mais il se trompe dans son calcul en plaçant son avènement (§ 230) 518 ans après l'exode des Hycsos. En effet, comme je l'ai déjà montré plus haut (note sur le § 103), le total des règnes énumérés entre cet exode et l'avènement de Séthôs ne fournit que 334 ans et non 393 (§§ 103, 231 et II, 16) ; en y ajoutant 59 + 66 = 125 ans pour les règnes de Séthôs et de Ramsès (§ 231) on trouve donc 459 ans et non 518. Il semble bien que Josèphe (ou sa source) ait compté deux fois les 59 ans de Séthôs.

Page 137, § 14.

5. Josèphe aurait dû rappeler, à propos d'Homère, qu'Apion prétendait avoir appris d'un homme d'Ithaque la nature du jeu auquel jouaient les prétendants de Pénélope (Athénée, I, p. 16 F).
— On faisait de Pythagore tantôt un Samien, tantôt un Tyrrhénien ou même un Syrien (de l'île de Syros ?). Cf. Diogène Laërce, VIII, 1 ; Clément d'Alexandrie, *Stromat.*, I, 14.

Page 139, § 16-17.

6. Pour les dates de l'exode, d'après Manéthôs et Lysimaque, voir plus haut, I, 103 et 305. Pour (Apollonios) Molon, voir *infra*, II, 79, etc. La date proposée par Apion correspond à 752 avant J.-C. C'est à peu près la date assignée au Bocchoris de la XXIVᵉ dynastie par les chronographes. Mais cette date a pour but de faire coïncider les fondations de Carthage et de Rome, synchronisme absurde, emprunté à Timée (Denys d'Halicarnasse, I, 74).

Page 143, § 32.

14. Il n'y a aucune raison de mettre en doute l'assertion de Josèphe suivant laquelle Apion serait né dans l'oasis d'Égypte, c'est-à-dire dans une des deux grandes oasis qui formaient des nomes particuliers (Ptol., IV, 5, 61). Mais il n'en résulte pas nécessairement, comme le veut Josèphe, qu'il fût de race égyptienne, ni même, comme celui-ci l'insinue plus loin (§§ 32 et 41), qu'Apion ne dût la qualité d'Alexandrin qu'à la naturalisation personnelle. Nous savons par les papyrus que beaucoup de Grecs habitant les nomes de province jouissaient du droit de cité alexandrine, soit qu'ils fussent d'origine alexandrine, soit que leurs ancêtres eussent été naturalisés alexandrins. Sur cette question voir, outre le livre cité de Willrich, Isidore Lévy, *Revue des Études juives*, XLI (1900), p. 188 suiv. ; Wilcken, *Grundzüge*, p. 46 ; Schubart, *Archiv f. Papyruskunde*, V, 105 ; Jouguet, *Vie municipale*, p. 10, 95.

Page 147, § 39-41.

20. Assertion réitérée (*AJ*, XII, 3, 1) dont on voudrait la preuve. Dans II Macc., ɪᴠ, 9, nous voyons Jason promettre des sommes

considérables à Antiochus Épiphane, s'il permet, entre autres, τοὺς ἐν Ἱεροσολύμοις Ἀντιοχεῖς ἀναγράψαι. Ce texte se rapporte à Jérusalem, non à Antioche. En tout cas, à l'époque romaine, les Juifs d'Antioche jouissent du droit de cité et leurs privilèges sont inscrits sur des tables de bronze (*Bellum*, VII, 5, 2).

21. Cf. *AJ*, XII, 3, 2, où l'on voit que la chose était contestée. Il s'agit surtout d'Antiochus II Théos. Voir la note de Schürer, III (3e éd.), p. 81-82.

22. Il y a là, en ce qui concerne les Ibères (Espagnols), une forte exagération. L'Espagne renfermait bon nombre de colonies, de municipes, et Vespasien en 75 avait conféré le *jus Latii* à toute la péninsule (Tacite, *Hist.*, III, 53, 70 ; Pline, III, 4, 30) ; mais le droit latin n'était pas encore la cité romaine.

23. Assertion répétée au § 72 *infra*, mais qui est exagérée. Nous savons seulement : 1° que les Égyptiens pour arriver à la cité romaine devaient d'abord être reçus citoyens d'Alexandrie (Pline à Trajan, *Ep.*, 6), admission qui devait être accordée par l'empereur et l'était rarement (Pline à Trajan, *Ep.*, 10 ; Trajan à Pline, *Ep.*, 7) ; 2° que l'Égyptien, même admis à la cité romaine, ne pouvait exercer les fonctions qui donnaient accès au sénat (Dion Cassius, LI, 17, 2).

Page 149, § 44.

25. Ici et *AJ*, XII, 7-9, Josèphe s'inspire du Pseudo-Hécatée et du Pseudo-Aristée, c. 13 Wendland, et par conséquent exagère ; mais il y avait certainement de petites garnisons juives en Égypte, par exemple celle d'Athribis, au sud du Delta (*Revue des Études juives*, XVII, 1888, p. 435), les *castra Judaeorum* à l'est *(Notitia dignitatum)* et le Ἰουδαίων στρατόπεδον à l'ouest (*AJ*, XIV, 8, 25 ; *Bellum*, I, 9, 4). Peut-être même la garnison juive d'Éléphantine a-t-elle encore subsisté quelque temps sous les Ptolémées. Cf. Schürer, III (3e éd.), p. 22.

Page 151, § 51.

34. *Filios* = enfants, non fils. Philométor ne laissa pas *plusieurs* fils, mais un seul, Philopator Néos ; un fils aîné (Eupator) était mort avant son père. Mais il y avait aussi une fille, Cléopâtre III, que Physcon épousa peu après.

Page 165, § 86.

50. (*suite*) L'assertion relative à la vipère est isolée, mais ne doit sans doute pas être mise en doute. Spiegelberg (*Sitzungsb. Bayr. Ak. Wissenschaften*, 1925, 2, p. 2) s'est appuyé sur le texte de Josèphe pour conjecturer que Cléopâtre a voulu mourir de la morsure d'une vipère pour s'assurer la divinisation.

Page 173, II, § 108.

62. Ces quatre tribus représentent les quatre groupes sacerdotaux primitifs revenus avec Zorobabel : Yedaya, Immer, Pachkhour, Kharim. Notre passage est le seul qui atteste encore l'existence de cette division à la fin de l'époque du Second Temple, où d'ordinaire (par ex., *Vita*, c. I) l'on compte 24 classes de prêtres (6 par groupe, Talmud de Jérusalem, *Taanit*, 68 a). Le chiffre de 5 000 prêtres par groupe est sans doute exagéré, même en y comprenant les lévites.

Page 209, § 190.

109. L'idée que Dieu est le commencement et la fin de tout peut s'appuyer sur divers textes bibliques, mais non pas celle qu'il en est aussi le milieu. Selon les rabbins (p. ex., Jer., *Sanhédrin*, 18 a), si le mot vérité (אמת) est le sceau de Dieu, c'est parce qu'il se compose de la première, de la dernière lettre et de la lettre médiane de l'alphabet ; mais מ n'est pas au milieu de l'alphabet hébreu. J'ai soupçonné ces trois lettres de représenter les initiales (transcrites en hébreu) des mots grecs ἀρχὴ, μέσον, τέλος : ce jeu d'esprit mystique serait alors d'origine alexandrine ; cependant le *tav* n'est presque jamais transcrit par un τ.

Page 217-219, § 205-208.

132. On ne trouve pas de prescriptions à ce sujet dans la Loi, mais bien dans le Talmud (*Moed Katan*, 27 a ; jer. *Schekalim*, 11).

133. Rien de tel dans l'Écriture, mais cf. Talmud, *Berakhot*, 18 a ; Ecclésiastique, VII, 34.

135. Nombres, XIX, 11 suiv. ; Lévitique, XXI, 1 ; XXII, 4.

136. L'interpolateur cherche un motif rationnel pour d'antiques usages fondés sur des croyances évanouies.

137. Dans le Décalogue (Exode, XX, 12 = Deut., V, 16), immédiatement après les articles relatifs à la divinité vient celui qui prescrit d'honorer ses parents.

138. Deut., XXI, 18 suiv. Mais il faut plus qu'un « manque de reconnaissance » pour être lapidé.

139. Lévitique, XIX, 32.

140. Daniel, VII, 9 (Dieu est appelé l'Ancien des jours). Josèphe interprète peut-être aussi à sa façon Lévitique, XIX, 32 : « Tu te lèveras devant la vieillesse... crains l'Éternel, ton Dieu. »

141. Doctrine essénienne (*Bellum*, II, 8, 7), inconnue au Pentateuque.

142. Plusieurs proverbes prohibent l'indiscrétion (XI, 13 ; XX, 19 ; XXV, 9), mais il n'y est pas question de livrer les secrets de ses anciens amis.

143. Exode, XXIII, 8 ; Deut., XVI, 19 ; XXVII, 25. Nulle part cependant n'apparaît la peine de mort.

144. Ce n'est, dans la Bible, qu'un précepte moral : Deut., XV, 7 suiv.

145. Quoique confirmée par le § 216, cette prescription est bien singulière. En lisant ὃ κατέθηκεν (sans μή) on aurait un parallèle dans Lévitique, V, 21 (dénégation du dépôt).

146. Exode, XX, 15 ; XXII, 1 suiv. ; Lévitique, XIX, 11 ; Deut., V, 17.

147. Exode, XXII, 25 ; Lévitique, XXV, 36-7 ; Deut., XXIII, 7.

Page 221, § 211-213.

151. On a voulu voir là un développement du verset Deut., XXI, 23 qui prescrit d'enterrer le pendu (parce qu'il souille ceux qui le voient). On se rappellera aussi Tobit, 1, 16 suiv.

153. Deut., XX, 19.

154. Rien de pareil dans la Loi.

155. Deut., XXI, 10 suiv.

156. Défense de faire travailler le bœuf et l'âne pendant le sabbat, Deut., V, 14, etc.

157. On cherche vainement cette prescription dans le Pentateuque (mais cf. *Baba Mezia*, 85 *a*).

158. Lévitique, XXII, 28 ; Deut., XXII, 6.

159. Pas de texte.

Bibliographie reconstituée
de Théodore Reinach

ABEL, Félix-Marie, « Inscriptions de Transjordane et de Haute Galilée », *Revue Biblique* (1892-1940), vol. 5, n° 4, 1908, p. 567-578.

BAUMGARTNER, Walter, « Susanna- Die Geschichte einer Legende », *Archiv für Religionswissenschaft,* 24, 1926, p. 259-280.

BELL, H. Idris, *Jews and Christians in Egypt ; the Jewish Troubles in Alexandria and the Athanasian Controversy*, Londres, Oxford University Press, 1924 [repr.1972].

BENZINGER, Immanuel, « *Adora* », in Pauly-Wissowa, *Realencyclopädie der classischen Altertumswissenschaft,* Stuttgart, J.B. Metzler, 1894-1980, Band I, I,1, p. 400.

BOUCHÉ-LECLERCQ, Auguste, *Histoire des Lagides*, Paris, E. Leroux, 1903-1907 [repr. 1963].

BREASTED, James Henry, *Ancient Records of Egypt : Historical Documents From the Earliest Times to the Persian Conquest*, 5 vol., Chicago, University of Chicago Press, 1906-1907 [repr. 1962].

BRÉHIER, Émile, *Les Idées philosophiques et religieuses de Philon d'Alexandrie*, Paris, Librairie Alphonse Picard & fils, 1908.

MÜLLER, Carl (Karl-Wilhem), *Fragmenta historicorum graecorum [FHG]*, vol. I ; vol. IV, Paris, Firmin Didot, 1841-1873.

COHN, Leopold et Wendland, Paul, *Philonis Alexandrini Opera quae supersunt*, 7 vol., Berlin, G. Reimer, 1896-1915.

COSQUIN, Emmanuel, « Le Livre de Tobie et l' 'Histoire du Sage Ahikar' », *Revue Biblique (1892-1940)*, vol. 8, n° 1, 1899, p. 50-82.

DAREMBERG, Charles Victor, SAGLIO, Edmond (éd.), *Dictionnaire des Antiquités Grecques et Romaines. D'après les textes et les monuments*, Paris, Hachette, 1900.

DIBELIUS, Martin, « Die Christianisierung einer hellenistischen Formel », *Neue Jahrbücher für das klassische Altertum*, 1915, XXXV, p. 224-236.

DIETERICH, Albrecht, *Nekyia : Beiträge zur Erklärung der Neuentdeckten Petrusapokalypse,* Leipzig, B. G. Teubner, 1893.

ELTER, Anton, *De gnomologiorum Graecorum historia atque origine*, Bonn, Georg, 1897.

FÉVRIER, James-Germain, *La Date, la Composition et les Sources de la Lettre d'Aristée à Philocrate*, Paris, Honoré Champion, 1924.

GEFFCKEN, Johannes, « Antiplatonika », *Hermes*, vol. 64, n° 1, 1928, p. 87-109.

GOMPERZ, Theodor, *Griechische Denker : Geschichte der antiken Philosophie* (vol. I et II), Leipzig, Verlag von Veit & Comp., 1893 ; 1902.

GUTSCHMID, Alfred von, *Kleine Schriften*, Leipzig, Teubner, 1893.

HAVET, Ernest, *Mémoire sur la date des écrits de Bérose et de Manéthon*, Paris, Hachette, 1873.

GRENFELL, Bernard P., HUNT, Arthur A., *The Hibeh papyri, Part. I*, Londres, Egypt Exploration Fund, 1906.

HŒLSCHER, Gustav, « Josephus », in Pauly-Wissowa, col. 1996.

JOUGUET, Pierre, *La Vie municipale dans l'Égypte romaine*, Paris, Fontemoing et Cie, 1911.

KOLDEWEY, Robert, *Das wieder erstehende Babylon : die bisherigen Ergebnisse der deutschen Ausgrabungen*, Leipzig, Hinrichs, 1913.

KRÜGER, Paul, *Philo und Josephus als Apologeten des Judentums*, Leipzig, Dürr, 1906.

LANGDON, Stephen, *Die neubabylonischen Königsinschriften*, Leipzig, Hinrichs, 1912.

LEHMANN-HAUPT, Carl Ferdinand Friedrich, « Neue Studien zu Berossos », *Klio* 22, 1929, p. 125-160.

LÉVY, Isidore, *La Légende de Pythagore de Grèce en Palestine*, Paris, Champion, 1927.

–, « Les soixante-dix semaines de Daniel dans la chronologie juive », *Revue des Études juives*, 51, 1906, p. 161-190.

–, « Notes d'histoire et d'épigraphie », *Revue des Études juives*, 41, 1900, p. 174-195.

LEWY, Julius, *Mitteilungen der Vorderasiatisch-Aegyptischen Gesellschaft,* 29, 2, Leipzig, Hinrichs, 1925.

MASPERO, Gaston, *Histoire ancienne des peuples de l'Orient classique*, Paris, Hachette & Cie, 1895-1899.

MEYER, Eduard, *Geschichte des Altertums*, I, II, 4ᵉ éd., 1931.

–, *Ægyptische Chronologie*, Berlin, Reimer, 1904.

MOTZO, Bacchisio, « Il κατὰ Ἰουδαίων di Apione », *Atti della Reale Accademia delle Scienze di Torino*, 48,1912-1913, p. 459-468.

–, « Le 'Hypothetika' di Filone, *Atti della Reale Accademia delle Scienze di Torino*, 47, 1911-1912, p. 556-573.

MÜLLER, J. G., *Des Flavius Josephus Schrift gegen den Apion. Text und Erklärung aus dem Nachlass* (éd. C. J. Riggenbach et C. von Orelli), Bâle, Bahnmeier, 1877.

NABER, Samuel Adrianus, *Flavii Iosephi Opera omnia*, Leipzig, Teubner, 1896.

NIESE, Benedict, *Flavii Josephi Opera edidit et appa-
ratu critico instruxit*, vol. 5 : *De Iudaeorum Vetustate sive Contra Apionem libri II*, Berlin,
Weidmann,1889.

OTTO, Walter Gustav Albrecht, *Priester und Tempel
im hellenistischen Aegypten*, Leipzig, Teubner, 1905.
Pauly-Wissowa, *Supplément*, II, 162.

REINACH, Théodore, « Notes sur le second livre du
Contre Apion de Josèphe », in Marcus M.
Brann, *Gedenkbuch Zur Erinnerung an David Kauf-
mann* [= *Mélanges Kaufmann*], Breslau, Schles.
Verlags-Anstalt, 1900, p. 13-15.

–, « L'Empereur Claude et les Juifs d'après un
nouveau document », *Revue des Études juives*, 78-
79, 1924, p. 113-144.

REINACH, Théodore, HAUSSOULLIER, Bernard,
DARESTE, Rodolphe (éd.), *Recueil des Inscriptions
juridiques grecques* (3 vol.), Paris, E. Leroux, 1898-
1904.

SCHNABEL, P., *Berossus und die babylonish-hellenis-
tische Literatur*, Leipzig, Teubner, 1923.

SCHUBART, Wilhelm, « Alexandrinische Urkunden
aus der Zeit des Augustus », *Archiv für Papyrusforschung und verwandte Gebiete*, 5, 1913, Leipzig,
Teubner, p. 35-131.

SCHÜRER, Emil, *Geschichte des Jüdischen Volke im
Zeitalter Jesu Christi*, Leipzig, Hinrichs, 1911.

SCHWARTZ, Eduard, « Berosos », Pauly-Wissowa,
col. 315.

SPIEGELBERG, Wilhelm, « Zu dem Namen
Manetho », *Orientalistische Literaturzeitung*, 31 (1-6),
p. 327.

–, « Noch einmal der Name Manetho », *Orientalistische Literaturzeitung*, 32 (1-6), 1929, p. 163.

–, *Ägyptologische Mitteilungen* (*Sitzungsberichte der
Bayerischen Akademie der Wissenschaften, Philoso-
phisch-Philologische und Historische Klasse*),

Munich, Verlag der Bayerischen Akademie der Wissenschaften, 1925.

STRACK, Max Leberecht, « Inschriften aus ptolemäischer Zeit- III », *Archiv für Papyrusforschung* III, 3, 1906, p. 126-139.

THACKERAY, H. St. John, *Josephus*, vol. I : *The Life. Against Apion,* Loeb Classical Library 186, Cambridge, Harvard University Press, 1926.

WENDLAND, Paul, « Die Therapeuten und die philonische Schrift vom beschaulichen Leben », *Jahrbücher für classische Philologie*, 1896, 22, p. 693-770.

WILCKEN, Ulrich, *Grundzüge und Chrestomathie der Papyruskunde*, Leipzig, Teubner, 1912.

–, « Zur ägyptisch-hellenistischen Litteratur », in *Aegyptiaca : Festschrift für Georg Ebers zum 1. März 1897*, Leipzig, W. Engelmann, 1897, p. 142-152.

WILLRICH, Hugo, *Juden und Griechen vor der makkabäischen Erhebung*, Göttingen,Vandenhoeck & Ruprecht,1895.

–, « Der historische Kern des III. Makkabäerbuches », *Hermes*, 1904, 39, p. 244-258.

–, *Urkundenfälschung in der hellenistisch-jüdischen Literatur*, Göttingen, Vandenhoeck & Ruprecht, 1924.

–, *Judaica : Forschungen zur Hellenistisch-jüdischen Geschichte und Litteratur*, Göttingen, Vandenhoeck & Ruprecht, 1900.

WEILL, Raymond, « La fin du Moyen Empire égyptien », *Journal Asiatique*, XVI, n° 2, 1910, p. 247-329.

WINCKLER, Hugo, *Altorientalische Forschungen*, II, Leipzig, E. Pfeiffer, 1900.

BIBLIOGRAPHIE

AUTEURS ANCIENS

AGAPIUS DE MENDJIB, *Kitab al-Anvan* (Histoire universelle), traduit par A. A. Vasiliev, seconde partie, fascicule 2, *Patrologia Orientalis*, 8, Paris, Firmin-Didot, 1910.

Avot de-Rabbi Natan [1887], *Aboth de Rabbi Nathan*, éd. Solomon SCHECHTER, New Haven, CT, Feldheim, 1945, 1967.

Avot de-Rabbi Natan, The Fathers *According to Rabbi Nathan (Abot de Rabbi Nathan), Version B : A Translation and Commentary*, éd. Anthony Saldarini J., Leyde, Brill, 1975.

CICÉRON, *Pro Flacco, Discours*, t. XII, Paris, Les Belles Lettres, 1938.

DION CASSIUS, *Histoire romaine*, Paris, Les Belles Lettres.

EUSÈBE DE CÉSARÉE, *Histoire ecclésiastique,* Livres I-IV, t. I., trad. Gustave Bardy, Paris, Cerf, Sources chrétiennes 31 [1952], 2011.

–, *Préparation évangélique*, VIII-IX-X, trad. Guy Schroeder-Édouard Desplaces, Paris, Cerf, Sources chrétiennes 369, 1991.

Eusebius Werke, Band 8, *Die Praeparatio Evangelica*, éd. Karl Mras, *GCS* 8.1-2, Berlin [1954], Walter de Gruyter, 2012.

Evel Rabbati, The tractate « Mourning » (Semahot) : (regulations relating to death, burial, and mourning), trad. de l'hébreu par Dov Zlotnick, New Haven-Londres, Yale University Press, 1966.

FLAVIUS JOSÈPHE, *Autobiographie*, texte établi et annoté par André Pelletier, Paris, Les Belles Lettres [1959], 2003.

–, *La Guerre des Juifs*, trad. Pierre Savinel, Paris, Les Éditions de Minuit, 1977.

–, *Les Antiquités Juives*, volume I, Livres I à III, trad. Étienne Nodet, Paris, Cerf, 1992 ; volume IV, 1992, Livres VIII-IX, Paris, Cerf, 2005.

FLAVIUS JOSEPHUS, *Translation and Commentary*, éd. Steve Mason, Leyde, Brill, 2000-2018.

–, *Translation and Commentary*, vol. 10, *Against Apion*, éd. John M. G. Barclay, Leyde-Boston, Brill, 2007.

–, *Translation and Commentary*, vol. 3, *Judean Antiquities*, éd. Louis H. Feldman, Livres I-IV, Leyde, Brill, 2000.

–, *Über die Ursprünglichkeit des Judentums (Contra Apionem)*, éd. Folker Siegert, Schriften des Institutum Judaicum Delitzschianum ; Bd. 6/1-2 [vol. 1. *Erstmalige Kollation der gesamten Überlieferung (griechisch, lateinisch, armenisch), literarkritische Analyse und deutsche Übersetzung* : vol. 2. *Beigaben, Anmerkungen, griechischer Text*] ; Göttingen, Vandenhoeck & Ruprecht, 2008.

HOMÈRE, *L'Odyssée*, trad. Victor Bérard, Paris, Les Belles Lettres, 2012.

HIERONYMUS, *Adversus Jovinianum Libri Duo* http://www.ccel.org/ccel/schaff/npnf206.html

JÉRÔME, *Epistulae,* Corpus Scriptorum Ecclesiasticorum Latinorum.

–, *Les hommes illustres, De viris illustribus*, Introduction, traduction et notes par Delphine Viellard [1988, CPL 616], Paris, Migne, 2010.

JUVÉNAL, *Satires*, trad. Pierre de Labriolle, François Villeneuve et Olivier Sers, Paris, Les Belles Lettres, 2002.

Lamentations rabbati, Midrasch Echa Rabbati : Sammlung agadischer Auslegungen der Klagelieder, éd. Solomon Buber [Vilna, Romm, 1899], repr. Hildesheim, Olms, 1967.

Lettre d'Aristée à Philocrate, texte et trad. André Pelletier, Paris, Cerf, 1962.

ORIGÈNE, *Commentaire sur l'Évangile selon Matthieu*, trad. Robert Girod, Sources chrétiennes 162, Paris, Cerf, 1970.

–, *Contre Celse*, t. 1, trad. Marcel Borret, Sources chrétiennes 132, Paris, Cerf, 2005.

PHILON D'ALEXANDRIE, *De Praemiis et Poenis. De exsecrationibus (Des récompenses et des peines)*, trad. A. Beckaert, *Œuvres de Philon d'Alexandrie*, vol. 27, Paris, Cerf, 1961.

–, *De somniis, Des Songes*, trad. Pierre Savinel, *Œuvres de Philon d'Alexandrie*, vol. 19, Paris, Cerf, 1962.

–, *De specialibus Legibus, Des lois spéciales, Œuvres de Philon d'Alexandrie*, vol. 24, trad. Suzanna Daniel, Paris, Cerf, 1976.

–, *In Flaccum, Contre Flaccus, Œuvres de Philon d'Alexandrie*, dirigé par Roger Arnaldez, Jean Pouilloux, Claude Montdésert, trad. André Pelletier, vol. 31, Paris, Cerf, 1967

–, *Légation à Caïus, Œuvres de Philon d'Alexandrie*, trad. André Pelletier, vol. 32, 1972.

PLATON, *Œuvres complètes*, Paris, Les Belles Lettres, Tome X, *Timée–Critias*, texte et trad. Albert Rivaud, 1925.

PLINE L'ANCIEN, *Histoire naturelle*, éd. Stéphane Schmitt, Paris, Gallimard, coll. Bibliothèque de la Pléiade, 2013.

PLINE LE JEUNE, *Lettres,* trad. Hubert Zehnacker et Marcel Durry, Paris, Les Belles Lettres [1928], 2009.

PLUTARQUE, *Vie des hommes illustres, Œuvres morales,* tome II, *Solon-Publicola ; Thémistocle-Camille,* texte établi et traduit par Émile Chambry, Robert Flacelière, Marcel Juneaux, Paris, Les Belles Lettres, 1961.

PORPHYRE DE TYR, *De l'abstinence,* Livre IV, éd. et trad. M. Patillon, Alain Ph. Segonds et Luc Brisson, Paris, Les Belles Lettres, 1995.

QUINTILIEN, *Institution oratoire,* Paris, Les Belles Lettres.

Seder Olam, éd. Chaim Joseph Milikowsky, *Mahadurah mada'it, perush u-mavo. Critical Edition, Commentary and Introduction* (hébr.), 2 vol. Jérusalem, Yad ben Zvi, 2013.

Sifre 'al sefer Ba-midbar ve-sifre zuṭa, éd. Haim Shaul Horovitz, Leipzig, Fock, 1917.

STRABON, *Géographie,* Paris, Les Belles Lettres.

SUÉTONE, *La Vie des douze Césars,* Paris, Les Belles Lettres.

TACITE, *Vie d'Agricola,* trad. J. Perret, Paris, Les Belles Lettres, 2010.

–, *Histoires,* Paris, Les Belles Lettres.

Talmud Babylonien [1519-1523], 37 vol., Vilna, Romm, 1835.

Talmud Palestinien [1522-1523], 7 vol., Vilna, Romm, 1922.

TERTULLIEN, *Apologétique,* trad. J.-P. Waltzing, Paris, Les Belles Lettres, 1998.

THÉOPHILE D'ANTIOCHE, *To Autolycus, Trois livres à Autolycus,* éd. G. Bardy, trad. J. Sender, Sources chrétiennes 20, Paris, Cerf, 1948.

THUCYDIDE, *La Guerre du Péloponnèse,* 3 t., trad. J. de Romilly, R. Weil, Paris, Les Belles Lettres, 2009.

XÉNOPHON D'ÉPHÈSE, *Les Éphésiaques ou le Roman d'Habrocomès et d'Anthia*, trad. G. Dalmeyda, Paris, Les Belles Lettres [1926], 2003.

AUTEURS MODERNES

ATKINSON, Kenneth, « Noble Deaths at Gamla and Masada ? A Critical Assessment of Josephus' Accounts of Jewish Resistance in Light of Archaeological Discoveries », in Z. Rodgers, *Making History*, p. 349-371.

AVIAM, Mordechai, *The Fortified Settlements of Josephus Flavius and Their Significance against the Background of the Excavations of Yodefat and Gamla*, in Ofra Guri-Rimon (éd.), *The Great Revolt in the Galilee*, Haïfa, Hecht Museum-University of Haïfa, 2008.

–, « The Archaeological Illumination of Josephus' Narrative of the Battles at Yodefat and Gamla », in Rodgers, *Making History,* p. 372-384.

BAKHOS, Carol (éd.), *Ancient Judaism in its Hellenistic Context*, Leyde-Boston, Brill, 2005.

BAR KOCHVA, Bezalel, *Pseudo Hecataeus, « On the Jews », Legitimizing the Jewish Diaspora*, Berkeley, California Press, 1996.

–, *The Image of the Jews in Greek Literature. The Hellenistic Period*, Berkeley-Los Angeles, University of California Press, 2010.

–, « An ass in the Jerusalem Temple – The origins and development of the slander », in L. H. Feldman et J. R. Levison, *Josephus' Contra Apionem*, p. 310-326.

BARAS, Zvi, « The Testimonium Flavianum and the Martyrdom of James », in Feldman & Hata, *Josephus, Judaism and Christianity*, p. 338-348.

BARCLAY, John M. G., «The Politics of Contempt : Judeans and Egyptians in Josephus' *Against Apion*», in J. M. G. Barclay, *Negotiating Diaspora : Jewish Strategies in the Roman Empire*, Londres, T&T Clark International, 2004, p. 109-127.

–, «Josephus V. Apion : analysis of an argument», in S. Mason, *Understanding Josephus*, p. 194-221 ; 198-200.

–, «*Against Apion*», in H. H. Chapman et Z. Rodgers, *A Companion to Josephus*, p. 75-85.

BARDET, Serge, *Le Testimonium Flavianum. Examen historique, considérations historiographiques,* Paris, Cerf, 2002.

BAUMGARTEN, Albert, «Josephus and the Jewish Sects», in H. H. Chapman et Z. Rodgers, *A Companion to Josephus*, p. 259-272.

–, «Josephus on Ancient Jewish Groups from a Social Scientific Perspective», in S. J. D. Cohen et J. Schwartz, *Studies in Josephus and the Varieties of Ancient Judaism*, p. 1-14.

BEALL, Todd S., *Josephus' Description of the Essenes Illustrated by the Dead Sea Scrolls*, Cambridge, Cambridge University Press, 1998.

BEARD, Mary, «The Triumph of Flavius Josephus», in A. J. Boyle et J. W. Dominik, *Flavian Rome : Culture, Image, Text*, p. 543-558.

BEN SHAHAR, Meir, «The prediction to Vespasian», in T. Ilan et V. Noam, *Josephus and the Rabbis*, vol. 2, *Tales about the Destruction of the Temple* (hébr.), p. 604-664.

BERTHELOT, Katell, «The Use of Greek and Roman Stereotypes of the Egyptians by Hellenistic Jewish Apologists, with special reference to Josephus' *Against Apion*», in J. U. Kalms, *Internationales Josephus-Kolloquium Aarhus 1999,* Münster, LIT, p. 185-221.

–, *Philanthrôpia judaica. Le débat autour de la 'misanthropie' des lois juives dans l'Antiquité*, Leyde, Brill, 2003.

BICKERMAN, Elias J., « Sur la version vieux-russe de Flavius Josèphe », *Annuaire de l'Institut de philologie et d'histoire orientales et slaves de Bruxelles*, 4, 1936, p. 53-84.

–, *Studies in Jewish and Christian History* (3 vol.), Leyde, Brill, 1986 et [1980], éd. A. Tropper, Leyde-Boston, Brill, 2007.

BILDE, Per, *Flavius Josephus. Between Jerusalem and Rome*, Sheffield, JSOT Academic Press, 1988.

BLENKINSOPP, Joseph, « Prophecy and Priesthood in Josephus », *Journal of Jewish Studies* 25 (1974), p. 239-262.

BOHAK, Gideon, « The Ibis and the Jewish Question : Ancient 'Anti-semitism' in Historical Perspective», in M. Mor, A. Oppenheimer *et al.* (éd.), *Jews and Gentiles Relations in the Holy Land in the Days of the Second Temple, The Mishnah and the Talmud*, Jérusalem, Yad Ben-Zvi, 2003, p. 27-43.

BORGEAUD, Philippe, « Quelques remarques sur Typhon, Seth, Moïse et son âne, dans la perspective d'un dialogue réactif transculturel », in Ph. Borgeaud, Thomas Römer et Youri Volokhine (éd.), *Interprétations de Moïse, Égypte, Judée, Grèce et Rome*, Leyde-Boston, Brill, 2010, p. 173-185.

BOWERSOCK, Glen W., « Foreign Elites at Rome», in J. Edmondson, S. Mason, J. Rives (éd.), *Flavius Josephus and Flavian Rome*, p. 52-62.

–, *Augustus and the Greek World*, Oxford, Oxford Clarendon Press [1965], 1996.

BOYLE Anthony J., DOMINIK, William J., *Flavian Rome : Culture, Image, Text*, Leyde-Boston, Brill, 2003.

BRIGHTON, Mark Andrew, *The Sicarii in Josephus's Judean War : Rhetorical Analysis and Historical*

*Observation*s, Atlanta, The Society of Biblical Literature, 2009.

CASSON, Lionel, *Libraries in the Ancient World*, New Haven, Yale University Press, 2002.

CHAPMAN, Honora Howell, « Josephus », in A. Feldherr (éd.), *The Cambridge Companion to the Roman Historians*, p. 319-331.

–, « Spectacle in Josephus' Jewish War », in J. Edmondson, S. Mason, J. Rives (éd.), *Flavius Josephus and Flavian Rome*, p. 289-313.

CHAPMAN, Honora Howell, RODGERS, Zuleika (éd.), *A Companion to Josephus*, Oxford, Wiley Blackwel, 2016.

COHEN Shaye J. D., SCHWARTZ, Joshua J. (éd.), *Studies in Josephus and the Varieties of Ancient Judaism. Louis H. Feldman Jubilee Volume*, Leyde-Boston, Brill, 2007.

COHEN Shaye J. D., « Parallel Historical Tradition in Josephus and Rabbinic Literature » [1986], repr. in *The Significance of Yavneh*, p. 154-161.

–, « The modern study of Judaism », in Cohen et Edward L. Greenstein, *The State of Jewish Studies*, Detroit, Wayne State University Press, Jewish Theological Seminary of America, 1990, p. 55-73.

–, « History and Historiography in the *Against Apion* of Josephus », in Ada Rapoport-Albert (éd.), *Essays in Jewish Historiography*, Middletown, Wesleyan University Press, 1988, p. 1-11 [repr. in *Id., The Significance of Yavneh*].

–, *Josephus in Galilee and Rome : His Vita and Development as a Historian*, Leyde, Brill, 1979.

–, *The Significance of Yavneh and other Essays*, Tübingen, Mohr Siebeck, 2010.

–, « Masada : Literary Tradition, Archaeological Remains, and the Credibility of Josephus », *Essays in Honour of Yigael Yadin. Journal of Jewish Studies*

33, 1982, p. 385-405 [repr. in *Id., The Significance of Yavneh*].

–, « Crossing the Boundary and becoming a Jew» [1991], repr. in S. J. Cohen, *The Beginnings of Jewishness. Boundaries, Varieties, Uncertainties*, Berkeley-Los Angeles-Londres, University of California Press, 1999, p. 140-174.

COTTON, Hannah M., HECK, Werner, « Josephus' Roman Audience : Josephus and the Roman Elites », in J. Edmondson, S. Mason, J. Rives (éd.), *Flavius Josephus and Flavian Rome*, p. 37-52.

DARSHAN, Guy, « The Twenty-Four Books of the Hebrew Bible and Alexandrian Scribal Methods », in Maren R. Niehoff (éd.), *Homer and the Bible in the Eyes of Ancient Interpreters*, Leyde-Boston, 2012, p. 221-244.

DE LANGE, Nicholas, *Origen and the Jews*, Cambridge, Cambridge University Press [1976], 1978.

DILLERY, John, « Putting Him Back Together Again : Apion Historian, Apion Grammatikos », *Classical Philology*, 98, 4, octobre 2003, p. 383-390.

DÖNITZ, Saskia, « Historiography among Byzantine Jews : The Case of Sefer Yosippon », in Robert Bonfil *et al.*, *Jews in Byzantium : Dialectics of Minority and Majority Cultures*, Leyde-Boston, Brill, 2012, p. 951-968.

–, « Sefer Yosippon (Josippon) », in *A Companion to Josephus*, p. 382-389.

DROGE, Arthur J., « Josephus between Greeks and Barbarians », in Feldman et Levison, *Josephus' Contra Apionem*, p. 115-142.

EDMONDSON, Jonathan, MASON, Steve, RIVES, James (éd.), *Flavius Josephus and Flavian Rome*, Oxford, Oxford University Press, 2005.

EDWARDS, Mark, GOODMAN, Martin, PRICE, Simon, ROWLAND, Christopher (éd.), *Apologetics in the Roman Empire : Pagans, Jews, and Christians*, Oxford, Oxford University Press [1999], 2002.

EISLER, Robert, *The Messiah Jesus and John the Baptist according to Flavius Josephus' recently discovered 'Capture of Jerusalem' and the other Jewish and Christian Sources*, New York, The Dial Press, 1931.

ELLEDGE, Casey D., *Life and Death in Early Judaism. The Evidence of Josephus*, Tübingen, Mohr Siebeck, 2006.

FELDHERR, Andrew, HARDY, Grant (éd.), *The Oxford Dictionary of Historical Writings*, vol. 1, *Beginnings to AD 600*, Oxford, Oxford University Press, 2011.

FELDHERR, Andrew (éd.), *The Cambridge Companion to the Roman Historians*, Cambridge, Cambridge University Press, 2009.

FELDMAN Louis H., « The Jewish source of Peter Comestor's commentary on Genesis in his Historia Scholastica », in Dietrich-Alex Koch et Hermann Lichtenberger (éd.), *Begegnungen zwischen Christentum und Judentum in Antike und Mittelalter : Festschrift für Heinz Schreckenberg*, Göttingen, Vandenhoeck & Ruprecht, 1993, p. 93-122.

–, « On the Authenticity of the Testimonium Flavianum Attributed to Josephus », in Elisheva Carlebach et Jacob J. Schechter (éd.), *New Perspectives on Jewish-Christian Relations*, Leyde-Boston, Brill, 2012, p. 13-30.

–, « Financing the Colosseum », *Biblical Archaeology Review* 27, 4 (juillet-août 2001), p. 20-31.

–, « Reading Between the Lines : Appreciation of Judaism in Anti-Jewish Writers Cited in *Contra Apionem* », in L. Feldman & John R. Levison (éd.), *Josephus' Contra Apionem*, p. 250-270.

–, « Josephus' Portrait of Moses », *The Jewish Quarterly Review*, 82, n° 3/4 (janvier-avril, 1992), p. 285-328.

–, *Josephus' Interpretation of the Bible*, Berkeley-Los Angeles-Londres, University of California Press, 1998.

–, « Origen's 'Contra Celsum' and Josephus' 'Contra Apionem' : The Issue of Jewish Origins », *Vigiliae Christianae* 44, n° 2, 1990, p. 105-135.

–, *Judaism and Hellenism reconsidered*, Leyde-Boston, Brill, 2006.

–, *Josephus and Modern Scholarship,* Berlin-New York, Walter de Gruyter, 1984.

FELDMAN, Louis H., HATA, Gohei (éd.), *Josephus, Judaism, and Christianity*, Detroit, Wayne State University Press, 1987.

FELDMAN L. H., LEVISON John R. (éd.), *Josephus' Contra Apionem : Studies in its Character and Context with a Latin Concordance to the Portion Missing in Greek,* Leyde, Brill, 1996.

GAGER, John, *Moses in Greco-Roman Paganism,* Nashville, Abingdon Press, 1972.

–, *The Origins of Anti-Semitism. Attitudes toward Judaism in Pagan and Christian Antiquity*, New York-Oxford, Oxford University Press, 1985.

GOLDBERG, Sylvie Anne, « Lien de sang-Lien social. Matrilinéarité, convertis et apostats, de l'Antiquité tardive au Moyen Âge », *Clio, Femmes, Genre et Histoire*, 44, 2016, p. 171-200.

–, *La Clepsydre. Essai sur la pluralité des temps dans le judaïsme*, Paris, Albin Michel, 2000.

–, *Les deux rives du Yabbok*, Paris, Cerf, 1989.

GOODBLATT, David, « The political and social history of the Jewish community in the Land of Israel, c. 235-638 », in Steven Katz, *The Cambridge History of Judaism*, vol. IV, *The Late Roman-Rabbinic Period*, p. 404–430.

280 BIBLIOGRAPHIE

GOODMAN Martin, WEINBERG, Joanna, « The Reception of Josephus in Early Modern Period », *International Journal of the Classical Tradition* (octobre 2016), vol. 23, 3. https ://doi.org/10.1007/s12138-016-0398-2.

GOODMAN, Martin, *The Ruling Class of Judea : The Origins of the Jewish Revolt against Rome A.D. 66-70*, Cambridge-New York, Cambridge University Press [1987], 1989.

–, « Jews and Judaism in the Mediterranean Diaspora in the Late-Roman Period : The Limitations of Evidence », in C. Bakhos, *Ancient Judaism and its Hellenistic Context*, p. 177-204.

–, *Mission and Conversion. Proselytizing in the Religious History of Roman Empire*, Oxford, Clarendon Press [1994], 1996.

–, « Josephus as Roman Citizen», in F. Parente et J. Sievers, *Josephus and the History of the Greco-Roman Period,* p. 329-338.

–, « Josephus' Treatise Against Apion », in *Apologetics in the Roman Empire : Pagans, Jews, and Christians*, p. 45-58.

–, *Rome et Jérusalem. Le choc des civilisations*, Paris, Perrin [2009], 2011.

GRAFTON, Anthony, « Tradition and Technique in Historical Chronology», in Michael Hewson Crawford et Christopher Roald Ligota (éd.), *Ancient History and the Antiquarian : Essays in Memory of Arnaldo Momigliano*, Londres, Warburg Institute Colloquia, 2, 1995, p. 15-31.

GRAY, Rebecca, *Prophetic Figures in late Second Temple Jewish Palestine : the Evidence from Josephus*, Oxford-New York-Toronto, Oxford University Press, 2003.

GRUEN, Erich S., *Heritage and Hellenism. The Reinvention of Jewish Tradition*, Berkeley-Los Angeles-Londres, University of California Press, 1998.

–, « Greeks and Jews : Mutual misperceptions in Jose-phus' *Contra Apionem* », in C. Bakhos, *Ancient Judaism in its Hellenistic Context*, p. 31-51.

–, « Josephus and Jewish Ethnicity », in Joel Baden, Hindy Najman et Eibert Tigchelaar (éd.), *Sibyls, Scriptures, and Scrolls : John Collins at Seventy* (2 vol.), Leyde-Boston, Brill, 2017, t. 1, p. 489-508.

–, *Diaspora. Jews amidst Greeks and Romans*, Cambridge MA-Londres, Harvard University Press, 2002.

HADAS-LEBEL, Mireille, *Jérusalem contre Rome*, Paris, Cerf/ CNRS Éditions, 1990.

–, « La lecture de Flavius Josèphe aux XVIIe et XVIIIe siècles », in *La République des lettres et l'histoire du judaïsme antique XVIe-XVIIIe siècles*, éd. Chantal Grell et François Laplanche, Paris, Presses de l'Université de Paris-Sorbonne, 1990, p. 101-113.

HALPORN, James W., *Cassiodorus : Institutions of Divine and Secular Learning and On the Soul*, Introduction Mark Vessey, Liverpool, Liverpool University Press, 2003.

HARDWICK, Michael E., *Josephus as an Historical Source in Patristic Literature through Eusebius*, Atlanta, Scholars Press, 1989.

–, *Contra Apionem and Christian Apologetic*, in L. Feldman et J. R. Levison (éd.), *Josephus' Contra Apionem,* p. 369-401.

HASAN-ROKEM, Galit, *Web of Life. Folklore and Midrash in Rabbinic Literature*, Stanford, Stanford University Press, 2000.

HATA, Gohei, « Imagining some dark periods in Josephus' life », F. Parente et J. Sievers, *Josephus and the History of the Graeco-Roman Period*, p. 309-328.

–, « The Abuse and Misuse of Josephus in Eusebius' *Ecclesiastical History*, Books 2 and 3 », in Shaye

J.D. Cohen et Joshua J. Schwartz, *Studies in Josephus and the Varieties of Ancient Judaism*, p. 91-102.

HEINEMANN, Isaac, « Josephus' Method in the Presentation of Jewish Antiquities » (hébr.), *Zion* 5, 1940, p. 180-203.

ILAN, Tal, NOAM, Vered (éd.), en collaboration avec Meir ben Shahar, Daphne Baratz, Yael Fisch, *Josephus and the Rabbis*, 2 vol. (hébr.), Jérusalem, Yad ben Zvi Press, 2017.

ISAAC, Benjamin, *The Invention of Racism in Classical Antiquity*, Princeton, N.J.-Oxford, Oxford University Press, 2004.

JONES, Brian W., *The Emperor Domitian*, New York, Routledge, 1992.

JONES, Christopher P., « Toward a Chronology of Plutarch's Works », *Journal of Roman Studies,* 56.1-2, 1966, p. 66-70.

JUSTER, Jean, *Les Juifs dans l'empire romain. Leur condition économique et sociale*, t. 2, Paris, Paul Geuthner, 1914.

KALMIN, R., « Josephus and Rabbinic literature », in *A Companion to Josephus*, p. 293-304.

–, « Between Rome and Mesopotamia : Josephus in Sasanian Persia », in C. Bakhos, *Ancient Judaism in its Hellenistic Context*, p. 205-242.

–, « Kings, Priests, and Sages in Rabbinic Literature of Late Antiquity », in Yaakov Elman, Ephraim Bezalel Halivni, Zvi Arie Steinfeld (éd.), *Neti'ot ledavid. Jubilee Volume for David Weiss Halivni*, Jérusalem, Orhot Press, 2004, p. 57-92.

KALMS, Jürgen U., *Internationales Josephus-Kolloquium,* Aarhus 6, Munster, Lit Verlag, 1999.

KASHER, Arye, « Josephus in Praise of Mosaic Laws on Marriage (*Contra Apionem*, II, 199-201) », in Mauro Perani (éd.), '*The Words of a Wise Man's Mouth are Gracious' (Qoh 10,12). Festschrift for Günter Stemberger on the Occasion of his 65th*

Birthday, Berlin-New York, Walter de Gruyter, 2005, p. 77-108.

KATZ, Steven, *The Cambridge History of Judaism,* vol. IV, *The Late Roman-Rabbinic Period,* Cambridge, Cambridge University Press, 2006.

KISCH, Guido, *Sachsenspiegel and Bible : Researches in the Source History of the Sachsenspiegel and the Influence of the Bible on Mediaeval German Law,* Notre Dame, Indiana 1941.

–, *The Jews in Medieval Germany,* New York, Ktav Pub. House [1949], 1970.

KLAWANS, Jonathan, « Josephus, the Rabbis, and Responses to Catastrophes Ancient and Modern », *Jewish Quarterly Review,* 100, n° 2 (printemps 2010), p. 278-309.

–, *Josephus and the Theology of Ancient Judaism,* Oxford-New York, Oxford University Press, 2012.

KLETTER, Karen M., « The Christian Reception of Josephus in Late Antiquity and the Middle Ages », in *A Companion to Josephus,* p. 368-381.

LANGMUIR, Gavin, *Toward a Definition of Antisemitism,* Berkeley-Los Angeles-Londres, University of California Press, 1996.

LAPIN, Hayim, *Rabbis as Romans : The Rabbinic Movement in Palestine, 100-400 CE,* Oxford, Oxford University Press, 2012.

LAX, Timothy Michael, HALTON, Charles (éd.), *Jew and Judean : A Forum on Politics and Historiography in the Translation of Ancient Texts, Marginalia Review of Books,* août 2014.

http://marginalia.lareviewofbooks.org/jew-judean-forum/

LEMAIRE, André, « Les Reinach et les études sur la tradition juive », *Comptes rendus des séances de l'Académie des Inscriptions et Belles-Lettres,* 151e année, n° 2, 2007, p. 1105-1116.

LEONI, Tommaso, « The text of the Josephan corpus : Principal Greek manuscripts, ancient Latin translations, and the indirect tradition », in Chapman et Rodgers, *A Companion to Josephus*, Oxford, Wiley Blackwel, 2016, p. 307-321.

LEVENSON, David B., MARTIN, Thomas R., « The Ancient Latin Translations of Josephus », in Chapman et Rodgers, *A Companion to Josephus*, p. 322-344.

LEVI, Giovanni, « Les usages de la biographie », *Annales. Économies, Sociétés, Civilisations.* 44ᵉ année, nº 6, 1989, p. 1325-1336.

LEVISON, John R., « The Roman character of funerals in the writings of Josephus », *Journal for the Study of Judaism*, 33, 3, 2002, p. 245-277.

LIM, Timothy H., *The Formation of the Jewish Canon*, New Haven, Yale University Press, 2013.

MACLAREN, James S., « Josephus on Titus : The Vanquished Writing about the Victor », in Sievers et Lembi, *Josephus and Jewish History in Flavian Rome and beyond*, p. 279-296.

MAGNESS, Jodi, « A Reconsideration of Josephus' Testimony about Masada », in M. Popović, *The Jewish Revolt against Rome,* p. 343-360.

–, *The Archaeology of Qumran and the Dead Sea Scrolls*, Grand Rapids-Michigan, Wm. B. Eerdmans Publishing, 2003.

MASON, Steve, « The *Contra Apionem* in Social and Literary Context : An Invitation to Judean Philosophy », in L. H. Feldman et J. R. Levison, *Josephus' Contra Apionem*, p. 187-228.

–, *A History of the Jewish War A.D. 66-70*, Cambridge, Cambridge University Press, 2016.

–, « Essenes and Lurking Spartans in Josephus' Judean War : From Story to History », in Z. Rodgers (éd.), *Making History*, p. 219-261.

–, « Figured speech and irony in T. Flavius Jose-phus », in J. Edmondson, S. Mason, J. Rives (éd.), *Flavius Josephus and Flavian Rome* [repr. in Mason, *Josephus, Jews, Judea, and Christians Origins*, p. 69-102].

–, « Flavius Josephus in Flavian Rome : Reading On and Between the Lines », in A. J. Boyle et W. J. Dominik (éd.), *Flavian Rome, Image, Text*, p. 559-590.

–, « Josephus, Publication, and Audiences : A Response », *Zutot*, 8, 2011, p. 81-94.

–, « Judaeans, Judaizing, Judaism : Problems of Cate-gorization in Ancient History », *Journal for the Study of Judaism* 38, 4, 2007, p. 457-512.

–, *Josephus and the New Testament*, Peabody MA, Hendrickson Publishers, 1992.

–, *Josephus, Judea, and Christian Origins : Methods and Categories*, Peabody MA, Hendrickson Publis-hers, 2009.

–, (éd.), *Understanding Josephus. Seven Perspectives*, Sheffield, Sheffield Academic Press, 1998.

MILIKOWSKI, Chaim, « Notions of Exile, Subjuga-tion, and Return in Rabbinic Literature », in James M. Scott (éd.), *Exile : Old Testament, Jewish, and Christian Conceptions*, p. 265-281.

–, « Josephus between Rabbinic Culture and Helle-nistic Historiography », in James L. Kugel (éd.), *Shem in the Tents of Japhet : Essays on the Encounter of Judaism and Hellenism*, Leyde-Boston-Cologne, Brill, 2002, p. 159-190.

MIZUGAK, Wataru, « Origen and Josephus », in Feldman & Hata (éd.), *Josephus, Judaism and Christianity*, p. 325 -337.

MOMIGLIANO, Arnaldo, « Ce que Flavius Josèphe n'a pas vu » [1980], repr. *Contributions à l'histoire du Judaïsme*, Nîmes, Éditions de l'Éclat, 2002, p. 106-118.

–, *Problèmes d'historiographie ancienne et moderne*, Paris, Gallimard, 1983.

–, « Time in Ancient Historiography », *History and Theory*, vol. 6, 1966, p. 1-23.

MOORE, Georges Foot, « Christian Writers on Judaism », *Harvard Theological Review*, 14, 1921, p. 197-254.

MOSCATI MASCETTI, Giordana, *The 'Hidden Transcripts' in Against Apion- Josephus' Silent Criticism of Flavian Rome*, PhD Thesis, Submitted to the Senate of Bar-Ilan University, Bar Ilan, 2011.

NEUSNER, Jacob, « Exile and Return as the History of Judaism », in J. M. Scott (éd.), *Exile : Old Testament, Jewish, and Christian Conceptions*, p. 221-237.

–, *A Life of Yohanan ben Zakkai*, Leyde, Brill, 1970.

–, *Development of a Legend. Studies on the Traditions concerning Yohanan ben Zakkai*, Leyde, Brill, 1970.

NIEHOFF, Maren R., « Josephus and Philo in Rome », in H. H. Chapman et Zuleika Rodgers (éd.), *A Companion to Josephus*, p. 108-146.

–, *Jewish Exegesis and Homeric Scholarship in Alexandria*, Cambridge, Cambridge University Press, 2011.

–, *Philo of Alexandria. An Intellectual Biography* (à paraître), New Haven, Yale University Press, 2018.

–, *Philo on Jewish Identity and Culture*, Tübingen, Mohr Siebeck, 2001.

NIRENBERG, David, *Anti-Judaism. The Western Tradition*, New York-Londres, W.W. Norton & Company, 2013.

NODET, Étienne, « Josèphe restaurateur du judaisme après 70 », in Claire Clivaz, Simon Mimouni, Bernard Pouderon (éd.), *Les Judaïsmes dans tous leurs états aux Ier-IIIe siècles*, Turnhout, Brepols, 2015, p. 57-72.

–, « Josephus' Attempt to Reorganize Judaism from Rome », in Z. Rodgers (éd.), *Making History*, p. 103-122.

PARENTE, Fausto, SIEVERS, Joseph (éd.), *Josephus and the History of the Greco-Roman Period. Essays in Memory of Morton Smith*, Leyde, Brill, 1994.

PASCAL, Pierre, ISTRIN, Vassili, *La Prise de Jérusalem de Josèphe le Juif*, Paris, Institut d'études slaves, 1934.

PASTOR, Jack, STERN, Pnina, MOR, Menahem (éd.), *Flavius Josephus : Interpretation and History*, Leyde-Boston, 2011.

PINES, Shlomo, *An Arabic Version of the Testimonium Flavianum and its Implications*, Jérusalem, The Israel Academy of Sciences and Humanities, 1971.

POPOVIĆ, Mladen (éd.), *The Jewish Revolt against Rome : Interdisciplinary Perspectives*, Leyde, Brill, 2011.

POTTER, David, « The Greek historians of imperial Rome », in A. Feldherr et G. Hardy (éd.), *The Oxford Dictionary of Historical Writings,* vol. 1, p. 316-345.

PRICE, Jonathan J., « Josephus », in *The Oxford Dictionary of Historical Writings*, p. 219-243.

–, « The provincial historian in Rome », in Sievers et Lembi, *Josephus and Jewish History in Flavian Rome and beyond*, p. 101-118.

PUCCI BEN ZEEV, Miriam, « Between Fact and Fiction : Josephus' Account of the Destruction of the Temple », in Pastor, Stern, Mor, *Flavius Josephus : Interpretation and History*, p. 53-64.

PUECH, Aimé, « Une édition nouvelle du 'Contre Apion' de Josèphe », *Bulletin de l'Association Guillaume Budé*, n° 27, avril 1930, p. 25-31.

RAJAK, Tessa, « Was There a Roman Charter for the Jews ? », *Journal of Roman Studies*, 74, 1984, p. 107-123.

–, « Josephus and Justus of Tiberias », in L. H. Feldman et G. Hata (éd.), *Josephus, Judaism, and Christianity*, p. 81-94.

–, *Josephus. The Historian and his Society* (2ᵉ éd.), Londres, Duckworth, 2002.

RAPAPPORT, Uriel, « Where was Josephus lying in his Life or in the War ? », in Fausto Parente et Joseph Sievers (éd..), *Josephus and the History of the Greco-Roman Period*, p. 279-289.

–, « Josephus' personality and the credibility of his narrative », in Z. Rodgers (éd.), *Making History*, p. 68-81.

–, « Who Were the Sicarii ? », in Mladen Popović (éd.), *The Jewish Revolt against Rome : Interdisciplinary Perspectives*, p. 323-342.

RASPE, Lucia, « Manetho on the Exodus : A Reappraisal », *Jewish Studies Quarterly*, 5, 1998, p. 124-155.

REINACH, Salomon, *Cultes, mythes et religions*, Paris, Robert Laffont, Bouquins, 1996.

REINACH, Théodore, *Textes d'auteurs grecs et romains relatif au Judaïsme*, Hildesheim-Zurich-New York, Georg Olms [1895], 1963.

REVEL-NEHER, Elisheva, « An 'Encore' on the Bar Kochba Tetradrachm : A Re-vision of Interpretation », in Zeev Weiss, Oded Irshai, Jodi Magness, Seth Schwartz (éd.), *Follow the Wise : Studies in Jewish History and Culture in Honor of Lee I. Levine*, Winona Lake, Indiana, Eisenbrauns Inc., 2010, p. 189-206.

RODGERS, Zuleika, « Josephus' "Theokratia" and Mosaic Discourse : The actualization of the Revelation at Sinai », in George J. Brooke, Hindy Najman et Loren T. Stuckenbruck (éd.), *The Significance of Sinai. Traditions about Sinai and Divine Revelation in Judaism and Christianity*, Leyde-Boston, Brill, 2008, p. 129-148.

RODGERS, Zuleika (éd.), *Making History. Josephus and Historical Methods*, Leyde, Brill, 2007.

ROTH, Norman, « The "Theft of Philosophy" by the Greeks from the Jews », *Classical Folia*, 32, 1978, p. 53-67.

RUTHERFORD, Richard, «Voices of Resistance », in Christina S. Kraus, John Marincola et Christopher Pelling (éd.), *Ancient Historiography and its Context. Studies in Honour of A. J. Woodman*, Oxford-New York, Oxford University Press, 2010, p. 312-330.

SALDARINI, Anthony J., « Johanan Ben Zakkai's escape from Jerusalem. Origin and development of a rabbinic story», *Journal for the Study of Judaism in the Persian, Hellenistic, and Roman Period*, vol. 6, 2, 1975, p. 189-204.

SANDERS, Ed Parish, *Judaism : Practice and Belief 63 BCE-66 CE*, Philadelphie, Trinity Press, 1992.

SCHÄFER, Peter, *Judéophobie. Attitudes à l'égard des Juifs dans le monde antique* [Harvard University Press 1997], Paris, Cerf, 2003.

SCHMIDT, Francis, « L'Écriture falsifiée face à l'inerrance biblique ; l'apocryphe et le faux », *Le Temps de la réflexion*, 5, 1984, p. 148-165.

SCHRECKENBERG, Heinz et SCHUBERT, Kurt, *Historiography and Iconography in Early and Medieval Christianity*, Aassen-Maastricht, Von Gorkum, Minneapolis Fortress Press, 1992.

SCHRECKENBERG, Heinz, « The Work of Josephus and the Early Christian Church », in L. H. Feldman et G. Hata (éd.), *Josephus, Judaism, and Christianity,* p. 315- 324.

–, *Die Christlischen Adversus-Judaeos Texte und ihr literarisches und historisches Umfeld (1-11 Jh.)*, Francfort-sur-le-Main-Berne, Peter Lang [1982], 1999.

–, *Die Flavius-Josephus-Tradition in Antike und Mittelalter*, Leyde, Brill, 1972.

–, *Rezeptionsgeschichtliche und Textkritische Untersuchungen zu Flavius Josephus*, Leyde, Brill, 1977.

–, « The Work of Josephus and the Early Christian Church », in H. Feldman et G. Hata (éd.), *Josephus, Judaism, and Christianity*, p. 315- 324.

SCHÜRER, Emil, *The History of the Jewish People in the Age of Jesus Christ (175 B.C.-A.D. 135)*, édition revue et éditée par Geza Vermes et Fergus Millar, Édimbourg, T. & T. Clark, 1973.

SCHUTT, R. James H., « Josephus in Latin : A Retroversion into Greek and an English Translation », *Journal for the Study of Pseudepigrapha*, 1987, 1, p. 79-93.

SCHWARTZ, Daniel R., *Studies in the Jewish Background of Christianity*, Tübingen, J. C. B. Mohr, 1992.

–, « *Kata touton ton Kairon* : Josephus' Source on Agrippa II », *Jewish Quarterly Review*, 72, n°4 (avril 1982), p. 241-268.

–, « Many sources but a single author : Josephus' Jewish Antiquities », in H. H. Chapman et Z. Rodgers (éd.), *A Companion to Josephus*, p. 36-58.

–, « Remembering the Second Temple period : Josephus and the rabbis, apologetics and rabbinical training », in Verena Lenzen (éd.), *Erinnerung als Herkunft der Zukunft*, Berne, Peter Lang, 2008, p. 63-83.

SCHWARTZ, Seth, « Law in Jewish Society in the Second Temple period », in Christine Hayes, *The Cambridge Companion to Judaism and Law*, Cambridge, Cambridge University Press, 2017, p. 48-75.

–, *Josephus and Judean Politics*, CSCT 18, Leyde, Brill, 1990.

SCOTT, James M. (éd.), *Exile : Old Testament, Jewish, and Christian Conceptions*, Leyde-New York-Cologne, Brill, 1997.

SHAHAR, Yuval, *Josephus Geographicus : The Classical Context of Geography in Josephus*, Tübingen, Mohr Siebeck, 2004.

SHOHET, Azriel, «The Views of Josephus on the Future of Israel and Its Land », in Méir Ish Shalom, Méir Benayahu, A. Shohet (éd.), *Yerushalayim, Review for Eretz-Israel Research* (hébr.), vol. 1, Jérusalem, Mosad Ha-Rav Kuk, 1953, p. 43-50.

SIEGERT, Folker, « Concluding remarks », in Sievers et Lembi (éd.), *Josephus and Jewish History in Flavian Rome and beyond,* p. 425-430.

SIEVERS, Joseph, LEMBI, Gaia (éd.), *Josephus and Jewish History in Flavian Rome and beyond*, Leyde-Boston, Brill, 2000.

SMALLWOOD, E. Mary, *The Jews under Roman Rule. From Pompey to Diocletian*, Leyde, Brill, 1976.

SPILSBURY, Paul, « *Contra Apionem* and *Antiquitates Judaicae* point of contacts », in Feldman et Levison, *Josephus' Contra Apionem*, p. 348-368.

–, « Reading the Bible in Rome : Josephus and the constraints of Empire », in J. Sievers et Gaia Lembi (éd.), *Josephus and Jewish History in Flavian Rome and beyond*, p. 209-227.

STERLING, Gregory E., « Explaining Defeat : Polybius and Josephus on the Wars with Rome », *Internationales Josephus-Kolloquium,* 1999, p. 135-151.

STERN, Menahem, *Greek and Latin Authors on Jews and Judaism* (3 vol.), vol. 1, *From Herodotus to Plutarch,* Jérusalem, The Israel Academy of Sciences and Humanities, 1976.

STERN, Pnina, « Josephus and Justus : the place of chapter 65 (336- 367) in *Life*, the autobiography of Flavius Josephus », in J. Pastor, P. Stern, M. Mor (éd.),

Flavius Josephus : Interpretation and History, p. 381-396.

STOW, Kenneth, *Jewish Dog's. An Image and its Interpreters*, Stanford, Stanford University Press, 2006.

THACKERAY, Henry St John, *Flavius Josèphe l'homme et l'historien* [New York 1929/1967], Paris, Cerf, 2000.

TOKARSKA-BAKIR, Joanna, *Les Légendes du sang : Une anthropologie du préjugé antisémite en Pologne (1600-2005)*, Paris, Albin Michel, 2015.

TROPPER, Amram, *Rewriting Ancient Jewish History. The History of the Jews in Roman Times and the New Historical Method,* Londres-New York, Routledge, 2016.

VAN DER HORST, Pieter Willem, « Who Was Apion ? », in *Id., Japheth in the Tents of Shem : Studies on Jewish Hellenism in Antiquity*, Louvain, Peeters, 2002, p. 207-221.

VAN HENTEN, Jan-Willem et ABUSCH, Ra'anan, «The Jews as Typhonians and Josephus' Strategy of Refutation in *Contra Apionem 1* », in L. H. Feldman et J. R. Levison (éd.), *Josephus' Contra Apionem*, p. 271-309.

VAN HENTEN, Jan-Willem, « Noble Death in Josephus : Just Rhetoric ? », in Z. Rodgers (éd.), *Making History*, p. 195-218.

VISOTZKY, Burton L., *Aphrodite and the Rabbis : How the Jews Adapted Roman Culture to Create Judaism as We Know It'*, New York, St. Martin's Press, 2016.

VONDER BRUEGGE, John, *Mapping Galilee in Josephus, Luke, and John : Critical Geography and the Construction of an Ancient Space*, Leyde-Boston, Brill, 2016.

WACHOLDER, Ben Zion, « Josephus and Nicolaus of Damascus », in L. H. Feldman et G. Hata (éd.),

Josephus, the Bible and History, Detroit, Wayne State University Press, 1989, p. 147-172.

–, *Eupolemus : A Study of Judeo-Greek Literature*, Cincinnati, Hebrew Union College-Jewish Institute of Religion, 1974.

WEALEY, Alice, « The Testimonium Flavianum », in H. H. Chapman et Z. Rodgers (éd.), *A Companion to Josephus*, p. 345-355.

WEINBERG Joanna, DE ROSSI, Azariah, *The Light of the Eyes*, New Haven, Yale University Press, 2001.

WEISS, Zeev, « Josephus and Archaeology on the Cities of the Galilee », in Rodgers (éd.), *Making History*, p. 385-414.

WEISSER, Sharon, « The Art of quotation. Plutarch and Galen against Chrysipus », in S. Weisser et Naly Thaler (éd.), *Strategies of Polemics in Greek and Roman Philosophy*, Leyde, Brill, 2016, p. 205-229.

WHEALEY, Alice, *Josephus on Jesus : The Testimonium Flavianum Controversy from Late Antiquity to Modern Times*, New York, Peter Lang, 2003.

WILLIAMS, Margaret H., *The Jews among the Greeks and Romans. A Diasporan Sourcebook*, Londres, Duckworth [1998], 2001.

–, *Jews in a Graeco-Roman Environment*, Tübingen, Mohr Siebeck, 2003.

WILSON, Marcus, « After the Silence : Tacitus, Suetonius, Juvenal », in A. J. Boyle et J. W. Dominik (éd.), *Flavian Rome : Culture, Image, Text*, p. 523-542.

WOLFSON, Harry Austryn, *Philo. Foundations of Religious Philosophy in Judaism, Christianity, and Islam*, 2 vol., Cambridge, Mass., Harvard University Press [1947], 1948.

YUVAL, Israel J., « The Myth of the Jewish Exile from the Land of Israel : A Demonstration of Irenic Scholarship », *Common Knowledge* 12.1 (2006), p. 16-33.

INDEX DES NOMS PROPRES

G